臺灣歷史與文化 研究輯刊

六 編

第 6 冊

殖民地警察之眼：
臺灣日治時期的地方警察、社會控制與空間改正

蔡 明 志 著

花木蘭文化出版社

國家圖書館出版品預行編目資料

殖民地警察之眼：臺灣日治時期的地方警察、社會控制與空間
改正／蔡明志 著 -- 初版 -- 新北市：花木蘭文化出版社，2014
〔民 103〕
目 4+356 面；19×26 公分
（臺灣歷史與文化研究輯刊 六編；第 6 冊）
ISBN 978-986-322-950-6（精裝）
1.警政史 2.日據時期 3.臺灣
733.08   103015084

ISBN-978-986-322-950-6

9 789863 229506

臺灣歷史與文化研究輯刊
六 編 第六冊   ISBN：978-986-322-950-6

殖民地警察之眼：
臺灣日治時期的地方警察、社會控制與空間改正

作　　者 蔡明志
總 編 輯 杜潔祥
副總編輯 楊嘉樂
編　　輯 許郁翎
出　　版 花木蘭文化出版社
社　　長 高小娟
聯絡地址 235 新北市中和區中安街七二號十三樓
　　　　 電話：02-2923-1455／傳真：02-2923-1452
網　　址 http://www.huamulan.tw 信箱 hml 810518@gmail.com
印　　刷 普羅文化出版廣告事業
初　　版 2014 年 9 月
定　　價 六編 21 冊（精裝）新台幣 42,000 元

殖民地警察之眼：
臺灣日治時期的地方警察、社會控制與空間改正

蔡明志　著

作者簡介

蔡明志

臺灣宜蘭人

成功大學建築系建築與歷史保存組博士

東海大學建築系學士、碩士

現任佛光大學文化資產與創意學系副教授

研究領域較關注建成環境（built environment）如何從傳統轉換到現代的歷程

早期研究對象較專注在西方與中國的建築歷史與理論研究

近期則以殖民地建築與都市理論、臺灣建築歷史與文化資產保存研究為主

提　　要

　　殖民地警察是殖民帝國對殖民地進行社會控制之利器。臺灣日治時期之地方警察，其職階雖低，但以其散在配置、萬能責務及與保甲制度之謀合，使日本殖民政府之權力能夠細緻而有效地滲透至被殖民臺灣社會之任一角落，且影響達於各個層面。本研究嘗試挪用殖民現代性概念中「協力者」之論點，視中介於殖民政府與被殖民社會之地方警察與保甲組織為一殖民協力機制，探究此一協力機制在臺灣現代空間營造歷程中之作為。在方法上以文獻研究為主，但嘗試引入以寫實手法寫作之日治時期臺灣作家文學作品，藉以呈現臺灣人對於日治時期空間改正過程與其結果之觀察與感受。

　　論文主體分為「警察建築」、「警察之眼」與「建築警察」三個部份。

　　「警察建築」重構了臺灣日治時期地方警察官署建築之空間變遷歷程。「警察之眼」論述地方警察如何藉由其官吏與官署的空間部署策略與殖民知識的運用，將臺灣建構成 Foucault 所謂的「全景敞視社會」或後藤新平所謂之「警察國」此亦體現了殖民政府與被殖民社會之間「觀看」與「被觀看」的權力關係。

　　「建築警察」則在闡釋地方警察與保甲組織在臺灣空間改正歷程中所扮演之「非正式空間營造體系」的角色，並將空間改正之範疇從「殖民城市」擴展至「殖民地方」。此一殖民機制不僅生產空間，亦「警察」（監管）空間。惟由此機制推動之空間改正，實奠基於對台灣人之剝削，並剝奪臺灣人使用改正後現代空間之權利。臺灣城鄉空間在進入現代化的歷程中，在「現代性」中實混雜著「殖民性」。

目

次

第一章　緒　論

1-1　題旨陳述

　　後藤新平曾有建造宏偉總督官邸以懾服臺民之論〔註1〕。但有幾人能藉由親覩皇居壯而知天子尊？「對一般民眾來說，連州知事也都覺得遠在天邊，總督更是天外人。只有直接接觸民眾的巡查才是台灣人眼中的總督及『土皇帝』，巡查就是總督的化身。」（黃昭堂，2002：230）日治之初各地方官廳組織尚未齊備之時，唯有與民眾密切接觸之地方警察，方能使臺民真確感受到殖民政府之統治權威。日本在殖民地臺灣之統治，警察組織所扮演的關鍵性角色，實為「總督府體系之根與幹」（Chen, 1984：239）。相較於殖民地中央政府機關之龐大國家機器，位於地方基層且職階最小，居於殖民地權力機器最末端之地方警察官吏，權力的滲透卻是最為細緻與有效。對與之直接接觸的被殖民者而言，其權威是與總督等同。無怪乎當時候的臺灣人稱警察為總督之手足。地方警察機關，尤其是警察官吏派出所，如葉榮鐘所形容，「說牠

〔註1〕　一般學者均引用張漢裕與馬若孟的文章，提到後藤新平建議在首都臺北的中心建造一所宏大而引人注目的總督府廳舍（governor general's office），並妝點以大街、林蔭大道與公園。這將是權力與領導的象徵，予所有人日人將留在臺灣並繼續統治之深刻的印象。詳 Chang & Myers, 1963：438。但根據竹越與三郎在《臺灣統治志》中之說法，應是建造宏偉之總督官邸而非總督府廳舍，使臺民不再眷戀懷舊，以建立新政府威信之說。詳竹越與三郎，1905：44～45；鶴見祐輔，2004：60～66。

是臺灣地下的總督府也無不可」〔註2〕。但臺灣日治時期地方警察如此強大的權力從何而來？本研究試圖以日治時期臺灣殖民地警察做爲檢視臺灣在殖民時期現代空間營造歷程的一個對象，乃是基於以下幾個觀點。

一

　　殖民地警察一般是殖民地官僚中與殖民地土民最有機會接觸互動者。在日治時期臺灣，日人所建立之殖民地警察制度更是做爲臺灣總督府「直接統治」之主要工具，以多量、散在配置之警察官吏與警察官署，在臺灣之地理空間與社會空間上佈建了綿密的監視與規訓網絡，與被殖民之臺灣人社會有最大之接觸面。「所聞見官吏，唯警察而已」。甚且，地方警察官吏被賦予包羅萬象之責務，故而臺灣日治時期地方警察向有「警察萬能」之稱，配合地方警察官署之空間部署，更增其權威。

　　其次，臺灣總督府挪用改造了清代臺灣之保甲制度，以做爲地方警察之輔助機關。無論欲採行直接統治或是間接統治，籠絡殖民地土民地方菁英以順遂殖民治理，在各帝國殖民地皆然，但日人所改造並制度化後之保甲制卻是最爲有效者。因此，日人殖民地官僚最底層之巡查與殖民地在地地方菁英，形成了「殖民政府」與「殖民地社會」之中介領域。不同於黃宗智提出之「第三領域」（the third realm），此中介領域已被臺灣總督府所制度化並納入殖民政府體系中運作，更能有效地藉其將殖民權力滲透至被殖民社會之每一角落（圖1）。即如傅柯（Foucault）所言，權力的關鍵點並不在於權力機器最上端之國家機器，而在於其枝微末節的滲透能力；權力的分析，應該去關心那些使權力成爲毛細管狀的點（Gordon, 1986：96；姚人多，2002a：74）。此一由殖民者地方警察與被殖民地方菁英所形塑之中介領域，乃成爲臺灣總督府殖民權力運行的管道之一，但同時也成爲被殖民社會可以利用以進行反抗殖民統治的管道之一。

〔註2〕 詳葉榮鐘，1967：167～168。葉榮鐘原文以「牠」形容日治時期臺灣的日本警察。

圖 1　地方警察與地方菁英扮演殖民政府與被殖民社會之中介角色

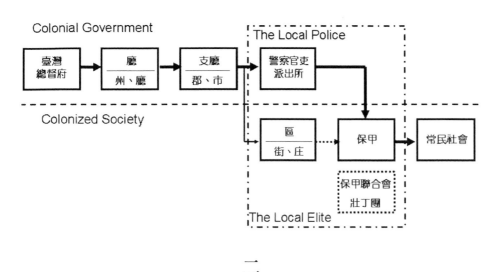

二

　　地方警察與保甲形成之中介領域因接觸頻繁且密切，亦成為被殖民者與殖民者最有機會對話之平面。King 即從 colony 相關的字彙釋義提出，與「殖民」相關的字眼都是從殖民者的角度來解釋，是由上而下的（King, 1992：350）。因此，殖民都市與建築之研究，大多是被框架在西方觀點與西方方法論，因而缺乏「抗拒之聲」（the voice of resistance）與「在地之聲」（the voice of the vernacular）（ibid.：343）。在殖民地社會改正與空間改正之過程中，往往是殖民者單向的權力壓制，被殖民者似乎總是處於「缺席」（absence）的狀態。同樣地，在殖民建築與都市（歷史）之研究領域中，總是充斥著西方的空間霸權論述，而鮮少論及殖民地之於被殖民者的空間意涵。欲建立殖民地現代空間營造之歷史變遷過程，不應僅是呼擁殖民者於殖民地空間現代營造之「宏大敘事」（grand narrative），更應對照被殖民者之空間感知以相互辯證對話，方能持平地來論述前殖民地（ex-colony）都市與建築之意義。

　　近年來隨著法農（F. Fanon）、薩依德（E. W. Said）、巴拔（H. Bhabha）、史皮伐克（G. C. Spivak）等前殖民地出身之文化研究者所引領之後殖民（post-colonial）研究，其影響已逐漸擴展至文化研究的各個領域。其論述皆是在重新檢討前殖民地在殖民時期之種種社會生產，其基本策略則在讓「從屬階層發言」。

　　再者，前殖民地國家幾乎都是在殖民時期從傳統躍入現代，並形塑其獨

立後之政治、經濟、社會、文化與空間，其影響至今猶存，且未曾稍變。因此在重新檢視殖民者所帶來現代化之成果時，應嘗試對其提出更深層之分析與批判，即所謂「後殖民反思」。近年藉由 Tani E. Barlow（1997）所提出東亞國家之「殖民現代性」（colonial modernity）之論述，對於日治臺灣殖民歷史之寫作應將對象置入殖民政治脈絡來檢視其現代性。

三

空間是權力的管道。殖民地之建築與都市受植入之殖民文化的影響而產生重大變革。一般皆以興築宏偉且具紀念性之殖民地官署或公共建築做為殖民政府權威之象徵，以彰顯其權力。亦因如此，大部分殖民城市與重要殖民建築，都與殖民地政治領導菁英及英雄建築師脫不了干係。但如前引傅科之「權力在枝微末節」的論述，本研究欲質問是否僅有此類「宏偉」建築可做為檢視殖民權力之對象？臺灣日治時期地方警察官吏與其官署建築雖在國家機器之末端，官吏職階最低、建築規模最小，但卻具有最大權力，且無所不在，因此亦最能夠體現後藤新平之所希冀以建築震懾臺灣人之理念。地方警察官署建築（日治前期：支廳／警察官吏派出所；日治後期：市警察署／郡警察課分室／警察官吏派出所），在規模外觀上雖不若臺北或各地方之大型官署建築來得宏大，但其藉由建築與空間所散發之權力氣息卻深深刻印在臺灣人民的心裡。而其折衷之建築風格，當亦影響了臺灣傳統建築之轉向，包括建築之外觀、空間組織與日常行動。地方警察制度做為日本統治臺灣之利器，其衍生之相關建築類型應視為其制度之空間印記，其變遷歷史即反映出殖民地在政治、社會與文化上之變化。本研究非是單一的建築類型的研究，而是以一種機構或制度（institution）為主體來架構相關的建築類型群（group of building types）之研究。

四

我們不止必須研究空間的歷史（the history of space），也必須研究「再現的歷史」（the history of representation），以及它們之間、它們與實踐、它們與意識型態之間的關係。歷史不僅必須理解這些空間的源起，而且尚須特別理解它們之間的相互關連、扭曲、錯置、互動，以及它們與所研究之特殊社會的空間實踐或生產模式的關連。

（Lefebvre, 1991：42）

　　空間是一種社會生產（Lefebvre, 1991：26），而非單純的容器。尤其，「空間已經成爲國家最重要的政治工具。國家利用空間以確保對地方的控制、嚴格的層級、總體的一致性，以及各部分的區隔。因此，它是一個行政控制下的，甚至是由警察管制的空間」（Lefebvre, 2002：50），這在臺灣日治時期由殖民地警察制度所形塑之社會空間更爲鮮明地呈現出來。因此，如 Lefebvre 上引文與 Mitchell（1991）所提示，在此一以「殖民地警察」爲中心之空間研究，分析的不只是物質實體（material reality），更在於實體空間所賴以鍊結之社會空間，亦即所謂的「再現」（representation）或意義（meaning）。除殖民地警察相關建築類型實體空間之探究外，更需探究此類空間所建構之社會空間之殖民性（coloniality）意涵。

　　臺灣在日治時期由殖民地警察制度所形塑之規訓社會，其基礎即在於警察官吏與警察官署之部署策略。部署的密度代表了殖民的態度與支配的程度，而其空間部署的決策基礎則是來自對於殖民地的「知識」。如傅柯所論述，知識與權力總是相互交織，且知識總是成爲權力運作的結果。日治臺灣地方警察官吏與官署之部署，即是建立在科學殖民主義影響下所進行之各種調查與統計的精巧算計。而且，地方警察同時位於殖民知識之「生產」與「運用」的雙重位置；亦即，地方警察既是殖民地各種情報資訊之「蒐集者」，又是殖民政府依據其所蒐集情報所做決策之「執行者」。

　　再者，臺灣日治時期地方警察制度將臺灣製造成一「警察國家」。後藤新平不止一次提及臺灣的警察制度是十八、十九世紀的警察制度，其意指爲何？此特質之形成，即在於地方警察官吏與官署之「空間」部署，以及地方警察所具有之「知識／權力」相互運作的結果。透過科學、精密的數字管理，決定警察官署與官吏之數量，計算出最經濟且最有效率之部署模式。加以地方警察本身中央集權的金字塔型官僚體系、地方警察巡查犯罪即決權力的賦予及保甲組織連座責任的施行，更將靜態但網孔縝密之監視網絡強化。亦因此，臺灣被建構成一傅柯所謂之「全景敞視社會」，並體現了後藤新平意圖建立一個「警察國家」之所欲。而後藤「十八世紀警察」制度或國家論點，自有其脈絡可尋，亦可以此來論述地方警察制度在殖民地臺灣之「再現」或「意義」。

五

　　殖民知識與殖民空間都是殖民權力運作的管道與結果。殖民地之空間改

正（或所謂現代性的空間營造）即是殖民者暴虐權力的印記。透過切除重塑之過程，依殖民者之所欲重塑方便治理之空間。但對於殖民地之空間營造，乃是基於殖民者對於殖民地傳統聚落空間之詮釋―闇黑，再以此建構其關於殖民地空間之「知識」，並賦予「文明／蒙昧」、「善／惡」之價值判斷，為其建立可藉以規訓、管理與監視被殖民社會之空間。黑闇的空間亦代表治安無法達到之處。因此，空間由「闇」轉「明」、由「閉塞」到「開放」，將使得被殖民者的一切被暴露在光亮之下，無所遁形，而易為殖民者所掌握。日治時期臺灣傳統城市與聚落之空間改正過程，實亦潛藏殖民治安之論述。

其次，在日治時期臺灣之空間營造，除了由殖民政府專業菁英的計畫推動者之外，在地方的層面亦存在著另一種空間營造體系，亦即由各地方警察官吏與其管轄之保甲組織所構成之非正式的（informal）營造組織。其尺度雖小，但總量驚人，其影響不可忽視。保甲工是日治時期臺灣人之共同經驗，其所執行之「保甲」道路、橋樑或部落的空間改造，或地方的重要建築，其總量當不遜於殖民官方之營繕組織。也因此一非正式營造組織之運作，殖民政府對於殖民地之空間改正，亦由「殖民城市」（colonial cities）擴展到「殖民地方」（colonial locals）。而殖民地空間改正總是挾啟蒙、科學、衛生之名以行之。無論是透過殖民官方之正式營繕組織，亦或是由地方警察與保甲組織所形成之保甲工團，其所營造之「現代」空間，被殖民的臺灣人是否受惠？臺灣之空間改正遍及城市街鎮與鄉野村落，其實也為殖民者提供了可以行使殖民權力的管道，範圍廣而且深。對於殖民時期之空間歷史探究，應質問其「現代性」是否亦潛藏著「殖民性」。

此外，殖民政府在建築與都市相關管理法令頒佈後的執行方面，從日治之初的「家屋建築管理規則」，到 1937（昭和 12）年「臺灣都市計畫令」的施行，地方警察均在「建築管理」層面擔當重任，包括了建築之「審核／許可」與「檢查／處罰」。

1-2 研究對象與時間空間範疇之界定

1-2-1 研究對象：平地警察

臺灣因族群組成特殊，除了自中國大陸福建、廣東渡海而來的移民外，尚有久居臺灣之高山原住民（當時稱為「蕃人」），二者在文化上有相當差異。

因此，日人在殖民統治臺灣之初，即以差別的治理方式來處理，但其主要機構仍均爲警察。藤村寬太在概論日治臺灣警察時，即將之區分爲「平地警察」與「蕃地警察」（藤村寬太，1932：9～10）。所謂「平地警察」，即是管轄臺灣平地行政區域之警察，爲臺灣地方警察之主力，其性質、組織與日本內地略同。「蕃地警察」則以臺灣高山原住族群爲管轄地域與對象，雖僅管轄十萬上下之人口，但因管轄區域在崇山峻嶺，管內人民種族紛雜、喜出草殺伐，在治理上頗爲困難。在「理蕃」政策執行之後方穩定。

基於平地警察與蕃地警察在性質上之差異，本研究將以平地警察〔註3〕爲主要論述對象，包括其制度、組織、執務、營建活動及其與殖民地治理之互動關係。

1-2-2　時間範圍之界定

本研究以臺灣日治時期爲主要研究時間範圍。具體而言，是以 1895（明治 28）年 6 月 20 日千千岩英一提出警察創置意見書獲得採納做爲研究時間之起點。其次，地方警察制度之正式確立是在 1898（明治 31）年至 1900 年代初期，自此方有警察廳舍之新築活動逐漸產生。直至 1937（昭和 12）年日本發動對中國的侵略戰爭，在日本內地與各殖民地亦逐漸進入戰時體制，臺灣警察亦因應有所調整，且自此之後地方警察官署之營建亦趨緩。是以本文大體上之論述主體，主要聚焦在 1898 年至 1940（昭和 15）年間。至於臺灣日治時期地方警察在戰後雖仍暫留臺灣協助治安維持與職務交接，國民政府之警察制度實亦仿傚日本，但已非本研究之論述範疇。

1-2-3　空間範圍之界定

本研究之空間範圍以受日本殖民統治下之「臺灣」地域爲主。但基於史料文獻上之侷限，較晚開發且以日本移民與原住民爲主要人口組成之東部區域（臺東、花蓮港二廳）在論述中較少提及，而以臺灣自宜蘭經西部臺灣（含澎湖）至屏東爲主要研究空間範疇。臺灣中央之高山峻嶺屬蕃地之地域，則爲蕃地警察之轄域，亦不在本研究之空間範圍內。

〔註3〕　目前關於蕃地警察官署建築之研究，已有林一宏、王惠君發表數篇論文。詳林一宏，2000；林一宏、王惠君，2005；2007。

1-3 理論與研究方法

　　King 曾給予探究殖民建築與都市時必須處理的三個再現（representation）層級的提示。其一，殖民者本身之物質的、空間的、機構的與象徵的再現，及其與被殖民者的關係。其二，是第一種層級的文本再現（discursive textual representation），一般是指殖民地文學或報導。最後，則是以殖民地文學爲文本，並運用相關之繪畫的、照相的與地圖的史料對其做自省的、分析的或批判性的說明（King, 1995：542）。

　　無可避免的，殖民地之相關文獻或檔案，總是以殖民者（殖民母國或宗主國）爲中心，並被以殖民者的觀點所製作，形成所謂的「殖民知識」（colonial knowledge）。在殖民權力關係不對稱的兩端，被殖民者總被視爲是沈默無聲的啞巴，失去發聲的權力。也因如此，殖民主義在殖民地之研究，大多是在這樣的意識型態下進行，所得皆爲殖民者對於殖民地之偉大貢獻，尤其是在引領殖民地從傳統躍入現代文明的過程中的現代性建構。但在這些研究中，總是聽不到被殖民者的話語。被殖民者一如殖民者所想像對這樣的現代化成果照單全收嗎？在殖民時期，被殖民者在各方面均受到壓制，並無掌控之權。但被殖民者果眞全無「發聲」的方式嗎？至少，文學是重要的途徑之一。近年來不少殖民地時期的文學作品重新被置入「後殖民」的理論架構下檢視。Boehmer 即指出，「後殖民」文學並不是僅指「殖民帝國之後方來到」之文學，而是指涉「對於殖民關係做出批判性考察之文學」，是「表現殖民地一方對所受殖民統治的感受」（Boehmer, 1998：3），文本的形式往往是被殖民者抵制帝國支配的主要方式（ibid：15），以突破過去由殖民者所統制之單向陳述。

　　本研究除了具體呈現臺灣日治時期地方警察做爲殖民政府（臺灣總督府）殖民治理之權力機器部署外，更試圖在此龐大縝密的權力網絡下，讓微弱的臺灣人話語浮現與之對話，在材料上即必須藉助日治時期臺灣作家的文學作品。根據陳芳明的研究，1930 年代的臺灣作家「一方面描寫文化認同的動搖來抗議現代性挾帶殖民性的虛僞，一方面則以寫實主義技巧作爲歷史敘述的形式，在殖民者壟斷歷史發言權之餘，另闢一保存歷史記憶的空間」（陳芳明，2004：64）。尤其，此時期之臺灣作家在描述日本政府的壓迫方面，多採取寫實主義的手法，多少是那個時代的反映，以傳達出被殖民者在殖民統治下的眞實感受，並更積極地做爲反殖民體系的主要取徑之一。蔡秋桐與

賴和等作家，即都體現了 Boehmer 提出殖民地作家以 *cleaving*〔註4〕之剝離與依附的手法「逆寫帝國」。被殖民者總是具有雙重視界（double vision）或「重層構造」（反之，亦是一種「分裂的感知」）：操雙語，兩種文化背景，既能進入都市文化，也能進入地方文化，卻又游離於兩者之外（Boehmer, 1998：131）。蔡秋桐、賴和與陳虛谷是日治時期臺灣作家中描述警察與民眾關係最力者。其中，蔡秋桐的保正身份，真切地描述了代表日本殖民政府的地方警察與臺灣人民間的互動關係。蔡秋桐的小說不同於朱點人〈島都〉中以「島都台北的現代性變遷」為重點，而是「凝視臺灣農村的現代化改造」並「較多呈現了改善衛生條件與居住環境的側面」（陳建忠，2000；2004），更重要的是他透過「書寫並保存固有的歷史記憶」，使被殖民者能夠擁有自己的歷史（陳芳明，2004：59）。

本研究試圖透過「後殖民反思」（postcolonial reflection），重新架構這些對象在一與日本殖民臺灣隱而不顯卻深入臺灣人心的微型權力網絡（micro-power network）之中，檢視其實體建築之外（T. Mitchell 所謂的物質現實），亦試圖透過「後殖民反思」探詢其意義或再現（representation），對殖民時期日人之空間寫作提出批判性的分析。而在方法上，如 Boehmer 所言，「對於抵制帝國主宰的力量，尤其對那些既沒有槍也沒有錢的人來說，抵制的方式往往就只好採取文本（text）的形式」（Boehmer, 1998：15）。日治時期的臺灣作家，都真切而深刻地表現出被殖民者一方對殖民主義的感受，可藉以彰顯日治時期臺灣之社會控制與空間改正在殖民地警察影響下之殖民現代性意涵。

因此，本研究在方法上以文獻研究為主，原則上依循 King 所提出之三個再現層級蒐集文獻，除實體史料外，更廣泛蒐羅日治時期文書與圖像史料，並參酌近年來相關之學術論著。主要論述文本來源如下所述。

1-3-1　日治時期文書史料

一　官方文書類

《臺灣總督府公文類纂》為臺灣總督府官房文書課所存錄之公文書，為

〔註4〕 Boehmer 認為反帝國的文化民族主義好比是一個剝離與依附同時進行的雙重過程，體現了 cleaving 這個詞的兩種不同意義：既是「分裂」─離開殖民界定，越過殖民論述的邊界；但同時也是為達到此一目的而採用借鑑、拿來或挪用殖民權力的意識型態、言語和文本的形式，即所謂的「依附」。詳 Boehmer, 1998：120～121。

研究日治時期最重要且不可或缺之史料。近年來經由國史館臺灣文獻館之整理與數位化後，較以往更易被公開運用，已可彌補前此臺灣日治時期建築論述在日治前期之缺漏。除公文外，有相當豐富與營造行爲相關之圖面資料，藉此可分析其在基地位置、建築配置、空間組織甚至構造細部上的形成與變遷，爲本研究在重構日治前期警察官署建築發展之主要史料來源。惟在 1920（大正 9）年地方官官制改正之後，各類公文改歸地方州廳保存，因此日治後期之公文書資料留存甚少，爲一大缺憾。

再者，日治時期之重要文書資料，如《臺灣總督府事務成績提要》及各時期行政官廳事務概要、方志等，皆由成文出版社予以重印。其中「警察」皆有專章紀錄，雖無細節資訊，但對各年度警察事務及警察官署營建相關資料皆有記載，可用以做制度面上較爲巨觀的分析。另外，1930 年代後期編纂之《臺灣總督府警察沿革誌》五巨冊，爲臺灣總督府警務局（鷲巢敦哉）所編纂，對於 1937（昭和 12）年之前臺灣警察制度之發展有相當詳盡之紀錄。

二　報紙雜誌類

《臺灣日日新報》創刊自 1898 年（明治 31）5 月 6 日，爲日人守屋善兵衛收購《臺灣新報》與《臺灣日報》而成，爲臺灣日治時期延續時間最長、發行量最大之報紙。1900（明治 33）年因報社經營困難，改由總督府出資出版，故而《臺灣日日新報》自此成爲臺灣總督府之官方喉舌。直至 1944（昭和 19）年總督府將其與其他五家報紙合併爲《臺灣新報》爲止，共發行 15800餘號。本文研究對象中之「警察官吏派出所」、「保正事務所」與「保甲聯合事務所」皆有配發或購置此報。

其次，林獻堂 1923（大正 12）年 4 月 15 日在東京開辦《臺灣民報》，以週刊方式發行，1930（昭和 5）年 3 月 29 日改爲《臺灣新民報》，並在 1932（昭和 7）年 4 月 15 日起改爲日刊發行，1941（昭和 16）年則改爲《興南新聞》。相對於《臺灣日日新報》，《臺灣民報》之讀者對象自始即設定爲臺灣人，故而主要以白話漢文發行，並成爲臺灣人在日人統治下之主要發聲筒，以對臺灣總督府施壓，爭取臺灣人之應有公平待遇，故被稱爲日治時期「臺灣人民唯一之喉舌」。透過《臺灣日日新報》與《臺灣民報》之交互運用，可形塑日治時期日本殖民政府與臺灣人民之對話場域。尤其《臺灣民報》對於殖民地警察制度之批評最力，是本研究相當重要之史料來源。

1917（大正6）年6月20日臺灣總督府警察本署設立「臺灣警察協會」，並停刊「警察日報」，改發行《臺灣警察協會雜誌》。其內容為與警務相關之論說、演講、投稿、研究資料、判例、法令、雜錄、任免升遷訊息等。至1930（昭和5）年6月改為《臺灣警察時報》，直至1942（昭和17）年12月方停刊。雜誌內容中對於警察官署之營建紀錄頗多，尤其是在圖像方面，可稍補《臺灣總督府公文類纂》在日治後期圖像史料之不足。另一由「臺灣建築會」所創辦之雜誌《臺灣建築會誌》，採雙月刊發行，對於1929（昭和4）年之後臺灣重要建築的營建活動、技術、思想均記載完備，並有完整專業的建築圖面，為研究日治時期建築不可或缺之重要史料。其中關於市警察署之建築資訊，有相當完整的圖說紀錄。

三 個人著作

最重要者應屬《臺灣總督府警察沿革誌》實際編著者鷲巢敦哉之著作。鷲巢敦哉1917（大正6）年至1932（昭和7）年間在臺灣擔任警察職務，並自1933（昭和8）年起負責編纂《臺灣總督府警察沿革誌》。他喜好寫作，在日治時期報章有為數相當多的文章發表。近年來由中島利郎與吉原丈司蒐錄彙整其在各處散見之文章，編輯成《鷲巢敦哉著作集》五冊，包括《警察生活の打明け物語》、《台灣警察四十年史話》、《台灣保甲皇民化讀本》、《臺灣統治回顧談》與《雜誌所收著作》，皆是其在臺灣擔任警察時所見所感的紀錄，亦可補《臺灣總督府警察沿革誌》之不足。

1-3-2 日治時期臺灣作家之文學作品

除《臺灣民報》系列外，日治時期的臺灣作家亦多透過文字寫作表達其對殖民統治之不滿，與1920年代之後的非武裝抗日運動相互呼應。尤其日治時期的臺灣作家以「寫實主義」手法寫作者佔多數，雖為虛構之文學表現，但頗能代表日治時期臺灣人對日本殖民體制之感受。警察制度一直是臺灣作家所欲藉文字進行反抗之主要對象，賴和、蔡秋桐、陳虛谷、吳濁流、楊逵、楊雲萍等人之作品常呈現日本警察與臺灣人民間之不對等的權力關係。此外，就空間議題來看，當時代之作家亦對日人所劈開重塑之現代城鄉空間有所著墨，至少常常是小說的空間背景，如王詩琅、朱點人、林越峰、吳新榮與張文環等人之作品。藉此，亦可探知在地方警察管理下之空間改正狀況，以及臺灣人對於改正後之現代空間的觀感。

其中，蔡秋桐小說中「較多呈現了改善衛生條件和居住環境的側面」，而其「對殖民地『警察問題』的思索，獨到之處是將其放在當時農村內『生活改善運動』這個脈絡裡思考的」（陳建忠，2004：109）而楊逵之寫作亦多以臺灣農民受殖民者之剝削爲主軸，而被稱爲是「農民運動的主將」（陳芳明，1990：322）。

此外，近年來整理出版之豐原保正張麗俊之日記《水竹居主人日記》亦是重要參考史料。張麗俊自 1899（明治 32）年起即擔任葫蘆墩支廳下南坑保保正達二十年之久，至 1918（大正 7）年因官司入獄方卸任。在其日記中，即記載頗多其與地方巡查甚至支廳長的互動，對於地方警察動員保甲組織與壯丁團之活動亦多所記錄，是相當重要之民間史料。

其他如各種的日治時期文獻與圖像文獻（如寫真帖或明信片），皆是重要史料。這些史料除做爲各種分析的對象外，更重要的是將這些史料視爲是檢視日治時期日人治理臺灣對於臺灣社會與環境在態度上的一種再現形式。因此，除了欲探究其外顯形象外，更欲探究其再現與意義。

1-4 文獻回顧

1-4-1 現代警察與殖民地警察制度之研究

一 亞非殖民地警察制度之研究

關於歐西殖民帝國之殖民地警察之研究，以大英帝國之殖民地爲主。最重要之文獻，應爲 Anderson 與 Killingray 所共同編輯之 *Policing the Empire*（1991）。其中，編者 Anderson 與 Killingray（1991a）的論文論述了愛爾蘭皇家警察隊（R.I.C.）與海外殖民地警察的最大差異，在於殖民地之警察配置鬆散，遠不如愛爾蘭來得嚴密，「並不是殖民地的所有區域都能有效地配置警察」（p. 6），警察部署的方式必然是政治考量。其次，殖民地警察就站在殖民統治的切面上，位處殖民地政府與大多數的殖民地人民接觸的第一線位置，並兼融了軍職與文官的角色。殖民地警察的任務並不在偵察犯罪，而在保護殖民者的資產與利益，並維持殖民政府所欲建立之社會秩序。在殖民地警察內部組織方面，因殖民政府視「種族」爲治安之關鍵元素，故以少數之英籍警官位居指揮高位，中間階層則自其他殖民地徵募而來，採「以異鄉人管理異

「鄉人」之模式，至於被殖民之當地土民僅能被固定在最低階層的位置。

其他與殖民地警察相關之論述，則散見於各期刊論文。D. Arnold 是印度殖民地研究之大家，尤其是在印度之殖民醫學與科學方面，在殖民地警察方面亦有重要著述。Arnold（1976）認為現代警察是發展中的資本主義社會的產物。隨著集權國家的崛起，以及因商業、工業快速發展而興起的都市中心，產生了一種新的階級－無產階級，並造成資產階級與無產階級之間的對立，因而欲求一種新的社會控制策略。1829 年創設之倫敦都會警察（M. P.）即成功地鎮壓了 1830 年代與 1840 年代的勞工階層民權運動。至於殖民地警察之範型，則源自愛爾蘭皇家警察隊，以武裝、半軍事化組織、集中居住營區、受到殖民地中央政府的直接控制等特質，運用在英國的海外殖民地，尤其是在印度。

Brogden（1987）的論文則提出了現代警察之創生並不必然是從犯罪相關的因果關係而來，而指出了現代警察的「殖民」向度。作者以英國為例，論證英國現代警察與殖民地實務間的直接關連。

Kroizer（2004）的論文則論述了英屬殖民地巴勒斯坦之殖民地警察，因為兩位先後任職的殖民地警察專家－Dowbiggin 與 Tegart－以及他們思考迥異的殖民地警察理論，所經歷的兩次重要變革。兩位專家於殖民地警察在一般職責、殖民地語言、警察住所等方面的看法相同。但二者主要之差異即在於警察是否應該被看見？是否應該武裝？以及是否應該以小型警察據點散在配置，因此也影響了殖民地警察據點之空間部署策略。

其他包括 Burger（1987）、Das & Verna（1998）、Johnson（1991）、Killingray（1986）、Marenin（1985）、McCracken（1986）、Robb（1991）與 Singh（2002），則都是論述英帝國在南亞與非洲殖民地之殖民地警察制度與部署方式，與 Anderson 和 Killingray 之論文（1991a）並無多大差異，但對個別殖民地之情形有較為詳細之說明。

二　日本現代警察制度之研究

日本現代警察研究方面，大日方純夫是日本現代警察發軔時期研究之佼佼者。其與由井正臣共同編纂之《官僚制・警察》，對於明治初期現代警察創生過程之重要文書皆有蒐羅，並提供註解，是研究日本現代警察制度相當重要之參考文獻。大日方純夫在書末並有〈日本近代警察の確立過程とそ

の思想〉（日本近代警察的確立過程與其思想）一文，做提綱挈領之論述。此外，大日方純夫另有兩本著作討論日本現代警察與日本近代國家的形成及地域社會之間的關係，更清楚地說明日本現代警察制度影響層面之廣泛與重要（大日方純夫，1992；2000）。另外，Westney（1982）的論文則論述了日本現代警察制度之創生過程，自明治政府選擇以法國巴黎警察爲模仿範型，到其後因應日本社會環境之調適，都做了相當明晰簡要之論述。類似的過程，其實亦發生在日人殖民臺灣初期。但綜觀日人研究現代警察者，似較著重在明治初期現代警察制度的形塑階段，但在警察制度建立之後的討論卻頗少。另外，因日本現代警察制度之精髓在於「派出所／駐在所」之散在配置，對其國內之社會控制滲透至一般民眾之日常生活層面，而成爲日本戰敗後盟軍統帥麥克阿瑟欲予以廢除者。但日本國內已習於警察在社區內之良性角色的一面而予以保留，甚至在近年來更引起其他國家警察制度研究者之重新審視，如 Katzenstein（1996）。其他尚有日本統治臺灣期間國外學者對於日本警察及其在殖民地之統治的描述，包括 Grajdanzev（1942）、Hishida（1907）、Kerr（1942）、Porter（1936）與 Semple（1913），都給予當時學者對於日本現代警察制度之觀感。

三 臺灣日治時期地方警察制度之研究

相關於臺灣日治時期警察的論述頗多，早期有鹽見俊二（1952）、劉匯湘（1952）、陳清池（1975，1984，2006）與陳以德（1970），近期則有田村正博（1997）、陳純瑩（1989，1992，1994）、李崇僖（1996）、施添福（2000，2001）與姚人多（姚人多，2001；Yao, 2002, 2004）等學者。其中以陳清池、施添福與姚人多三位學者之論述對本文啓發最多。

陳清池（1984）分別論述並比較了受日本統治下臺灣與其他日本殖民地之警察制度的特質與差異。論文逾半在比較臺灣與朝鮮殖民地警察制度在 1919（大正 8）年前所呈現之鮮明差異（文官警察／憲警統合），乃是因爲殖民地總督（兒玉源太郎／寺內正毅）在殖民地治理觀念的差異。但在 1919 年各殖民地警察制度改正後，即以臺灣地方警察爲範型，將之挪用至日本其他殖民地，尤其是小型地方警察官署之散在配置及與地方菁英之合作，並隨各地環境與舊慣之差異調整。

施添福〈日治時代臺灣地域社會的空間結構及其發展機制——以民雄地

方為例〉（2001）在於提出日治時期臺灣的地域社會空間結構是藉由「街庄民空間」、「警察官空間」與「部落民空間」所形成。施文提出這三類空間之基礎乃在臺灣地理系統的建立，透過土地調查與人口調查，達成「以圖統地」與「以地統人」之目的，建立了臺灣土地、人民與社會秩序之地理空間單位。此三類日治時期臺灣地域社會空間中，僅「警察官空間」在時間軸上縱貫整個日治時期。透過警察、保甲與壯丁團三位一體的發展，奠定了臺灣地域社會警察官空間的發展基礎。視以派出所為中心之警察官空間為權力空間，既維護了作為公共空間之街庄民空間，亦控制了形成臺灣人生活空間之部落民空間。在警察官空間中，地方警察以保甲為耳目，以壯丁團為武力，維持地域社會之秩序。派出所在臺灣殖民時期的地域社會中實居關鍵角色，並呼應了姚氏在其長文中「臺灣人是由警察官來治理」之根本立論〔註5〕，也彰顯了殖民地社會之特質。

　　姚人多近年的研究是以「殖民治理性」（colonial governmentality）為中心，在其中「警察」與「保甲」扮演要角〔註6〕。在其論述日治時期臺灣土地與人口調查做為兩種殖民知識的典型的論文（姚人多，2001）中提到，殖民知識是最實用之知識類型，而且是經由地方基層警察官吏對轄下人事地物的日常性監視的紀錄。相較於歐美帝國，日本在殖民之初即展現對於殖民地（臺灣）的求知慾望，並轉化為可資治理的殖民政策。就殖民政府而言，只要是非日本人之民族，即是「危險的個體」或「天生的罪犯」，因此需要特別的監視及與之相關的知識體系。殖民權力即是一種監視的權力。臺灣總督府藉由地方警察與保甲制度之謀合，將臺灣社會建立成一個全景敞視機制。

　　姚人多將其博論關於殖民地警察與保甲制度的篇章重新改寫，在為Benedict Anderson 來台的研討會上發表並收入論文集（Yao, 2004），視臺灣日治時期地方警察之運作為「治理被殖民者的『對的』方式」。他質問殖民地警察對於殖民治理的一些技術性問題：殖民地警察如何干預被殖民者的生活？

〔註5〕 詳 Yao, Jen-To（姚人多），2004。姚人多在「臺灣殖民地警察史」（The History of Colonial Police in Taiwan）一章花了不少的篇幅論述日治前期的警察改革對於臺灣殖民地治理的決定性影響。

〔註6〕 姚人多博論分為四章，第一章論述殖民權力與殖民知識，第二章論述殖民身體、殖民醫學、殖民地醫生與日治時期的疫病空間。第三章論述殖民地警察，第四章論述保甲制度。由此可見本研究所著重之殖民地警察與保甲制度在其論述中之重要性。詳 Yao，2002。

爲何殖民地警察被賦予如此大之權力？爲何其殖民地警察以日人爲主體？爲何警察需有「萬能」的身手，與地方治理無法脫鉤？在這篇長文中，姚人多借用了臺灣總督府的「統計數字」來分析殖民政府想要控制被殖民社會的程度，主要是在警察的數量。本研究欲在其基礎上，更深入地探究臺灣日治時期地方警察職員與官署之空間部署模式、殖民知識與殖民權力之間的呼應關係，以及所形塑之全景敞視社會之特質。本研究第四章受惠此篇長文甚多，與之相較，更著重在「空間性」的取徑。此外，本研究亦盡量引用一手資料，包括殖民官方與被殖民者之回應，以補足姚文幾乎均以二手資料爲論證依據的闕漏。

此外，施添福的〈地域社會與警察官空間：以日治時代關山地方爲例〉（2000）與林一宏的〈從隘勇線到駐在所：日治時期李崠山地區理蕃設施之變遷〉（2007），則是探究相對於「平地」的「蕃地」社會之「警察官空間」。施添福認爲日治時期的臺灣東部地域社會，是以「警察官空間」爲主導，連區長一職都成爲中級警官轉任之職，區的範圍亦遷就派出所的管轄範圍（施添福，2000：5～8）。

1-4-2　建築類型（Building Type）之研究

Pevsner 的巨著《建築類型史》（*A History of Building Types*）（1976）開啓了以「建築類型」爲主題之研究趨向，其透過建築的風格、材料與機能論述工業革命以來新產生之建築類型的發展。全書仍以其一貫的風格論述爲主導，並以十九世紀的歷史主義（historicism）爲時代主幹。十九世紀產生了大量新的建築類型，該以何種初始面貌呈現？Pevsner 認爲每一棟建築物都會在觀者心中產生聯想，不管建築師是否有此圖謀。他認爲十九世紀英國維多利亞時期的建築師的確想要如此，因此他宣稱十九世紀的建築是一種「召喚（過去）的建築」（evocative architecture）（p.293）。全書之鋪陳，是從最紀念性的到最不具紀念性的、從最理想性的到最功利性的、從國家紀念物到工廠（p.10）。Pevsner 首開建築類型史之論述，但在本書中他並未碰觸到建築類型的產生與發生變遷的問題核心，僅是列舉了各地最早產生的某建築類型的首棟建築，以及其所採用之建築風格。在案例的選擇上，亦是以「英雄建築師」之作品爲主。或許十九世紀在 Pevsner 看來，其時代精神在於歷史主義、復古主義與折衷風格，因而以此來論述此時期所產生之建築類型。最

能夠體現其所宗黑格爾正反合辯證史觀之建築史著作《歐洲建築史綱》（*An Outline of European Architecture*）的第八章「浪漫運動、歷史主義與現代運動的開端」，亦是在講述這個時代。可惜 Pevsner 雖然引用了相當多圖像資料，卻極少徵引可茲用以分析的建築平面、剖面，因而缺乏了空間與新機能之間的折衝的探究，而這或許是從藝術史涉入建築史領域者會面臨的困境。而新空間、新機能背後的社會文化亦未被 Pevsner 所重視。但把建築類型視爲一種研究議題，該書仍是一部劃時代之巨著。

　　King 在 1980 年將九篇不同學者以建築類型爲論題所寫作之論文編集成書，如其書名《建築物與社會》（*Buildings and Society*）所表明，乃欲探究「社會形式」（social form）與「營造形式」（built form）之間、社會與其所產生之營造環境之間的關係爲何。不同於 Pevsner 之藝術史與風格史的取徑，King 延續其《殖民的都市發展》（1976）一書的理論架構與研究取徑，視營造形式或建築類型主要是與某些「制度／機構」（institution）〔註7〕相關，而將建築物乃至營造環境視爲是社會的與文化的產物。King 寫了一篇精闢的緒論，回顧建築或營造環境的相關研究，其中即評論了 Pevsner 的建築類型研究並無法說明爲何具有相同機能的建築物在不同社會中會以不同形式呈現（pp.6〜7）。因此 King 試圖提出，「若我們欲理解建築物與環境，我們必須理解它們存在於其中的社會與文化」（p.8）。因此他即提出一個初步的架構，透過「主要機構」（the main institutions）、「聯想」（their associations）與「建築物形式」（related building forms）之間的關係，可資以探究與理解在不同時期與不同文化之間的營造環境。這種取徑首先處理巨觀的社會經濟環境，探究不同機構的轉變所產生之「新」社會需求，或社會對既有需求的修正，因而導致一種新的建築類型的產生，或是一種既有的建築類型的改變。當需求或功能被確認後，則轉而聚焦在建築類型本身，指陳出「需求」如何隨著時間根據不斷改變的理論與其他社會因子而改變，並導致建築物形式的改變。

　　Markus 的《建築物與權力》（*Buildings & Power*）（1993）爲總結其數十年來對於工業革命以來與權力空間相關之建築類型的空間研究成果，亦視建

〔註7〕　所謂「機構」，King 沿用了 Bierstedt 等人的觀念，乃是「一種明確的、正式的且規律的做事方式，是一種已被建立的程序」，如 King 在本書中所列舉的「家庭與血緣」、「經濟」、「宗教」、「政體與社會控制」、「社會層化」、「文化與社會化」等等。詳 King, 1980：9〜10。

築物主要並不是藝術的、技術的或投資的產物，而是社會產物。權力，在社會過程中則是最為關鍵的。Markus 的研究對象是在 1750 年至 1850 年這百年間新產生的建築類型，並將之分成四個部份。第一部份是觀念與理論的探討。第二部份關注被建築物所形塑的人相互之間關係的方式。第三部份則關心知識的生產。第四部份討論與生產及交易相關的建築類型。Markus 視建築如同語言（language），都是分類世界的一種系統。因此他的討論含括了三個領域：建築物、（與建築物相關的）文本與經驗的主體（the building, the text and the experiencing subject）。建築物也如同故事（narrative）一般，從它被構思那一刻起，經過設計、生產、使用及為了因應不斷改變的使用而做的各種重建，一直到最後毀損消失，建築物就是一篇不斷發展的故事。在分析的方法上，他利用 Hillier 與 Hanson 的空間形構法則（space syntax method），透過空間拓樸結構之量化，分析空間幾何結構與在此空間中發生之各種活動的關係。但Markus 主要將其運用在其所關注與權力關係相關之空間「深度」（depth）上，因為「深度指出了權力」（p.16）。

　　Dovey（1999）探究了建築與都市設計這種營造形式如何做為權力之社會實務的中介者（mediator）。他視建築與都市設計「框架」（frame）了空間，營建形式的設計則是「框架」日常生活場所之實務。「框架」對作者而言，意味著「形塑」事物並將之「圍閉」在一個邊界，並有建立秩序與邊界之意。

　　國外以本研究主要對象殖民地警察官署建築為對象之研究尚未見，在臺灣則有吳南茜與林一宏兩位學者曾分別針對日治時期之「平地」與「蕃地」警察官署進行論述。吳南茜論文（1999）與本研究之研究對象雷同，皆以日治時期獨立警察官署建築為研究對象，尤著重於市警察署與警察官吏派出所。吳文在論述上因缺乏日治前期警察官署史料，因此主要著重在日治後期的發展。日治前期史料的缺漏，尤其是基本的建築圖面的缺漏，使其對於警察官吏派出所之空間論述僅能依靠《臺灣警察協會雜誌》與《臺灣警察時報》中的照片輔以尚存實例之田野調查，而有許多錯誤的論證，亦無法建構較為完整之警察官吏派出所變遷歷史。另外，其題旨雖在「都市」警察官署，在派出所的部份仍延伸到村落派出所的討論。至於林一宏〈從隘勇線到駐在所：日治時期李崠山地區理蕃設施之變遷〉（2007）則以李崠山地區理蕃設施之變遷，釐清「隘勇線」與「駐在所」的構成、實質建設與變遷歷程，及其對臺灣日治時期山地空間結構的影響。

1-4-3　殖民城市與建築（Colonial City and Architecture）之研究

對於殖民城市與建築之研究，在 1980 年代之前，以 Abu-Lughod（1965）與 King（1976）的兩篇論文最為重要。Abu-Lughod 以開羅（Cairo）為例，首次提出了殖民城市的雙元特質：同一城市卻並置共存著兩個截然不同的實質環境與種族社會。二者之間有清楚的界線，一端是白人移居之現代城市（或稱「殖民城市」），一端則是當地深色人種居住之傳統城市（或稱「本土城市」），反映出殖民者與被殖民者在空間形態上的明顯差異。

King 則以大英帝國在南亞印度殖民時所創造之殖民城市新德里（New Delhi）為例，更完整地建立殖民城市之理論框架，並以其都市社會學家之背景突破傳統僅描述空間營造外顯表象的論述，將殖民城市納入殖民者／被殖民者在政治環境、社會權力與文化差異之論述。延續 Abu-Lughod 殖民城市的雙元特質，King 質問：「座落在同樣地理環境的兩種不同社會、經濟、技術與政治組織與發展之文化，在殖民主義的條件下，如何根據其各自的社會與文化體系中之價值、信仰與行為，來回應這樣的環境與提供各自的需求。簡言之，我們正在檢視的，是在一個特殊的權力分佈中對於環境的文化應對。」（King, 1976：11）

King 在這部殖民都市之重要著作中，提出了幾個重要觀點與研究框架，以下即就其重要要者略做整理與討論。首先，King 對「殖民城市」提出一個清楚的定義：「源自殖民主義的過程中之民族的、社會的與文化的組成群體的實質分離所賦予特徵的殖民社會中之都市區域。」（ibid.：17）其次，殖民主義下的都市發展有三個條件：兩種文化與價值系統之間的一種接觸條件；這種接觸是發生在兩種具有不同形式或層級之經濟、社會、技術、政治組織與發展的文化；這種接觸則是建立在宗主國與被殖民社會之間的「支配—依賴」（dominance-dependence）之權力結構關係上。第三，他提出以「機構」（institution）做為檢視都市形式之策略〔註8〕，並接著舉出英國殖民印度之三種主要機構形式來討論殖民都市的發展結構，包括：「軍事空間」、「住居空間」與「社會空間」，並分別涵攝三種獨特之殖民建築類型：「軍營」（cantonment）、「廊屋別墅」（bungalow-compound）與「避暑所」（hill station）。

〔註8〕 King 在 1980 年編纂之關於現代建築類型論述的論文集《建築物與社會》（**Buildings and Society**），即是延續以「機構」論述營造環境（built environment）之社會發展的觀點。

第四，「殖民第三文化」（The Colonial Third Culture），牽涉的是「文化涵化」
（或稱「文化變容」，acculturation）的過程。殖民城市是殖民母國與殖民地
文化「接觸」之所，會造成獨一無二之新的都市形式。這種殖民第三文化最
能夠表現「支配—依賴」的關係。這種殖民第三文化具有「雜揉」（hybrid）
之特質，更顯現出殖民城市在文化生活上之「眾聲喧嘩」（heteroglossia）之
多元特質（Wright, 1987：291）。但 King 的研究仍偏重在所謂「白城」之殖
民城市一端，亦即「歐洲人區」。

　　Ross & Telkamp（1985）則編輯了關於發展中國家（第三世界國家）之殖
民城市的研討會論文集。編者在序論中有幾個重要觀點，是一般殖民城市與
建築之研究較少論述，而在這本論文集中有所含括者。首先，殖民城市的形
成與運輸、資源或人力密切相關，因此造成人口從鄉村往殖民城市或城鎮的
移動，也造就了今日這些第三世界國家的大城都是人口密度最高的城市，並
成為首要都市（primate city）或獨立後之首都，如阿爾及爾（Algiers）、西貢
（Saigon）或達卡（Dakar）。其次，殖民城市大多是海港都市，做為殖民地與
殖民母國或其貿易國之間的中介點，如南非之開普敦（Cape Town）。此外，
部份殖民城市之發展並非完全依賴帝國。如孟買（Bombay）是因印度人所擁
有之紡織工業將鄉村的農民引入而形成大城；或是如開普敦、里歐（Rio）或
牙買加的金斯頓（Kingston, Jamaica），都是因礦業資源，由引入之奴隸構成聚
居的主要人口。而殖民城市也不必然是持續擴張的。如印尼首都雅加達
（Jakarta）即因糖業生產引入中國人而使其變成難以居住的疫病之區，終遭荷
蘭人放棄。此論文集大部分的論文都探究了殖民城市的「機能」、「組織」與
「空間配置」。另外，書首 A. King 的〈殖民城市：全球變遷的樞紐〉（Colonial
Cities：Global Pivots of Change）與書末 G. A. De Bruijne 的〈殖民城市與後殖
民世界〉（The Colonial City and the Post-Colonial World）二文，則均提供了殖
民城市研究可以運用的概念與類型。

　　再者，1989 年可謂是殖民城市與建築研究出版相當豐碩的一年，幾本重
要著作不約而同在該年發表，包括 Evenson（1989）、Metcalf（1989）、Rabinow
（1989）與 Tillotson（1989）。Evenson、Metcalf 與 Tillotson 三者均是以印度
之殖民城市與建築為研究對象。三者之研究對象相同，但切入之角度有所差
異卻又互補。Evenson 比較著重在英帝國於印度的四座主要殖民城市——孟買
（Bambay）、加爾各答（Culcutta）、馬德拉斯（Madras）與新德里（New Delhi）

——之城市規劃與建築研究。她視這四座城市爲歐洲之建築與規劃概念在印度提供了舞台，因此比較強調歐洲的空間觀念如何在印度移植與發展的過程，並將前三座城市描述爲「混血城市」（hybrid cities）。Evenson 之論述方式採從殖民初期直到獨立之後之編年模式，並專注在殖民城市之物質實體層面的變遷。雖然著重在歐西概念在印度的移植，但作者仍試圖引用各種素材來闡釋不同的印度觀點與意義。

　　相對於 Evenson 較著重殖民城市與建築實體的論述，Metcalf 則意欲檢視歐洲殖民主義在建築上所表現之文化與權力間的關係。作者認爲研究殖民建築即是研究「製造出殖民秩序之權力部署，以及知識與權力的關係」（p.xi）。因此，Metcalf 並不是在陳述一部殖民建築的通史，而是在探究「政治權威如何以石頭塑形」，與「這些殖民建築如何幫助形塑了十九世紀的帝國論述」。因此 Metcalf 以「紀念性建築」、「英國在印度殖民建築的建築風格」與「英雄建築師」爲主要論述綱要。「一座帝國的建築就是一座兼具權力與知識的建築」（p.5），並在視覺上再現了帝國對於殖民地的支配。英國人在印度興築之公共建築都具有強烈之紀念性，其予人的宏偉印象即是在展現殖民母國的政治權威。後藤新平欲築造宏偉總督官邸建築以震懾臺灣人即是基於同樣心態。Metcalf 頗專注討論殖民建築風格所代表之殖民秩序的意義，尤其是被印度王族所運用於興造地區性官署或公共建築之印薩風格（Indo-Saracenic Style），視其爲「現代的」（Modern）（p.77），並能同時滿足英國人與印度人雙方的品味。但 Evenson 則提出負面見解，認爲此種折衷主義風格過於膚淺（Evenson, 1989：93）。

　　Tillotson 之論著則著重在印度建築傳統與品味受到大英帝國殖民建築與帝國統治政策影響下之變遷。因此，相較於上述二者，Tillotson 並不以殖民建築爲主題，而將研究重心放在殖民建築對於當地建築傳統的影響。作者首先描述傳統印度建築受到引入之殖民建築古典元素所產生之變化，及在此變化下印度本地之統治階層所產生之新的建築贊助（patronage）習慣。其次則論述印度建築與工藝之傳統形式與方法在十九世紀最後二十年的恢復。最後則分別論述新都新德里的營造所造成之衝擊，以及印度在 1947 年獨立之後印度建築的發展。作者文中所舉案例之討論皆以構成建築設計之政治動機爲主。在英國與印度之工藝復興方面補足了前二者之不足。

　　另外，略晚出版關於法國殖民都市論述之 G. Wright（1991），則特別著重在分析文化與政治之關係在殖民地建築與都市設計之反映。該書主要時空範

圍是在十九、二十世紀的法國，以及其殖民地摩洛哥（Morocco）、印度支那（Indochina）與馬達加斯加（Madagascar）。作者引用了一系列的帝國主義與殖民主義的理論，並視文化是宣示政治權力的重要手段之一，而殖民城市與建築都是此種重要政治策略的關鍵要素。在出版本書之前，Wright 亦發表了一篇關於法國現代建築在 1900 至 1930 年間與其殖民地建築傳統之間關係的論文（Wright, 1987）。法國基於同化（assimilation）之殖民態度，常將殖民地視爲是社會實驗場。法國當時正值現代主義盛期，其殖民地之城市規劃與建築設計在西化或現代化的同時，也保存了當地的傳統文化，亦即既「現代化」又「穩定」了殖民城市，傳統主義與現代主義形成了共存的都市政策。而此政策不僅影響了法國的殖民地，亦影響了法國本土。

殖民城市與建築的研究學者，近年來如 King 所期望的，開始有越來越多的前殖民地出身的學者加入並蔚爲主流。在美國加州大學柏克萊（Berkeley）分校之「國際傳統環境研究學會」（International Association for the Study of Traditional Environments, IASTE），即都是由這些國家出身並到美國留學的學者所組成。由 IASTE 主任 Alsayyad 所編輯之《支配的形式》（1992），是由十四位學者所分別寫作關於殖民主義與都市形式之論文彙編而成。本書處理「支配」（dominance）的基本概念，及其在維續都市與宣揚國家認同所扮演的角色。N. Alsayyad 在其類似導論的論文〈都市與支配的等式：反思殖民主義與國家認同〉（Urbanism and the Dominance Equation）提出，殖民城市不只是展示權力與支配的劇場（theatre），更是給予大眾指引的「學校」，以維持其權力與支配的關係（p. 16）。他亦提出被殖民的第三世界社會與其第一世界殖民者之間的關係史的四個階段，是對都市有所影響的：（1）前工業時期的本土，值此階段實質的環境是當地人群文化與實踐的眞正反映；（2）殖民的世界體系，被殖民城市的實質形式開始與這時期的殖民者的實質城市越來越像；（3）第三世界民族國家的興起，但承繼下來的殖民制度與規則通常繼續影響著環境，導致了相同象徵與支配條件的不衰；（4）嚴肅的或膚淺的意圖向傳統取借或回歸傳統（p. 20）。以下就該書中所收錄之 H. Jyoti、P. Chopra、P. Rabinow、M. Lamprokos 與 M. G. Hamadeh 之論文略做回顧。

Jyoti 的論文〈做爲拜謁場的城市〉（City as Durbar）討論文化支配與象徵的控制在建立政治權威上之重要性。與 Alsayyad 的觀念近似，Jyoti 視殖民地之都市規劃爲殖民支配之劇場，亦即運用劇場的隱喻來檢視被殖民者在都市

規劃觀念下之支配與從屬。以印度王公貴族向英帝國女皇或印度副王的拜謁儀式舉行場地，論述不只是拜謁場本身，整個新德里就是一處拜謁場。新德里不只象徵英國的權威與印度的臣屬，城市本身亦是最關鍵之殖民主義論述的演出劇場。而拜謁儀式實際上則是殖民政府挪用了印度蒙兀兒帝國（Mughal）的傳統儀式，以藉此將自身與印度之過去及未來聯繫起來，以正當化其殖民統治。

Chopra 的論文〈龐地切里：一處在印度的法國圍地〉（Pondicherry：A French Enclave in India）則討論法國在印度最早的殖民地 Pondicherry。法國對於 Pondicherry 之空間營造，有四點對其後歐西各殖民帝國在殖民地之空間營造建立了範型。其一，是格子街道系統的引入。其次，歐洲人區與本地人區的區分。種族之空間區別，在此並非基於公共衛生上之隔離，而是基於不干涉印度當地社會的態度。除此之外，營造宏偉之紀念性公共建築（總督府）以宣示殖民政府政治權威，並透過教堂與學校的策略位置部署來影響當地土民。凡此，皆反映了法國的殖民政策與殖民意識型態。

Rabinow 的論文〈殖民主義，現代性：在摩洛哥的法國人〉（Colonialism, Modernity：The French in Morocco）則提出，現代化總是以健康、生產與效率之名暗示著傳統的認同、評價與操作化。Lamprakos 的論文〈勒科比意與阿爾及爾〉（Le Corbusier and Algiers）則論述 Le Corbusier 在阿爾及爾（Algiers）的現代都市計畫 *The Plan Obus*。在這兩篇文章中，開始將殖民地之空間營造與我們所熟悉之西方近代建築歷史關連起來，包括 Tony Garnier「工業城市」對摩洛哥近現代都市空間的影響，或是 Le Corbusier 在阿爾及爾的殖民都市論。

Hamadeh 的論文〈創造傳統城市〉（Creating the Traditional City: A French Project），則是關於法國是否保留其殖民地之「舊城」紋理的論述。他認為法國對其殖民地之傳統城市之保存觀念，實是基於所謂歐洲人對於「東方」（Oriental）社會之想像，亦反映了其殖民地政策從「同化」（assimilation）到「協同」（association）的轉變，在策略上則從「征服者的風格」（the style of conqueror）轉變成「保護者的風格」（the style of protector）。三種政策在阿爾及爾被施行，包括保存尚存之舊區、重建其建築傳統，以及將新建築阿拉伯化。為了防止舊城的改變，即在舊城邊界建立現代的新城以防止其成長，使得舊城之空間與社會被凝固在一不變的時間與空間。舊城的保存只是在視覺

上，僅是將舊城「木乃伊化」（mummification of the old city），並將殖民地舊有的文化「博物館化」（museumification）。

另外，在 1990 年代後半，亦有數本重要之殖民建築與都市之研究著作，以 Celik（1997）與 Perena（1998）最爲重要。Celik（1997）以編年的架構論述了法國在阿爾及利亞的殖民城市阿爾及爾（Algiers）的建築與都市歷史。Celik 自承秉持柏克萊大學 S. Kostoff 教授的都市史理念，視其作品爲「建築史學家式的都市史」，所強調的是「事物的物質架構」與「城市的空間特徵」，本書的主題即環繞在「都市形式」與「都市過程」二者。Celik 認爲法國的殖民城市因其有力的視覺特質而具特色，尤其是歐洲人區與本地人區間的鮮明對照。她意欲填補現代主義在都市史上的空隙，將論述焦點置放在正值法國現代主義風行之時的 1920 年代到 1950 年代間，因此在討論上頗多法國與其殖民地間之於現代主義的對話。Celik 即認爲在法國殖民地設計與施行之都市規劃，尤其是在阿爾及爾，是與法國本地緊密關連。透過都市史之研究，亦關連了法國與阿爾及利亞的歷史。全書精髓一般認爲是在其論述阿爾及爾的都市政策與集合住宅設計，因爲這與當地之宗教及婦女文化密切相關。她即認爲，法國人的集合住宅計畫並未能形塑阿爾及爾的文化與認同，而法國用以平靖阿爾及爾人的都市計畫亦終歸失敗。

Perena（1998）由 King 所指導的博論《社會與空間：在斯里蘭卡的殖民主義、民族主義與後殖民認同》（*Society and Space：Colonialism, Nationalism, and Postcolonial Identity in Sri Lanka*）探討斯里蘭卡（Sri Lanka）從傳統經殖民到後殖民等階段在空間的社會性建構（the social construction of space）。Perena 提出了清晰的前提與方法，包括空間的社會性建構，並運用了 Lefebvre 的「感知空間」（perceived space）、「構思空間」（conceived space）與「生活空間」（lived space）的三元空間概念。Perena 提到了斯里蘭卡在獨立後三十年，其建成環境的空間秩序並未有大的改變，仍然是受殖民主義影響下生產的社會結構與文化感知的連續。臺灣的狀況實與之相當近似。臺灣對殖民性地生產的空間秩序已習以爲常，並視之爲理所當然，且遭遇了另一波的文化帝國主義（cultural imperialism），包括了「國民政府」與「美國援助」。日治時期是臺灣在物質性空間與社會性空間產生巨變的年代，且其所形塑之空間在戰後仍延續著。因此，對臺灣日治時期在物質性的與社會性的空間研究，將更能夠釐清戰後迄今（暫且粗略地稱爲「後殖民」時期）殖民主義與帝國主義

的延續與變遷。

　　Mitchell 的《殖民埃及》（*Colonising Egypt*）則針對埃及於殖民治理上的空間權力關係提出精闢論述。援用傅柯的權力空間觀念，除實體空間外，更探究實體空間所賴以鍊結之社會空間。其所探究的並不是殖民的歷史，而是「意欲殖民的權力」（the power to colonize）。殖民指涉了一種政治秩序，這種秩序並在社會世界中嵌印了一種新的空間觀念、人存在狀態的新的形式，以及製造現實經驗的新工具。除了「物質現實」（material reality）之外，重要的是那個「想像的結構」（imagined structure）、「意義」（meaning）或「再現」（representation）（Mitchell, 1991: xii-xiii, 21）。「世界如同博覽會」（world as exhibition）為貫穿全文之主要概念，第一章即由博覽會開始。博覽會藉由實體的藩籬將之與外部現實世界區隔，內部展示的安排則再現了歐洲人對於文化與演化歷史之歷史地理的秩序，這與殖民者之殖民地實務是類同的。第二至四章則論述軍事訓練、模範村、都市規劃、教育與其他殖民計畫，其重點都在空間如何體現「可見性與觀看」（visibility and observation）的原則，亦是博覽會的原則（p.xv）。至於一向被視為是現代權力論述母題之全景敞視監獄（panopticon），Michell 則認為是「一種殖民的發明」，因為其體現幾乎都在殖民地（印度），而非母國所在之北歐（p.35）。

　　中國大陸學者近年在現代醫療空間在近代大陸的發展之研究亦相當卓越。楊念群（2006）從中國由近代到當代受到西醫潮流的影響下，醫療不再只是中醫擅長的個別病體的治療，更將「治理社會」變成一種醫療行為，寓意了在西化浪潮下中國這個羸弱的病態身體。楊念群採取的是「長時段」的敘事方式，從 1832 到 1985 貫串了中國近現代的過程，亦是從傳統到現代的轉換。其中，醫療空間在 20 世紀前後的轉變與同時期受日人殖民之臺灣有相當的對照關係。初成立之國民政府，即以取經日本為主。

　　至於臺灣社會學者蘇碩斌之《看不見與看得見的臺北：一部關於空間治理的兩種不同城市哲學》（2005）則是以其博士論文（蘇碩斌，2002a）改寫而成，以臺北為其論述對象，探究其在清領與日治兩個不同統治模式下，從清代傳統三市街到日治現代臺北城市的變遷過程。此過程所隱喻者，是傳統地域社會的弱化，以及統治知識（治理技術）的轉換。清代政府對地方之治理，在其龐大的帝國官僚體系下，地方政府僅及縣級。臺灣與大陸一水相隔，政府權威更難到達，僅能依靠鄉治體系。在這樣的治理模式下，清政府對臺灣

是「看不清、摸不透」。但日人殖民統治臺灣後，運用習自西方之現代治理技術，使得以島都臺北為首之臺灣都市之現代空間開始出現。除了透過「日本在臺灣部署的現代行政警察制度，衝潰了地方社會的傳統運作，彷彿把『國家的手足』擺放在地方」（頁 204）外，作者更引用 Lefebvre 的「空間均質化」與「空間視覺化」的空間統治邏輯概念，藉由將地方社會排除之「均質化」與直接看見所治理之土地人民之「視覺化」，將「空間」做為權力運行的管道。

1-4-4 殖民現代性（colonial modernity）之研究

1993 年秋，《觀點：東亞文化批判》（*position：east asia cultures critique*）雜誌以「殖民現代性」（colonial modernity）做為創刊號之主題，主編 Tani E. Barlow 並在 1997 年將該期文章重新彙編成書出版，開啓了以東亞「殖民現代性」為中心之區域歷史與文化研究。1999 年，Shin & Robinson 亦編集韓國自 1990 年代以來對於殖民地歷史書寫範型具有新的視域的論文，出版《韓國的殖民現代性》一書。Barlow 認為「殖民主義」（colonialism）與「現代性」（modernity）是工業資本主義史不可分割的兩個特質（Barlow, 1997：1），因此在該文集的論文僅有數篇是以殖民地為探究對象，主要還是專注在東亞兩大帝國，中國與日本。這其實也說明了東亞的帝國本身在現代化的過程中，亦帶有「殖民性」，而非只是在殖民地。此與張隆志所認為應研究「殖民主義和現代性在母國和殖民地的共構關係與歷史實態」的觀點相符（張隆志，2004：158）。而 Shin & Robinson 編纂的文集則因應韓國史學界在 1990 年代產生的重大變革，對傳統以民族主義（nationalism）偏見為主軸的殖民地時期歷史書寫提出批判，認為應視「殖民主義」、「現代性」與「民族主義」三者為相互鍊結、相互影響的概念（Shin & Robinson, 1999：5）。從「殖民現代性」的觀點切入東亞殖民地時期的歷史研究自此展開。

並木眞人與松本武祝兩位專研近代朝鮮史的日本學者，則針對韓國此波「殖民現代性」之研究取徑熱潮提出了回顧，其中有幾點對本研究觀點的形成頗有助益。首先，二者均欲摒棄傳統摩尼教式之善惡二元論觀點，主張在日治時期的朝鮮是「殖民（地）性」與「現代性」並存的狀態。因此，此時期之歷史應以探究 Foucault 所提出「做為規訓權力的近（現）代」的問題意識才是關鍵（並木眞人，2004：89；松本武祝，2004：118～120）。二者即均在論文中提及警察對朝鮮人民日常生活的暴力干涉。其次，是在傳統殖民歷

史論述的「帝國主義」（以殖民母國與殖民地政府為代表）與被殖民的「在地民眾」間的敵對二元組中加入第三者,「對日協力者」（collaborator）。殖民政府與在地地方菁英合作共謀,以深化落實統治並降低統治成本;在地菁英亦可確保利益以取得邁向現代化之種種資源（並木真人,2004：102）。藉由已先行被啟蒙的在地菁英之中介,協助殖民官吏（尤其是地方警察）對尚未啟蒙的非菁英民眾發揮規訓的功能,殖民權力方能下達於村落的行政體系（松本武祝,2004：125）。而在殖民地底層民眾的聲音的發掘則是殖民現代性另一個重要子題,強調以食衣住行和語言等殖民地社會日常生活實態,及其與現代之關連性為論題（張隆志,2004：159;並木真人,2004：90）。

　　本文即在上述觀點下,以臺灣日治時期地方警察與由在地菁英所構成之保甲組織（可視為是對日協力者）為中心,探究二者所共謀形成之規訓權力空間在臺灣日治時期的意涵。並木雖稍略及 1930 年代在日本、臺灣與朝鮮均產生的「農村振興運動」〔註9〕,但並未進一步論及此規訓權力機制對於「殖民地方」民眾日常生活的影響與空間的改變。松本亦僅強調「都市文化的成立」（松本武祝,2004：116～118）。由此再回視相關研究中並未觸及太多殖民建築與城市之論述。夏鑄九（2000）的論述同樣亦專注在殖民城市（與其中的建築）,雖提出日治時期的臺灣建築與都市之歷史意義在於殖民的現代性營造,卻將之視為是「一種沒有主體建構過程的現代性」。但本研究試圖提出,因為日人在臺殖民的特殊機制—地方警察制度與保甲組織的謀合,使得其在臺的現代性空間營造不僅在殖民城市,亦在殖民地方;而在此過程中,並非如夏所言僅是「以殖民國家為主體,由上而下地建構起殖民城市之體系」,被殖民的臺灣人民亦有居於現代空間營造的主體性格,並由下而上衝擊並改變殖民政府的空間營造決策。

1-5　寫作架構

　　本文共分六章。首章〈緒論〉陳述並討論研究題旨與研究對象,並就相關研究與文獻進行主題性之理論回顧,以做為後續章節之論述架構。

　　第二章〈殖民地警察：一種殖民地社會控制的策略〉則論述殖民地警察

〔註9〕　譬如衛生警察與家計簿對日常生活層面進行細部的徹底管理。詳並木真人,2004：87,95～96。

制度做為殖民地社會控制策略之背景發展與其意義。殖民地警察之發展，以在大英帝國海外殖民地為主，並以其近鄰屬地愛爾蘭之警察隊為範型。除論述殖民地警察之歷史背景外，並說明其在組織、構成、數量、任務與治安對象上之特徵，以為臺灣殖民地警察發展之對照。與大英帝國之模式相近，日本亦將其在明治初期模仿並調適法國巴黎首都警察而建立之現代警察制度運用在臺灣。臺灣殖民地警察之關鍵，在於民政長官後藤新平堅持創立一中央集權之地方警察組織，沿用日本獨創之派出所散在配置，並以其生物政治學原理挪用清代保甲組織做為地方警察輔助機關，形成較日本內地及其他殖民地更為有效的殖民地社會控制利器。

第三章〈警察建築：日治時期臺灣地方警察官署建築變遷〉則是關於日治時期臺灣平地地方警察官署建築類型之歷史研究。本章所謂地方警察官署，是以獨立設置警察官署建築者為主要討論對象，而不包括其他與行政官署共用廳舍之警察機關。依其性質與規模之差異，分為（日治前期）「支廳」與（日治後期）「郡警察課分室」、（日治後期）「市警察署」、（日治時期）「警察官吏派出所」。就各種建築類型之設置緣由、基地選擇、建築配置、空間機能與組織、構造材料與經費來源逐一說明。尤其是警察官吏派出所，權力最大，效率最高。日本治臺之殖民權力並不在中央政府，而在地方之枝微末節，且能滲透入被殖民者社會。日人在臺灣之殖民統治關鍵，即在於透過最小職階官吏（僅有判任官待遇之巡查）與最小的建築實體（警察官吏派出所），將權力滲透到整個殖民地，深入殖民地人民之日常生活，並且「放大」其權力。此外，亦就警察輔助機關之「保正事務所」、「保甲聯合事務所」略做討論。小結部份則摘要日治時期臺灣地方警察官署建築發展之特徵。

第四章〈警察之眼：日治時期臺灣地方警察之部署策略與殖民治理〉則意圖探究日治時期臺灣地方警察如何透過空間部署的模式，建立其綿密不斷的殖民凝視，以規訓臺灣人。除了更進一步探究前章各種獨立警察官署之數量、配置密度與管轄人口、面積、城鄉的關係外，更將視域擴大與日本其他殖民地（尤其是朝鮮）對照比較，以釐清臺灣殖民地警察在空間部署模式上之特殊性。其次則探究地方警察之基本任務「警邏巡查」將警察官署之點狀部署擴大成面狀，並結合「立番站崗」、「保甲連座」及「犯罪即決」等殖民制度，將臺灣建構成一個全景敞視社會。地方警察在臺灣總督府地方治理上所扮演之關鍵角色，除是治理所需地方知識的蒐集者外，亦是殖民政府根據

其所建構之殖民知識所做決策之執行者。不同於其他亞非殖民地，除了土地、資源之資訊外，被殖民的「人」的知識是殖民政府所最關切者。最後則論述臺灣地方警察全景敞視空間的建構之殖民治理意涵，並意圖詮釋後藤新平所謂臺灣的警察制度是十八、十九世紀的警察制度之意涵爲何。

　　第五章〈建築警察：日治時期臺灣地方警察與空間改正〉則意圖論述臺灣日治時期地方警察是否在臺灣空間改正過程中亦扮演重要角色。首先論述殖民地之空間改正與社會控制之共謀關係。殖民地在殖民者眼中常被賦予「黑」、「闇」、「夜」的隱喻，暗喻了殖民者對被殖民者的膚色、文化與空間的輕蔑，但更是對殖民地一無所知的恐懼下所產生之感知。殖民地的黑暗，使得殖民者無法治理。因此治理殖民地之首要工作，不外乎進行空間的改正，切開殖民地傳統聚落的密實量塊，劃出寬敞筆直的鋪裝道路，使得被殖民者無法遁形。空間由「暗」到「明」之破壞性創造的過程，就殖民者而言，亦使殖民地由「蒙昧」趨向「文明」，在道德上從「惡民」變爲「良民」，方便其殖民治理與規訓。其次，相對於總督府土木營繕技術官僚之計畫與工程執行，地方警察與保甲實扮演地方空間營造之非正式部門的角色。保甲工幾乎是日治時期臺灣人民的共同經驗，其所完成之道路及各種建設在規模數量上相當驚人，並將殖民地臺灣之現代空間營造由「殖民城市」（colonial cities）延伸到「殖民地方」（colonial locals）；但此亦象徵了殖民權力也深入了臺灣的鄉村野地。同時，本章亦試圖質問這些由臺灣人民所營造之「現代」空間，對臺灣人民是否同樣感受到「現代」、「進步」所帶來的福祉。答案是否定的！因爲這些具有現代性之空間中，充斥著「殖民性」。最後則欲探究警察在建築管理上所扮演的角色。

　　第六章〈結論〉則針對前此之論述做一全盤之回顧檢視，並提出後續可資延續與發展之相關研究議題。

第二章　殖民地警察制度：一種殖民地社會控制的策略

2-1　引　言

　　警察制度，狹義言之，意指維持秩序、預防與偵察犯罪的特殊機構（Fairlie, 1901：1）。現代警察制度一般被認爲是十九世紀民族國家與殖民帝國（尤其是歐洲）的產物。police 一詞，乃源自希臘字 *politeia*，在英法文中之動詞 *policier* 有「小心謹愼地整頓、治理與統治」之意；*police* 本身則意謂「市民政府」（civil government），且一般是指在一座城市或一個城鎮的政府而言（Emsley, 1999：8～9）。現代警察制度一般概分爲兩種類型：即所謂「大陸型」與「英島型」。根據 Emsley 的研究，法國國王路易十四世在 1667 年時即設置了巴黎警察總監（*lieutenant général de police de Paris*），至十八世紀時受拿破崙軍隊組織模式影響，警察制度亦引入其注重效率且集權之政府體系。在城市中之警察職務仍爲「監督道路照明與清潔、交通、消防、公共景觀與市場，並維護法律與秩序及追捕罪犯」。在鄉村地區則以「憲兵」（*gendarmerie*）爲範創生軍事警察，並逐漸成爲十九世紀歐陸各國（以法國、德國與義大利爲主）國家權威與法律在鄉間之表徵，也是歐陸各國在海外殖民地所運用之警察制度範型（Emsley, 1999:10）。

　　反之，英國視「憲兵」之歐陸警察制度太過軍事化而發展另外一套現代警察制度。1829 年時，Robert Peel 建立了倫敦的都會警察隊（Metropolitan

Police, M.P.），被多數學者視爲是現代警察制度之濫觴。其特質在於其爲不攜帶武器之文官，並受地方政府當局的監督與指揮（Arnold, 1976：4）。

　　現代警察制度爲資本主義社會的產物，並牽涉到工業革命以來所創造的大量都市中心及其所產生的無產階級問題〔註1〕。而民族國家對於其境內的監視亦達到前所未見的強度，這種國家監視的擴張與都市化緊密關連（Gillis, 1989：310）。如紀登斯（A. Giddens）所強調，具有在監視的情報的與監督的面向的特殊結合，使得人口從鄉村到都市環境的大量遷移成爲可能且被視爲是必要的；而且，只有在城市之中，定期的監視方可由國家之中央機構來維持〔註2〕。

2-2　大英帝國的海外殖民地警察制度

2-2-1　殖民地警察的形成與其特質

　　治安在殖民地社會秩序的建構上扮演著樞紐的角色，殖民地的領導者通常會賦予警察形塑與管理一個殖民地社會的顯著角色，並被視爲是「文明化之工具」（instrument of civilization）（Anderson & Killingray, 1991a：9）。

　　關於殖民地警察的討論，幾乎都以大英帝國的海外殖民地爲主，此乃因歐陸帝國對於其殖民地的治安是以憲兵爲主導，而非警察〔註3〕。就大英帝國的殖民統治而言，「殖民地警察就站在殖民統治的切面上。殖民地警察融合軍事與文官的角色，傾向於強化警察做爲殖民政府與大多數民眾接觸的第一線的位置」（Anderson & Killingray, 1991a：2）。殖民地警察涉入殖民地治安的維

〔註1〕　在傳統封建社會，國王對於其子民的控制，是透過做爲其家臣與村落官員的封建地主來掌握，封建地主同時掌握了行政與司法的權力。但封建社會的瓦解，造成中央政府逐漸強化，而商業與工業成長創造了大量都市中心，並形成一種新的社會階級，即無產階級，並形成了資產階級與無產階級之間的對立與爭端，而這已非傳統封建社會的控制策略所能掌握，因此亟需新的維持社會治安的範型產生，亦即警察。詳 Arnold, 1976：3。

〔註2〕　詳 Giddens, Ahthony (1985). *A Contemporary Critique of Historical Materialism, vol. 2*. Oxford：Polity。此處轉引自 Gillis, 1989：310。

〔註3〕　Kroizer 曾提出半軍事化的殖民地警察與憲兵的差異。殖民地警察擔負的是殖民地一般的治安角色，調查並偵察犯罪。憲兵則僅負責鎮壓暴動並維持秩序。另外，殖民地警察部隊是配置在區警察局之間，而憲兵則駐紮在關鍵的重要據點。詳 Kroizer, 2004：116。

持，一般是在帝國權威被確立之後。此時，在統治初期攻城掠池的軍隊則退居第二線，僅負責衛戍邊境或對外的戰事，或是警察已無法阻遏之影響過大的紛亂暴動之時。

殖民地警察，雖然是承襲了所謂「現代的」警察制度，但基於運作的對象與空間的差異，其任務並不完全在於預防或偵察犯罪，而是在展示殖民政府的權威，以及保護殖民者的利益（Anderson & Killingray, 1991a：6; Das & Verma：1998：354; Killingray, 1986：425～426; Robb, 1991：129～130）。另一方面，殖民地警察處在殖民地政府與被殖民人民之間的關鍵交界點，是殖民地官僚中與殖民地人民有最直接而頻繁的接觸者（雖然還是很少），因此也常做為殖民政府與被殖民之地方人民間的中介（interpreter）（Singh, 2002：63）。如 Mukhopadhyay 所強調的，「在殖民的狀態中，警察官吏是殖民政府實際上的代表與最容易看見的象徵」（Mukhopadhyay, 1998：255）。在殖民地，殖民地警察總是殖民者與被殖民者之間最重要的聯繫，因為殖民地警察是國家控制的首要工具，與民眾有日常的接觸，但也常成為殖民地激烈衝突的導火線（Campion, 2003：217～218）。

Killingray 更一針見血地指出，殖民統治創造了新的罪犯，殖民地法律與治安的基本特質不在於法律的統治，而是在於施行殖民統治，並處罰那些違犯他們的人（Killingray, 1986：413）。就殖民者而言，被殖民者都是「天生的罪犯」（criminals by birth）〔註4〕。

2-2-2 大英帝國海外殖民地警察之範型——皇家愛爾蘭警察隊

英國在十九世紀初期同時發展出兩種截然不同的現代警察制度。一為前述之倫敦都會警察隊。但實際被運用在殖民地之警察範型，則是為鎮壓愛爾蘭當地反抗英國統治的農民暴動與零星的恐怖主義而組織之皇家愛爾蘭警察隊（Royal Irish Constabulary, R.I.C.）（Arnold, 1976：4）。1814 年時 Peel 組織

〔註4〕「天生的罪犯」一詞引用自 Sanjay Nigam 在 1990 年所發表的兩篇長文。Nigam 論述了英國殖民地印度 Uttar Pradesh 一帶的犯罪部族與種姓，與 1871 年殖民政府通過的「犯罪部族法」（Criminal Tribes Act）。殖民政府透過蒐集、調查並「詮釋」印度的傳統，將某些部族或種姓定義為是天生即有犯罪傾向者，因此透過法令、警察（或其他代理人）與限定空間來管理並規訓。而是否被歸類為犯罪部族，則由其地方政府認定並向該部族公佈。其規訓手段包括了：登記、點名、限制行動、通行證制度、農業移民、感化營、感化院，或是讓小孩與父母分居。詳 Nigam. 1999a &b。

了愛爾蘭維安警察隊（Irish Peace Preservation Police），以取代軍隊來鎮壓地方上的暴動。1822 年成立了愛爾蘭警察隊，1836 年重組，1867 年時因其在 Fenian 叛亂時表達出對於英國女王的忠誠而被授以「皇家」頭銜（Brewer, 1989：82; Tobias, 1972：214）。

皇家愛爾蘭警察隊的任務特質並不在防範與偵察犯罪，而是在維持公共秩序與大英帝國的權威（Brewer, 1989：83）。相較於都會警察隊，其呈現出幾點差異。首先，都會警察隊主要運用在都市治安，皇家愛爾蘭警察隊則以鄉村治安爲主要對象（Anderson & Killingray, 1991a：3）。其次，皇家愛爾蘭警察隊是受到在都柏林（Dublin）的殖民政府的直接控制（Arnold, 1976：4）。一般英國警察是由地方政府當局自行管理，但皇家愛爾蘭警察隊則是受中央政府控制的國家部隊（Tobias, 1972：217）。第三，愛爾蘭警察隊是以半軍事化殖民警力的方式組織，而且是武裝的（Arnold, 1976：4; Brewer, 1989：82; Tobias, 1972：216）。他們在責任區內的巡查（patrol）通常是兩人一組，並攜帶武器〔註5〕。最後，不同於一般警察居住在由官方所提供的住宅或宿舍，皇家愛爾蘭警察隊員不管單身或已婚〔註6〕都是集中居住在營房（barrack）之中（Arnold, 1976：4; Tobias, 1972：217）。因此皇家愛爾蘭警察隊並非駐紮在他們所值勤的社區中，而是由中央政府所指揮控制的一個部隊（Anderson & Killingray, 1991a：4）。在英格蘭的一般村莊都只有一位警察並居住其中，但在愛爾蘭的村莊則有一位巡佐與三至四位警察。居住在營房中的警察決定了單位的最小規模。一個警察隊單位的營房必須從安全與防禦的觀點來設計（Tobias, 1972：216～218）。

2-2-3　大英帝國海外殖民地警察的形成及其特質

一　殖民地警察與部落警察

雖然大英帝國在 1857 年後之海外殖民地警察是以皇家愛爾蘭警察隊爲範型，但根本上仍存有一個最大的差異，即在於愛爾蘭配置了嚴密的警察，但海外殖民地則否（Anderson & Killingray, 1991a：4）。殖民地之治理與控制

〔註5〕 攜帶的武器在早期主要是步槍與刺刀，後期則改爲連發手槍。詳 Tobias, 1972：216～217。

〔註6〕 原則上皇家愛爾蘭警察隊員都是未婚，少數是已婚的。未婚的警察隊員必須在服務滿七年、並累積一定財富以維持較高的生活水準之後方可結婚。詳 Brewer, 1989：84。

一般而論是高度選擇性的，且通常是表面的，因此並非殖民地所有的地方都能有效地配置警察（Anderson & Killingray, 1991a：6）。殖民地的統治者很少能夠掌握住殖民地社會。殖民地的治理機構、整套外來的法律以及維持法律與秩序的警力，很少能夠碰觸到殖民地的鄉村地區（Killingray, 1986：436～437）。帝國的殖民地警力主要是配置在歐洲人居住區〔註7〕，亦即所謂的「殖民城市」或是「白人城市」（white city），以保護歐洲人在殖民地的安全與利益。在白人城市，警力的部署密度明顯的比其他地方來得高。在歐洲人為主的殖民城鎮，警察會定期或不定期地巡邏一至數次，通常會涵蓋了城鎮中的商業區與中上階層的住宅區（Anderson & Killingray, 1991a：10）。但殖民地警察在殖民地地理空間上的部署，在歐西目前並無專論。僅能從 R. Kipling 的〈惡夜之城〉（*The City of Dreadful Night*）與 A.D. King 的研究中推敲知道，大致上是配置在殖民城市與黑人城市之間的交界地帶，並面向黑城〔註8〕。在愛爾蘭和其他海外殖民地，警察都是居住在營區之中，與被管轄的殖民地人民分開（Brogden, 1987：11&13; Burger, 1987：824; Das & Verma, 1998：357）。

其次，大部分的殖民地都具有超過一種的警察部隊。除了殖民地中央政府的警察部隊之外，尚有地方部落警察（tribal police）在偌大的殖民地土人區同時運作。而且，大多數的警力都是小規模的。日常的法律執行，是在地的權威以及臣屬於傳統統治者的地方部落警察的責任（Killingray, 1986：424～426）。種族是殖民地治安的關鍵元素，英殖民地警察的徵募與指揮結構，即是建立在種族的基礎之上（Anderson & Killingray, 1991a：7）。在白人城市之外，部落或土著當局的警察部隊負責殖民地大部分鄉間野地之治安。這些警力通常與在地的權威結合，並被視為是間接統治的關鍵元素（Anderson &

〔註7〕 如殖民地時期的肯亞（Kenya）警察僅在「歐洲人區」運作。或是英國在非洲的殖民地，城鎮是由殖民政府來維持治安，尤其是在歐洲人與受過教育的非洲菁英所居住的那些區域，因為這些人是交了地方稅並在城鎮議會運作的人。詳 Anderson, 1991：185；Killingray, 1986：414～415；McCracken, 1986：130。

〔註8〕 根據 R. Kipling 在〈惡夜之城〉中的描寫，第 22 號警察總部的火警望樓是在警察辦公室的頂端，從這鳥瞰似的望樓中可以聽到「加爾各答的心跳」。而在望樓上的注視，是與過著令人尊敬的生活的白人區域無關的，也界定了白人區與有色人種區。詳 R. Kipling, 1919 或 Low, 1996：181～185。另外，King 則提出做為社會控制工具的警察，總是配置在城市的在地人區與白人軍營之間。詳 King, 1976：216。

Killingray, 1991a：8）。殖民地警察與地方領導菁英共謀，地方菁英負有在鄉野村落中向殖民地警察報告犯罪與監視嫌犯的責任（Arnold, 1976：5）；反之，殖民地警察則被視爲是地方領導菁英權威在村落中的主要支撐（Johnson, 1991：160）。因此，殖民地的打擊犯罪常常意味著消減對於殖民地法律的威脅，並支持殖民帝國的權威，以保護殖民者的利益〔註9〕。殖民地警察大部分是各地方各自爲政的。在印度，警察仍採用傳統的密告與信差系統。1902 年之前，所有的警察監視與調查都是由區警察在其轄地獨立指揮，與各省之間並無太多關連，甚至在同省各區之間也無太多聯繫（Camoipn, 2003：226）。

　　殖民地警察大部分都具有輔助正規軍隊的風格（paramilitary style），並且反過來影響了英國本土的警察制度（Mukhopadhyay, 1998：253）。因此亦有學者認爲，現代警察制度在形式上都是殖民的，無論是在遙遠的殖民地，亦或是在母國都會（William, 2003：322～323）。

二　殖民地警察之組成

　　殖民地警察之組成大多是以歐洲人擔任高階警官，管理其下組成複雜的中低階層的警察，此乃基於語言、文化、社會與風俗之差異。更重要的，是基於統治經濟上的考量。英國在其亞非殖民地均採取間接統治模式，並影響了殖民地警察之組成，主要是從殖民地當地人中去徵募基層警察。大英帝國殖民地警察的構成，大致上依其職階高低，呈現種族上之差異。高階警官以英籍或其他歐籍警官爲主。歐洲人必須位佔指揮監督之職的信念，乃是透過對於被殖民者（如印度人）及其能力與特質的輕蔑而進一步被支持（Singh, 2002：50）。中級警官則以具殖民地警察經驗之非當地警官爲主〔註10〕，至於低階警察則清一色是由殖民地在地人民來擔任。以非洲的英殖民屬地肯亞（Kenya）爲例，其殖民地警察的組成是由一個英籍（白人）監督官與一個助理監督官，加上一些亞洲籍中級警官與全數的非洲籍（黑人）警察所構成（Anderson, 1991：184），而且這些在殖民地徵募而來的基層警察均未曾受過

〔註9〕　詳 Killingray, 1986:425～426。Killingray 原文的殖民帝國與殖民者清楚地指涉是歐洲與白人。

〔註10〕　在印度，中階警官以受過教育或有良好背景的印度人來擔任，但這已經是印度人所能擔任的最高職位。詳 Arnold, 1976：13。西非殖民地警察有一些印度籍的中階警官，東非與中非的殖民地警察則有亞裔的中階警官。詳 Killingray, 1986：424～425。

專業訓練（Anderson & Killingray, 1991a：4）。英籍高階警官會巡行各地有部落警察駐在的區域聽取治安報告，並視察重大案件〔註 11〕。但英籍白人警察官幾乎都不太會說殖民地當地的語言。G. Greene 的小說《事物的眞相》（*The Heart of the Matter*）中的主人翁，擔任英屬西非殖民地警察局副局長的 Scopia 到鄰近的轄區去聽取駐地土著巡警的報告，對於該土著巡警以半生不熟的英文報告該地治安狀況感到厭煩，即反映出已在當地服務達十餘年之久的 Scopia 仍對當地語言一竅不通〔註 12〕。對於地方知識的需求與語言的精通，使得印度警察無法在各省份之間流動（Campion, 2003：232）。對某些殖民地的住民而言，警察是個異鄉人（Johnson, 1991：153）。以異鄉人管理異鄉人（policing strangers by strangers）之策略，實即英國殖民地警察之關鍵〔註 13〕。

　　殖民地在白人城市之外的鄉間地區，則採用「部落警察」，也可能是該地統治菁英自己的親信，或是村落原有的守衛（watchman），或甚至沒有警察存在。某些殖民地部落警察必須臣屬於一個被當地或殖民政府認可的部落權威，因此部落警察大多來自地方領導菁英（酋長）自己的家庭成員，並常常被視爲是訓練未來部落菁英的一個場所。以蘇丹的上尼羅河省（Upper Nile Province of the Sudan）爲例，當地警察事務概由土著政府（Native Administration）的酋長警察負責，殖民地政府的警察僅是在扮演維持英籍區行政官（District Commissioner）威望的角色而已（Johnson, 1991：159～160）。部落警察的作用之一，即在維持當地傳統統治者的權威（Killingray, 1986：428）。就駐在印度之英籍高階警察官而言，他們也偏愛從印度上層種姓中徵募中低階層警察，以加強殖民地警察的權威（Singh, 2002：52）。部落警察的採用，既可減少殖民者與被殖民社群之間的摩擦，鞏固殖民政府的威權，亦可使殖民地警察的數量減少以舒緩財政上之支出。

　　對英國的殖民地統治而言，人力與資源僅允許選擇性的行政治理。殖民

〔註11〕 甚至，警察僅造訪據報有嚴重犯罪或騷動的村莊或部落。詳 Arnold, 1976：6。

〔註12〕 詳 Greene, Graham (1978). *The Heart of the Matter*. New York：Penguin.

〔註13〕 詳 Brogden, 1987：11。Anderson & Killingray 則指出，大英帝國殖民地警察的徵募，就跟軍隊相似，都積極地從殖民地的邊境尋求徵募，以值得信賴的異鄉人來警察其他的異鄉人。詳 Anderson & Killingray, 1991a：7。Killingray 則論述英國在非洲的殖民地法律與秩序的維持時提到，雇用外來者（aliens），駐紮在營區與警察部隊中，並強調維持法律與秩序之警察的威迫本質，以及其外來性（foreign-ness）。詳 Killingray, 1986：424。

政府提供了一個領域管理的鬆散結構，而其權威仍留在傳統統治者手中（Killingray, 1986：413）。間接統治所強調的是地方領導菁英在維持法律與社會秩序上的角色（Killingray, 1986：416）。在英殖民屬地黃金海岸（Gold Coast），只要經過總督認可，酋長甚至有制訂法令的權力，在自己的部落中設置警察並管理法庭（Killingray, 1991：114）。

英國海外殖民地警察，預算少，缺乏專業訓練，紀律不足。雖意欲採取文官警察（civilian police）的原則，但殖民政府當局發現非武裝的警察不足以保護來自殖民地人民各個層面的攻擊，因此殖民地警察原則上是武裝的，並做爲輔助正規軍隊的部隊。

三　殖民地警察之生活面向

與其他殖民地官僚相較，無論在英國人或印度人眼中，殖民地警察的社會地位都是低下的（Robb, 1991：139）。如在南印度 Bihar 的警察大多缺乏住宿的場所，警察營區所提供的房舍通常狹窄不堪，並且缺乏家庭的私密性空間。警察被迫租屋，但其薪資甚低，租屋的花費常超過所獲得的津貼，使得多數警察負債累累（Singh, 2002：50）。甚至，地方警察表現出他們對富人階級與有權勢者的尊崇（Singh, 2002：64）。印度殖民地警察在生活上最畏懼的方面，就是位在一個遙遠職位承受苦悶且似乎永無休止的孤寂（Campion, 2003：221）。警察官很少有能力可以支撐一個家庭、養育小孩及支領退休月俸，因此被迫留在這個職位甚久（Campion, 2003：232）。

2-3　日本近代警察制度的形成

日本正式邁入現代警察制度的時代，始自 1874（明治 7）年 1 月 15 日東京警視廳之創設。在此之前，1868（明治元）年在開埠港市橫濱即設置以英國現代警察（即倫敦都會警察隊，M.P.）爲範型之警察機關。1870（明治 3）年，広沢眞臣自美國購回《新美國百科》（*The New American Cyclopaedia*），並翻譯其中 police 一項，漢譯爲「警察」（大日方純夫，1990：469），自此「警察」一詞即沿用至今。1871（明治 4）年時，則在東京開辦了「邏卒」制度（the *rasotsu* system）（Westney, 1982：311）。1872（明治 5）年司法省海外法政考察團在歐洲考察一年後，由總責警察事務的川路利良提出意見書〔註14〕。考

〔註14〕川路利良在 1872（明治 5）年時任邏卒總長，並在該年銜命赴歐考察警察制度。

量明治初期藩閥之地方勢力未消，明治新政府乃仿傚採「中央集權」之巴黎市首都警察制度〔註15〕，警察唯中央政府之命令是從，而非由地方分治，形成日本現代警察制度之雛形。

　　日本近代警察機構經歷初期的數次變革而逐漸確立，在首都東京設置直轄之警視廳，地方各府縣則是由內務大臣指揮下之地方文官（知事）管理，其下各階爲警察本部、警察署、駐在所，是一中央集權之金字塔型構造（大日純方夫，1990：484）。日本現代警察形塑初期，地方警察機關主要爲出張所與屯所二種。依據 1875（明治 8）年所制訂的設置基準，戶數約兩三萬戶的一個區域設置一個出張所，配置一名警部與數十名巡查；其下再設置數個屯所，配置巡查擔任警邏工作（patrol）。1877（明治 10）年，出張所改稱警察署，屯所改稱分署，建立了警察署制度。1886（明治 19）年之地方官官制改正，則確立了在各郡區設置一處警察署的制度（大日純方夫，1990：492）。

　　然日本現代警察制度之獨創發明，當在其警察「散在」配置原則或所謂「散兵警察」（大日純方夫，1990：484）。地方警察機關原僅分警察署與警察分署兩個層級。但基於警察署監督之責過重，故而在警察分署之下增設第三個層級，即派出所與駐在所（Westney, 1982：326）。初設東京警視廳之時，乃是併用巡查與「立番」（站崗，sentinel）的勤務，並設置交番所（*koban*）採取交替勤務的方式。1881（明治 14）年，交番所改稱「巡查派出所」，有 325處，針對民眾做日常性監視的體制因而確立（大日純方夫，1990：492）。1880年代初期在都市地區實施，1880 年代末則擴及町村地〔註16〕。派出所之設，

回國後並提出〈警察制度につき建議〉（1873，明治 6 年）。1874（明治 7）年東京警視廳成立後，出任第一任大警視，後被尊稱爲「日本現代警察之父」。詳由井正臣、大日方純夫，1990：229～233；Westney, 1982：311；Chen, 1984：213。

〔註15〕十九世紀時，警察制度分「英島型」（或稱「海洋型」）與「歐陸型」（或稱「大陸型」）二類，分以英國與法國（或德國）爲代表。歐陸型警察制度具有以下幾項特徵：執行範圍廣泛之行政機能、高度涉入政治性的監視與控制及中央集權。法國巴黎首都警察制度，以其有效之中央集權及有效之「預防性」（preventive）治安，被視爲是對抗封建諸藩所形成地方勢力之最佳利器。在明治維新之初，除警察制度外，包括軍隊、小學校、法院、法律體系等制度，亦皆以法國爲範。詳 Westney, 1982：307～342。

〔註16〕詳田村正博，1997：205。大日純方夫的說法稍有不同，但似乎較爲精確，即初期僅在東京施行，而其他府縣則在區域中心地設置警察署，其下設以分署，在警勤區域內巡迴視察。直至 1880 年代後半，具體的「散兵警察」（即普設派出所／駐在所）制度方推行到全國，行政警察的體制因而確立。詳大日純

Westney 推測是因傳統東京街道狹窄彎曲及缺乏主要運輸軸線所致（Westney, 1982：327）。初期每一派出所約配置十二名巡查，各有專職。但自 1890 年代起，警察定員受限於警察預算緊縮而無法擴增，每一派出所定員減少，原本各有專責之警察的能力漸趨「萬能」，乃漸形成高密度空間分佈與角色低度專業化之地方警察特色（Westney, 1982：333-4）。都市地區之「派出所」是在守望地點設置休息場所，由多名警察官交替勤務，反覆實施守望（監視）、巡查（patrol）與在所休息。町村地區則設置一人執務之「駐在所」，眷屬並與執務警察官同住於廳舍〔註17〕。駐在所可說是警察的第一線，同時在地方上又有很強的固有機關性格，因此一直以來與村長、小學校長並稱爲「村中三巨頭」〔註18〕。對一般日本人而言，可見的政治權力不在議會、內閣與高層官員，而在無所不在的文官警察（Chen, 1984：213）。派出所／駐在所是巡查日常活動的起點，以對民眾之動靜做日常性的監視（大日純方夫，1990：492）。二者對臺灣地方警察官吏派出所制度與建築之形塑，均有一定影響。因此對一般日本人而言，政治權力並非由那些在遠地且不易見到的國會、內閣菁英與較高的文官階層所體現，而是藉由無所不在的文官警察〔註19〕。警察「散在」配置原則之高可見度與可及性，不惟影響日本內地住民社會甚深，更成爲日本海外殖民地統治的重要推手，警察之權威形象深刻烙印在被殖民地住民社會，烙痕至今猶存。

　　日本警察在創設之初，對於徵募成員的背景有一定的選擇標準，幾乎都來自九州南端的「薩摩藩」（Satsumahan）。明治維新的重要人物如西鄉隆盛、大久保利通，均出身此地。薩摩藩人中，即有逾四分之一具有「侍」（samurai，即「武士」之意）的身份。在現代警察前身的「邏卒」，即以徵募薩摩武士爲主。因此，日本的現代警察承繼了傳統「侍」之特質，強調

　　　　方夫，1990：492。
〔註17〕 「守望」爲立於派出所前警戒；「巡查」爲轄區之巡邏，或稱「警邏」；「在所休息」爲在派出所之休息處休息。部分警察若無勤務，即在派出所休息，亦可做爲臨時發生事件時之補充警力。詳田村正博，1997：205。
〔註18〕 詳田村正博，1997：205。鷲巢敦哉亦稱，學校的老師、役場的職員與「駐在的巡查」三者，是鄉村地區政治之中堅，實質上左右了臺灣的統治。詳中島利郎‧吉原丈司，2000a：66。
〔註19〕 詳 Chen, 1984：213。此爲陳清池引自 Robert M. Spaulding, Jr. (1971). "The Bureaucracy as a Political Force," in James William Morley (ed.) (1971). *Dilemmas of Growth in Prewar Japan*, pp. 36～37.

公眾教育與改正，並視之爲警察組織之首務（Westney, 1982：320～321）。
首任大警視川路利良曾云，「一國即一家也。政府即父母也。人民即子也。
警察即其保傳也」〔註 20〕，即視警察應扮演「開化人民」之現代啓蒙者的
關鍵角色。侍之「帶刀」的表徵，亦在現代警察制度創設後被承襲，但僅
做爲權勢表徵，不可任意拔刀〔註 21〕。侍的精神更具體表現在警察的日常
修練，亦即「武道」。「武德會」即是隸屬警察系統之重要組織，武德殿爲
其在空間營造上的具體呈現，提供警察與青年修練武道，並定期舉行演武
大會，可視爲是凝聚士氣與團隊精神的一種方式〔註 22〕。此外，對於東京
的住民而言，主要成員由九州薩摩藩所組成之明治政府根本上就是一個「殖
民」政體，其本質是以警察部隊的特殊徵募方式而被彰顯〔註 23〕。如大日
純方夫所稱，警察力創生的初步構想，即是以對抗反政府暴動爲主（大日
純方夫，1990：470）。因此，明治時期日本國內自身的治理，基本上就是
一種殖民地治理的模式。而且不同於大英帝國的殖民地警察的組織與控制
的鬆散，日本警察對於警察官有相當嚴密的控制，這也使得日本的治安實
務顯現出一種「過度規訓」（over-discipline）的狀態（Umemori, 2004：132
～133）。

　　警察是日本邁向現代國家的主要機構之一，其被納入中央政府的官僚階
層制度，並被授以文官職位，可在警察系統之外的文官體系中流動。與其他
國家相較，日本的警察官吏更具有「向上升遷並突破警察範疇之潛力」
（Westney, 1982：321），在現代官僚階層體制中，常常能夠突破「警察圈」
之框限，獲取政治上之高位。在 1942（昭和 17）年時，內閣即有五分之一
的重要成員具有警察背景〔註 24〕。

〔註 20〕　詳川路利良，1876，〈警察手眼〉，載於由井正臣、大日方純夫，1990：244～
　　　　263。
〔註 21〕　在現代警察制度前身之邏卒制度，帶刀並不被允許。詳 Westney, 1982：311。
〔註 22〕　在印度的聯合省區（United Provinces）的區警察，即會舉辦各種足球與曲棍
　　　　球比賽，以凝聚與維續團隊精神，與日本警察的武道相當近似。詳 Campion,
　　　　2003：230。
〔註 23〕　陳清池與梅森直之都持有相同的看法。陳清池提出，在日本人的觀點，殖民
　　　　地人民的管理，是和對於明治初期社會的管理是近似的；因此，殖民地警察
　　　　在殖民地所扮演的角色是與日本警察在日本本土所扮演的角色是類似的。詳
　　　　Chen, 1984：213。梅森直之詳 Umemori, 2004：131。
〔註 24〕　詳 Katzenstein, 1996：49。殖民地臺灣亦如是。警察官吏可在其他文職單位流
　　　　動，如原任警察本署保安課長之加福豐次，亦先後擔任殖產局林務課長、臺

　　二次大戰時之美軍統帥麥克阿瑟（D. MacArthur）將軍在戰後（1947 年）曾成立一個委員會來改革日本的警察制度，經過一些研究，該委員會提出的結論是：日本的警察制度並非以服務大眾為目的，而是為增進那些控制政府的人的政治野心〔註 25〕。原本欲撤廢其警察官吏派出所／駐在所之制度，但日本民眾已習於此種治安模式，因此最後仍維持該制，但約束警察人數，從每個警察對 788 個人民縮減到每個警察對 2000 個人民，警察總數則被限制在125000 人（Braibanti, 1949：19〜20）。1954（昭和 29）年頒佈新警察法，日本近代警察制度邁入另一階段。

2-4　日治時期臺灣地方警察制度的創生與變遷

2-4-1　殖民地臺灣地方警察制度沿革概要

一　初創時期（1895〜1898）

　　日人據領臺灣後，即以內地已漸臻成熟之現代警察制度移植臺灣，並參酌臺灣舊慣，及依據臺灣與日本內地政治與社會環境的脈動而逐漸調整，形塑了殖民地臺灣的現代警察制度。臺灣現代警察制度之創始，始自 1895（明治 28）年 6 月 20 日，警保課長千千岩英一向民政局長水野遵提出警察創置意見書之獲得採納。千千岩英一就臺灣之面積與人口概估出需 170 名警部與 1700名巡查，並建議立即向日本內地徵募〔註 26〕。創始之初，乃自日本本土急徵警察，分兩階段先後抵臺〔註 27〕，並在 10 月 8 日以日令第 13 號發佈「設置警察署及任免職員之件」，明令民政局長得於各地樞要場所設置警察署與警察

中廳長、臺北廳長、臺中州知事與總督府事務官：詳《臺灣人物誌》，頁 16。另原擔任臺灣總督府警察本署長的大島久滿次，則在 1908（明治 41）年接替祝辰巳擔任民政長官，回到日本後並曾任神奈川縣知事與眾議院議員。詳許雪姬總策劃，2004，《臺灣歷史辭典》，頁 0092。

〔註 25〕詳 Braibanti, 1949：19。麥克阿瑟將軍在接管日本之後，即邀請兩組美國警察專家來調查日本當時的警察制度，並希望他們提出警察改革計畫。兩組專家分別由 L.J. Valentine 與 O. G. Olander 領軍。亦詳 Nakahara (1955)。

〔註 26〕千千岩英一是以治臺之初全島有三百萬人粗估，並以二千人口配巡查一名、每十名巡查配警部一名之模式計算，概估出需 150 名警部與 1500 名巡查。另蕃地事務另需警部 20 名，巡查 200 名。千千岩英一之意見雖獲採納，但徵募警察數減至 500 名。詳《臺灣總督府警察沿革誌》，I：35〜6。

〔註 27〕第一批來臺之日本警察有警部 44 名，巡查 492 名。兩週後第二批抵臺，有警部 23 名，巡查 200 名。詳《警察沿革誌》，I：37。

分署（《警察沿革誌》，I：39）。但因人員甚少且素質不佳〔註28〕，僅能維持警戒政府所在地而已〔註29〕。1896（明治29）年4月，地方警察機關方隨民政實施後之地方官官制而始設〔註30〕。基於此階段臺灣抗日運動方興未艾，警察官吏以防遏土匪（抗日份子）爲要務，且地方警察機關之變動頻繁，大抵上是以「集團」配置的模式〔註31〕，在樞要之處設置警察署及其分支的分署與派出所，各距離數里分佈，若有非常急變，較易救援〔註32〕。

1897（明治30）年乃木總督接受楠瀨參謀建議，實施「三段警備制」以掃蕩抗日份子，將全島依治安狀況區分爲「危險」、「不穩」與「安全」三等，分由軍隊、憲兵與警察擔任警備；警察僅負平靜地帶治安警備之責（《警察沿革誌》，I：419～458）。此時期警察機關雖設，但仍僅是軍隊與憲兵之輔助。

此外，殖民地臺灣警察養成機關之設置，始自1896（明治29）年臺北縣警部長田中坤六與臺中縣警部長有川員壽連署提出設置「臨時巡查教習所」之建議。此議在隔年地方官會議中立案通過獲得採納，並發佈「巡查看守教習所制」，且於臺北小南門外構築校舍。

二　辨務署時期（1898～1901）

臺灣殖民地警察制度之確立，則在1898（明治31）年兒玉源太郎撤廢三

〔註28〕　初期自日本內地徵募而來的警察，幾乎都未經過專業訓練，多爲陸軍雇員。後藤新平在其《臺灣殖民政策一斑》即曾說過：「起初招募巡查時，情況如何呢？志願者從本土出發時，帶著木匠、水泥匠的用具。……一開始就是想拿公家的錢做旅費來台，一旦被罷職，便以木匠、水泥匠爲生。眞是不成體統。」轉引自黃昭堂，2002：235。此外，最早被徵募來臺灣的警察，皆具有陸軍雇員的資格，係以代理警部或是代理巡查的名義來台執行任務。詳洪秋芬，1992：456～457。

〔註29〕　1895（明治28）年11月起，在重要地方配置警察，但其員額甚少。以臺中縣下的臺中、彰化、鹿港、苗栗、埔里社等地而言，不過二十名警察，僅能維持警戒政府所在地而已。詳《臺灣慣習記事》，第3卷，第11號，頁226。

〔註30〕　1896年4月1日，撤軍政復歸民政，依地方官官制，縣設警察部，廳設警察課，並在樞要之地設置警察署與警察分署。從以前稱爲陸軍省所管雇員，自此而後改爲警察官名稱，警察專屬事務亦從此開始。因此，警察本署即定每年4月1日爲臺灣「警察紀念日」。詳《臺灣總督府警察沿革誌》，V：1187。

〔註31〕　《臺灣年鑑　大正十三年版》稱爲「警察集合制」，在平穩之地配置少數警察官吏，而在土匪出沒之地配置多數警察官吏。詳田中一二，1924：127。另依1896年3月臺中縣「警察署分署勤務規程」第20條，「派出所置監督警部1人，巡查若干人」。詳《臺灣總督府警察沿革誌》，V：487。

〔註32〕　在1896（明治29）年，全臺共有17個警察署，31個警察分署，15個派出所。詳《臺灣總督府警察沿革誌》，I：360～361。

段警備制後。兒玉雖認爲軍憲訓練有素，但治安之維持需賴禍之未發即先預防（大園市藏，1935：572），在民政施行上警察較憲兵適任，因此將警察推至治安前線，軍憲退居其後。

首先，1898年地方官官制部份改正，全臺設三縣三廳，縣廳下設辦務署。辦務署下設有三課，其中第二課主管警察事務，做爲辦務署長之補助（輔助）機關，稱爲「辦務署警察制度」（《警察沿革誌》，I：474）。在辦務（支）署下開始「散在地」多數增設警察官吏派出所，並循序地周密分佈建立全島之「警察網」（《警察沿革誌》，I：481-4）。配合1901（明治34）年總督府官制改正設置「警察本署」〔註33〕及地方官官制改正「廢縣置廳」，於1901年至1902（明治35）年間大體完成擴張。此次改定之關鍵在於移植日本東京警察組織模式（竹越與三郎，1905：244），廢除原「集團」型警察配置，改易爲「散在」配置〔註34〕，在臺灣的地理空間上密集撒佈警察官吏派出所。1899（明治32）年時全臺尚只有345處派出所，至1901年增加至930處。臺灣殖民地警察配置如此嚴密，被視爲是爲防止臺灣人抗日所致。日人對於日治初期抗日活動的終結，是以1902（明治35）年5月林少貓事件的落幕爲一個轉捩點。該年末，全島除二十廳之警察課外，已設有97支廳與992處警察官吏派出所，平地的警察網已漸次普及。就警察官人數來講，已有警部177人，警部補271人，巡查3224人，巡查補1524人，配置已然完全（大園市藏，1935：574～576）。之後即或有增減，最多時曾達1066處〔註35〕。

在警察養成機關方面，1898（明治31）年12月廢巡查看守教習所，發佈「臺灣總督府警察官及司獄官練習所官制」，新設「警察官及司獄官練習所」〔註36〕，規模更見擴張與完備，以做爲臺灣警察之專業訓練機構。此舉既解

〔註33〕 後藤新平就任民政長官後，爲期統合全臺警察建立一貫制度之警察制度，改正總督府官制，設置「警察本署」。但此舉受到日本內閣會議之強烈反對，在後藤以去職爲賭注及總督兒玉源太郎之支持下，幾經折衝終獲通過。折衝過程詳《臺灣總督府警察沿革誌》，I：98～104。

〔註34〕 詳《臺灣總督府警察沿革誌》，I：481～482；《臺灣總督府事務成績提要》，明治三十四（1901）年度分，頁33；井出紀和太，1937：312。

〔註35〕 日治期間警察官廳數目時有增減，乃因除增設之外，亦有廢止合併的情況。在1937（昭和12）年時，派出所數量達到最多。詳臺灣省政府主計處編，《臺灣省五十一年來（民國前十七年至民國三十四年）統計提要》，「歷年地方警察機關及官警（1）」。

〔註36〕 詳《臺灣總督府警察沿革誌》，V：760；細井英夫，1937b：16～17。在日本內地，1880（明治13）年創設了「巡查教習所」，並在1884（明治17）年改

決大量擴充地方警察機關所需之警力，並爲爾後警察官吏徵募到執務之間能
夠提供一致而專業的訓練。練習所分甲科與乙科，警察官甲科是以訓練警部
補練習生爲主，警察官乙科則以巡查練習生爲主。

再者，與臺灣人相關的有兩項重要措施，即「巡查補制」與「保甲制」
亦在此階段發佈與施行。1899（明治 32）年 4 月開始實施巡查補制（《警察沿
革誌》，I：489～494）。巡查補即臺灣人警察，藉由其對殖民地風土語言的熟
悉，輔助地方警察執務。因此，在執務時，巡查補禁止獨立行使職權。而 1901
（明治 34）年的「警察機關の設施振興に關する通達」（振興警察機關設施相
關之通知）中，更將臺灣傳統的鄉村自治組織「保甲制度」納入爲警察之輔
助機關〔註37〕。「保甲」的空間定義，基本上是與其所屬之「警察官吏派出所」
的管轄範圍相互配合。透過保甲的協助，可減少每一警察官吏派出所的人數，
以增加更多的派出所機關，遍達於臺灣每一個角落〔註38〕。

三 支廳時期（1901～1920）

支廳制度〔註39〕之施行，可謂是日人治理臺灣之關鍵。臺灣總督府在 1901
（明治 34）年 10 月設置警察本署，以統一警察組織，做爲全臺警察之指揮中
樞。同年 11 月以勅令第 202 號發佈日治初期最重要的一次地方官官制改正。

設爲「警官訓練所」，首開世界專職警察訓練機構之先。巴黎在 1883 年方創
設類似之機構。詳 Westney, 1982：323。亦詳安藤則命（1879，明治 12 年），
〈巡查教習所設置につき〉，收於由井正臣・大日方純夫，1990：295～296；
山県有朋（1884，明治 17 年），〈警察官訓練につき上申〉，收於由井正臣・
大日方純夫，1990：303～304。印度警察也直到 1893 年才第一次在倫敦以考
試的方式徵募。詳 Robb, 1991：140。

〔註37〕 詳《臺灣總督府警察沿革誌》，I：506～507。除臺灣之外，日本帝國殖民下
的關東州亦施行「保甲制度」，一方面做爲輔助收稅之機關，一方面協助警察
解決該地馬賊之患，但效果不彰。詳日本行政學會，1934c；Chen, 1984：213
～239；《臺灣日日新報》，1909 年 6 月 16 日第 1 版，「保甲制度」。

〔註38〕 詳《臺灣總督府警察沿革誌》，I：506～507。以臺北市爲例，其「警官派出
所增設計畫」即是在 1902（明治 35）年施行，「從來警察設備。苟不完全。
則如草賊潛生。兇徒跋扈等情。以此一處。警官欲巡察徧及他處。勢必不能。
於是鞭長莫及之弊。危害不少。此次當道於警察官吏司法方針。要考核其所。
以設備者第一舉辦。在於臺北市內設置二十五處警察官吏派出所。各定其擔
當區域。使之分荷責任。務期聯絡一致。於保安上極力注意不息。」詳《臺
灣日日新報》，1902 年 1 月 17 日，第二版。

〔註39〕 在 1896 年 3 月至 1897 年 4 月，地方區劃施行「三縣一廳」，在縣之下即設有
支廳，但較接近廳治時期的地方廳，其分課（內務課、財務課、警察課、監
獄課）同縣廳，在性質上與做爲完全警察機關之支廳不同。

基於日治之初「匪氛不靖，交通之機關猶未備」（《警察沿革誌》，I：565），民政長官後藤新平乃參考蘭領印度之二級行政制度（水越幸一，1937b：35），將原「總督府／縣（廳）／辦務署」之三級制改易爲「總督府／廳」之二級制，在臺灣總督府下設置二十小（地方）廳〔註40〕，「以使呼應得靈，臂指可使」（《警察沿革誌》，I：565）。各地方廳設總務、警務、稅務三課，但總務、稅務之執務仍多仰賴警察之協助方得以進行（竹越與三郎，1905：49）。依官制改正文第十一條，廳長得經臺灣總督許可在管內樞要之地設置支廳（《警察沿革誌》，I：514 & 521）。支廳長以警部任之〔註41〕，支廳廳員亦全爲警察官吏〔註42〕，故後人稱支廳制度爲「警察政治」（《警察沿革誌》，I：522）。支廳實爲一完全之警察機關〔註43〕。支廳制度施行之初，支廳僅爲廳長之輔助機關，而非地方廳之下級官廳。但由於警察涉入地方行政漸深，支廳亦執行各種行政事務，而漸趨向獨立官廳之樣態。1906（明治39）年10月，支廳正式被總督府認可爲獨立之地方行政機關，正式成爲殖民行政的第三層機關（總督府／廳／支廳）。支廳除原本之「掌理」事項外，並增加廳之「委任」事項（《警察沿革誌》，I：525-7；Tsai, 1990：130），賦予支廳執行地方行政之權責（《警察沿革誌》，I：625）。

　　1909（明治42）年10月，總督府官制與地方官制依敕令282號再次改正，改二十廳爲十二廳（《警察沿革誌》，I：564-8），廢止之地方廳改設支廳於新階段地方廳管下〔註44〕。在十二廳時期，支廳地位更爲提升，管轄區域較大者之支廳長甚至以警視擔任〔註45〕。結果，支廳開始減弱地方廳的重要

〔註40〕二十廳包括：臺北、基隆、宜蘭、深坑、桃仔園、新竹、苗栗、臺中、彰化、南投、斗六、嘉義、鹽水港、臺南、蕃薯藔、鳳山、阿猴、恆春、臺東與澎湖。

〔註41〕該次官制改正條文中雖云支廳長可以技手或警部擔任，但實際上僅基隆支廳長是由事務官擔任。詳中島利郎、吉原丈司編，2000：25。

〔註42〕支廳職員概以警察官吏任之，或配置一二名屬員處理地方廳總務課之事務。部分行政事務則在支廳之外，尚設有地方廳總務課派出所。詳《臺灣總督府警察沿革誌》，I：521 & 527～8。

〔註43〕警察機關，在中央爲警察本署，在地方依序爲廳警務課、「支廳」與警察官吏派出所。詳《臺灣總督府警察沿革誌》，I：714。

〔註44〕此次改正，廢基隆、深坑、苗栗、彰化、斗六、鹽水港、蕃薯藔、鳳山與恆春等九廳，改爲支廳；並新設花蓮港廳。

〔註45〕日治臺灣的警察職階分爲六等，依序爲：警視、警部、警部補、巡查部長、巡查與巡查補（後二者自1920年起改爲甲種巡查與乙種巡查）。支廳長一般以警部任之，但十二廳時期兩大港口所在地之基隆與打狗支廳之支廳長則由警視擔任。詳水越幸一，1937a：18。

性，成為殖民地臺灣地方行政之關鍵（Tsai, 1990：130-1）。此次改正基於臺灣平地警察〔註46〕「除其固有權限而外，又為下級行政機關之中樞，恆多所助長」，「凡所有關於下級行政者，靡一不賴警察」，因此亦將總督府官制中原分屬警察與地方行政之警察本署與總務局合併，新置內務局，以統一警察與地方行政〔註47〕。而原屬警察輔助機關之保甲組織，亦當得使之為地方行政之輔助機關，需協助區長執行地方事務〔註48〕。經過此次改正，警察對於地方行政的涉入更具正當性，而支廳儼然成為警察與地方行政之權力中心。在地方上，人民耳目所聞見之官吏，唯警察而已（持地六三郎，1912：246），警察實為「民政之羽翼」（竹越與三郎，1905：49 & 245）。警察官吏即為殖民政府在地方之代表，派出所廳舍即地方之「總督府」。地方基層行政雖有街庄社長之設，但實際攬其任、掌其權者，自支廳以下，全為日人警察官吏。至此，臺灣日治時期警察制度已漸臻成熟，從警察本署、廳（警務課）、支廳與派出所〔註49〕，再加上保甲組織，共計五層之警察空間階層，構成了其他殖民帝國無法企及的綿密監視網。

　　若與日本內地的地方行政機關對照，「身為支廳長的警部兼任郡長，派出所的巡查如同町村長」（持地六三郎，1912：80）。臺灣日治前期地方廳之下設有區街庄長役場做為地方行政補助機關，但僅負徵稅之責，其數量僅警察官吏派出所之半〔註50〕。水越幸一曾對臺灣的支廳長與日本內地之警察署長、郡長略做比較。支廳長與內地之警察署長有三點差異，包括：獨立官廳、純粹的警察機關及做為保甲這種特殊制度之監督機關。支廳長與郡長的差異則在於：獨立官廳、自治體的機關、純粹助長行政的機關及對下級的行政機關有當然的監督權。而支廳的設置與變更，只要總督許可，廳長即可自由行

〔註46〕 在此次改正中另一項重大變革，即是將蕃地開發事務獨立出來，在總督府下創設「蕃務本署」，置蕃務總長，將蕃地警察與平地警察分開各司其事。

〔註47〕 詳《漢文時報》，1909 年 11 月，「就官制改正及街庄制度之改正而言」，頁 79～83；《臺灣時報》，1909 年 11 月，「總督府及地方官官制改正」，頁 1～9。

〔註48〕 1909 年 9 月依敕令 217 號發佈街庄區長設置相關規定，廢原有之街庄社長制，改採「區長」制。數街庄社置區長一人，區書記若干人，區長與區書記均授與判任官待遇，並受廳長指揮監督。詳《臺灣總督府事務成績提要》，明治二十八年份，頁 102～104。

〔註49〕 詳《臺灣總督府警察沿革誌》，I，「地方警察配置方針變更」，頁 714。

〔註50〕 持地六三郎的記述中，在 1904 年時，街庄役場有 469 處，派出所則有 957 處；至 1910 年，街庄役場有 455 處，派出所有 948 處。詳持地六三郎，1912：80。

事，與日本內地郡之設置或變更攸關法律大不相同〔註51〕。

大園市藏曾對臺灣殖民地警察制度，提出幾個重點，包括：警察組織之統一、行動之簡捷、獎勵警察官習臺灣語、本島人警察官制度的設置、警察官養成學校的設置與警察力的增加與充實（大園市藏，1935：573）。這些特點之成形，概皆在此階段完成。

1919（大正8）年為日本帝國殖民地警察史上之關鍵年代。受到國際上民族自決思想風潮的影響，日本各殖民地之警察制度產生重大改革。朝鮮總督府在該年8月廢止「警察憲兵統合制度」，由警察專責境內治安。關東地區則在該年4月廢止關東都督府改設關東廳時，廢「憲警統合制」而恢復文官警察制度。而臺灣總督府則於該年7月廢警察本署，改設警務局，以做為翌年文官總督蒞任、地方官官制大改正與警察制度改革之前導。

四　州治時期（1920～1945）

1920（大正9）年8月，總督府與地方官官制同時改正。總督府廢警察本署，改設警務局，為最高警察機關。在地方官制，除臺東與花蓮港二廳〔註52〕仍行支廳制外，支廳被正式廢止，改施州市郡街庄制。在此之前，地方行政幾乎都由地方警察執行。經由此次改正，確立地方行政體系，原則上將警察與行政體系區分開，警察專責警察事務。總督田健治郎在改正訓示中即強調，廢支廳設郡市，置郡守市尹，是此次改正的重點。在過去支廳長以下的地方官吏，主要是以警察官吏充任，使之兼掌普通行政事務，這畢竟是順應時代的權宜手段。普通行政事務應由普通文官任之，警察則發揮警察本來之功能（《警察沿革誌》，I：625～626）。以州為最上層之地方機關，設警務部，地方警察事務委諸知事或廳長。州下設郡，在郡置警察課，郡守雖以普通文官任之，但仍被賦予警察權，以保有行政機關的統一。另在郡下樞要之地則設置警察分室〔註53〕。在實施市制地區則置警察署專責警察事務，警察署長

〔註51〕 詳水越幸一，1937a：19～20。水越幸一所謂的支廳長、郡長與警察署長不僅是指涉在其位之個人，更是包含了以其為中心的機構組織，亦即相當於一般所謂的支廳、郡役所與警察署等官廳組織。

〔註52〕 澎湖在1920年的地方官官制改正時，原設高雄州澎湖郡，但在1926年改設澎湖廳，並下轄馬公與望安二支廳。

〔註53〕 據1931年「臺灣警察機關配置圖」，改正後之45處郡警察課及43處警察分室，即相當於廳治時期之支廳位置。詳臺灣總督府警務局編，1932。警察（課）分室則是有高階警官「警部」駐之派出所，以警部為主任。詳田中一二編，1924，《臺灣年鑑　大正十三年版》，頁129。

完全掌握警察事務，與市尹無涉，市役所僅專責行政事務。市警察署、郡役所警察課或分室下仍以普設之警察官吏派出所爲最基層之警察機關。初改正之時，全臺灣警務單位有 7 警務部（課）、53 警察課（支廳）、4 警察署、2 警察分署、41 分室與 976 警察官吏派出所〔註 54〕。至 1942（昭和 17）年時，則有 8 警務部（課）、53 警察課（支廳）、14 警察署、33 分室與 1033 警察官吏派出所〔註 55〕。

此次警察制度之改正，爲因應大正民主潮下之同化政策，亦廢止了在職稱上對臺灣人有貶低意味之「巡查補」與「隘勇」之稱謂。巡查補改稱巡查，隘勇改稱警手（《警察沿革誌》，I：627）。但將巡查再分爲「甲種巡查」與「乙種巡查」，原則上臺灣人仍以擔任最低職階之乙種巡查爲主。此外，各州亦設置「乙種巡查教習所」，自行招募所需員額之乙種巡查。

至 1935（昭和 10）年，全臺警察職員有：（州）事務官 5 人、警視 22 人、警部 250 人、警部補 286 人、巡查部長 719 人、甲種巡查 4379 人、乙種巡查 2278 人、警手 3103 人，總人數達到 10892 人（大園市藏，1935：600）。如陳清池所言，在 1925（大正 14）至 1937（昭和 12）年間，臺灣（與韓國）的殖民地警察均受有良好教育、嚴格訓練、經驗豐富、嚴密監督與組織健全（Chen, 1984: 239）。

1937（昭和 12）年，日人在中國發動七七事變，臺灣亦進入戰時狀態。隨著戰事的擴大，臺灣總督府警務局與地方各級警察官署均增設「經濟警察」，以管制戰時物資之動員與配給。此外，亦增設「防空警察課」辦理防空事宜，「兵事課」則辦理徵兵相關事務，強徵臺灣人到南洋戰區擔任軍伕（Chen, 1984：232）。在主要都市，各州甚至還有「特別警備隊」之設置，以因應空襲或其他突發事件發生之際，可以迅速地出動武裝警察隊鎮壓〔註 56〕。至於在鄉間村落，由於日本籍警察開始被徵調至南洋作戰，村落警察之主體則落至臺灣籍警察身上〔註 57〕。

〔註 54〕 詳《臺灣總督府事務成績提要》，大正十年度，頁 589～590。

〔註 55〕 詳《臺灣省五十一年來統計提要》，「表 516　歷年地方警察機關及官警」。警務課的增加，是因爲在 1926（大正 15）年，原爲高雄州下一郡的澎湖郡昇格爲澎湖廳，設有警務課 1，支廳 2（馬公、望安）與 20 處警察官吏派出所。

〔註 56〕 如臺北州即在 1938 年 4 月 1 日設置州特別警備隊。詳《臺灣警察時報》，第 270 期，1938 年 5 月，頁 126～129。

〔註 57〕 如淡水郡 14 處村落派出所，在戰前均由甲種巡查掌理。但在戰時，因日籍警察出征，即有 5 處派出所是由以臺灣人爲主之乙種巡查掌理。詳《臺灣警察

2-4-2　臺灣與日本其他殖民地警察制度之比較

　　日本帝國在內地及其各殖民地之地方警察制度不盡相同。樺太（庫頁島）初期以憲兵擔任維安，1907（明治 40）年起改爲文官警察〔註58〕。朝鮮雖在日俄戰爭期間已採用現代警察制度，亦自初期「集中之方針」改易爲「分散的警備機關配置」，平均約一郡一警察機關（《殖民地大鑑・朝鮮》：78）。但1910（明治 43）年爲日本所併吞後即改採憲兵與警察共治，但以憲兵爲此混合警力的領導，且在空間上之分佈不同：警察機關配置在鐵路沿線、開港之地與「平靖的城鎮」，而憲兵則負責具軍事戰略地位的外延區域。直至 1919（大正 8）年 8 月受民族主義之民主思潮影響，才以警察總責治安事務，並大幅增員（日本行政學會，1934b：201～202；Chen, 1984：220～222）。

　　各地地方警察機關的名稱亦有差異，但皆採取「空間化」之分類與策略。以日本內地而言，地方警察機關因「市街」與「村町」而有不同：市街稱爲「警察官吏派出所」或今日所稱之「交番所」；「町村」則稱「警察官吏駐在所」。臺灣則以「平地」、「蕃地」區別之，平地稱「警察官吏派出所」，蕃地初期稱「蕃務官吏駐在所」，後改稱「警察官吏駐在所」〔註59〕。在朝鮮，一「府」、「郡」以設置一警察署爲原則，每一「邑」、「面」（相當於臺灣的「街」、「庄」層級）則以設一警察官派出所、駐在所或出張所爲標準，在數量比重上明顯少於臺灣與日本內地。基層警察機關在警察署轄地稱「派出所」，轄外則稱「駐在所」；在國境或擔任鐵道工事之特殊警戒處，道知事得依需要設置「出張所」（日本行政學會，1934b：203～204）。而在國境邊界衛戍之「國境警察」，則是較接近於武裝之軍事警察的性質。由於主事者觀念上的差異，臺灣與朝鮮兩地對警察在治安政策上所扮演的角色的看法也南轅北轍。臺灣總督兒玉源太郎認爲警察要專職警察之事，但日本併吞朝鮮之

　　　　時報》，第 272 期，1938 年 7 月，「戰地の友へ：管內狀況報告第一輯」，頁126～129。

〔註58〕這主要可從殖民地當地人與殖民者人數的比例來檢視。如樺太僅有 2000 個左右的原住民，但在朝鮮與關東州，當地人都超過 95%，南洋則約佔 45%。詳Chen, 1984：220。

〔註59〕日治之初，地方警察機關名稱不一，亦有稱「巡查」派出所者，至 1898（明治 31）年 11 月方依訓令第二百九十一號統一其名稱。詳《臺灣總督府警察沿革誌》，V，頁 1184，「警察官吏派出所名稱を統一す」。再者，日治初期並無分平原與蕃地地方警察機關之不同，至 1907（明治 40）年方在蕃地設置「蕃務官吏駐在所」，1913（大正 2）年更名爲「警察官吏駐在所」。詳《臺灣總督府警察沿革誌》，I：600。

後的首任總督寺內正毅卻認為憲兵比警察更能控制當地土民，而使朝鮮半島變成了一座軍營（Chen, 1984：221～222）。其他如關東州，亦以軍憲轄治安之事〔註60〕，並採行保甲制度，但不甚成功〔註61〕。樺太原即為日本移民地，日人農業移民即佔當地總人口九成以上，故其制度與日本內地同。至於南洋，則因其土民開化較慢，易於控制，故警察在南洋的數量極少，採近似於間接統治的方式〔註62〕。但綜觀日本帝國之殖民地警察制度卻有一項共同特徵，即是中央集權的警察階層（Chen, 1984：222）。

戰後臺灣為國民政府所接收，警察制度基本上仍延續日人制度。早在1900年代前後，滿清政府即派遣官員到日本考察警察的實務與組織，並派遣學員到日本學習〔註63〕。中華民國建立後，國民政府對於現代警察的學習與制度建立亦均源自日本。如陳清池所言，中國國民黨對於臺灣的控制制度，基本上是建立在日本控制基層組織之上的（Chen, 2006：11）。臺灣地方警察制度之特質，在於其高度集權、遍佈全島，且在臺灣人的生活中不斷地展現權威（Chen, 1984：214-8）。換言之，臺灣警察可謂是殖民地統治之中樞機關（洪秋芬，1992：457）。

2-5　日人挪用改造之保甲制度

保甲制度為中國帝國晚期鄉治組織的一種，「為防犯盜賊、圍捕賊盜以維持治安而設」，「為補官兵之不足，寓有屯兵之意」（戴炎輝，1979：237），或

〔註60〕關東州及州外鐵道附屬地之警察制度沿革相當複雜，不到三十年的時間，經歷了「民警統合制」（1906年）、「領事館警察統合制」（1908年）、「憲警統合制」（1917年）、「憲警分離制」（1919年）、「民警分離制」、「民警統合制復歸」（1924）與「民警分離制復歸」（1930）等七個階段。詳日本行政學會，1934c：254～255。

〔註61〕僅在關東州金州民政署管內自1909（明治42）年起發佈並實施保甲制度。詳日本行政學會，1934c：264～267&401。

〔註62〕關東州雖兼行保甲制度，但因成效不彰，因此其警力部署在殖民地中最為嚴密。朝鮮則因在其為日本併吞前即已施行現代警察制度，故朝鮮警察有相當高的比例是韓國人，甚至位居警政高官，故朝鮮警力反不如關東州與臺灣來得嚴密。詳Chen, 1984：220～227；臺灣總督府編，《臺灣現勢要覽》。

〔註63〕詳Westney, 1982：338。清末清廷政府在甲午戰爭一役失敗後，對日本另眼相看，視日本為學習西洋文化的成功典型，亦視日本為一條輸入西洋文化的捷徑，因此派遣官員到日本取經。詳劉雨珍、孫雪梅編（2002），《日本政法考察記》。

謂爲一種自治警察〔註64〕，但其做爲一種現代意義的警察機關，普遍被視爲是無效的。日治時期臺灣保甲制度的襲用，始自1896（明治29）年9月內務部長古莊嘉門在雲林嘉義一帶處理抗日問題時，接納當地耆老建議，參酌保甲舊習，組織連庄自衛團，做爲警察之補助機關，並在警察監督下擔任警戒，並收良好效果〔註65〕。其後，民政長官後藤新平與日本外相陸奧宗光、東洋史家內藤湖南亦都主張實施保甲以做爲「土匪」對策（洪秋芬，1992：449）。後藤新平1898（明治31）年1月25日向大藏大臣井上馨所提出之「臺灣統治救急案」中，即表示包括保甲制度在內的臺灣清代自治團體相當發達，此自治慣習在治理方針上應予重視與改良採用（鶴見祐輔，2004：650）。3月2日受命爲臺灣民政長官後，後藤新平雖接受辜顯榮提議設立保甲總局，但辜氏所提基本上是模仿清代舊制，且不受日本當局的監督（洪秋芬，1992：449~450）。臺灣總督府首先在1898年8月31日，以律令第21號發佈「保甲條例」，並以總督府令第87號頒佈「保甲條例施行細則」，確立了保甲制度之運用。第一條開宗明義「爲保持地方安寧，乃參酌舊慣，設置保甲制度」。但日人恢復並挪用保甲制度之目的，實是在清除地方上臺灣人社群中的反日份子（Chen, 1975：395）。在初期保甲制度並非普遍施行，而僅在地方官認有必要之處並經總督認可方可施行〔註66〕。1901（明治34）年2月26日發佈「警察機關の設施振興に關する通達」（振興警察機關設施相關之通知），保甲組織正式成爲警察之補助（輔助）機關，明確了警察與保甲的關係。經由保甲組織的協助，一方面可以減省派出所之人力，以增設派出所；另方面則使派出所管轄區域與保甲分區相配合〔註67〕。保甲役員直接受地方派出所警官的指

〔註64〕 清代保甲之制，原爲賊難防衛而興起之自衛警察。或如噶瑪蘭設置之時，爲防四處劫掠的羅漢腳，而令屬行保甲之制。詳《臺灣慣習記事》，第3卷，第5號，頁220~224。

〔註65〕 詳中島利郎・吉原丈司，2000c：65~72；《臺灣慣習記事》，第3卷，第11號，頁227。另外，劉銘傳任巡撫時即對保甲制度大加改革，將向來爲純粹自治警察之保甲制度，改爲官民混合之警察制度。在臺北設保甲總局，艋舺、大稻埕設保甲分局，其吏員以地方官吏兼掌其職，所需俸給及各種經費由官方支付；其下統轄保甲組織，凡十家編爲一牌，每牌置牌長。以此組織，平時稽查戶口，警惕遊民；冬防期間率領巡丁巡邏市街，以戒盜賊之侵略。詳《臺灣慣習記事》，第3卷，第11號，頁229~230；《臺灣總督府警察沿革誌》，I：858~859。

〔註66〕 詳中島利郎・吉原丈司，2000c：80~82；《臺灣慣習記事》，第3卷，第6號，頁272~274。

〔註67〕 該通達之「三、派出所ノ管轄區域ハ可成保甲區域ト相伴ハ'ツムルコト」「五、派出所員ヲッテ常ニ保甲制度ノ監督ヲ爲サッムルコト」、「九、保甲制度完

揮，但其當選認可之權則在支廳長（《警察沿革誌》，I：522）。保甲和警察關係的確立，是日本之所以有效統治臺灣長達五十年的主因之一（洪秋芬，1992：470）。

但至 1903（明治 36）年 5 月「保甲條例施行細則標準」之公佈，以及 1904（明治 37）年 1 月總督府發佈之「保甲編成に關する注意」（有關保甲編制注意事項），方使各地保甲制度標準統一並普遍施行〔註68〕。保甲之編成，原則上將每十戶編成一甲，甲置甲長；每十甲編成一保，保設保正〔註 69〕。甲長與保正，雖明文由保甲民選舉而出，但大多受地方巡查之指定，由地方上具名望之領導階層出任〔註 70〕，且皆爲名譽職，並不受薪，任期兩年，得連選連任，無次數之限制。保正與日本殖民政府最低層官吏之巡查密切相關，因多由地方菁英擔任，「在正式任命的權力外，也存在民間的權威」（王銘銘，1997：90）。保正協助派出所警官治理該保。在最小之地方層級雖以臺人治臺人，但保正僅是接受（日籍）警官命令行事，並無自治之實，並非一般殖民地慣採之「間接統治」模式。此外，1909（明治 42）年，令保甲役員得輔助地方區長之執務〔註 71〕，保甲亦成爲地方行政的輔助機構。此後至太

〔註68〕備ツ壯丁ノ組織鞏固ナル地方ニハ自然派出所員ノ數ヲ減ツ得ヘキヲ以テ其剩員ヲ以テ漸次出來得ル限派出所ヲ增加スルコト」。詳《臺灣總督府警察沿革誌》，I：506～507。

〔註68〕1898 年頒佈的「保甲條例」、「保甲條例施行規則」只說明實施保甲之綱要，對於保甲組織並未規定，致使各廳自訂，標準不一。因此南部六位廳長爲統一保甲起見，於 1902（明治 35）年 6 月在臺南開會，根據總督府之條文，制定「保甲條例施行細則標準」，並於 1903（明治 36）年 5 月以總督府訓令第 97 號發佈。詳中島利郎・吉原丈司，2000c：86～87&90～92；江廷遠，1940：93。在頒佈「保甲制度施行規程標準」之後，全島二十廳除臺東與澎湖外，餘皆施行保甲制度。詳《臺灣慣習記事》，第 3 卷，第 8 號，頁 98；第 3 卷，第 11 號，頁 230。

〔註69〕「以凡十戶編成爲一甲，至少不得下五戶，至多不得逾十五戶。若在四戶以內，不得爲一甲，須就便宜最近甲合併之。若有十六戶以上，則分爲二甲。凡十甲編成一保。至少不得下五甲，至多不得逾十五甲。在四甲以內之部落，不得爲一保，須救便宜最近保合併之。若有十六甲以上，則分爲二保」。詳中島利郎・吉原丈司，2000c：90；《臺灣日日新報》，1904（明治 37）年 2 月 2 日，第 3 版，「保甲及壯丁團」。

〔註70〕擔任保正或甲長者必須爲「戶長」。但洪秋芬認爲，選舉保甲役員時，並非選人，而是選家。亦即從地方的望族或有力人士家中，選出某位適當人選。在日治前期，選出的保正通常不諳日文，實際保正職務的運作均由較爲年輕懂日文的子嗣代理，並在日治後期順勢成爲保正。詳洪秋芬，2000：228。

〔註71〕詳江廷遠，1940：93；中島利郎・吉原丈司，2000c：104。

平洋戰爭爆發期間，保甲制度未有大的變更。隨著戰爭爆發進入戰時體制，保甲制度亦修正以強化戰時所需。首先是對保甲組織的強化，在郡層級增設保甲協會，在州層級設置保甲協會聯合會（鄭麗玲，1996：29～30）。其次則極力提升保甲役員的素質，除針對保甲役員的資格有新的限制〔註72〕，更增設「保甲修練所」，以軍隊模式之內務起居與操作訓練再教育保正與壯丁團員〔註73〕。此外，保甲壯丁團的擴編與婦人保甲團體的組成，均是戰時體制下的因應措施〔註74〕。除維持戰時的社會治安之外，保甲組織更需協助「皇民化運動」的推行。

　　自1920年代起隨著民主思潮的興起，臺灣人開始針對保甲制度發出不平之鳴，並要求殖民政府予以撤廢。臺中州彰化街長楊吉臣與線西庄等八位街庄長即在1921（大正10）年初連署提出「保甲制度撤廢建議書」予日本第四十四議會貴族院會議討論，由江木議員代表臺灣人質詢日本政府〔註75〕。《臺灣民報》在1925（大正14）年底提出「保甲制度當『廢』呢？當『存』呢」之問，徵集各方不同意見，不到半月即獲得三百數十通來自臺灣人的回應。發言者頗多為當時臺灣之社會領導階層，如連溫卿、彭文波、蔡年亨、賴和等〔註76〕。但日人基於殖民統治上的需要仍未予以廢除，直至即將終戰的1945（昭和20）年6月20日，方以「外地同胞處遇改善の方針」（外地同胞待遇改善之方針）而劃下休止符（臺灣總督府，1945：85）。

　　另外，臺灣總督府在1897（明治30）年11月發佈「壯丁團編制標準」，受警察署長指揮，執行警戒防禦與災害救助之任務（中島利郎‧吉原丈司，

〔註72〕　主要是主張保甲役員應具備具有日本精神、常用日語，且有名望足以為保甲民之模範者；尤以諳日語者及年輕者為優先考慮。詳洪秋芬，1991：127～129；鄭麗玲，1996：44～45。

〔註73〕　新竹州在1940年7月率先成立保甲修練所，從成立至1941年4月止，不到一年的時間，已有234名保正及300名壯丁在此受訓。詳鄭麗玲，1996：30&33。

〔註74〕　保甲壯丁團的擴編，首先是在州的層級成立州聯合保甲壯丁團，以使州下各壯丁團可相互聯繫，並受州警察部長統一指揮。其次則是將原本兩個派出所方編成一個壯丁團的方式，改為一個派出所即編成一個壯丁團。在壯丁團的訓練上，則已具有民兵之特質。至於女性被動員納入保甲，則以1940年10月臺南警察署組成婦人保甲團體為最早，由各派出所組成聯合保甲婦女團，之後各地亦相繼成立。詳鄭麗玲，1996：31～34。

〔註75〕　詳《臺灣總督府事務成績提要》，大正十年度，頁543；《臺灣總督府事務成績提要》，昭和十一年度，頁615～621。

〔註76〕　詳《臺灣民報》，第86號，1926（大正15）年1月1日，頁21～24。

2000c：75～77）。在 1898 年「保甲條例」與「保甲條例施行細則」發佈後，壯丁團即改依保甲編成：以甲為單位組成壯丁團，保之壯丁團則由保內各甲壯丁團組成，並可依土地狀況與保正協議合併數保成一壯丁團（同上：80～81）。依 1903（明治 36）年發佈之「保甲條例施行細則標準」，壯丁團改依保編成，並受警察官吏之監督指揮，警察官吏應定期召集壯丁團點檢訓練（同上：89）。1904（明治 37）年發佈之「保甲編成に關する注意」（保甲編成相關通告）則再規定壯丁團在地方廳、支廳之直轄區及每一派出所設置一團，除因地域廣袤且有特殊事由方得設二團以上（同上：91）。壯丁團屬保甲之自衛機關，可視為是保甲之武力團體（施添福，2001：17）。由於保甲與壯丁團皆以警察官吏派出所為中心，因此在空間上派出所、保甲與壯丁團逐漸朝向三位一體發展（同上：18）。壯丁團直至 1943（昭和 18）年與消防組合併改稱「警防團」後方被廢止。

　　1910（明治 43）年時，全臺計有 4869 保，壯丁團 941 團。保甲數量因人口增加而逐年遞增，至 1942（昭和 17）年時達到 6168 保。壯丁團則隨派出所數量變動，時有增減，約在 950 團上下。但在 1937（昭和 12）年開戰後，壯丁團數量即大增突破千團，在 1942 年時甚至達到 1117 團〔註77〕。

　　保甲制度具有兩項特質：其一，非以個人為單位，而是以家戶（household）為單位；亦即一家之中所有人均納入保甲體系，而由家長監督並做為代表。其二，僅運用於臺灣人〔註78〕。保甲制度原初的設計即牽涉了階級的區分，日人只是調適成種族之差異〔註79〕，並使之與地方警察結合，形成殖民地臺灣的一種控制階層：以臺灣人治理臺灣人，但日本人位居此階層頂端。同時並延伸其功能，使成為地方行政的輔助機關。大體上，保甲組織是由三種控制媒介所構成，分別是：警察的監督、連座責任與壯丁團（Tsai, 1990：66）。

　　日人所挪用調適之保甲制度與臺灣清末保甲制度（以日治之初辜顯榮創設的保甲局為代表）的差異，乃是將「警察－保甲局－保甲」的關係，轉變

〔註77〕詳《臺灣省五十一年來統計提要》，「表 519　歷年保甲及壯丁團數」。

〔註78〕保甲制度僅將所有臺灣人納入，而將其他如日本人與外國人排除在外。此外，高砂族原住民因民情風俗差異頗大，亦摒除在保甲制度之外，並以其舊慣之蕃社頭目制度維持治安。詳江廷遠，1940：135。但在 1940 年前後，因應時局，花蓮港廳的阿美族與臺東廳的高砂族也開始實施保甲制度。詳江廷遠，1937：135～141。

〔註79〕例如在清代，所有統治階層的成員，甚至豪富鄉紳，從法律與實際施行上都不在保甲制度之範圍內。詳 Chen, 1975：396。

成「警察－保甲」的關係，日本警察官無須再透過由臺灣領導階層所主持之保甲局來控制臺灣人，而由日本警察直接監督保甲役員。但利用地方菁英來治理臺灣人的統治手段都是相同的（洪秋芬，1992：471）。日本殖民政府對於臺灣社會的殖民支配滲透到了底層，乃是藉由陳芳明所謂一種「寄生蟲」的仲介，亦即臺灣的部份仕紳階級（陳芳明，2004：98）。而且透過連座責任，使保甲制度從具自治性質的地方團練變成爲保甲民相互監視的治安警察（鄭麗玲，1996：25）。另一方面，清代傳統之保甲組織是自衛而設，有事方臨時編組；而日人挪用改造之保甲制度，則專爲輔助地方警察而設，爲非正式之常設組織。

就是保甲制度的運用，將警力延伸並鞏固了日本人對於臺灣人的殖民控制（Chen, 1975：416; Tsai, 1990：17），日本殖民臺灣之功績逾半需歸功於保甲（中島利郎 & 吉原丈司，2000c：120）。如洪秋芬所云，「日據時代臺灣保甲制的實施經過，無異就是一部日本統治臺灣的歷史」（洪秋芬，1992：440）。

2-6　小　結

殖民地警察制度與現代警察制度之發展，在時間上相差並不久。如前述，現代警察制度在英法等國之創制，乃是以國家之權力來維護工業革命後新產生之資產階級的利益，並壓制工人階級或無產階級之反抗。在英國以皇家愛爾蘭警察隊鎮壓愛爾蘭之反帝國勢力，法國則在拿破崙三世時利用巴黎空間改造與警察制度之共謀，日本亦以先創制之警察弭除明治維新初期國內的紛亂狀態。在殖民地之治理上，殖民地警察之出現，亦是在消弭權力關係不對等的兩個群體之間的衝突，只是將「資產階級／無產階級」的角色替換成「殖民者／被殖民者」罷了。從日本人的觀點來看，殖民地人民的管理就像是明治初期社會的管理一樣，殖民地警察的運作與在內地是非常近似的（Chen, 1984：213）。

其次，日本在積極向西方學習以改變其國家體質之時，審愼地評估了國家在各個層面可資仿效之最佳對象，融各先進現代國家之精華於一身。在海軍與貿易方面以英國爲範型（Jansen, 1984：63），並向法國學習中央集權的行政科層體制（Westney, 1982），包括了現代警察制度。另外，在科學研究方面（尤其是醫學）則以德國爲師（Lee, 2003）。在警察制度方面，日本亦兼融了各國現代警察制度之精髓，初期仿效英國警察，不久後以法國巴黎首都警察

為範型建立日本現代警察制度。但在其後的發展則因聘募之專家多來自德國，因此亦具有德國警察之特色。尤其法德二國之警察制度，皆曾使其獲致「警察國家」之名，更對日本現代警察制度與殖民地警察制度影響甚大。

　　臺灣做為日本第一個殖民地，各項制度不外乎向其他殖民帝國學習，或是沿用國內已經建立之制度，再依臺灣之實際狀況調適。臺灣殖民地警察制度之建立，關鍵人物當為後藤新平。後藤在來臺任職之前所發表之論著，如《國家衛生原理》（1889）中已強調警察在國家治理之重要性。在〈臺灣統治救急案〉（1898）中更根據其對臺灣的認識，提出應以警察來專責臺灣之治安甚至行政之建議。任職民政長官後，與總督兒玉源太郎撤廢三段警備制，建立臺灣殖民地警察制度；更重要者，是後藤以職位去留向日本國會爭取建立之中央集權的殖民地警察制度，強化警察在臺灣治理上之權力與效能。其次，後藤在生物政治學信念下之尊重殖民地舊慣習的觀念，將清代臺灣之保甲制度挪用改造為警察之輔助機關，與警察制度之中央集權制可稱為臺灣殖民地警察制度之兩大關鍵。而後藤留學德國之背景及其對「衛生警察」之專研與讚賞，亦應對臺灣殖民地警察之「萬能」與兼具司法裁判官之職權有一定程度的影響。對日本殖民當局而言，日本警察包羅萬象的任務是殖民政府的驕傲來源，亦是殖民政府效率的指標（Peattie, 1984a：28）。

　　最後，殖民地治理之關鍵，無論是英帝國所採行之間接統治，或是法德義等歐陸帝國所奉行之直接統治，均有賴與在地土民領導菁英之合作與共謀。日本帝國殖民地亦如是，以節省警察人力與經費，緩減被殖民者的反抗，並便利其管理及馴化被殖民者。臺灣與關東州之殖民政府皆挪用清代中國之保甲制度協助警察事務之進行，在韓國則挪用其傳統之鄉老（village elders）組織、在南洋是藉由部落酋長、在樺太則以傳統鄰里組織與地方警察合作，以維持殖民地之治安與行政事務之推行（Chen, 1984：226～227）。日人在臺灣殖民治理之成功，實應歸功於警察制度之有效（Chen, 1970：146）。有效的殖民地警察制度決定了保甲制度的成功；同時，保甲制度的運用則將警力延伸並鞏固了日本人對於臺灣人之殖民控制（Chen, 1975：403 & 416）。

第三章 警察建築：日治時期臺灣地方警察官署建築變遷

3-1 引 言

　　清代臺灣向被清廷視爲是化外之地，在 1850 年代之前官治色彩極淡。在以鄉治社會爲主的政治與社會條件下，鮮少民居與傳統產業建築之外的建築類型，更乏歐西啓蒙運動與工業革命之後大量產生的現代建築類型。但臺灣在 1895（明治 28）年成爲日本第一個殖民地後，即被視爲是一處「實驗室」，日人將其明治維新後自歐西各國所學，包括現代的政治、社會、經濟之制度與技術、文化引入臺灣，並有意識地欲以歐西宏偉建築震懾臺灣人。大量政治性與機構性建築類型因而產生，以符應殖民地之社會控制需求。殖民地警察制度做爲其殖民治理臺灣之社會控制利器，亦需藉由與其符應之建築類型展現並強化其殖民權力與權威。本章即欲論述在殖民地警察制度建立之後，殖民政府如何形塑並制度化其警察官署形象之歷程。

　　爲強調地方警察官署制度與建築之對應關係，本章所謂「地方警察官署建築」是指其官署建築僅供該警察機構使用者，而不包括與其他政府機構共用建築者〔註1〕，以彰顯日治時期臺灣地方警察制度與建築類型之關係。在此

〔註1〕 包括日治前期的廳警務課（在地方廳舍）與日治後期之州（廳）警務部（在州廳）與郡警察課（在郡役所），都與其他同級機構共用行政廳舍。另外，做爲日治時期臺灣警察指揮中樞之警察本署（警務局）則在臺灣總督府廳舍中辦務。

定義下之地方警察官署建築包括：

一　日治前期：支廳舍、警察官吏派出所廳舍；

二　日治後期：市警察署、(郡警察課)分室、警察官吏派出所；

三　地方警察輔助機關：保正事務所、保甲聯合事務所。

再者，基於地方警察官署現存建築文獻與圖面資料之數量在日治前後期呈現出兩極差異，勢必造成論述上之侷限。日治前期之地方警察官署建築可藉由近來漸次開放之《臺灣總督府公文類纂》之公文書與圖面深入探究，包括支廳舍與警察官吏派出所建築皆有一定數量之資料，但乏照片類之影像資料。日治後期則因施行地方分權之制而將營繕業務分派到各地方政府，使得相關公文與圖面資料在此時期現存不多，但有爲數頗多之照片資料留存可資分析。尚且建築類型之研究，即應著重於一(些)建築類型自無而創生、調適與變遷之歷程，而非僅分析其成熟甚且樣版化(stereotype)後之凝滯狀態。日治時期臺灣地方警察官署中，僅最基層之警察官吏派出所之營造橫跨整個日治時期，但其空間型態在 1910 年代已經確立，在日治後期的轉變並未同時造成空間型態與意義上之重大變革，建築圖面資料的缺乏不致造成缺憾。(郡警察課)分室多沿用日治前期之支廳舍，並無重大變革，暫不予討論。至於市警察署建築，因規模與重要性更甚其他地方警察官署建築，在《臺灣建築會誌》中均有詳細之建築圖說與照片可供分析。

本章論述之次序，首先就 1898(明治 31)年前警察廳舍之設置標準論述。在 1898 年地方警察制度確立之前，警察官署雖有層級之分，但因均採集團配置，並無太大差異。其後方以不同層級之地方警察官署(即「建築類型」)爲經，分成「支廳」、「市警察署」、「警察官吏派出所」與「保甲相關建築」四者，再以各建築類型在時間軸上之發展，論述各建築類型自創生、調適以至成熟之變遷歷程。

3-2　地方警察機關確立、大舉擴張前之警察廳舍建築（1896～1898）

日本治臺之初，社會尚未平靖，抗日運動四處蜂起。總督府尚無暇民政，整體施政以軍政爲主。雖已有警察制度與組織之設，但在 1898(明治 31)年撤廢三段警備制之前，警察事務仍以防遏「土匪」爲首務。各級警察機關從

警察署、分署與派出所之設置，均取決於對抗可能產生的游擊抗日。在此考量下，各級警察廳舍的配置主要分佈在清末已發展繁盛之市街地，以及平原山地交界之山麓地帶。市街地既爲臺民之商業重地，亦爲人口稠密之區，施設警察機關進行監視，是以最少人力在最小空間控制多數殖民地人民。但抗日份子多匿居山野，爲追襲並防止抗日活動，逾半警察署均配置在自山林進入市街之交通要衝上，由 1897（明治 30）年在各地普設之八十處陸上警察署之區位配置即可知曉〔註 2〕。爲圖自身安全，警察官署人員一處需十數名，配置於樞要之地，得以構成一個團體。警察的權能即是一個地方的局部縮影，能夠敏捷地臨機運用。惟僅在警察官署所在地數里內取締，之外則呈無警察之態勢。派出所在各地設置，其配置方法，山間僻地疏置，人家稠密之平原地與海岸則密集配置（《警察沿革誌》，I：361～362）。警察官吏除在所警備外，亦需召集三至五名巡查至樞要之地巡查以示權威（《警察沿革誌》，II：275）。

　　再者，三段警備制之施行，警察雖以平靖地爲管轄範圍，但爲阻遏抗日份子，警察廳舍非以人口密集之區爲設置考量，因此造成其欲行「民警察」之務，卻不利於與民眾之交通。但對於日治之初來臺欲進行各式調查或事務處理的日人官吏或學者而言，派出所之屬的警察廳舍卻最能提供必要的協助。如東京大學動物學教授多田綱輔在 1896（明治 29）年到 1897（明治 30）年間來到北臺灣進行調查研究時，即以派出所爲住宿之據點，並藉助於派出所所提供的各種資訊〔註 3〕。

　　日治之初的警察官署多借用臺灣家屋，但粗陋狹隘，在防禦與衛生上均不甚理想，加以各警察署廳舍建築標準不一，故民政局於 1897（明治 30）年發佈了「警察廳舍及警官宿舍建築修繕標準」。此建築標準之草案，曾交由民

〔註 2〕　詳《臺灣總督府警察沿革誌》，I，「警察署の位置管轄區域を定む」，頁 404
　　　　～412。因應 1897（明治 30）年地方官官制改正，警察機關亦隨之變革，與
　　　　掌地方行政之辦務署平行設立，且警察署長與辦務署長可互相兼任。除設置
　　　　八十處陸上警察署外，尚有四處水上警察署。除在人口稠密地區設置警察署
　　　　外，有逾半官署大致上是設在爾後理蕃時之「隘勇線」鄰近。
〔註 3〕　詳吳文星，1997，〈東京帝國大學與臺灣「學術探檢」之展開〉，黃富三、古
　　　　偉瀛、蔡采秀主編，《臺灣史研究一百年：回顧與研究》，頁 23～40。臺北：
　　　　中央研究院臺灣史研究所籌備處。即使在派出所大舉擴張之後，如佐久間左
　　　　馬太在 1906（明治 39）年擔任臺灣總督後到宜蘭視察，在窮鄉僻壤或山間野
　　　　地，亦以派出所爲休息或住宿之所。詳漢文《臺灣日日新報》，「行轅日記」
　　　　之報導，1906 年 10 月 25 日，第二版；1906 年 10 月 26 日，第二版。

政局總務部衛生課兩位事務囑託富岡與岡田分別提出意見書後略做修改而定案，共有十三條目〔註4〕。由該標準可知當時警察廳舍之空間內容，除日常辦公之事務室外，尚設有留置場、巡查休憩室、宿舍及其相關生活設施。由警察廳舍數目與警察官吏配置定員數量推測，廳舍之規模及空間內容與廳治時期（1901～1920）之支廳廳舍應該相當。再者，警察廳舍之事務室以處理民政為主，必須臨接既有街路，並有良好視野，以達守望之務（第四條）。此原則亦成為爾後警察官吏派出所建築之基本特徵。至於警察官吏之宿舍，盡量與廳舍配置在同一基地上（第七條）。高階警部一人一間或二人一間，低階巡查則四至六人一間（第九條）。由此亦知各地警察官署之部署，確採集團制警察配置模式。以1897（明治30）年四月宜蘭警察署管內的五個派出所為例，巡查各有五人或十人，另外還有警丁十五人或二十人，形成一個小規模的警察部隊（《警察沿革誌》，I：382）。

基於防禦考量，此時期之警察廳舍建築在構造上必須厚實堅固。「警察廳舍及警官宿舍建築修繕標準」第一條即述明，廳舍宿舍採平屋造（一層），外牆以磚、石為之；若採土塊，則必須採能夠防禦之設計，且在必要之處設置高六尺以上之牆壁。一般會在廳舍門前設置壁壘以為防禦〔註5〕。第二條則規範需開設堅牢之門戶。第六條為關於警察廳舍與宿舍之開窗，原草案未予規範，乃是接受岡田囑託建議後所增列。岡田建議，基於防禦，窗戶不能開的太大，但窗戶對空氣流通與健康上均有關係。為兼顧防禦與換氣之要求，每人至少需要兩平方尺的開口，以此標準設置窗戶或換氣裝置。因此，在增列之第六條標準中，面向構外的一方，為了換氣，一個房間必須設置二至三個縱一尺橫三尺以下之小窗。而在事務室與其他廳舍內之各室，也應適當地開

〔註4〕 詳《臺灣總督府公文類纂》，1897（明治30）年，第0135冊，第21號，「警察廳舍及宿舍建築標準之件」。在該公文中，共包含了五份文件：除「警察廳舍及宿舍建築修繕標準」草案及定案頒佈之「警察廳舍及警官宿舍建築修繕標準」外，尚有民政局總務部衛生課富岡與岡田兩位事務囑託的意見書，以及可能亦是由這兩位囑託所提供之「臺灣二於ケハ兵營一人二対スハ割合」。「警察廳舍及警官宿舍建築修繕標準」之草案與定案均為十三條，但內容斟酌衛生課事務囑託意見修改而有所增併。

〔註5〕 《臺灣總督府警察沿革誌》之「本島治匪始末」一章在論及各地武裝抗日情況之描述時，數度提及匪賊來襲時，警察官乃據門前壁壘以射擊之；或築壁壘於屋前嚴陣以待。如「二林、番挖派出所の匪襲」。詳《臺灣總督府警察沿革誌》，II：382～383。

窗，並需設置鐵條，或是以堅硬之木材做成格柵，並設置鐵板製之窗扇。這種防禦方式，可與朝鮮「國境警察」之警察廳舍在防禦上之要求互為對照。朝鮮在與滿州國及俄國接壤之國境所設置之警察官駐在所或出張所，參酌地勢在其周圍挖設壕溝，並設置土壁、鐵條或木柵之類的防禦工事，在必要之處設置瞭望臺。1923（大正 12）年之後新築的駐在所，其事務室與宿舍之外牆厚度均要求二尺以上，以防槍彈的貫穿〔註6〕。

　　除警察事務與防禦上之考量外，衛生亦是重要考量項目之一。日人據領臺灣之初死傷慘重，逾半是因不習慣臺灣的亞熱帶氣候，染風土疾病而亡。受「瘴氣論」（Miasma theory）醫學理論影響，殖民地建築尤重環境的空氣好壞，並視在殖民地所染之疾病為不良的空氣所致。英國在印度的軍營建築即特別注重維持空氣品質的好壞，舉凡基地選擇、軍營配置、建築模式、室內空間與構造方法，均有相當研究（King, 1976：97～122）。在汲取英、法、荷蘭等殖民帝國在熱帶殖民地的經驗後，公共衛生成為日人治臺之首務。而公共衛生之普遍施行，亦與 1901（明治 34）年警察大舉擴張約略同時，成為重要警察事務之一〔註7〕。在定案之「警察廳舍及警官宿舍建築修繕標準」中，關於衛生方面之考量，除前述開窗之規範外，尚包括：挖掘排水溝渠，並注意排水坡度，尤其是在易積水之處（第三條）；在泥土地上架設高度二尺五寸以上之榻榻米床板（第八條），以近似於日本內地的生活空間方便警察官吏之生活起居，並免受遲滯在地面上之不良空氣與濕氣影響而致病。富岡囑託雖有基地空地面積需為廳舍建築面積之八倍以上〔註8〕，並在基地空地上植樹之建議，但在定案之標準中並未被接納。但關於室內壁面漆色之規範則採納了富岡囑託的建議，以茶褐色為主，避免漆塗白色（第八條），以免反射臺灣強

〔註6〕　主要是在鴨綠江與豆滿江之沿岸，尤其是在冬季河面結冰之時，滿州國之兇暴馬賊會潛入朝鮮造成治安上的問題。在國境的三個「道」均有較為密集的警察官署的設置。詳齋騰直基知編，1934，《輓近大日本拓殖史・朝鮮篇》，頁 210。

〔註7〕　1901（明治 34）年 11 月，總督府官制改正，將衛生事務納入警察本署責務。詳《臺灣總督府事務成績提要》，明治三十四（1901）年度分，頁 45。

〔註8〕　在日治時期相關的建築標準中，除這份「警察廳舍及宿舍建築標準之件」中富岡衛生事務囑託所提意見書外，外，僅有 1922（大正 11）年《臺北州令規類纂》中之「總督府官舍建築標準」，可見其規範了基地面積與建築坪數之間的關係：自高等官舍第一等的六至七倍，至判任官丁種官舍的三倍。丁種官舍的標準可視為是最低標準，大部分 1898 年之後興築之派出所廳舍都符合此最低標準。

烈之光線而損及警察官吏之視力。另外，亦應另闢別室，以隔離患疾病者（第十條）。

再者，岡田囑託另有關於個人最小空間與容積的意見提出，可能受其他殖民地「個人空氣容量空間」（personal air space）觀念的影響。根據 A. D. King 對印度軍營的研究，每個歐籍軍人的個人空間，面積在 60 至 70 平方呎（約 5.4 至 6.3 平方公尺，1.63 至 1.91 坪）左右，容積在 650 至 700 立方呎（約 17.6 至 18.8 立方公尺）上下〔註9〕。「警察廳舍及宿舍建築修繕標準」草案原即提出每位警部與巡查宿舍應有之最小面積：不計櫥櫃，應提供警部每人 2.5 坪、巡查每人 1.5 坪之宿舍空間，與印度軍營的標準相當。至於容積，岡田囑託提出每人以 800 立方尺（約 21.6 立方公尺）為標準，兩人以上或可權宜減至 700 立方尺（約 18.9 立方公尺）。在同份公文中亦夾有一份關於日本內地與臺灣兵營對於最小個人容積之規範：日本內地以每人 20 立方公尺為度，臺灣則增至 25 至 30 立方公尺〔註10〕。此外，日本陸軍省在 1899（明治 32）年提出臺灣兵營建築規範之草案，亦曾提出兵士最小空間需求及其他相關通風採光與防止濕氣的規範〔註11〕。在定案之「警察廳舍及警官宿舍建築修繕標準」中，雖無最小容積之規範文字，但其增列了榻榻米與天花之距離（高度）應大於二間（3.636 公尺）之規定。若換算成容積，警部約 30 立方公尺，巡查約 18 立方公尺，亦與前述諸規範相當，亦應是採納了岡田囑託的意見。

3-3　日治前期支廳舍建築變遷

3-3-1　支廳之組織與設置

日人對於臺灣之殖民治理，乃是基於「台灣人應由警察官來治理」的原則（Yao, 2004）。其中，支廳與各地散在配置之警察官吏派出所，更是日治前期日人統治臺灣最關鍵之殖民機構。前此，尚無關於支廳舍建築之專論，除因其年

〔註9〕　「個人空氣容量空間」觀念除對英國熱帶殖民地之軍營有相當影響外，亦對病院建築中病床的配置方式與數量影響極大。詳 King, 1976：97～122。
〔註10〕詳《臺灣總督府公文類纂》，1897（明治 30）年，第 0135 冊，第 21 號，「警察廳舍及宿舍建築標準之件」中之「臺灣ニ於ケハ兵營一人ニ対スハ割合」。
〔註11〕兵士一人以一坪以上為標準。詳黃俊銘，1995，〈日據明治時期臺灣兵營建築之研究〉，頁 123，收於陳格理、關華山編，1995，《賀陳詞教授紀念文集》，頁 119～130。台中：東海大學建築系暨建築研究所。

代較早，文獻與實體史料闕如所致外，誤解支廳僅是一般行政官廳亦可能是主因。支廳雖為地方廳長依地方治理之需而設，但本質上實為完全之警察機關，並下轄地方警察官吏派出所。地方廳長之下雖有各地臺籍區街庄社長協助地方行政事務的推行，但真正掌握行政執行權力者仍在支廳。支廳長掌握有行政第一線的權力。因此，支廳不僅執行「預防與偵察犯罪」之警察本務，尚兼理地方行政事務，因而形塑了臺灣日治時期「警察萬能」之印象。支廳的創生，亦使得臺灣日治前期殖民地警察的指揮體系更為集權。探究支廳制度與支廳舍建築之生成與變遷過程，將更能明瞭日人如何透過警察空間網絡的建構成功地殖民治理臺灣。首先說明支廳廳員之組成，其次論述支廳設置變遷緣由與其基地選擇的原則，並嘗試重構支廳舍建築之營造形式發展大概，最後則說明支廳舍制度（社會形式）與支廳舍建築（營造形式）間之相互關係。

一　支廳廳員之組成

自 1904（明治 37）年起，匪亂漸平，地方廳與支廳警察職員的配置逐漸常規化，乃依其管下土地人口、事務繁閑設置「警察職員及派出所配置標準」，分成甲、乙、丙三種等級不同的標準來配置人員〔註12〕（表 1）。

表 1　1904 至 1906 年「警察職員及派出所配置標準」（《警察沿革誌》，I：720～734）

年代	1904（明治 37）年						1905（明治 38）年						1906（明治 39）年					
官職別	廳			支廳			廳			支廳			廳			支廳		
	甲	乙	丙	甲	乙	丙	甲	乙	丙	甲	乙	丙	甲	乙	丙	甲	乙	丙
警部	4	4	3	1	1	1	5	4	3	1	1	1	6	5	4	1	1	1
通譯	1	1	1	0	0	0	1	1	1	0	0	0	1	1	1	0	0	0
警部補	4	3	3	2	2	1	4	3	3	2	2	1	4	3	3	3	3	2
巡查	20	15	12	8	6	5	20	15	12	8	6	5	20	15	12	8	6	5
巡查補	10	5	5	6	4	3	10	7	5	6	4	3	10	7	5	6	4	3
雇員	1	1	1	0	0	0	1	1	1	0	0	0	1	1	1	0	0	0
總計	40	29	25	17	13	10	41	31	25	17	13	10	42	32	26	18	14	11

〔註12〕在 1904 年前之支廳及警察官吏派出所的警察職員配置，主眼於對匪關係；土匪平定後漸次改定，改以「土地人口」與「事務繁閑」為主要考量。詳《警察沿革誌》，I：720～734。

　　支廳定員原則上少則十人上下，多可至二十人以上。但就支廳中高階警官人數而言，亦因地區而有調整。如桃園廳下大料崁與三角湧二支廳較其他支廳多配置一名警部與警部補，乃因其尚兼掌蕃人蕃地、森林、原野、鑛山等事務（桃園廳，1906：20～21）。此外，因應需要尚配置有少數之通譯、屬、技手或雇員（《警察沿革誌》，I：521）。

　　支廳人員之編制，在支廳長以下，配置有警部補、巡查、巡查補。在巡查的部分，不同於警察官吏派出所僅配置有外勤巡查〔註13〕，支廳尚配置有內勤巡查。依「警察職務規程施行細則標準」，內勤巡查以文書、統計、經理與武器整理作業與留置人看守為主〔註14〕，或設有專責阿片與戶口之內勤巡查。支廳內勤與外勤巡查之比例，以宜蘭廳下四個支廳為例，內外勤巡查的比例約佔各半（宜蘭廳，1916：235～240）。

二　支廳之設置及其位置

（一）支廳之設置與其變遷

　　支廳雖為警察機關，但卻是由地方廳廳長依其權責在管內樞要之地依實際需要設置。各廳下之支廳數量各不相同。如二十廳時期之斗六廳可多至 9 處支廳，而蕃薯寮與恆春兩廳均僅有兩處支廳。至十二廳時期，除宜蘭、桃園、南投、臺東、花蓮港與澎湖廳外，概有 9 處以上之支廳。支廳之總數，最多時（1902 年）曾達 95 處，最少時（1906 年）亦有 83 處。

　　根據水越幸一的估算，普通行政區域內的一個支廳，平均面積約在 14 平方里（約 215.88 平方公里），平均人口約為三萬七千人（水越幸一，1937a：18）。支廳之增設或廢止，則由地方廳長依治理的實際需要而調整。支廳數量較大的變動可概分為三個時期。如表 2 所示。

〔註13〕外勤巡查負責事務有：警備、警邏（巡查）、交通（書類物件的遞送）、護衛、護送（囚人及刑事被告人押送）、被監視人及歸順者視察、營業視察、阿片監視、屠獸場取締、檢疫、銃器及火藥、水上及沿岸取締。詳《警察沿革誌》，V：503～508。

〔註14〕內勤巡查負責事務有：收發件名簿登記、文書淨寫、法令例規等之加除訂正、文書編纂、名簿及臺帳之整理、統計事務之補助、被服其他給貸與品之整理、備品及消耗品之整理、銃器彈藥之整理、經費豫算及決算相關之補助。詳《警察沿革誌》，V：502～503。

表2　日治前期支廳數量變化

年　代	支廳數量	說　　　　明
1901	93	
1902	95	增設勞水坑、後大埔支廳
1903	89	廢止社口、田中央、番挖、大莆林、車路墘、萬丹支廳
1904	89	廢止頭份支廳；增設中港支廳
1905	84	廢止牛罵頭、塗葛堀、溪湖、他里霧、勞水坑、內埔支廳；增設沙轆支廳
1906	83	廢止新港、新營庄支廳；增設布袋嘴支廳
1907	84	廢止梅仔坑支廳；增設竹頭崎支廳
1908	85	增設六龜里支廳
1909	88	地方制度改正，部份地方廳改爲支廳，包括基隆、深坑、苗栗、彰化、斗六、鹽水港、蕃薯寮、鳳山、恆春等支廳；另廢止布袋嘴、後大埔、崁頭厝、前大埔等支廳
1910	88	
1911	88	
1912	88	
1913	86	廢止蚊蟀、大赤崁支廳
1914	90	增設ガオガン、霧社、新城、內タロコ等（蕃地）支廳
1915	84	廢止小基隆、瑞芳、大坵園、後壟、下湖口、麻豆、小池角等支廳；增設里壟支廳
1916	85	增設鳳林支廳
1917	86	增設南澳支廳
1918	87	增設太麻里支廳
1919	87	

注：年代欄 1901～1908 標示「剿匪變動期」；1909～1913 標示「制度穩定期」；1914～1919 標示「蕃地開發期」。

資料來源：整理自《警察沿革誌》，I：908～971

　　首先，日治之初因抗日運動蜂起，部份支廳是爲掃剿匪亂而設，在1902（明治35）年時支廳數量達到最多。但隨著匪亂漸平，加以縱貫鐵路及各地道路陸續開通，地方警察由「集團制」改採「散在制」，1903（明治36）年後即陸續廢設部分支廳，並改設警察官吏派出所〔註15〕。社口、大莆林與萬丹支廳即是因抗日活動漸弭無須再設置支廳而廢止〔註16〕。1905（明治38）

〔註15〕詳《臺灣總督府公文類纂》（以下簡稱《公文》），1906年，4915冊，2號，「警察官署用土地建物無料借上ノ件（鹽水港廳）」。

〔註16〕詳《公文》，1903年，4724冊，3號，「臺中廳社口支廳廢止ノ件」；《公文》，

年廢止牛罵頭與塗葛窟支廳而改設沙轆支廳〔註17〕、1906（明治39）年廢止新營庄支廳改設布袋嘴支廳〔註18〕，以及1907（明治40）年廢止梅仔坑支廳而改設竹崎支廳〔註19〕，則都是因為鐵路或道路網絡的逐漸建立，改變了新舊支廳治聚落的重要性。部份據海防關鍵位置之支廳興設則與日俄戰爭相關〔註20〕。頭份支廳即是在日俄戰爭期間，基於戰略考量而移轉於近海之中港街並改稱中港支廳〔註21〕。這個時期支廳因應剿匪而變動頻繁，可謂之為「剿匪變動期」。

其次，則是隨1909（明治42）年的地方官官制改正，有九處地方廳改設為支廳，並廢止了四處支廳。而在該年，景尾支廳移轉改設為新店支廳，則是新店市街的發達與理蕃的成果所致〔註22〕。此後，支廳數量穩定維持，可

1903年，4724冊，4號，「阿猴廳管下萬丹支廳廢止二關スル件（嘉義廳下大莆林支廳モ廢止）」。

〔註17〕沙轆街在1904（明治37）年道路改修後，以其居臺中、牛罵頭街、大肚街、塗葛窟街與梧棲港間之交通樞紐位置，故合併二支廳原管轄區域改設沙轆支廳。詳《公文》，1904年，4790冊，8號，「臺中廳長稟申二係ル同廳管下大肚中堡沙轆街ヲ支廳豫定地トスル件二付通牒」。

〔註18〕鹽水港廳下新營庄支廳廢止改設布袋嘴支廳，即是考慮布袋嘴為該廳管下唯一港灣聚落，船舶出入量大，且為製鹽之地，設置有專賣支局，在軍事上更與澎湖島之要塞相互呼應，非僅一警察官吏派出所之設置可以處理，因而新設支廳。新營庄支廳的廢設，則是因新營庄與鹽水港間之輕便鐵道敷設後，交通便利，已無設置支廳之需。詳《公文》，1906年，4889冊，1號，「鹽水港廳支廳廢止變更ノ件」。

〔註19〕梅仔坑支廳因距離本廳（嘉義廳）甚遠，萬事不便，且匪徒已絕跡，無須設置支廳。將之更定位置於竹頭崎，與嘉義市街接近，鄰近山麓，並有水利之便可資灌溉，加上是阿里山鐵道經由地，為最要之區。詳《漢文臺灣日日新報》，1906年11月2日，第2版，「支廳移轉說」。

〔註20〕1904（明治37）年時，日俄關係交惡而開戰。宣戰之前，總督府由警察本署長發佈「敵國艦船及海底電線監視規程」，在敵國艦船及海底電線沈設附近設監視員以巡查之，必要時並得置警部、警部補駐在監督。2月10日宣戰之後，13日臺灣本島及沿海即宣布戒嚴，並在停車場（火車站）、砲台、通路、港灣及其他樞要之地設憲兵及警察官吏檢問所外，亦在各支廳及警察官吏派出所設置檢問所。檢問所設警部或警部補一名，巡查、巡查補四名。如苗栗廳即在後壠及通宵支廳設置檢問所。詳《臺灣總督府警察沿革誌》，II：753〜776。

〔註21〕詳《公文》，1912年，5455冊，43號，「支廳移轉并警察官吏派出所設置認可（新竹廳）」。新竹廳1901年時初設頭份支廳，1904年時因日俄戰爭需在臺灣海峽沿岸設置情報基地之故，廢頭份支廳而改設中港支廳。至1912年底又將中港支廳移轉回頭份街，再改稱頭份支廳。

〔註22〕詳《臺灣日日新報》，1909年9月29日，第2版，「支廳落慶式辭」。

謂之為「制度穩定期」。

　　1914（大正3）年起又有較大變化。除了1915（大正4）年的行政整理廢止了七處平地支廳外〔註23〕，也開始有蕃地支廳的設置。1914年先設置了四處蕃地支廳，包括桃園廳的ガオガン支廳、南投廳的霧社支廳、花蓮港廳的新城支廳與內タユロ支廳，其後每年在東部地方廳增設一處支廳，反映出理蕃的成果與東部臺灣正在逐漸開發，可謂之為「蕃地開發期」。

（二）支廳治設置位置

　　支廳治所在位置，若由1906年發行之《臺灣堡圖》觀之，以在清末日治之初已形成之繁盛市街居多，並以之為支廳名以統轄管下其他市街與庄社。此乃因支廳為地方性警察機關，其治理對象主要為臺灣人社群〔註24〕，且兼具地方行政機關的角色所致。瀏覽《臺灣堡圖》中所標註之支廳位置（圖2），大致上有兩種型態：多數位於聚落之中，少部分則在聚落之外。

圖2　新埔、埔里社、店仔口、大嵙崁、楊梅壢、南庄等支廳位置圖

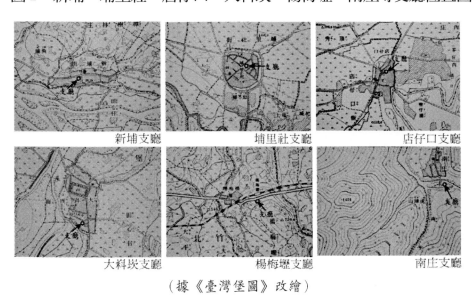

新埔支廳　　　　　　埔里社支廳　　　　　　店仔口支廳

大嵙崁支廳　　　　　楊梅壢支廳　　　　　　南庄支廳

（據《臺灣堡圖》改繪）

〔註23〕詳《公文》，1915年，2365冊，1號，「支廳廢合ノ件通達（臺北外五廳）」。
〔註24〕日人在臺初期之殖民治理，原則上就是在此方面，與上一層級之地方廳在廳治選擇上有較大差別。地方廳廳治所殖民官僚較多，亦較多殖民母國移民社群，因此會同時考慮殖民者（日本人）社群。支廳為警察機關，以治理被殖民的臺灣人社群為主，故其廳治所在大多位處已有相當發展之臺灣聚落。但由1917年打狗支廳移轉至新填地的日人居住區湊町推測，此時對臺統治已邁入穩定期，因此支廳舍的位置可能不再偏設於臺灣人聚落，但此推測仍待更多的史料來論證。

　　位處聚落中之支廳舍，大多配置於聚落之中心位置，或扼重要道路交會處。如新埔、埔里社與店仔口支廳，均配置於聚落中心，並位處道路交會點，以方便掌控與監視臺灣人社群。部分支廳則與地方重要廟宇相鄰，如北港支廳與朝天宮，北門嶼支廳與永隆宮，更有不少支廳是以臺灣廟宇權充為支廳舍，皆是藉由將日人殖民警察機構植入台灣原有社群與宗教中心，以遂行其殖民統治之便利。

　　配置於聚落之外者，則在市街聚落外緣選擇交通便利之處設置支廳，以管控進出聚落之主要道路。如通霄支廳（圖 3）、楊梅壢支廳與南庄支廳位置俱在聚落外之交通要道上。楊梅壢支廳與火車站鄰近，並影響市街未來發展方向，奠定今日楊梅中心市街的基礎。南庄支廳則掌控進出山區之要道，以防止抗日份子的襲擊。另外如大料崁支廳則因聚落內街屋密集配置，大面積之舊城亦為守備隊所據，而在市街西南端設置支廳。雖位處聚落邊角，但仍管控交通要道，與守備隊在大料崁南北兩端形成互為犄角之勢。

圖 3　通霄支廳位置圖

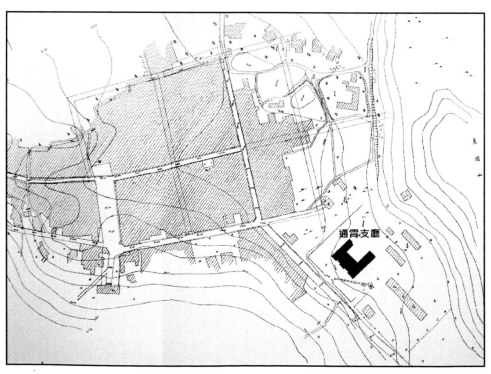

（據 1913 年「通霄街平面圖」改繪）

3-3-2　支廳舍建築之發展大概

一　創設初期沿用舊屋之支廳舍

　　1901（明治 34）年 11 月起，各地方廳陸續設置支廳。創設初期之支廳舍，多賴沿用臺灣家屋，主要有四種型態。其一，借用或租賃臺灣家屋最為常見。「支廳派出所與學校等，其使用非古廟即破屋」〔註 25〕。支廳舍因空間需求較多，以挪用大型臺灣家屋，或同時沿用多棟相鄰之家屋為主，且需具備相當規模之基地。蘇荳支廳即以向民眾租賃之臺灣家屋為廳舍宿舍（圖 4）。部分支廳舍則以地方廟宇或墾拓宗祠充用之。桃園廳下之咸菜硼與三角湧支廳即分別以當地廟宇三元宮及祖師廟為支廳舍（桃園廳，1906：20～23）；新竹廳樹杞林支廳以國王廟充用之，北埔支廳則設置在金廣福公館（新竹廳總務課，1907：28）。以蕭壟支廳舍（圖 5）為例，支廳租用黃氏宗祠崇榮堂為廳舍，並在必要之處增築留置場、訊問所等空間，室內則採「內地風造作」（日式裝修）以適合日人官吏之生活起居模式〔註 26〕。廟宇與宗祠原為臺灣傳統聚落之宗教、社群與權力中心，且是傳統聚落主要公共空間，除使日人避免以脅迫手段強佔民屋而觸發臺灣人之反日情緒外，更有以殖民機構建築取代舊有社群中心以向臺灣人宣示權力轉移之意味。

　　其次，以日人領台時所接收之官有建築為支廳舍。大料崁與頭份支廳以原辦務署廳舍為支廳舍繼續使用〔註 27〕，大湖支廳舍則挪用了苗栗守備隊大湖分遣隊之營舍〔註 28〕，都是襲用日治之初其他殖民機構建築。此外，安平支廳與打狗支廳則沿用接收自清末所建洋樓。前者以東興洋行為廳舍；後者則襲用哨船頭街一棟二層樓有外廊之洋行建築，一層做為廳舍使用，官舍設於二層（圖 6）。

〔註 25〕　詳《臺灣日日新報》，1904 年 6 月 15 日，第 3 版，「地方進步狀況（承前）」。

〔註 26〕　同屬鹽水港廳下之蘇荳與六甲支廳，亦是租賃臺灣家屋為支廳舍。詳《公文》，1906 年，4915 冊，2 號，「警察官署用土地建物無料借上ノ件（鹽水港廳）」。

〔註 27〕　大料崁支廳舍詳林一宏等編（1999）《桃園縣大溪街的聚落與建築研究成果報告書》，「附錄四　大料崁沿革誌」：223～226，桃園縣立文化中心，桃園。頭份支廳舍詳新竹廳總務課，1907：28。

〔註 28〕　詳《公文》，1904 年，4799 冊，15 號，「苗栗廳大湖支廳廳舍用建物寄附受納認可（指令第二二五八號）」。

圖 4　蔴荳支廳廳舍宿舍平面圖

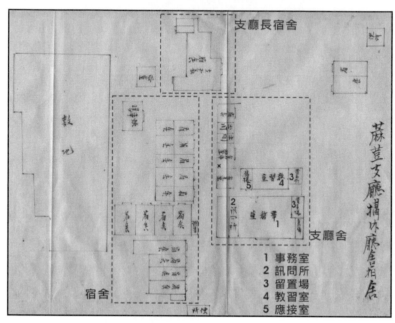

《公文》，1906 年，4915 冊，2 號「警察官署用土地建物無料借上ノ件（鹽水港廳）」

圖 5　蕭壠支廳廳舍宿舍平面圖

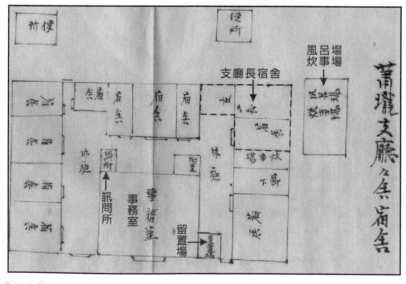

《公文》，1906 年，4915 冊，2 號「警察官署用土地建物無料借上ノ件（鹽水港廳）」

圖 6　哨船頭街之打狗支廳一層、二層平面圖

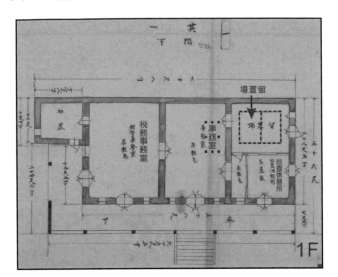

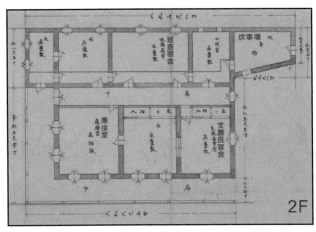

（《公文》，1907 年，5049 冊，1 號，「明治三十七年度官有財產異動
（鳳山廳）」）

　　其三，少數後來新設之支廳，乃是自警察官吏派出所昇格，因此沿用或
改築原派出所廳舍，如南澳、頭份、竹頭崎等支廳舍皆如是〔註29〕。

　　最後，則是較為特殊的狀況。1909（明治 42）年地方官官制再次改正後，
部分地方廳改易為支廳，包括基隆、深坑、苗栗、彰化、斗六、鹽水港、蕃
薯寮、鳳山與恆春，即繼續以其原有廳舍為支廳舍。其中，鳳山支廳與恆春

〔註29〕 詳《公文》，1918 年，6508 冊，10 號，「南澳支廳位置變更認可」；1912 年，
　　　　 5455 冊，43 號，「支廳移轉并警察官吏派出所設置認可（新竹廳）」；《臺灣日
　　　　 日新報》，1917 年 7 月 11 日，第 4 版，（竹頭崎）「支廳舍新築」。

支廳仍是以清代之舊縣署爲支廳舍。彰化支廳初改設時，亦仍以舊縣署爲支廳舍，至 1912（明治 45）年方新築支廳舍〔註30〕。

二　新築之支廳舍建築

自 1902（明治 35）年起，即有支廳舍新築之文獻紀錄。早期新築之支廳舍，主要著重在匪亂頻仍之市街或庄社，或是廳舍頹圮難以使用者〔註30〕。而較早平靖之臺北廳下各支廳，自 1908（明治 41）年錫口支廳新築起，方始新築〔註31〕。到 1917（大正 6）年時，「殆全部皆爲新廳署」〔註32〕。此外，在 1909（明治 42）年前新築之地方廳舍，至少有苗栗、斗六、鹽水港（圖7～8）與蕃薯藔等四處。前三者與桃仔園、宜蘭、新竹、南投、阿緱等廳舍皆在 1902 至 1905（明治 38）年間相繼新築，均具有相當近似之空間型態與外觀。

圖7　苗栗廳舍

（杉山靖憲，1916）

〔註30〕 詳《臺灣日日新報》，1912 年 6 月 4 日，第 2 版，「彰化支廳落成式」。

〔註30〕 詳《臺灣日日新報》，1902 年 6 月 14 日，第 3 版，「廳舍議築」：「島內各地方廳舍或支廳舍從來多就本島人家屋賃貸而權用之，其構造及設備極不完全。從中家屋且往往有將頹壞，殆不堪受風雨者，畢竟改築之計，早晚不可不行……然欲於一時改築，其經費之所需要莫大之金額……乃擬於最頹壞者先籌改築。即如舊臺南縣下，此次討伐林少貓，一番騷擾，各地方支廳改築工務急要實施，次乃漸恢計畫及各地方。」

〔註31〕 詳《臺灣日日新報》，1908（明治 41）年 7 月 21 日，第 2 版，「無絃琴」：「全島首府之臺北廳。管內各支廳之廳舍皆爲舊時代之遺物或民屋充用。無一新建築。今錫口支廳新築。由人民寄附。爲臺北廳下支廳建築之嚆矢。」

〔註32〕 詳《臺灣時報》，1917 年 1 月，88 期，頁 13，「支廳落成」。

圖 8　斗六廳舍

（杉山靖憲，1916）

　　根據《臺灣總督府事務成績提要》，1902 年時即有地方廳舍應設有「標準圖」之說〔註 33〕。其空間構成，參酌宜蘭廳舍配置圖與文獻中對於宜蘭與桃園廳舍空間內容之描述，廳舍呈回字型配置，正面中央部份為二層樓建築，一層有「人民控所」（等待室）、「應接室」（會客室），二層為會議室。兩翼樓高均為一層：一翼配置警務課事務室、休憩室、留置場、訓授室、訊問室與民事調停室；另一翼則設置稅務課與總務課事務室、「宿直室」（值夜室）、金庫室等。廳長室則另棟配置於後方，與兩翼空間以廊道連接〔註 34〕（圖 9～10）。

〔註33〕根據《提要》，地方廳廳舍及判任官官舍，其規模構造等有各地相異之虞，應示以數種之標準圖，依敷地之形狀選擇與調整。詳《提要》，明治三十五年度分，頁 306。另外，《臺灣日日新報》亦有一篇關於桃園廳舍新築工事之報導提到，「照總督府所指示設計模範」。詳《臺灣日日新報》，1904（明治 37）年 6 月 30 日第 3 版，「桃仔園廳舍新築工事」。因此，在有標準圖之制限下，1904 至 1906 年間陸續興築的地方廳舍，包括宜蘭、桃園、新竹、苗栗、南投、斗六廳舍，都具有相當類似的回字型空間組織與立面外觀，可能是由 1904 年來臺之臺灣總督府營繕課技師小野木孝治所設計。前此雖有其說，但仍缺乏文獻之佐證。

〔註34〕詳《臺灣總督府事務成績提要》，明治 36 年度分，頁 406～407；明治 37 年度分，頁 473～474；，明治 38 年度分，頁 429～431；桃園廳，1906：17～18。

圖 9　宜蘭廳舍

臺灣總督府官房文書課，1908，《臺灣寫真帖》：25

圖 10　宜蘭廳舍配置圖

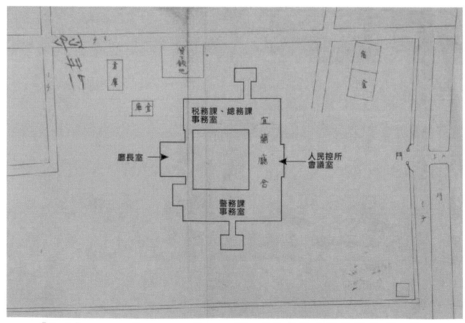

《公文》，1910 年，5292 冊，10 號，「官有地無償使用許可ノ件」

（一）支廳基地內之分區

　　支廳廳員配置約在十人至二十人上下，無論公共辦務，或是生活住宿，均需一定規模之空間量。原則上支廳將辦務之廳舍與生活之官舍配置於同一基地，以因應日治之初可能發生的抗日突襲活動。一般將支廳廳舍與官舍做適當之空間分區。支廳基地外圍設以低矮之圍牆或透空之欄柵，面對支廳舍以磚疊置成一對門柱做爲「表門」（正門），並稍向內形成凹口。正面以土牆或磚牆爲之，其他部分則設以木柵或竹柵。但在近山地區仍有匪亂之虞之支廳舍，基於防禦考量，甚至以鐵柵爲之。如嘉義廳中埔（圖11～12）支廳，在面對主要道路嘉義道之外牆即設以鐵柵，其餘部分則以土牆爲之。

圖11　平定後的中埔支廳舍

（嘉義廳警務課，1906）

圖12 中埔支廳建物配置圖

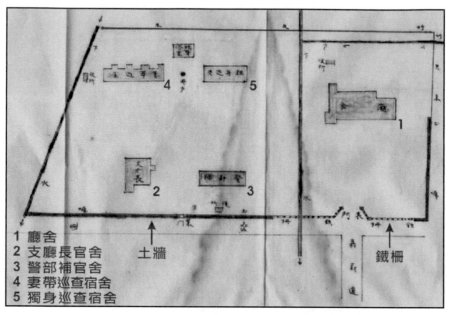

1 廳舍
2 支廳長官舍
3 警部補官舍
4 妻帶巡查宿舍
5 獨身巡查宿舍

土牆

鐵柵

（《公文》，1905 年，4871 冊，10 號，「中埔支廳用土地建物寄附受
納認可（嘉義廳）」）

　　支廳廳舍做為官廳，為地方權力中心之外在展現，正面面向道路配置，
官舍部分則設置於廳舍之側邊或後側。官舍區另設有數量不等之「裏門」（後
門），以供生活上之出入。以店仔口支廳（圖13）為例，支廳位處聚落北側中
心，扼三條主要道路交會之要衝，並在路口形成一個較大的廣場。廳舍面西
配置在前，面迎西向道路；官舍兩棟則配置於後。或如中埔支廳，雖位處聚
落北側外緣，但仍掌控往嘉義之主要道路「嘉義道」。其支廳分區，將面向嘉
義道的部分設為廳舍區，北側基地為官舍區。至於支廳基地內各建築間是否
再以牆柵區隔，則無一定。在灣裡支廳（圖14）與叭哩沙支廳（圖15～17）
均可見到官舍區各建築間仍以竹柵區隔。

圖 13　店仔口支廳配置圖

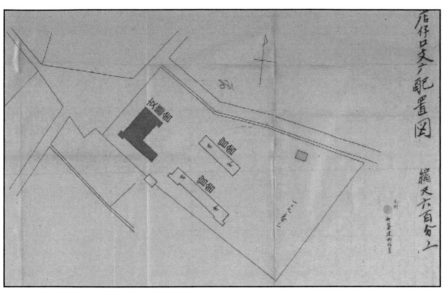

（《公文》，1911 年，5404 冊，34 號，「嘉義廳店仔口鼠族撿鏡所用地貸下ノ件」）

圖 14　灣裡支廳廳舍及官舍配置圖

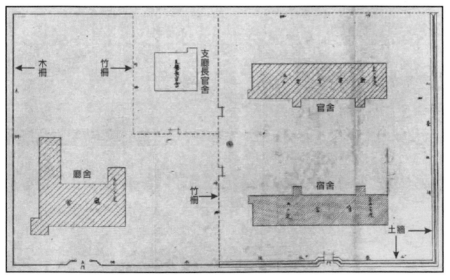

（《公文》，1904 年，4798 冊，8 號，「臺南廳長稟申灣裡支廳長宿舍外四件寄附受納認可」）（經反白處理）

圖 15　叭哩沙支廳敷地圖

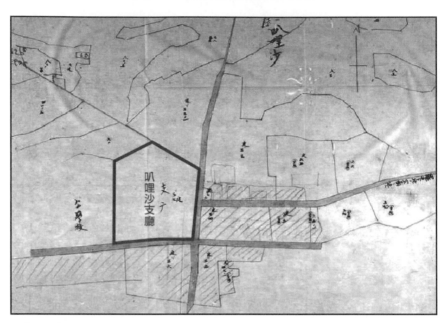

《公文》，1913 年，5624 冊，31 號，「官有財產調查復命書（屬：長谷部一郎）」

圖 16　叭哩沙街及其支廳舍

（臺灣拓殖畫帖刊行會，1918）

圖 17　叭哩沙支廳廳舍及官舍配置圖

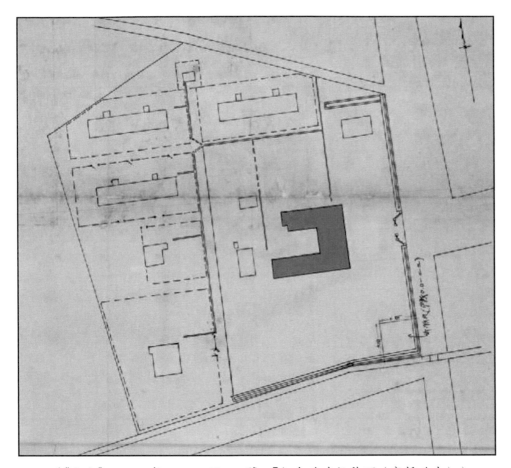

（《公文》，1915 年，2373 冊，5 號，「紀念碑建設許可（高橋政吉）」）

（二）支廳辦務廳舍

1. 空間機能與空間構成

　　支廳辦務廳舍為支廳職員辦務之所。其空間內容一般有玄關、事務室、巡查休憩所、訓授室、倉庫等行政辦務空間，留置場、訊問室等司法事務空間，及其他服務性空間。整體的空間構成方式，在二十廳時期大抵為一橫長型量體，事務室居中，橫向面寬，但縱深貫串前後。事務室前方設有廊道，兩側則配置以其他空間：一側以留置場與休憩所為主，或搭配以儲藏空間；另一側則為訓示室（兼應接室）、訊問室等，並會往後延伸配置其他服務性空間。兩側空間因應實際需求往後延伸，並以木造廊道與建築主體連接，使平面配置呈不對稱之 U 字型（或 L 型）。正面角隅配置之倉庫塔樓，則為此時期

支廳舍之鮮明特徵。二十廳時期新築之支廳舍大抵具有類似的空間構成模式，可能是根據標準圖所做之調整〔註 35〕。至十二廳時期，支廳事務增加，支廳舍規模亦增加，U 字型兩翼更往後延伸，且前一階段受到批評的角隅塔樓已不復見（圖 18）。

圖 18　二十廳時期與十二廳時期的支廳舍平面型態

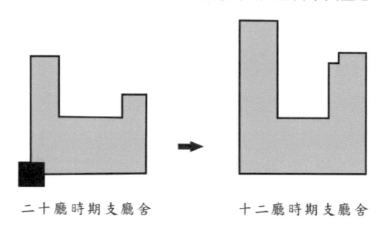

二十廳時期支廳舍　　　　　十二廳時期支廳舍

事務室為「支廳長聽政、吏員執務之所」（桃園廳，1906：25）。因無分課，全為警察官吏，故無隔間分隔，包括支廳長亦同在一事務室內辦務，為支廳廳舍內面積最大之空間。事務室為支廳廳舍之主體空間，居中配置，通常貫通廳舍之縱深。事務室之前方，以廊道或外突之玄關做為進入事務室之前導，民眾在此等待警察官的傳喚或受理事務。在事務室後側則設有木造廊道以連接其他附屬空間。此外，支廳外勤巡查之執務，實與警察官吏派出所之巡查並無二致。在完成外勤任務後，一般會在支廳休憩所在所休息，除讓外勤巡查可緩解繁重之勤務外，亦可因應各種可能突發的狀況。倉庫以塔樓的方式為之，或另設有「物置」（儲藏室）。支廳有相當多樣及多量的文書，包括了庶務與會計方面的各式記錄簿與編纂書類〔註 36〕。依「警察職務規程施行細則標準」第九條，應將書類物件整頓於一定場所（《警察沿革誌》，V：

〔註35〕詳柏生（1928）〈歷代の民政長官〉，《臺灣警察協會雜誌》，129 期（1928 年
　　　3 月）：175～176。該文清楚提到苗栗廳長家永吉泰郎在跟後藤新平抱怨支廳
　　　建築圖中角隅塔樓之不適當時，稱「依總督府的標準圖所新築的廳舍，在外
　　　觀上頗為威嚴……」。
〔註36〕在地方廳警務課或各支廳所需之記錄簿即有 172 種，編纂書類有 154 種，數
　　　量相當之多。詳《警察沿革誌》，V：518～523&589～597。

501）。在二十廳時期之倉庫，多以在支廳舍正面一角設「二階角家」（二層角隅塔樓）之型態呈現，成為支廳舍之視覺焦點。

　　再者，支廳具有傳喚、訊問與留置犯人的權力，因此設有留置場與訊問室。警察官署附屬之留置場，乃做為刑事被告人之臨時留置、即決相關之短期自由刑、執行笞刑與勞役之留置役場，以及懲役刑罰之代用監獄（松本助太郎，1917：21）。臺灣各地方廳與支廳均設置有留置場，大者可收容六十餘人，小者亦可收容十人。其構造是在一房間內，以方形五寸角材構成之格柵四周圍繞，有天花板與床板。房與房之間的牆壁或以板材，或以磚牆疊砌（同上：23）。支廳留置場之位置，無論以民屋充用為支廳舍，如蘇荳與蕭壠支廳（圖4～5），或是新築之支廳舍，如瑞芳（圖19）與中埔支廳廳舍（圖20），都是在廳舍入口處附近，以與事務室及巡查休憩所相鄰為常態，內勤辦務或在所休息之巡查可兼顧留置場之看守，為支廳舍建築在空間構成上與其他官署最大不同之處。瑞芳支廳甚至還另設有「笞刑執行室」。但1920（大正9）年之後在郡役所、警察署、法院內之留置場，則幾乎都配置在廳舍動線最末端。

圖19　瑞芳支廳舍配置圖與平面圖

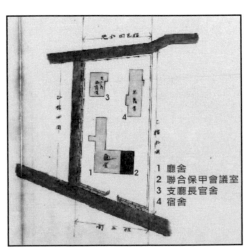
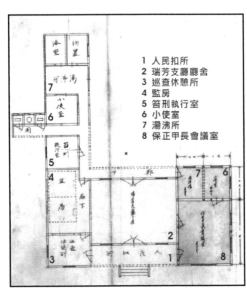

（《公文》，1908年，1447冊，3號，「瑞芳支廳廳舍用建物寄附受納認可」）

圖 20　中埔支廳舍平面圖與剖面圖

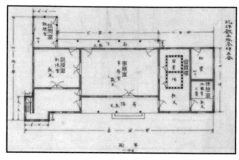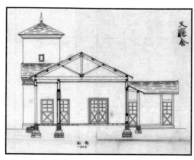

（《公文》，1905 年，4871 冊，10 號，「中埔支廳用土地建物寄附受納認可（嘉義廳）」）

另外，亦有部份支廳，將支廳舍與該地之保甲聯合事務所共構一屋，如嘉義廳梅仔坑支廳（圖 21～22）與瑞芳支廳舍。

圖 21　嘉義廳梅仔坑支廳舍配置圖與平面圖

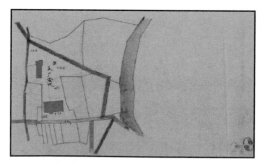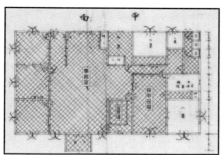

（《公文》，1904 年，4799 冊，9 號，「嘉義廳長稟申二係ル梅仔坑支廳用敷地建物寄附受納認可指令ノ件）

圖 22　嘉義廳梅仔坑支廳舍

（左圖出自《嘉義剿匪誌》；右圖出自《臺灣總督府警察沿革誌》）

至於服務性空間，則有小使室、浴室、廁所、湯沸所與儲藏空間等。一般配置在廳舍主體後方，以木作廊道與廳舍主體連接。

支廳事務除由《警察沿革誌》可略知其執務規則外，亦可從《水竹居主人日記》一窺其在日治前期做爲地方行政與權力中心的樣貌。支廳爲警察機關，主要事務在於專責警察事務的執行，舉凡警務、保安與衛生皆是。但不同於警察官吏派出所，支廳警察具有司法警察之權，可傳訊與留置疑犯，經過初步審理後再交付檢查局或法院審理。反之，民眾若欲投狀告訴，亦先由支廳處理。其次，與地方行政事務相關者以農業（黃麻、秧籍、牛籍、肥料等）與納稅（租稅、代金、保甲費、寄附金等）爲主，阿片、戶口、保甲亦均是支廳重要事務。此外，支廳亦是特殊節慶官民會聚之所。每逢元旦、天長節、始政紀念日等重要節日，支廳長會召集管內重要官吏與地方區街庄長、保正行禮如儀，並互換名片，支廳舍可視爲是地方上相當重要的禮儀與社交空間。

2. 建築規模

廳舍的規模大小，是否依支廳等位，似乎並無一定。但有地緣關係或同一年興築之支廳舍，有可能採用同樣的規模與型態。如桃園廳下之楊梅壢支廳舍，「盡軌」同年新築之中壢支廳舍（桃園廳，1906：20～23）。1908（明治41）年新築之錫口與阿里港支廳，抑或是1909（明治42）年同年新築之大甲、樹杞林與北埔支廳皆如是。在二十廳時期新築之支廳舍，其面積可約略分成 45 至 50 坪與 70 至 75 坪兩種。但在十二廳時期新築之支廳舍，則幾乎都在 130 坪上下。1917（大正6）年新築之打狗支廳舍，更達 254 坪。廳舍面積的擴大，可視爲是 1909 年後支廳正式掌理地方行政的反映。

3. 建築樣式系統

支廳爲地方權力中心，該如何彰顯其殖民權力機構之內涵？「于斬竹編茅櫛次麟比之民屋，有用磚疊成之西洋風家屋，巍然聳立于其間者，固不問而知爲支廳也」〔註37〕。支廳舍建築正面以洋式外觀表現官廳形象，背面則以木作廊道連接主體建築與附屬建築，長短不一。就建築外觀型態而言，在二十廳時期與十二廳時期略顯差異。二十廳時期新築之支廳舍正面外觀，設有木造或磚造外廊，或在入口處設有破風頂玄關。大部分支廳舍已採磚造，

〔註37〕詳《臺灣日日新報》，1904 年 6 月 15 日，第 3 版，「地方進步狀況（承前）」。

以清水磚牆疊砌，如打貓與蕃薯寮支廳（圖23～24）；木造廳舍則呈現灰白色之外牆，如東勢角與新港支廳（圖25～26）。主體建築採四坡入母屋頂，但在角隅有二層塔樓，形成支廳不對稱的正面型態，「高聳一樓，亦極裝飾幽雅，炫人心目」〔註38〕，為二十廳時期支廳舍建築最為顯明之特徵。但苗栗廳長家永泰吉郎即曾批評支廳角隅塔樓雖增添了支廳舍之威嚴與光彩，在使用上卻極為不便〔註39〕。角隅塔樓之功能，圖面上均標註以「倉庫」，實乃「銃器倉庫」〔註40〕。由所蒐羅之支廳配置圖歸納，二層塔樓多位於道路交會一側，具有瞭望監視與攻擊之防禦功能。二十廳時期之武裝抗日仍頻，一遇緊急狀況，即可上至塔樓觀察並取槍砲防禦。

圖23　打貓支廳舍

（文建會「國家文化資料庫」網站）

〔註38〕詳《漢文臺灣日日新報》，1906年9月8日，第6版，「員林支廳落成式」。

〔註39〕詳柏生，1928：175～176。此外，1900年代新築之支廳舍均在正面角隅處配置有二層塔樓的倉庫，除中埔支廳（1905）外，尚有錫口支廳（1908）、三角湧支廳（1903）、中壢支廳（1903）、楊梅壢支廳（1904）、葫蘆墩支廳（1904）、東勢角支廳（1903）、員林支廳（1906）、鹿港支廳（1906）、林圯埔支廳（1903）、北港支廳（1909前）、打貓支廳（1904）、店仔口支廳（1903）、灣裡支廳（1904）、阿里港支廳（1908）。新港支廳（1906前）則是在正中央設置二層塔樓。

〔註40〕鮮有文獻論及支廳塔樓之實際功能。若從一般存放物品之倉庫考量，倉庫置於二樓有其不合理性。但在《臺灣總督府警察沿革誌》描述1913年發生之「匪徒臺中廳東勢角支廳襲擊事件」時，曾提及匪徒詹勤上至二樓搜索銃器，是有多量銃器彈藥儲存之所。將銃器庫置於二樓，在防禦上較有其合理性。由此推論支廳之角隅塔樓實應為「銃器倉庫」。詳《臺灣總督府警察沿革誌》，II：811。

圖 24　蕃薯寮支廳舍

（文建會「國家文化資料庫」網站）

圖 25　東勢角支廳舍

（國家圖書館「臺灣記憶」網站）

圖 26　新港支廳舍

（文建會「國家文化資料庫」網站）

　　十二廳時期新築之支廳，如枋寮支廳（圖 27）、彰化支廳（圖 28）與枋橋支廳（圖 29），正面外廊與角隅塔樓則已不復在，支廳舍之正面亦不只是前一時期清水磚牆的疊砌，更在開口部外緣加上了白色灰泥飾帶的元素，並做較大面積的開窗。主體建築屋頂仍採入母屋頂，但似作興開設三角形之老虎窗。而正面亦以各式屋頂同時凸顯中央與兩側，並藉以強調出對稱的正面型態。至 1917（大正 6）年打狗支廳（圖 30）的新築，則將主體建築拉高到兩層樓。

圖 27　枋寮支廳舍

（臺灣拓殖畫帖刊行會，1918）

圖 28　彰化支廳舍

（杉山靖憲，1916）

圖 29　海山郡役所廳舍，一層部份為原枋橋支廳舍

（板橋街役場，1933）

圖 30　打狗支廳舍

（臺灣大觀社，1923）

4. 構造與材料

支廳舍之構造，自始即有相當高比例的磚造廳舍，少數以木造為之，噍吧哖支廳舍則是唯一採石造者。支廳為地方官署之代表，「屋宇體裁不備，即不能保其威信」〔註 41〕。另一方面，支廳為日治前期之地方權力中心，一直是武裝抗日之攻取目標，因此亦頗強調堅固之構造方式。支廳舍一般採洋式外觀，而其屋架亦相應採西式木構架。

〔註 41〕詳《臺灣日日新報》，1904 年 6 月 15 日，第 3 版，「地方進步狀況（承前）」。

（三）支廳廳員官舍

支廳廳員官舍因人員較多，在設置初期難以大舉新築官舍，僅能以臺灣家屋改修充用。但自 1904（明治 37）年起，臺灣總督府開始建立較明確之官舍等級制度，並在 1905（明治 38）年發佈「判任官以下官舍設計標準」，影響總督府與各地方廳下判任官官舍之營造，支廳廳員官舍亦無例外。官舍與官吏之「職階」密切相關。支廳廳員為警察官吏，其職階有警部（支廳長）、警部補與巡查（含巡查補）三種等級，分別對應到前述設計標準之判任官甲種官舍、丁種壹號與丁種貳號官舍（表 3）。一般而言，支廳長官舍獨立設置，警部補官舍常與巡查官舍共構之。較特別的例子是中埔支廳，其巡查官舍尚有「妻帶」（有家眷）與「獨身」（單身）之分（圖 31）。

表 3　支廳廳員職階、適用標準官舍類型、規模、包含空間機能關係表

職　階	適用標準官舍類型	規　模	空　間　機　能
支廳長	判任官甲種官舍	23.00 坪	踏入（入口）、玄關、應接室（會客室）、座敷（客廳）、居間（起居室）、臺所（廚房，木板地面）、炊事場（廚房，泥土地面）、便所（廁所）、浴室
警部補	判任官丁種一號官舍	11.50 坪	踏入、玄關、座敷、居間、臺所、炊事場、便所
巡查	判任官丁種二號官舍	10.25 坪	踏入、座敷、居間、炊事場、便所

支廳長官舍採「獨戶建」（獨棟），不與其他官舍共構，並有獨立之基地範圍。較早之沙轆支廳長官舍〔註 42〕與中埔支廳長官舍，已可見標準支廳長官舍之雛形。1904（明治 37）年灣裡支廳「支廳長官舍新營工事之圖」已可見其定型〔註 43〕。其建築亦與官舍設計標準之「甲種官舍新築平面圖」、「支廳長官舍（第壹號）」完全相同〔註 45〕（圖 32）。標準支廳長官舍平面近似方形，面寬 30 尺，深 27 尺，以中央兩道隔牆分為四個功能不同的區塊。正面從中間踏入進入玄關，並與地面鋪磚之西式應接室相連，為支廳長接待賓客

〔註42〕 詳《公文》，1904 年，975 冊，16 號，「臺中廳長稟申大肚上堡□□頭街蔡柏初ナルテノ外十貳人ヨリ沙轆支廳建築」。

〔註43〕 詳《公文》，1904 年，4798 冊，8 號，「臺南廳長稟申灣裡支廳長宿舍外四件寄附受納認可」。

〔註45〕 詳《公文》，1907 年，1329 冊，12 號，「判任官以下官舍設計標準各廳へ通牒ノ件」。

之處。由踏入往正面另一側，則爲炊事場、臺所與浴室等服務性空間。官舍後半則分別是座敷與居間，爲生活起居之所，且均設有緣側（簷廊）。然少數編制較小之支廳以警部補任支廳長，則僅以警部補層級之官舍爲支廳長官舍，如梅仔坑支廳與南澳支廳。

圖 31　中埔支廳支廳長官舍、警部補、妻帶與獨身巡查官舍圖

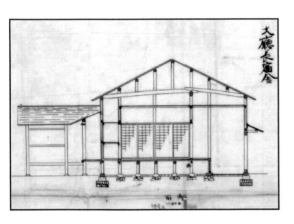
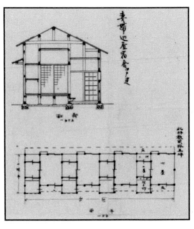
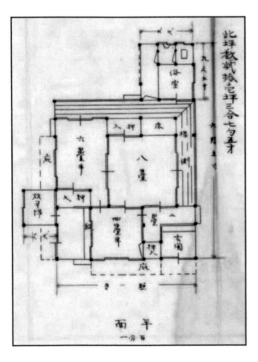
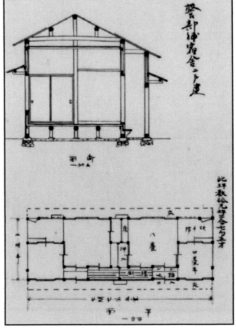

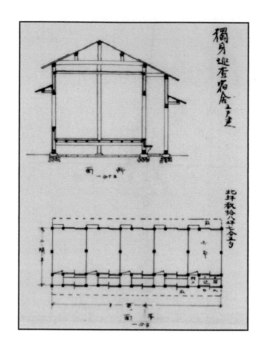

《公文》，1905 年，4871 冊，
10 號，「中埔支廳用土地建物寄
附受納認可（嘉義廳）」）

圖 32　支廳長官舍及支廳員官舍平面圖

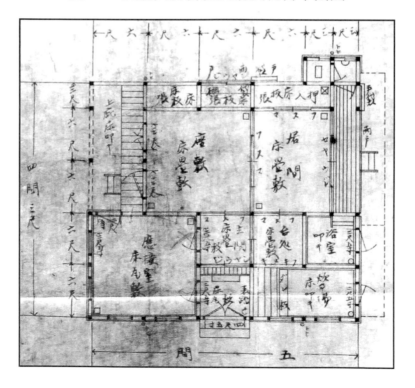

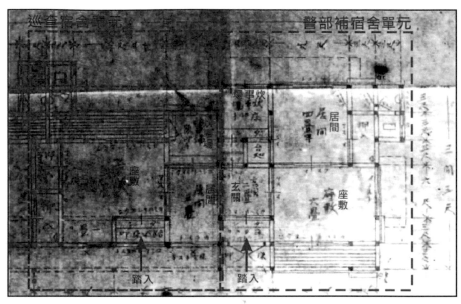

（《公文》，1907 年，1329 冊，12 號，「判任官以下官舍設計標準各
廳へ通牒ノ件」）（經反白處理）

支廳廳員官舍在初期亦有「支廳廳員官舍新築之圖」（圖 32），空間內容
與 1905 年發佈之丁種壹號與丁種貳號官舍相同，面積則略小。警部補在支廳
一般有二位，或如中埔支廳採「二戶建」（雙併），但大多是由單戶警部補官
舍與多戶巡查官舍連棟設置。支廳勤務之警部補配屬「丁種壹號」官舍，巡
查採「丁種貳號」官舍。警部補官舍面寬在 18 尺深 21 尺左右；巡查官舍面
寬則在 21 尺深 15 尺上下。此外，警部補官舍三面開放，僅一面共用牆與巡
查官舍鄰接；巡查官舍相鄰各戶間則以錯置之「押入」（櫥櫃）做爲共同壁面。
警部補與巡查官舍均未設置浴室，以另棟配置供公共使用。

支廳廳員官舍在建築型態上均表現出鮮明的日式風格，內部則鋪設以榻
榻米，反映出其在生活上仍延續日人傳統之生活習慣。

（四）支廳舍之營造與經費來源

支廳舍爲地方重要官廳，其建築活動應有各地方廳土木係技手或技師的
參與。1908（明治 41）年臺北廳錫口支廳新築落成，即有技師臨席〔註46〕。
當中港支廳欲移轉回頭份街時，新竹廳技手石井勇治郎即銜命出差實地調
查，並提出「復命書」（覆命書）〔註47〕。1912（明治 45）年大目降支廳欲新

〔註46〕詳《臺灣日日新報》，1908 年 7 月 21 日，第 2 版，「無絃琴」。
〔註47〕復命書的內容大要爲：明治 44 年 6 月 29 日銜命出差實地調查中港支廳廳舍

築時，總督府營繕課長野村十郎亦協同島田技師視察原本充用之舊家屋〔註48〕。而在留存的少數支廳舍圖面，亦可見技手的簽印，如灣裡支廳舍圖面有「明田」之簽印，應即是曾任臺南縣知事官邸建築主任官之明田藤吉〔註49〕。

在實際的營建方面，由於支廳舍規模較大，因此多將建築案付諸地方廳下土木營造業者「競爭入札」（競標）。如小基隆支廳在1902（明治35）年之新築，以及滬尾支廳之增築與「模樣替」（改樣）修繕工事，都是由德丸貞二以最低價得標〔註50〕。其他如打狗支廳舍由�栂井組營造，基隆支廳舍由笹盛留吉承包，竹頭崎支廳舍由二川組包建，東港支廳舍由川口關藏請負，都是當地的土木營造業者〔註51〕。

建築支廳舍之經費來源，在支廳設置之初的二十廳年代，總督府財政尚未獨立之時，「其賴所在人民之寄附以為建築者，蓋十居其九焉」〔註52〕。總督府對官吏募集寄附有所規範，需與教育、衛生、救育、交通及「警察」相關的事務與設施方被允許〔註53〕。支廳舍做為完全之警察機關，其新築一般是由支廳所在區域之街庄長或區長起頭，聯合管內保甲役員或人民總代發起「寄附」（捐獻）活動。以員林支廳為例，「工費總額，全數是支廳下人民寄附，或金錢，或勞力」〔註54〕。但在十二廳時代，隨著支廳規模擴增，工費

及官舍建物。該建物為土塊造臺灣瓦葺之構造，原做為塩館使用。土塊壁整體含鹽分高，施以漆喰塗仍直剝落。屋頂之小屋組材料腐朽，瓦片凹凸，每遇降雨即漏水，需修繕之。詳《公文》，1912年，5455冊，4號，「支廳移轉并警察官吏派出所設置認可（新竹廳）」。

〔註48〕詳《臺灣日日新報》，1912年3月5日，第5版，「支廳舍新築」。

〔註49〕詳《公文》，1915年，4798冊，8號，「臺南縣稟申灣裡支廳長宿舍外四件寄附受納認可（指令第三九〇號）」。

〔註50〕參加小基隆支廳新營工事投標者有澤井市造、賀田金三郎、德丸貞二與藤原龜太郎，參加滬尾支廳工事投標者則有藤原龜太郎、高橋佑司、賀田金三郎、德丸貞二、澤井市造與國吉俊英。詳《公文》，1902年，4715冊，5號，「小基隆支廳廳舍新營工事請負契約締結ノ件」；1902年，4715冊，3號，「滬尾支廳廳舍增築及模樣替ノ件」。

〔註51〕詳《臺灣日日新報》，1917年1月18日，第3版，（打狗）「支廳廳舍起工」；1920年7月7日，第4版，（基隆）「廳舍新築」；1918年6月23日，第6版，（竹頭崎）「支廳落成」；1916年12月31日，第1版，（東港）「支廳落成式」。但土木營造業者承包支廳舍建築之文獻相當少，僅能由片斷之資訊推測。

〔註52〕詳《臺灣日日新報》，1904年6月15日，第3版，「地方進步狀況（承前）」。

〔註53〕詳《公文》，1917年，6417冊，2號，「警官派出所用建物寄附受納方ノ件ニ付通達（各廳）」中，對於1905年十一月訓令另二三〇號的參照。

〔註54〕詳《臺灣日日新報》，1906年9月14日，第2版，「員林支廳新築落成」。

動輒萬圓以上，難由管下民眾寄附支應，因此支廳新築費用即開始由國庫費全部支出，如樹杞林支廳與新店支廳〔註55〕；或部分由國庫支出，部分由管內居民寄附，如蕭壠支廳〔註56〕。

三　打狗支廳建築變遷

1917（大正6）年新築之打狗支廳舍爲目前僅存之日治前期支廳舍建築〔註57〕。打狗支廳舍之建築變遷，亦可視爲是支廳舍建築變遷之縮影。1901（明治34）年初設支廳於打狗發展最早且繁盛之旗後街。初期以原臺南縣鳳山辦務署打狗支署廳舍爲廳舍，但因空間狹隘，尚須租用民屋。因此當旗後街之陸軍衛戍病院遷移之後，即以空置之病院充用爲支廳舍〔註58〕。隨著打狗市街由碼頭區逐漸往內陸發展，支廳舍亦逐漸轉移其位置。1905（明治38）年時，即考慮到旗後街之位置相當不便，易因暴風而阻斷交通，且廳舍構造損壞，故將哨船頭街官有家屋（洋行）加以修繕，將支廳舍移轉於此〔註59〕。1908（明治41）年鳳山廳公佈「打狗市街計畫」後，即以濬深打狗港之泥沙填築哨船頭街對岸之海埔新生地，並規劃市街，主要官署、公共建築與日人

〔註55〕詳臺灣總督府土木部，1911：153～155。以國庫費支應者尤以十二廳時期興築之支廳舍居多。

〔註56〕蕭壠支廳舍工費一萬六千餘圓，由國庫支出一萬圓，其他六千圓由管內人員捐題。詳《臺灣日日新報》，1912年5月30日，第6版，「蕭壠支廳落成」。

〔註57〕原打狗支廳做爲高雄警察署後，在1926年時曾新築磚造留置場面積19.5坪，原來30坪左右大小的留置場亦予以修繕，共費3740圓。詳《臺灣總督府事務成績提要》（大正十五年度）：177。1928年陸續將內部之署長室、應接室與高等係事務室做內部的整建。詳《臺灣日日新報》，1918年3月21日第4版，「高雄警察署建物內部改造」。1942年又再增築事務室，爲磚造一層樓，面積21坪，同時包含如高等特務係事務室與電話交換室的內部改修。詳《臺灣總督府事務成績提要》（昭和十七年度）：321。戰後原打狗支廳爲私人企業「永光行」所購，近年爲法院所拍賣，又由永光行家族所購回，目前爲私人住宅，拒絕任何的訪問與調查。比較舊照片與現狀，除正面之圓拱門廊與屋頂有改築外，兩層磚造主體建築大致上維持原狀，但其餘原一層樓部份已非原樣，且支廳近半之基地目前已興築住宅。

〔註58〕詳《公文》，1901年，4668冊，4號，「打狗支廳設置ノ爲メ元陸軍衛戍病院家屋保管轉換方ノ義二付鳳山廳二回答」。

〔註59〕詳《公文》，1905年，1066冊，3號，「鳳山廳打狗支廳位置變更二關スル件」；《公文》，1905年，4840冊，37號，「鳳山廳打狗支廳所在地警察官吏派出所廢止ノ件」。公文中所謂官有家屋，爲哨船頭一棟清末洋樓，地址爲哨船頭街62號。哨船頭街乃清末時由美商與英商相繼填築之海埔地，爲洋行之聚集地。詳鄭德慶，2001：26&74。

逐漸遷至此地（湊町），並設有高雄港驛。1917（大正 6）年即在湊町一丁目以二萬五千八百餘圓之經費新築打狗支廳舍，對面為高雄郵便局，後方為臺灣銀行高雄支店，均為新市街最為重要且華麗之建築。

　新打狗支廳舍基地約佔街廓之半，與高雄郵便局相對（圖33）。由舊照觀之，辦務廳舍約佔基地三分之二，採 U 字型之空間構成，圍塑內庭，並以木造廊道連接各空間。正面中央部份為兩層樓磚造清水磚牆，正面前設有外凸之磚拱門廊，二樓並留設有露台。屋頂為入母屋頂，中央並開設半圓形之老虎窗。在開口方式上，一樓中央門廊開設半圓拱，兩側則開設縱長形之平拱窗，二樓部份則為矩形門窗。廳舍其他部份則為一層（平屋建），正面亦設有木造廊道。官舍部份推測配置在廳舍右側。

圖 33　新舊打狗支廳位置圖

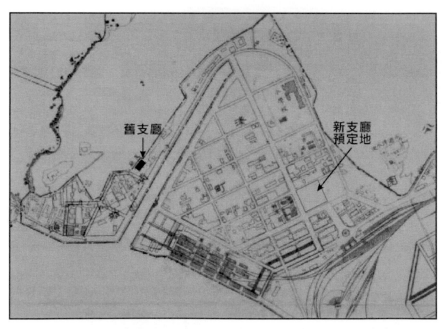

（《公文》，1918 年，2870 冊，1 號，「下冷水坑圳新設工事」）

　經由以上，已約略鋪陳出支廳制度與支廳舍建築在日治前期之變遷大概。原則上制度施行之初，支廳舍以沿用舊屋為主（包括臺灣家屋與官有家屋），之後方漸次新築。新築之支廳舍，將辦務廳舍與官舍分隔二區，並以廳舍面對主要道路，以顯官廳形象。辦務廳舍以行政辦務空間與司法審訊空間為主要空間內容，並以 U 字型的空間架構組織。其中，留置場的設置，更增

其做為地方社會控制中心之內涵；事務室、留置場與巡查休憩所在空間機能與空間構成上的必然關係，更形塑了支廳辦務廳舍做為地方警察總部的表徵。支廳舍建築在二十廳時期與十二廳時期呈現出不同的營造形式（表 4），反映出這兩段時期日人殖民臺灣策略的改變在支廳制度性質上所呈現的差異。

　　1920（大正 9）年，第一任文官總督田健治郎改正地方官官制，易中央集權為地方分權，並嘗試將警察行政與一般行政區分。支廳制度就此完成其階段性任務，改行州市郡街庄制。隨著制度的改變，支廳舍建築亦改易其角色，多數成為新地方制度下的郡役所廳舍。以臺北州下原各支廳為例，淡水郡（淡水支廳）、基隆郡（基隆支廳）、羅東郡（羅東支廳）、文山郡（新店支廳）、海山郡（枋橋支廳）、新莊郡（新庄支廳）皆以原支廳舍為郡役所廳舍[註60]。打狗支廳舍則改做為高雄郡役所使用。1924（大正 13）年高雄昇格為市，再改做為新設之高雄警察署廳舍。

表 4　二十廳與十二廳時期新築支廳舍營造形式之差異比較

	二十廳時期（1901.11～1909.09）		十二廳時期（1909.10～1920.07）	
空間構成	不對稱之 U 字型或 L 型		趨近於 U 字型配置	
空間規模	以 45～50 坪與 70～75 坪兩種居多		130 坪以上	
建築樣式	正立面設有磚造或木造外廊 正面角隅有二層倉庫塔樓 呈現不對稱之立面型態 外牆為清水磚牆或灰白牆面 開口面積較小 屋頂以入母屋頂為主		外廊消失 角隅塔樓消失 立面表現趨向對稱型態 開口部外緣作興加上白色灰泥飾帶 開口面積較大 屋頂開設三角形或半圓形老虎窗	
構造材料	以磚造或木造為主		以磚造為主	
經費來源	以民眾寄附為主		全部國庫費支應；或部份國庫費支應，部份民眾寄附	

　　但由於郡役所之組織編制大於支廳，分課與職員配置多出支廳定員許

〔註60〕 詳《臺灣日日新報》1920 年 9 月 9 日，第 2 版，「郡役所の所在」。

多，舊廳舍大多不敷使用，因此有不少沿用支廳舍爲郡役所廳舍者，之後即藉機增築或新築。枋橋支廳舍於 1910（明治 43）年新築，1920（大正 9）年改設爲海山郡役所，並在 1932（昭和 7）年改築其正面玄關爲二層樓（板橋街役場，1933：96～99）。因此，海山郡役所的一層部分仍爲支廳時代之遺留（圖 29），與彰化支廳舍近乎同貌（圖 28）。或如北港郡役所以北港支廳舍充用，但頗覺狹隘，在 1923（大正 12）年即計畫另址新築廳舍〔註61〕，惟遲至 1929（昭和 4）年方始動工，並於翌年完工落成〔註62〕。

經由以上的探究可以明瞭，支廳制度乃是因應殖民統治之需而設，創制之初爲一完全之警察機關，所創生之新建築類型「支廳舍」實則爲一警察官署建築。除了塑造臺灣人「斬竹編茅櫛次鱗比之家屋」與支廳舍「以磚疊成之西洋風家屋」的強烈對比以震懾難以馴化的臺灣人外，尚需賦予支廳舍建築獨特之空間構成與樣貌，以凸顯其爲專責殖民地社會控制之警察機構與權力中心：在空間機能上設置了與司法相關的審訊與臨時留置空間；在空間構成上，則以事務室、留置場與巡查休憩所形成支廳舍空間之主體；在建築樣式上，正面角隅銃器倉庫塔樓所形塑之不對稱型態使之更具獨特性，一望而知爲支廳。

但在 1909（明治 42）年後，支廳制度改易，將警察行政與一般行政整合於一，使得警察官吏涉入地方行政漸深，支廳漸取代地方廳成爲臺灣地方行政之關鍵。支廳與警察官吏派出所成爲地方治理之主力：以支廳爲權力中心，以警察官吏派出所爲延伸之觸角，深入臺灣社會底層，建構了綿密的警察治理空間網絡，臺灣人所聞見官吏，唯警察而已。支廳舍建築亦隨此制度更迭而漸趨向於一般行政官廳之樣態，反而喪失其原初之獨特面貌，與 1920（大正 9）年之後的郡役所或街庄役場廳舍已無二致。

3-3-3　日治後期郡警察課分室建築

1920（大正 9）年施行州郡市街庄制，各地設置郡役所。郡役所分庶務、警察二課，各專責地方行政與警察事務〔註63〕。在郡管內不論平地、蕃地，

〔註61〕　詳《臺灣日日新報》，1923 年 11 月 28 日，第 8 版，「北港郡衙及市場移轉計畫」。
〔註62〕　詳《臺灣建築會誌》，2 卷 5 期（1930 年 9 月）：77&80～81，「北港郡役所」。
〔註63〕　依 1920 年 8 月訓令第 145 號「郡事務分掌規程準則」。詳《臺灣總督府警察沿革誌》，I：637。

在期望警察事務遂行敏速之地，並「考慮地方的沿革與住民的利便，在離郡役所遠隔之處」（日本行政學會，1934a：341），經州知事認可後可設置警察課分室。分室設分室主任，以警部或警部補任之，受郡警察課長之監督，處理一定區域內之特定事務。分室在性質上屬於獨立警察官署，可視爲是分擔警察課事務之出張所〔註64〕，亦或是警察課之派出所〔註65〕。

　　郡警察課分室之設置與日治前期之支廳設置密切相關。對照支廳與日治後期郡役所及分室的設置，依過去支廳之規模，規模較大者設郡役所警察課，規模較小者則設地方警察分室，隸屬於郡役所之下。因此，分室設置之市街，多爲郡所轄範圍中人口較多事業較爲繁盛者。以楊梅爲例，過去與中壢均設有支廳，在地方改正後合併到中壢郡，而在楊梅設郡警察課警察分室〔註66〕。或如桃園大園分室，因海防目的曾設支廳。在地方改正後，因水圳開通，原本荒地漸變爲沃野良田，人口漸增，因而設置分室〔註67〕。再者，部份郡所轄區域廣大，尤其是在山陵地區之蕃地，亦會設置分室。如羅東、蘇澳二郡除轄蘭陽平原溪南地域外，管內尚有廣大之山陵地區。因此，除日治前期已設支廳再改設分室之三星（叭哩沙）分室與南澳分室外，另在三星分室西側廣大深山地設置濁水（バヌソ）分室。再者，分室的數量在1930年代呈現相當穩定的狀態，且在1930年代後期開始逐年減少。但1936（昭和11）年仍有基隆郡瑞芳分室的新設最爲特殊。瑞芳原本僅設有監視區監督警部駐在之警察官吏派出所，但因此地爲全臺唯一礦業產地，生產甚豐，人口大增且往來頻繁〔註68〕，加上基隆郡發生之警察事故，八成發生於瑞芳監視區〔註69〕，因而新設分室。全臺分室之數量約在44處上下〔註70〕。

〔註64〕　詳《昭和六年　臺灣の警察》，頁8。
〔註65〕　詳《臺灣民報》，1929年4月7日第5版，「警察權的組織」。
〔註66〕　詳《臺灣日日新報》，1920年11月18日第4版，「警察課分室設置」。
〔註67〕　大園在日治前期日俄戰爭期間曾設支廳，後廢止改設警察官吏派出所。至1920年代因水圳開通，荒地成沃野良田，使人口漸增，故於1926年改設桃園郡警察課大園分室。詳《臺灣日日新報》，1926年4月17日第4版，「設置分室」。
〔註68〕　詳《臺灣警察時報》，第252期，1936年11月，頁113～115。
〔註69〕　詳《臺灣日日新報》，1934年8月17日第4版，「基隆瑞芳庄將置分室」。
〔註70〕　分室最多時有45處，最少時僅33處，但逾半時間有44處。詳《臺灣省五十一年來統計提要》。依《昭和六年　臺灣の警察》，全臺灣44處分室爲：双溪、坪林、深坑、金山、士林、汐止、松山、大園、三峽、楊梅、龍潭、關西、新埔、北埔、南庄、後龍、通霄、三叉、卓蘭、大甲、霧社、魚池、ソバカマナ、草屯、鹿港、二林、西螺、民雄、竹崎、布袋、白河、六甲、玉井、

　　由 1931（昭和 6）年「臺灣警察機關配置圖」（圖 34）觀察，郡役所設置之地大部分都在鐵路沿線市街。分室設置之地，則呈兩種狀況。在平地，分室多在各式鐵道沿線；另一類則在山陵地帶分佈。

圖 34　1931（昭和 6）年時臺灣警察機關配置圖

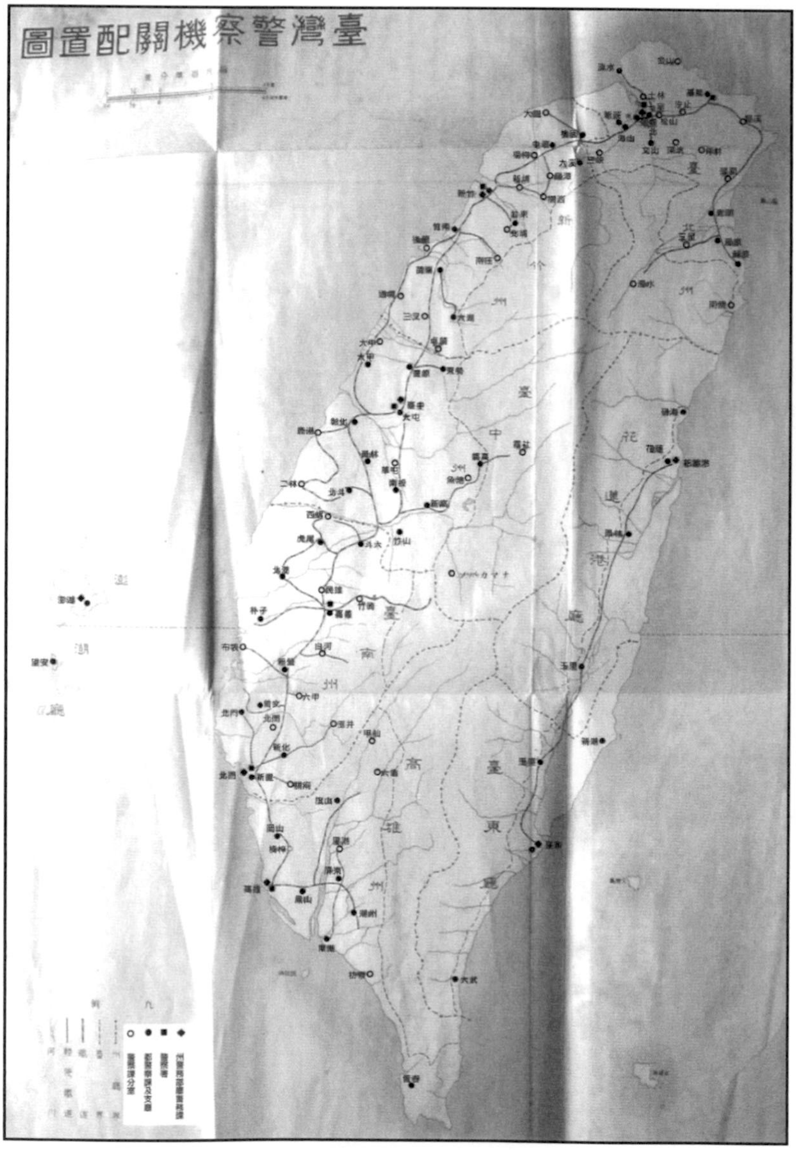

（《臺灣の警察　昭和六年》）

善化、關廟、甲仙、六龜、里港、楠梓、枋寮、頭圍、三星、濁水、南澳。

　　郡警察課分室之組織編制，設有一位分室主任，有數名甲種與乙種巡查掌理分室之內勤事務，人數約都在 4 至 5 人左右。此外，分室會與所在地派出所共用廳舍，該派出所一般亦爲巡視區派出所，設有一位巡查部長與數位巡查，以外勤事務爲主。小型分室編制約在 8 人，一般約在 8 至 10 人，亦有如大甲分室多至 18 人者。由於分室人員數與支廳相仿，大部分之分室在設置之後多沿用原支廳舍建築，且多沿用至日治結束。之前未設支廳之分室，則暫以該地之警察官吏派出所充用，如卓蘭分室〔註71〕。另有一較爲特殊之狀況，如斗南警察官吏派出所爲斗六郡斗南監視區監督駐在之派出所。該地因市貌繁盛而有設置分室之議。因此居民寄附 1 萬圓新築派出所，以應未來改設分室之用〔註72〕。但其後並未設置，此舉使得斗南警察官吏派出所之規模與一般分室相當。

　　在日治時期文獻中，與警察分室廳舍建築相關報導鮮少，難以完整地論述其建築狀況。首先，就其在市街的配置位置而言，原則上仍在支廳時期廳舍所在地。如枋寮分室即配置於位處枋寮主要道路之十字街口的枋寮庄枋寮177 之 1 號番地上（伊藤良藏，1936：31），以 1912（大正元）年 12 月新築之枋寮支廳舍爲分室廳舍（同上：45）（圖35）。北埔（圖36）、南庄（圖37）亦皆以原支廳舍爲分室廳舍，位置未曾變更。再者，因分室多沿用舊有支廳舍，部份改制後之庄役場未及新築廳舍，即有少數庄役場借用分室部份空間充爲廳舍。枋寮分室廳舍除做爲枋寮分室與枋寮警察官吏派出所之使用外，尚提供部份空間予初設置之枋寮庄役場使用，直至 1923（大正 12）年庄役場新築落成爲止（同上：46～47）。

　　三星分室則沿用叭哩沙支廳舍〔註73〕，初設置之三星庄役場亦借用分室部份空間爲臨時廳舍，直至 1923（大正 12）年三星庄役場新築爲止；甚且，三星庄役場即新築於三星分室基地上〔註74〕。

　　至於大甲分室是以在大甲街大甲五一五番地之原大甲支廳舍做爲分室廳

〔註71〕卓蘭分室是以 1918（大正 7）年新築之警察官吏派出所爲分室廳舍，至 1937
　　　　（昭和 12）年方再由居民寄附 2 萬 3 千圓新築分室廳舍。詳《臺灣日日新報》，
　　　　1937 年 5 月 8 日第 5 版，「卓蘭分室改築成る」。

〔註72〕詳《臺灣日日新報》，1928 年 9 月 3 日第 4 版，「期待分室」。

〔註73〕羅東郡三星分室廳舍及修繕工事，廳舍爲木造平家建一棟，面積89.75 坪，費
　　　　額 4,260 圓。詳《臺灣總督府事務成績提要》，昭和三年度，頁 145。

〔註74〕詳《臺灣日日新報》，1923 年 3 月 18 日第 6 版，「舉落成式」。

舍，臨大甲驛前道路，同一街廓設有大甲街役場與臺中地方法院大甲出張所（登記所）（圖 38～39）。大甲分室轄磁磘、中庄、大安、日南、頂後厝、苑裡六處派出所，處理管內司法行政事務，分室配置有警部（分室主任）1 名，巡查部長 1 名，甲種巡查 4 名，乙種巡查 1 名，特務甲種 1 名，刑事 1 名，甲種 1 名，乙種 1 名。大甲警察官吏派出所的部份則有巡查部長 1 名，巡查 7 名（大甲公學校，1933：79～80）。

圖 35　枋寮分室位置圖

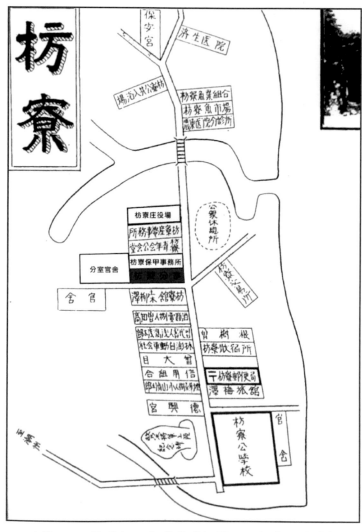

（據 1929 年「大日本職業明細圖──枋寮」改繪）

圖 36　北埔分室位置圖

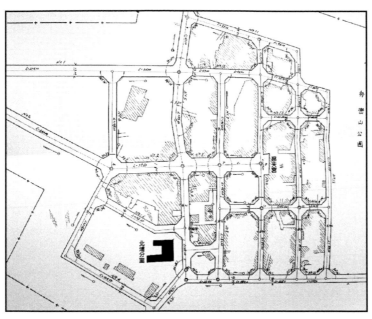

（據 1935 年「北埔市區改正計畫圖」改繪）

圖 37　南庄分室位置圖

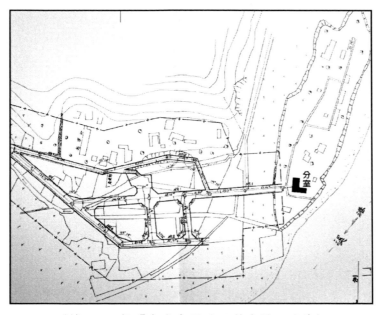

（據 1935 年「南庄市區改正計畫圖」改繪）

圖 38　大甲分室位置圖

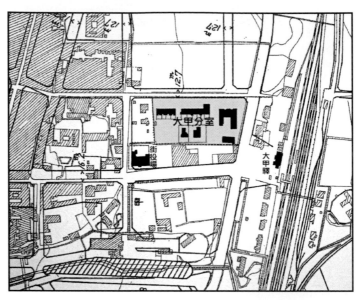

（據 1934 年「大甲街市區計畫圖」改繪）

圖 39　大甲分室建物配置圖

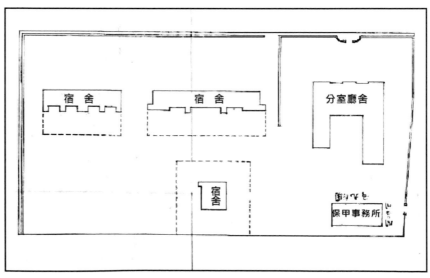

（《公文》，1926 年，7335 冊 13 號，「官有地無料使用許可ノ件（李水來）」）

　　如前述，分室可謂是郡警察課在管內樞要之地之大型派出所。若沿用支廳舍者，空間機能相差不多。至於新築之分室建築，應包含哪些空間，並無

一定。可以 1935（昭和 10）年新築之宜蘭郡頭圍分室爲例說明，其空間有公
眾溜、事務室、主任室、會議室、宿直室、書類倉庫、刑事室、小使室與留
置場〔註 75〕，原則上與支廳舍內容相仿。但有幾個差異。支廳之辦務空間並
無隔間，但分室廳舍包含了分室與警察官吏派出所兩個單位，因此在空間上
予以區分出來，除分室主任有專屬空間外，掌司法刑事之分室刑事巡查亦有
刑事室之設置。再者，由於分室多爲內勤業務，亦即會有民眾至分室洽公，
因此開始有公眾溜之設置。如當民眾需請領戶籍時，因郡役所管轄範圍頗大，
則可至分室辦理〔註 76〕。留置場的部份，應是日治後期地方警察官署中設有
留置場之最低層級者。此外，如同日治後期的警察官吏派出所，亦會在分室
基地內興築聯合保甲事務所。如大甲分室原未設置保甲聯合事務所，在 1926
（大正 15）年於分室基地內增築了聯合保甲事務所〔註 77〕（圖 39）。

　　就現有文獻觀之，日治後期新築之廳舍有 15 處，幾乎都是在 1930 年代
〔註 78〕。新築分室的規模，因組織員額而顯現差異。如大園分室僅 42.75 坪。
但如民雄分室（圖 40～41）與瑞芳分室（圖 42）因考慮到當時討論甚殷之
「郡警分離」後之獨立昇格，廳舍宿舍總和可達二百餘坪〔註 79〕。瑞芳分
室基地即有 2026 坪，廳舍面積即有 171.1 坪，宿舍 8 戶共 112.5 坪〔註 80〕。

〔註 75〕 宜蘭郡頭圍分室廳舍原使用 1899（明治 32）年 5 月新築之頭圍辦務支署廳舍，
　　　　 後改稱頭圍支廳，爲木造平屋建築，面積僅新築廳舍之三分之一。新廳舍
　　　　 由宜蘭街營造業者林有義承攬，承攬金額爲 7640 圓，之後完成之工費爲 10000
　　　　 圓。詳《臺灣警察時報》，第 241 號，1935 年 12 月，頁 101；《臺灣日日新報》，
　　　　 1935 年 4 月 12 日第 3 版，「頭圍分室を新築」；《臺灣警察時報》，第 241 號，
　　　　 1935 年 12 月，頁 101；《臺北州管內概況及事務概要》，昭和十年度，頁 295。
〔註 76〕 如蔡慧玉所訪問的羅光興先生是在竹南郡警察課南庄分室辦理，陳德江先生
　　　　 在北斗郡警察課二林分室辦理。詳蔡慧玉，1994：10。或詳《臺灣日日新報》，
　　　　 1926 年 4 月 17 日第 4 版，「設置分室」，大園分室開辦後，「置警部補以上之
　　　　 吏員，以開辦戶籍等事」。
〔註 77〕 詳《臺灣總督府公文類纂》，1926 年，7335 冊，13 號，「官有地無料使用許可
　　　　 ノ件（李水來）」。
〔註 78〕 1928 年新築者有二林分室，1931 年有大園與龍潭分室，1932 年有魚池分室，
　　　　 1933 年有南澳分室，1934 年有善化分室，1935 年有民雄與頭圍分室，1936
　　　　 年有瑞芳、南庄、後龍與鹿港分室，1937 年有卓蘭分室，1938 年有士林分室，
　　　　 1941 年有坪林分室。
〔註 79〕 在新建之時，瑞芳分室不過預定增員至 10 人，民雄分室亦不過 9 人。其規模
　　　　 如此之大，皆是預備未來若將郡警分離，各郡警察課將從郡役所獨立出來，
　　　　 設置警察署。
〔註 80〕 詳《臺灣日日新報》，1934 年 8 月 18 日第 11 版，「瑞芳分室設置」；照片詳 1936

民雄廳舍面積 121.5 坪，宿舍 3 棟 10 戶，共 123.5 坪〔註81〕。

圖 40 嘉義郡民雄分室〔1936〕

（《臺灣警察時報》，第 244 號，1936 年 3 月，頁 161）

圖 41 嘉義郡民雄分室〔1936〕

（《臺灣日日新報》，1935 年 12 月 26 日第 5 版，「民雄分室落成」）

年 9 月 16 日第 5 版，「瑞芳分室竣功」；《臺灣警察時報》，第 252 號，1936 年
11 月，頁 113～115；《臺北州管內概況及事務概要》，昭和十一年度，頁 316。
〔註81〕 民雄分室設置以來，即以原打貓支廳舍爲分室廳舍。爲因應將來郡警分離設
置警察署之預想，在原址新建偌大廳舍。詳《臺灣警察時報》，第 244 號，1936
年 3 月，頁 161～162；

圖 42　基隆郡瑞芳分室〔1936〕

（《臺灣警察時報》，第 252 號，1936 年 11 月，頁 115）

　　新築分室廳舍之工費，約在萬餘圓至三萬圓之譜。金額雖大，但仍幾乎由管內民眾寄附。如較早新築之二林分室，建築費一萬七千餘圓，概由居民寄附〔註 82〕；坪林分室之新築還由居民寄附勞力〔註 83〕。但如魚池分室的改築，因與日月潭電力工事相關，故由日月潭工事各營造業者與電力會社寄附逾半之經費〔註 84〕。規模甚大之民雄分室，其經費則是由管內各種會社寄附 1 萬餘圓，一般民眾寄附 2 萬圓〔註 85〕。另外，南庄分室則因地震毀壞，由國庫費及州費共同支應〔註 86〕。

　　分室廳舍營造重點，在於通風採光與耐火耐震之考量。主要構造以磚造與鐵筋混凝土造為主。但民雄分室因該地地震頻繁，特別採用木造〔註 87〕。分室如同支廳，非採小型警察官署之「事務所並宿舍」形態。以廳舍為主要正面，並留設前院，宿舍則另設於廳舍旁側或後側。在有足夠基地的條件下，

〔註 82〕　詳《臺灣日日新報》，1928 年 9 月 27 日第 2 版，「二林分室落成式」。

〔註 83〕　文山郡坪林分室設置以來一直以 1898（明治 31）年景尾辨務支署廳舍充用，至 1939（昭和 14）年方獲得允許新築，並在 1941（昭和 16）年落成。工費 13000 圓，且有 2500 人之勞力奉仕。詳《臺灣警察時報》，第 304 號，1941 年 3 月，頁 90。

〔註 84〕　魚池分室因日月潭工事而增設警察官吏，原廳舍不敷使用，故新築之。其經費由電力會社寄附 2500 圓，日月潭電力工事各分區請負組寄附 5000 圓，保甲民寄附 4000 圓。新築廳舍與官舍總建坪約 97 坪，磚造，工事由埔里街營造業者小笠原悅馬承攬。詳《臺灣日日新報》，1932 年 5 月 27 日第 3 版，「魚池分室の建築入札」；1932 年 9 月 5 日第 8 版，「魚池分室三日落成式」。

〔註 85〕　詳《臺灣日日新報》，1935 年 6 月 2 日第 4 版，「三萬圓を投じ分室を新築」。

〔註 86〕　詳《臺灣警察時報》，第 248 號，1936 年 7 月，頁 111。

〔註 87〕　「因嘉義地方為地震帶，欲建築平家木造，以防地震」。詳《臺灣日日新報》，1935 年 6 月 3 日第 8 版，「分室新建」；1935 年 12 月 26 日第 5 版，「民雄分室落成」。

廳舍以「平屋建」（一層）為主，建築形態也類似支廳，主體為一矩形量體，上覆日式入母屋頂。在入口處設有妻切頂之門廊。式樣上採近代式樣，如南庄分室即被稱為「現代式美裝流線型廳舍」〔註88〕。善化分室更被稱為是「モダン」（現代的）〔註89〕，建築形態相當簡潔，加上入口處具「藝術裝飾式樣」（Art Deco）流線造型的塔樓，更增廳舍之現代感（圖43）。目前僅知二林分室採「二階建」，且直接臨路，朝向道路轉角開口，且仍有古典建築元素之殘餘（圖44）。

圖 43　新化郡善化分室〔1934〕　　圖 44　北斗郡二林分室〔1928〕

（《昭和十年　臺灣の警察》，1935：31）　　　　（洪寶昆，1937）

3-4　日治後期市警察署廳舍建築之變遷

　　1920（大正9）年8月地方官官制改定發佈，實施州郡市街庄制。在此之前，地方行政幾乎均由地方警察執行。經由此次改正，確立地方行政體系，原則上將警察與行政體系區分開，警察專責警察事務。總督田健治郎在改正訓示中即強調，「廢支廳設郡市，置郡守市尹，是此次改正的重點。在過去支廳長以下的官吏，主要是以警察官吏擔任，使之兼掌普通行政事務，這畢竟是順應時代的權宜手段。普通行政事務應由普通文官任之，警察則發揮警察本來之功能。此次改正使警察回歸其本來職責，但郡守仍被賦予警察權，以保有行政機關的統一。」（《警察沿革誌》，I：625～626）。其中，以市警察署之設置最能體現此次制度改正之精神。

〔註88〕詳《臺灣日日新報》，1936年4月23日第8版，「南庄分室廿四日落成」。
〔註89〕詳《臺灣警察時報》，第227號，1934年10月，頁149。

3-4-1　市警察署之設置與組織

一　市警察署之設置

　　1896（明治29）年民政取代軍政後，以勅令91號首次公佈「臺灣總督府地方官官制」，將全島分為三縣（臺北、臺中、臺南）一廳（澎湖島），除在縣設警察部、廳設警察課外，得於扼要之地設置警察署與警察分署。初設之時，共有17處警察署、31處警察分署與15處的管下派出所（《警察沿革誌》，I：360～361）。1897（明治30）年地方官官制再改正，全臺設六縣三廳，並新設與警察署為平行單位之辦務署，專責地方行政，此時全臺共設有80處陸上警察署與4處水上警察署（同上：404～413）。1898（明治31）年修正地方官官制，將原來辦務署、警察署與撫墾署合併為辦務署，警察署轉變為辦務署之第二課。至此，原為獨立機關之警察署消失，並在各辦務支署下開始普設警察官吏派出所（同上：474）。1901（明治34）年地方官官制改行支廳制，更以警察來綜理治安與行政事務，並沿用至1920（大正9）年。

　　做為獨立機關之警察署的恢復設置，是在1920年地方官官制改正後。同為警察署之稱謂，但性質已不同。日治初期的警察署多為因應抗日活動而在各樞要之地設置，但日治後期之警察署則與都市發展的程度相關，在實施市制之地方置警察署，與市役所分掌市之警察事務與一般行政。依改正條文第二十九條，在市置警察署，州知事若認為有必要，可在警察署之下置警察分署。警察署長以警視任之，分署長以警部充之（《警察沿革誌》，I：620～621）。市內保正、甲長選舉的結果即需經警察署長之確認方為有效。此外，消防組織雖未正式納入警察組織之編制內，但仍受警察之指揮監督〔註90〕。

　　在1920年地方官官制改正前，臺北廳即曾在1918（大正7）年的地方官會議中提出，在廳警務課之外於臺北三市街另設置獨立警察署之議〔註91〕。但實際設置，則延至市制的施行。初改正時，三大都市臺北、臺中與臺南同時實施市制並新設警察署〔註92〕。原則上一市設一警察署。臺北市因管轄人

〔註90〕　但有部份在太平洋戰爭期間昇格獨立為消防署。以基隆市為例，1943年4月將消防組改為消防部，1944年5月因盟軍之轟炸，更將之擴張為消防署，成為獨立之消防警察組織，以警視兼任署長，下設警務、機關、警防三係。詳基隆市文獻委員會（1957），《基隆市志·保安篇》，頁74～75。

〔註91〕　詳《臺灣日日新報》，1919年5月12日第3版，「置警察署」。

〔註92〕　詳《臺灣總督府警察沿革誌》，I，頁635；《臺灣日日新報》，1920年9月15日第3版，「祝置警察署」。

口較多，分設南北兩署〔註93〕：在鐵路線路以南，城內、艋舺、南門以及其他從東至南區域，為臺北南警察署所管轄；在大稻埕設置臺北北警察署，轄大稻埕、大龍峒一帶與大正町、下奎府町以北之地（田中一二，1998：240），並將原臺北廳警務課艋舺分室改設為臺北南警察署之萬華分署〔註94〕。1924（大正13）年12月，臺灣南北兩大港口都市基隆、高雄二街昇格為市，新設基隆與高雄警察署（《警察沿革誌》，I：650）。新竹、嘉義二街則於1930（昭和5）年1月20日昇格為市，並分置警察署〔註95〕。1933（昭和8）年9月15日，彰化、屏東二街昇格，設彰化與屏東二警察署〔註96〕。宜蘭警察署與花蓮港警察署則均是在1940（昭和15）年10月底舉行開廳式〔註97〕。1944（昭和19）年5月12日，因高雄都市急遽擴張，加上戰事趨緊，在高雄川東側市街增設高雄東警察署，原高雄警察署則更名為高雄西警察署。

此外，除陸上警察署外，1935（昭和10）年與1940（昭和15）年在基隆與高雄二市分別設置了基隆水上警察署與高雄水上警察署，專責港、市沿岸海面、鄰近附屬島嶼治安並檢查往來船舶〔註98〕。

日治後期共設置了15處警察署，包括陸上警察署13處，分佈在全島11個主要城市，其中臺北、高雄分設 2 警察署。另外，在基隆與高雄亦各設有水上警察署1處。

二 市警察署之組織編制

日治後期地方警察機關之設置，在各州（廳）設有警務部（警務課），其

〔註93〕 臺北市在1929年時，因人口膨脹都市發展，而曾有在萬華新設臺北西警察署之議。詳《臺灣日日新報》，1929年5月25日夕刊第4版，「來年度豫算編西警察署新設案」。

〔註94〕 萬華分署在1924（大正13）年廢止。詳《臺灣總督府事務成績提要》，大正十三年度。

〔註95〕 詳《臺灣總督府事務成績提要》，昭和五年度，頁522；《臺灣總督府警察沿革誌》，I：666。

〔註96〕 詳《臺灣總督府事務成績提要》，昭和八年度，頁523。

〔註97〕 詳《臺灣總督府事務成績提要》昭和十五年度，頁666～667；《臺灣日日新報》，1940年10月30日第9版，「宜蘭警察署」、「花蓮港警察署開廳式」；《臺灣警察時報》，第301期，1940年12月，頁142，「花蓮港警察署誕生」；第302期，1941年1月，頁158，「宜蘭警察署開廳」。

〔註98〕 詳《臺灣總督府事務成績提要》，昭和十年度，頁607；昭和十五年度，頁666。另外，1939年時日本海軍占領南沙群島，當時稱為「新南群島」，亦成為新設置之高雄水上警察署的管轄範圍。詳《臺灣警察時報》，第301期，1940年12月，頁140。

下設有市警察署與郡警察課（支廳），在其下再依行政區域劃定「監視區」。新竹警察署即管轄新竹監視區下東門、西門、南門、北門、驛前、埔頂與樹林頭等六處派出所〔註 99〕。臺南署則因市之範圍較大，故分東監視區與西監視區，各管轄 7 處派出所。

市警察署之編制，一般可概分為署長 1 人，由警視任之；其下有行政主任與司法主任各一，由警部擔任，其下配置有警部補、巡查部長、甲種巡查、乙種巡查多人，分掌各項警察相關業務。除此之外，各警察署會依需求雇用技術人員或雇員，如新竹警察署尚雇用了 1 位電話交換手（接線生）與 2 位衛生囑託（雇員）。警察署之員額，各署不同，大致上在 60 至 80 人左右，可謂是地方警察機關設置以來最大的獨立警察官署（表 5）。

表 5　市警察署警察官吏之配置

	署長 （警視）	主任 （警部）	警部補	巡查 部長	甲種 巡查	乙種 巡查	計	
臺北北警察署	1	3	4	46		53		1929 年時
新竹警察署	1	2	4	7	24	7	45	1935 年時
嘉義警察署	1	2	4	10	33	7	57	1935 年時
臺南警察署	1	2	6	14	41	8	72	1935 年時
基隆警察署	1	7	4	16	74	6	108	戰時

資料來源：
臺北北署：《臺灣日日新報》，1929 年 5 月 25 日夕刊第 4 版，「來年度豫算編西警察署新設案」。
新竹署：《新竹州警務要覽》，昭和十年度，頁 6。
嘉義署：《臺南州管內概況及事務概要》，昭和十年度，頁 265。
臺南署：《臺南州管內概況及事務概要》，昭和十年度，頁 269。
基隆署：《基隆市志・保安篇》，頁 34。

因此，其組織編制不同於支廳時期之未分課係，依任務性質區分成數係。自署長以下，原則上以行政、司法兩大部門做主要的區分。警察行政部份由行政主任主其事，負責一般行政、戶口、保甲、衛生、阿片、風俗、防疫、交通等事項，與一般民眾有比較日常性的面對與接觸。司法主任則管轄

〔註99〕詳《新竹州警務要覽》，頁 6～7；《臺南州管內概況及事務概要》，昭和十年度，頁 262～263。

司法刑事相關業務。至於分係原則似無一定，依各署執務上之特質與需求而定。如基隆警察署，分警務、高等、保安、司法與衛生五係，警務係掌理一般警察事務行政，高等警察係掌理政治警察事項，保安係掌理保安正俗事項，司法係掌理刑事偵察事項，衛生係則掌理保健防疫與衛生相關事項（藍棟英，2003：26）。臺北北警察署設有外勤及戶口係、阿片及風俗係、高等係、司法係、刑事係與防犯係〔註 100〕。臺中警察署則分外勤係、衛生係、司法係、交通及阿片係、高等係、防疫係與圖書檢閱係〔註 101〕。但在二次大戰期間，因各種戰時措施均歸入警察體系，致使組織編制亦大幅擴增。基隆警察署因此擴編爲九係，除將原有之保安係併入警務係外，並新增經濟係、兵事係（後改爲「調查係」）、防空係（後改爲「警備係」）、臨時警備係與外勤係，人員亦大幅增加，如基隆警察署即擴增至 108 人（藍棟英，2003：27）。

3-4-2 市警察署廳舍建築之發展大概

一 設置初期沿用舊屋

警察署初設之時，均先行借用其他廳舍或建築做爲臨時廳舍，再伺機新築專屬廳舍。如臺北南、臺中與臺南（圖 45）三警察署，初設時均配置在該州州廳之內。臺北北警察署先沿用日治前期的日新街警察官吏派出所〔註 102〕（圖 46）。基隆、新竹、彰化、嘉義與宜蘭警察署在設置之初均與郡役所共用，屏東警察署則在郡役所旁建築臨時廳舍。高雄警察署則沿用 1917（大正 6）年新築之打狗支廳舍，未再新築廳舍〔註 103〕。較特別的是 1935 年設置之基隆

〔註100〕詳《臺灣建築會誌》，第 5 輯第 4 號，1933（昭和 8）年 7 月。

〔註101〕詳《臺灣建築會誌》，第 6 輯第 4 號，1934（昭和 9）年 7 月。

〔註102〕設置之初，曾於 1921（大正 10）年在旁側空地增築事務室與司法室。詳《臺北州管內概況及事務概要》，昭和五年度，頁 217；《臺灣日日新報》，1921年 6 月 15 日第 2 版，「北警察增築」；田中一二，1998：240。1928（昭和 3）年再增築木造平家建内地瓦葺留置場及電話交換室各一。詳《臺灣總督府事務成績提要》，昭和三年度，頁 145。

〔註103〕但在日治後期，高雄警察署廳舍曾有多次的增改築。1926（大正 25）年時新築留置場，爲煉瓦造平家建，面積 19.5 坪，原來 30 坪左右大小的留置場亦予以修繕，共費 3740 圓，詳《臺灣總督府事務成績提要》，大正十五年度，頁 177。1928（昭和 3）年陸續將署長室、應接室與高等係事務室做內部的整建，詳《臺灣日日新報》，1928 年 3 月 21 日第 4 版，「高雄警察署建物內部

水上警察署，其廳舍（基隆港合同廳舍）在前一年即已竣工落成（藍棟英，2003：34）。高雄水上警察署則借用新濱町 2-10 之高雄魚市株式會社事務所樓上為廳舍〔註 104〕。另外，彰化警察署是在準備設置之前即已著手計畫設計，並「由州郡當局設計成圖」，在 1933 年 9 月 25 日投標，由彰化街林萬溪得標〔註 105〕。但仍未能趕上警察署設置時程，初設之時僅能以原郡役所會議室充當臨時辦公廳舍〔註 106〕。

圖 45　1930 年時的舊臺南警察署，在臺南州廳西翼

（「國家文化資料庫」網站）

改造」。1936（昭和 11）年增築外勤事務室，詳《臺灣警察時報》，第 250 期，1936 年 9 月，頁 144。1942（昭和 17）年又再增築事務室，為磚造平家建，面積 21 坪，同時改修高等特務係事務室與電話交換室，詳《臺灣總督府事務成績提要》，昭和十七年度，頁 321。

〔註 104〕詳《臺灣警察時報》，第 301 期，1940 年 12 月，頁 140。

〔註 105〕詳《臺灣日日新報》，1933 年 9 月 27 日第 8 版，「彰化警察署廳舍興工」。此工事亦包括了署長官舍，木造平家建 40 坪，詳《臺灣總督府事務成績提要》，昭和十年度，頁 148&640；昭和十一年度，頁 154。

〔註 106〕但因空間狹隘，僅約 30 坪大小，故在其西側增築臨時建築充用。詳《臺中州管內概況及事務概要》，昭和八年度，頁 384。

圖 46　1931（昭和 6）年時的臺北北警察署，原日新街派出所

（國家圖書館「臺灣記憶」網站）

二　新築廳舍

1. 基地選擇

　　市警察署掌理都市治安，在基地選擇上盡量配置在城市中心，並與其他行政官署鄰近，且以配置在重要街道之轉角為原則。臺南、臺中與新竹警察署之新設位置，皆在州廳所在街廓對面，並配置在十字路之角地。較後期的嘉義、基隆與屏東警察署，則都配置在市役所鄰近。彰化警察署則可能因市街發展較早，無適當空地可用，因此選擇彰化高等女學校對面街廓為基地〔註 107〕，雖未與市役所、郡役所鄰近，但仍位處彰化驛前主要街道十字街口（圖 47～51）。

〔註107〕詳《臺灣日日新報》，1934 年 8 月 9 日第 3 版，「新築する彰化警察署」。

圖 47　臺南警察署位置圖

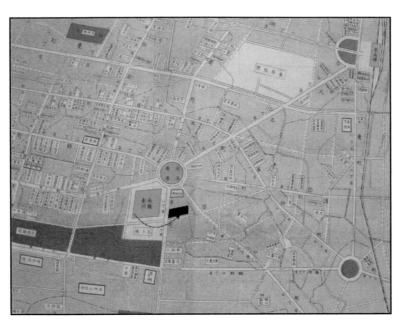

（據 1936 年「大日本職業明細圖—臺南市」改繪）

圖 48　臺中警察署位置圖

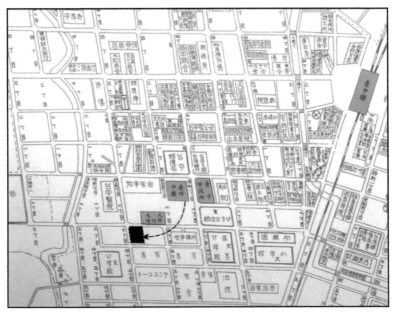

（據 1935 年「大日本職業明細圖—臺中市」改繪）

圖 49　新竹警察署位置圖

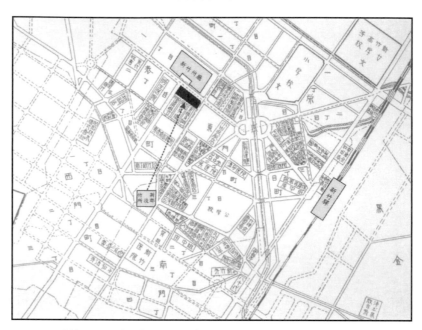

（據 1935 年「大日本職業明細圖—新竹市」改繪）

圖 50　彰化警察署位置圖

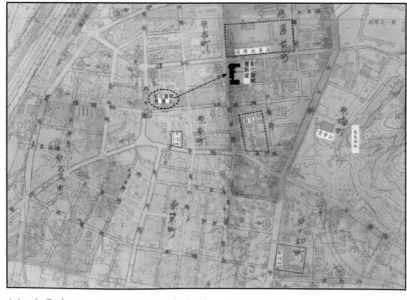

（行政長官公署檔案「彰化市街圖」（031100350035019003）改繪）

圖 51　基隆警察署位置圖

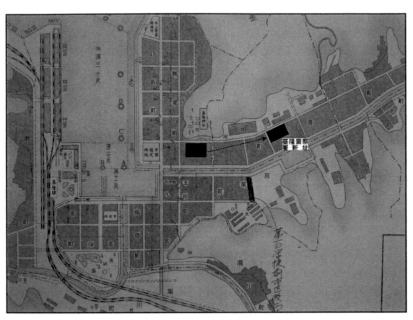

（據 1935 年「大日本職業明細圖—基隆市」改繪）

　　臺北市因自始即有較清楚之內地人區（城內）與臺灣人區（大稻埕與萬華）之空間分野，使得其兩處警察署在配置策略上與其他警察署顯現出較大的差異，乃是以臺灣人市街為主要監視治理對象（圖 52）。臺北北警察署以舊廳舍對街之蓬萊町 132 番地原警務局銃器倉庫為基地〔註 108〕，位大稻埕市街東緣之中央位置，控制臺灣人市街。臺北南警察署以西門附近大和町一丁目之轉角地（原憲兵隊所在附近）為基地〔註 109〕，除西門町附近有新起街市場〔註 110〕，為人群潮集之所外，更位處城內日本人區與萬華臺灣人區之交界，在治安上實居樞要之地，亦可視為臺灣總督府廳舍與總督官邸等重要官署之護衛。後來臺北公會堂興設於此，更添其社會控制上之意義。臺北南、北警察署之配置策略，實與英國殖民地城市印度新德里（New Delhi）警察官署之配置策略相仿。新德里兩處主要的殖民地警察署被策略性地設置在印度人區

〔註 108〕詳《臺北州管內概況及事務概要》，昭和七年度，頁 242。
〔註 109〕詳《臺灣日日新報》，1927 年 5 月 30 日第 8 版，「南署新築場所在憲兵隊附近」。
〔註 110〕新起街市場創設於 1896（明治 29）年，乃因日治之初臺北城西門附近被臺灣總督府規劃為日人居住區域，為因應日常生活所需而設置。1908（明治 41）年改建為磚造二層建築。

的邊緣關鍵地點，以白人警察官監視被殖民者，保護殖民者住民（King, 1976：216-7）。

圖 52　臺北北警察署、南警察署、萬華分署分佈圖

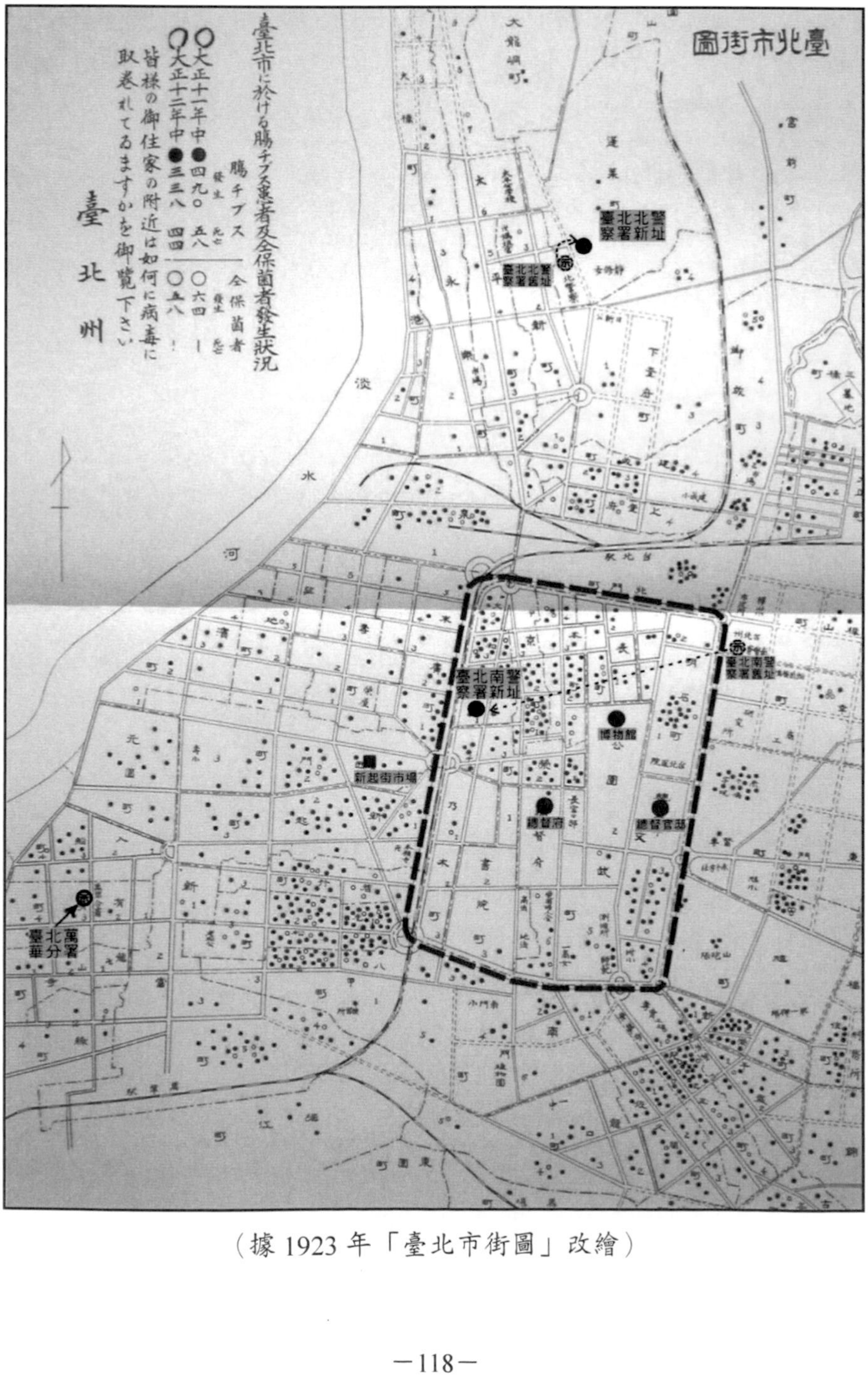

（據 1923 年「臺北市街圖」改繪）

另外，新竹與彰化二警察署在新築廳舍時，均遇到誤用法院所有地之問題，致使工程延宕〔註111〕。

2. 空間內容

警察署廳舍因應組織的龐大與專業的分工，在空間內容上遠較日治前期的支廳來得複雜。

（1）民眾洽公空間

主要是指入口玄關與「公眾溜」（民眾等待處），是一般民眾入警察署唯一能夠自由活動之處，透過櫃臺與一般事務室之警察官吏洽談及辦理事務。在較早新築的警察署廳舍，公眾溜空間均頗狹窄，靠牆處則設有座椅以供等候。由於公眾溜與一般事務室間僅以櫃臺區隔，整個空間仍顯得相當寬敞，相當於警察署之門廳。

（2）廣間（大廳）或階段室（梯間）

在嘉義警察署興築之前的警察署廳舍，民眾、警察官吏均是由同一入口（街道轉角）進入署內。在入口軸線上有一門洞，是警察署內外之管制點。只有警察官吏可通過此處，到其後之廣間或階段室。此為警察署之核心，亦是動線之樞紐。可由此往左右到兩翼之辦務空間，或經大樓梯至樓上空間。

（3）辦務空間

█ 一般事務室：

警察署為警察官吏辦務之所，有部份警察需在署直接接受民眾的陳情與申請案件，諸如戶口、阿片、申告、衛生、防疫等需至警察署辦理，即在一般事務室執務，為警察署最外層之辦務空間。一般事務室並不隔間，由其後方廊道進入。

█ 獨立係室：

無須與來署民眾直接面對或辦理秘密性質案件之警察官吏，即依專業係別有各自的辦務房間。依其任務特質，可概分為四種類型。

其一，署長室。署長掌理一署事務，除配屬有專屬辦務空間外，亦設有應接室。應接室或與署長室分屬兩個但可相通之房間，或共用一個較大空間。

〔註111〕 詳《臺灣日日新報》，1934 年 10 月 4 日第 4 版，「新竹警察署敷地錯認州有致受抗議」。由 1921（大正 10）年的「新竹市區改正圖」知，新竹警察署廳舍原為法院登記所。彰化警察署則原是郵便局與法院的所有地。詳《臺灣日日新報》，1935 年 3 月 29 日第 7 版，「彰化警察署新築に決定」。

其二，高等警察係室。「高等警察」的設置在 1920 年代之後亦反映了當時候開始興起的民族自決風潮〔註112〕。高等警察亦可被視爲是「政治警察」，無論在中央或地方，概由該部門最高警察首長直接管理或兼併辦理。如在 1919（大正 8）年警察本署改爲警務局之前，地方高等警察的運作，基於行動機密原則，並未設置高等警察的專責單位，在各廳悉由警務課長專管，支廳則由支廳長專任（陳煒欣，1998：52〜58）。1920（大正 9）年後，方在各級地方警察機關設置高等警察課係。高等警察在市警察署則由警察署長專管〔註113〕。由此即可明瞭警察署長與高等警察在空間配屬上的鄰接關係。另外，從臺中與彰化警察署的空間名稱可知，警察署高等警察的機能開始擴增與分化，從之前單一的高等警察（係）室，在臺中署增設了高等刑事、在彰化署更增設高等主任室與高等特務，到嘉義警察署，高等警察相關的空間已增數倍。廣義的高等警察包括了特高警察（思想警察）、宗教警察、出版警察與外事警察。其中，在 1928（昭和 3）年因漢文出版品逐漸增多而增設了圖書與電影檢閱相關的部門（陳煒欣，1998：62），因此在警察署之中亦設有圖書檢閱係室，亦可視爲是高等警察的一環，但之後業務逐漸獨立，故空間上漸無相鄰的關係。至於 1936（昭和 11）年新築竣成之彰化警察署增設了「記者室」，在其後興築的嘉義、基隆二署亦均有配置。彰化警察署的記者室，在空間上與高等警察的空間相鄰近，是否二者之間有所關係，因其後新築之警察署廳舍不必然有此空間關係，新聞記者室的作用何在尚待進一步釐清。

其三，警察行政相關業務，如行政主任室、戶口係室、防疫係室、阿片係室或內勤係室等。

其四，司法刑事係室。警察署內犯罪調查部份由司法主任掌其權，專責刑事案件的調查與訊問。在空間上除司法主任室、司法係室或刑事係室外，尚有數間調查室，存放指紋原紙與處理照相事務的相關係室，以及處理仲裁調解的「人事相談」係室〔註114〕。指紋與寫眞攝影等科學性的搜索資料的

〔註112〕英國在印度的殖民統治於 20 世紀亦碰觸到類似的狀況，因此設置了「特別部」（Special Branch），調查政治性的犯罪，蒐集情報，並編纂所有已知的革命者、恐怖主義者與外籍特勤人員，或是記者、律師、教育者或宗教領導者的檔案，只要這些人的政治趨向被懷疑的話。這個部門成立時規模最小，但隨著甘地的不合作及其他政治運動而變得更加重要。詳 Campion, 2003：226〜227。

〔註113〕詳陳煒欣，1998：63〜68；《臺灣日日新報》，1930 年 2 月 12 日第 4 版，「事務分掌」。

〔註114〕「人事相談所」相當於今日之調解委員會，1924 年首先由臺中警察署設置，

蒐集也漸被使用。指紋在臺灣治安上的運用，早在 1908（明治 41）年左右即已在臺北監獄實施，以識別個人與判別累犯〔註 115〕。1910（明治 43）年時即有欲將指紋法施行於警察所專責之犯罪即決者的想法，並在警察官及司獄官練習所中教授〔註 116〕。指紋法在 1912（明治 45）年 6 月 20 日以訓令第 133 號「個人識別方法取扱規程」正式在臺灣各監獄實施，警察課亦意欲試用之〔註 117〕，但實際實施情形不詳。直至 1921 年發佈「犯罪人名簿中指紋欄ニ關スル件」（犯罪人名簿中指紋欄相關之件）〔註 118〕，各州始漸次在州警察課、市警察署設置指紋專責單位。以新竹州為例，即在 1921（大正 10）年以第 30、31 號州訓令頒佈「指紋取扱規程」、「指紋原紙取扱心得及記載例」等，並以第 32 號州訓令制訂「攝影規程」，對於按捺指紋者再攝疑犯正面、側面照片，附貼於指紋紙上以供參考〔註 119〕。1934（昭和 9）年起，全島指紋原紙統一保存於臺灣總督府警務局內〔註 120〕。為了能夠迅速破案，臺南警察署甚至在 1935（昭和 10）年即裝設了「犯人透視機」與「紫外線應用鑑定器」等科學儀器協助辦案〔註 121〕。另外 1925（大正 14）年底

成績斐然，因此部份警察署亦仿設。詳《臺灣日日新報》，1924 年 2 月 29 日夕刊 7 版，「新に出來た人民相談所」。

〔註 115〕詳《臺灣總督府警察沿革誌》，IV：834～848；《臺灣日日新報》，1908 年 12 月 1 日第 2 版，「施指紋法」。另外，有趣的是，指紋在殖民地治安上的運用極早，在印度發明，之後並影響回英國，再引入帝國的其他殖民地。在 1880 年時，Henry Faulds 博士在科學期刊 Nature 發表相關論文，1886 年他回到英國倫敦後，即曾建議都會警察隊（Metropolitan Police）使用，但未受採納。1892 年時，Sir Francis Galton 出版了指紋分析的詳細統計模型。同年，一位阿根廷警察 Juan Vucetich 研究了 Galton 的模型，並運用在犯罪者的指紋辨識上。1897 年，加爾各答（Calcutta）成立了第一個指紋局（Fingerprint Bureau）。1901 年，英國則在本土的 Scoland Yard 成立第一個指紋局。詳 Campion, 2003：234。

〔註 116〕詳《臺灣日日新報》，1910 年 11 月 10 日第 2 版，「指紋新法將實施」。

〔註 117〕詳《臺灣總督府警察沿革誌》，IV：834～848；《臺灣日日新報》，1911 年 12 月 17 日第 4 版，「警察之於指紋法」。

〔註 118〕依該年 11 月訓令 193 號改正。詳《臺灣總督府事務成績提要》，大正十年度，頁 650。

〔註 119〕詳新竹市政府（1997），《新竹市志・卷三政事志・中》，頁 1385。

〔註 120〕依「鑑識施設計畫概要」，各州廳保管中之警察指紋原紙將統一由警務局保管。未來指紋原紙之保管，將以一人二枚為原則，一份存放於警務局，另一則由州廳保管。詳《臺灣總督府警察沿革誌》，IV：870；《臺灣總督府事務成績提要》，昭和十二年度，頁 744。

〔註 121〕詳《臺灣日日新報》，1935 年 6 月 1 日夕刊 4 版，「臺南警察署置鑑定器試驗犯人」。

基隆警察署基於應防犯犯罪於未然，特設「防犯係」以偵察有犯罪動機者
〔註122〕，之後其他警察署亦仿設。

■ 留置場棟

各警察署均設有「留置場」（或稱「監房」或「檻房」），為警察署內最具
特色之空間。就警察署內的留置場而論，日本內地在警察署所設之留置場係
屬監獄監督，但臺灣基於犯罪即決之數多達數萬人，非能移由監獄監督，而
仍歸警察管理〔註123〕。在支廳時期的留置場，一般配置在入口之側室與事務
室相鄰，因未有衛生通風之設備，易生惡臭〔註124〕。自最早之臺北南警察署
起，留置場之設施即採放射狀之扇形平面，監視人位置設於扇形圓心，可輕
易地觀察到各間牢房；而且新的換氣設備與天井的設置，也使得傳統留置場
的惡臭一掃而盡。留置場另設入口，與一般行政事務入口分開，亦可保犯罪
嫌疑者之私密性〔註125〕。此外，各監房並設有新式之便所設備。監視席則配
置於各監房軸向之中心，為一便於監視之高台，其前方常設有犯人洗面所。

除留置場外，尚有「保護室」之設。所謂「保護室」，乃做為「白痴瘋癲
之保護」〔註126〕或「看護精神病者之室」〔註127〕，為與留置場搭配之空間單
元。

■ 大型集會空間

以會議室或訓授室為主，做為警察署署長集合署內警官詢問執務狀況與

〔註122〕詳《臺灣日日新報》，1925 年 12 月 18 日夕刊 2 版，「基隆警察署防犯係特
設」。

〔註123〕詳《臺灣日日新報》，1910 年 10 月 15 日第 2 版，「留置場と監獄」；1911 年
10 月 16 日第 2 版，「留置場之監督」。

〔註124〕詳蔡明志、傅朝卿（2008b），〈臺灣日治前期支廳舍建築初探〉，《建築學報》
65：175～197；關於傳統留置場的描述，詳《臺灣日日新報》，1924 年 12 月
20 日第 4 版，「籌計留置場之移轉」。

〔註125〕詳《臺灣日日新報》，1929 年 4 月 14 日第 7 版，「モダーンぶり鮮ガに落成
そた南警察署」；1919 年 4 月 16 日第 4 版，「臺北南警察署新築工成」。這種
尊重犯罪嫌疑人人權的看法，在臺中警察署的落成報導中亦被強調出來。詳
《臺灣警察時報》，第 225 期，1934 年 8 月，頁 182-3。

〔註126〕詳《臺灣日日新報》，1930 年 2 月 12 日夕刊 4 版，「事務分掌」。

〔註127〕針對日治時期警察留置場所保護室之討論甚少，引文乃根據清末（1884 年）
趙詠清到日本遊覽所編寫之《東遊記略》所述。詳劉雨珍、孫雪梅，2002：
305。若依現今定義，則是針對具有犯罪危險性或妨害社會秩序之人，予以監
督並觀察指導其行為與生活，以達改過遷善的目的，因此其作用與監房不同。
詳《警察大辭典》，頁 403。

講演警務須知事務之處，或警察署召集管內保甲壯丁團員之集會、會議與訓示之所，為警察署廳舍規模最大之獨立空間。最早興築之臺北南警察署則設有演武場〔註128〕，未設會議室。會議室除後期興築之嘉義、基隆二署配置於一翼末端並呈矩形外，餘均設置在入口大廳上方空間，成扇形配置。

■ 特殊機能空間：防空監視哨

防空監視哨之設置，為嘉義警察署所僅有。設置於三層樓高梯間之頂，採鋼筋混凝土構造，設有風速計和方向指示器等設備〔註129〕（圖53）。防空監視哨乃是因應國際形勢的變化，在1936年制訂了「臺灣國民防衛規程」，確定防空的方針，並在1937（昭和12）年11月起施行防空法〔註130〕，在全島各地普設防空監視所，並由警察官吏或壯丁團員擔任監視員〔註131〕。

圖53　嘉義警察署防空監視哨

（《臺灣建築會誌》，第9輯第4號，1937年7月）

〔註128〕除最低階層的警察官吏派出所外，警察署、郡役所、警察課分室大部分皆設有演武場，且都配置在該警察官署旁或在鄰近設置。

〔註129〕詳《臺灣日日新報》，1937年5月21日第9版，「嘉義署樓上に防空監視所」。

〔註130〕詳《臺灣總督府事務成績提要》，昭和十二年度，頁207～215；臺灣總督府，1945：120。

〔註131〕詳《臺灣總督府事務成績提要》，昭和十二年度，頁208。

■ 服務性空間及其他附屬空間

警察署之服務性空間一般包括了洗面所、便所與外勤巡查休憩所。另因警察署職員甚多，官舍另設他處，在署內僅設宿直室（值班室）、浴室供值勤警察使用。電話（交換）室爲警察機關之間快速連通訊息之所，一般會設置一名專業職員負責，並設置木地板。值夜室會與電話室鄰近，在值夜相關規則中夜間電話之接聽抄寫是重要任務之一。最爲特殊應屬警察官交通工具之停放空間。一般警官除以步行執務外，在 1930 年代已有相當比例的警察官配付有「自轉車」（腳踏車）。警察署因外勤巡查甚多，腳踏車數量亦多，因此需配置腳踏車停放處（自轉車置場）。臺北南警察署設置一獨立之「自轉車倉庫」，但其他警察署則以放置在警察署建築量體圍塑中庭的某道牆面爲主。另外，警察署「自動車格納庫」（汽車車庫）之設置，首見於 1934（昭和 9）年新築之臺中警察署，並搭配有油庫及「運轉手」（司機）休憩室。但早在 1927（昭和 2）年底即有民眾寄附自動車予臺南警察署〔註 132〕，臺北州在 1934（昭和 9）年亦有州內居民寄附，在臺北南北二警察署、七星、淡水、海山、宜蘭各郡各購置一部自動車，以利犯罪搜查〔註 133〕。海山郡警察課亦在 1935（昭和 10）年新築了自動車庫〔註 134〕。自 1930 年代起，自動車已成爲郡市級警察機關之執務配備，因警察署大多平行臨接街道而設置，故需在建築上考慮其停放空間。自臺中警察署起，所有新築的警察署廳舍均設有自動車格納庫。原未設置自動車格納庫之臺北北警察署則於 1936（昭和 11）年增築〔註 135〕。

在基地容許狀況下，警察署廳舍以沿街面配置主要量體，在內側留設中庭，可做爲平常操練之用，而自轉車置場一般亦皆設置於此（圖 54）。

〔註 132〕詳《臺灣日日新報》，1927 年 12 月 14 日夕刊 2 版，「自動車を臺南警察へ備品として寄附」。
〔註 133〕詳《臺北州管內概況及事務概要》，昭和九年度，頁 285。
〔註 134〕詳《臺北州管內概況及事務概要》，昭和十年度，頁 296。
〔註 135〕詳《臺灣警察時報》，第 251 期，1936 年 10 月，頁 97。

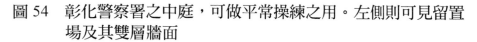

圖 54　彰化警察署之中庭，可做平常操練之用。左側則可見留置
　　　　場及其雙層牆面

（《臺灣建築會誌》，第 8 輯第 5 號，1936 年 9 月）

3. 營建概要

　　警察署廳舍因層級較高，規模亦大，在設計監督與經費來源方面，大抵均由總督府統籌辦理。警察署廳舍概由總督官房營繕課的技師主導設計〔註136〕與執行工事監督〔註 137〕。唯一的例外是臺南警察署，是由臺南州土木課營繕係所設計。設計者可能爲臺南州技師宇敷赴夫或梅澤捨次郎〔註 138〕，並曾與當時之州警務課長一同前往總督府就設計尋求認可〔註 139〕。工事完竣之後的落成式，營繕課長井手薰與技師白倉好夫幾乎均有參與，並提出工事報告。至於施工之營造業者，原則上爲當地業者，但不限定。臺中、新竹與臺南警察署分別是由當地營造業者宮崎順造、曾坤玉與中井組擔任，但嘉義與

〔註136〕至於是否由單一技師設計則乏文獻可徵，僅知嘉義警察署是「由總督府營繕課白倉（好夫）技師與其他數位設計」。詳《臺灣警察時報》，第 262 期，1937年 9 月，頁 144-5。

〔註137〕如臺北北警察署之工事監督，是由總督府技手稻垣進與另外兩名助手擔任。詳《臺灣警察時報》，第 211 期，1933 年 6 月，頁 159。

〔註138〕宇敷赴夫與梅澤捨次郎均曾任臺南州土木課技師。

〔註139〕詳《臺灣日日新報》，1929 年 7 月 2 日第 2 版，「臺南警察署設計案成」；1930年 5 月 17 日第 4 版，「臺南警署按八月興工」。在 1931 年 11 月 2 日第 8 版「臺南署新廳舍」與 1931 年 12 月 24 日「臺南署新衙在屋上露臺舉落成式」的報導，則稱設計監督爲梅澤州技師。臺南警察署的落成式，府技師栗山俊一亦有參加。

彰化署則均由臺北營造業者池田好治擔任。

警察署之規模，各廳舍總面積約在 500 至 600 坪間，每層樓高度在 4.5 公尺左右。在構造方面，以磚與鐵筋混凝土構造之搭配為主，外牆並貼附北投窯業株式會社生產之外牆磁磚。營建經費則在六至八萬圓左右，亦有達十餘萬圓者〔註 140〕，所費甚高，故一概以國庫費支應。

臺北南警察署為新築警察署之最早者。設置之初與臺北州警務課、七星郡警務課同置於樺山町的臺北州廳一樓內辦務〔註 141〕，雖自始即有設置獨立廳舍之議，但基於經費預算的因素，一直未能成案〔註 142〕，直至 1926（大正 15）年方決議新築並編列預算，由總督府營林課起案。其廳舍之樣貌設計，「大體欲如東京代表之警察署型」〔註 143〕。由總督官房會計課營繕係設計監督，基地面積 640 坪，總面積達 526.155 坪，為磚造二層採近世復興式之建築〔註 144〕（圖 55）。1926 年先移築基地上原有的數棟官舍〔註 145〕。正式工事則自 1928（昭和 3）年 6 月底開始，1929（昭和 4）年 4 月完工落成，共耗費十二萬餘圓的工程費，以及一萬一千四百多人的工人〔註 146〕。在廳舍落成的報導中，特別提及以下幾個事項。首先，廳舍外觀貼以北投（窯業株式會社）產製之化粧煉瓦，顯得相當明亮。其次則對室內各空間有簡單的描述。一樓的部分主要是做為司法室、刑事室、訊問室、警部警部補宿直室（值夜室）與留置場，這個部分是一般民眾無法進入的。民眾進入玄關後，即由旁側之樓梯上到二樓，「一般行政事務，概於樓上處理」，相當特別。並稱讚其電氣、防火設備之整然。此外，1939（昭和 14）年並有增築第三層之工事〔註 147〕（圖 56）。

〔註 140〕以新竹警察署工費 60699 圓最少，基隆警察署 13 萬圓的預算最多。
〔註 141〕詳田中一二，1998：240；《臺灣日日新報》，1920 年 9 月 4 日第 6 版，「警察課及警察署」。
〔註 142〕詳《臺灣日日新報》，1921 年 8 月 11 日第 6 版，「南署新築問題」。
〔註 143〕詳《臺灣日日新報》，1927 年 5 月 30 日第 8 版，「南署新築場所在憲兵隊附近」。
〔註 144〕詳《臺灣建築會誌》，第 1 卷第 1 號，1929 年 3 月，頁 71；《臺灣總督府事務成績提要》，昭和三年度，頁 144。
〔註 145〕詳《臺灣總督府事務成績提要》，昭和二年度，頁 156&162。
〔註 146〕詳《臺灣建築會誌》，第 1 卷第 1 號，1929 年 3 月，頁 71。
〔註 147〕臺北南警察署至 1939 年底因經濟警察的擴充，使原本已顯狹隘之廳舍更為侷促，故增築三樓，面積約 150 坪，設有倉庫 3、會議室 1、應接室 1、經濟（警察）室 1、控室（等待室）1 與訓授室，工費約 22500 圓。詳《臺灣警察時報》，

圖 55　臺北南警察署〔1929〕

（《臺灣建築會誌》，第 1 輯第 1 號，1929 年 3 月）

圖 56　臺北南警察署於 1939 年底增築三樓

（《臺灣警察時報》，第 298 期，1940 年 9 月）

　　另外，屏東警察署是在太平洋戰爭爆發後方新築。興建之時已進入戰時
體制，對資材有所管制，因此採磚與鐵筋混凝土混合構造，高度亦僅採一層
樓的設計，俾將來能有機會再增建至二層或三層（圖 57）。而原本應以鐵柵圍
成的留置場，亦全部改易爲木材。爲因應戰時體制，有「防空用暗幕竝窓掛
日除工事」﹝註 148﹞。

　　　第 298 期，1940 年 9 月，頁 121；《臺灣總督府事務成績提要》，昭和十四年
　　　度，頁 177；昭和十五年度，頁 123。
﹝註 148﹞詳《臺灣總督府事務成績提要》，昭和十四年度，頁 177。

圖 57　屏東警察署〔1939〕

（《臺灣警察時報》，第 285 期，1939 年 8 月，頁 117）

4. 基地條件對警察署廳舍量體配置的影響

　　警察署之量體，概而言之，可分爲辦務建築棟與留置場棟，前者多爲二層樓且呈兩翼分佈之型態，後者則爲一層樓建築。警察署廳舍量體之關係，可視爲是辦務建築棟與留置場棟之關係。

　　警察署位處都市之中，受街道模式與基地面積大小影響最大。警察署幾乎均配置在十字路之交角，並呈直角正交兩翼伸展。臺北南警察署與臺南警察署之兩翼，即因道路關係而呈銳角配置；甚且，二者在量體配置關係上呈現出近乎完全對稱的配置型態。另外，臺北北警察署新築於蓬萊町，雖已有町名，但至日治末期仍未開闢道路。臺北北警察署新築之時，北側僅闢有小巷道，致使臺北北署北側量體較短，而沿基地西側道路（今寧夏路）配置主要建築。

　　再者，基地之規模則影響警察署廳舍一、二樓建築面積的比重與建築物的配置關係。臺中與臺南警察署的基地均較其他署大，因此其二層樓量體均集中在入口轉角部份，其他則均爲一層樓〔註149〕，且量體在各面均圍塑完整，形成略呈封閉之中庭。反之，基地較小之臺北南與新竹警察署，則因基地規模稍小，二者量體型態相仿，兩翼延伸至整個基地寬度，較低矮之留置場棟則被隱藏在兩翼量體之後；另除二層樓之比重較高外，其量體所形塑之中庭空間亦小。後期興築之彰化、嘉義與基隆警察署與臺中警察署雖然二層樓之

〔註149〕臺南警察署一層部份之面積約爲二層面積之 3 倍，臺中警察署更達 3.6 倍。
　　　　臺北南、臺北北警察署則約 1.2～1.3 倍，新竹警察署約爲 1.7 倍。

比重亦高，但均有相當大之中庭。而此三警察署在量體配置上已經成熟定型，以正交二翼之二層樓建築爲廳舍主體，留置場棟則與主量體脫開獨立設置

5. 空間組織

就警察署之空間組織言，可就「辦務棟」與「留置場棟」分別論述，且均可見其變遷歷程。

（1）辦務棟

警察署入口多位於道路轉角，爲兩翼街道所建構之斜向軸線之起始點，並有豐富之空間層次。在此軸線上之序列空間，公眾溜與一般事務室所構成之入口門廳，吸納洽公民眾，其後之門洞則是界分民眾與警察官吏之管制點，最後之廣間或階段室則是警察署辦務棟之平面動線與垂直動線之樞紐。

就辦務棟言，可區分成三種不同空間組織模式的型態。

首先，最早新築廳舍之臺北南警察署（圖58），在入口軸線上有玄關、廣間（大廳）與階段室（梯間）三個空間，且其規模相較於其後各署廳舍均顯寬敞。臺北南署入口空間殊異之處，乃在於其無作用之廣間，以及民眾進入廣間後需由側邊樓梯上到二樓洽公，顯然並未正視民眾洽公之便利性。而僅警察官能進入之階段室亦頗寬敞，並再以兩根結構柱強化入口軸線之層次。但此爲孤例，其後未再出現。

圖58 臺北南警察署平面圖

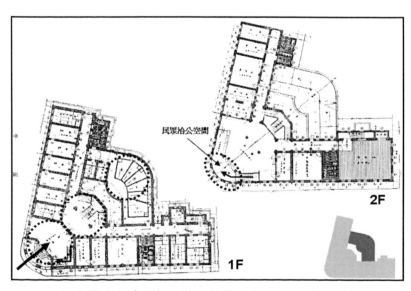

（《臺灣建築會誌》，第1輯第1號，1929年3月）

　　臺南、臺北北、臺中、新竹與彰化（圖 59）五署，則屬同一型態。民眾由玄關入署後，即往兩側公眾溜及一般事務室洽公。但公眾溜之深度約僅1.2 公尺左右，可見在設計上並未考量有大量之洽公民眾。但在入口軸線之空間處理上，則形成先寬後窄之梯形型態，除消納人群外，亦界定出通往署內之過渡空間與管制點，經由此進入警察官吏之門廳（廣間或階段室），由此上樓，或向兩側經廊道至各係室辦務。但廣間或階段室之空間界定清楚而顯得封閉，且與兩翼廊道之串接需經過至少一次的轉折（臺南署除外）。

<h2 style="text-align:center">圖 59　彰化警察署平面圖</h2>

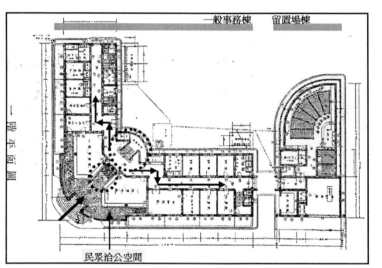

（《臺灣建築會誌》，第 8 輯第 5 號，1936 年 9 月）

　　嘉義警察署（圖 60）與基隆警察署二署空間組織則相當近似，均將民眾洽公與警察職員入署之入口直接分開。民眾由配置一般事務室一翼之中央入口進入。警察職員入口雖仍在道路轉角處，但不再斜角配置，與民眾洽公入口同在一側。進入後有一較為寬敞之門廳，可由此進入中央廊道至各係室。原本斜角軸線終點之樓梯，亦移置於此門廳一側。此轉角梯間量體更增高為三層，成為警察署廳舍轉角之新焦點，亦使兩翼建築量體不再呈連續展開之狀〔註150〕，並以一樓門廊與二樓陽台之半戶外空間界定出入口。原先

〔註150〕從《臺灣建築會誌》中警察署立面圖面的表現方式，亦反映出這種傾向。早期的臺北南、臺南、臺中、新竹警察署之正立面圖都是畫連續之展開圖。彰化、嘉義與基隆署則兩正立面分開繪製。臺北北警察署則將斜角入口當成一

入口軸線末端之梯間位置，則成為服務性空間（洗面所、廁所）。嘉義警察署廳舍在空間組織與建築外觀上均顯得相當簡潔而成熟，是相當關鍵的轉變。

圖 60　嘉義警察署平面圖

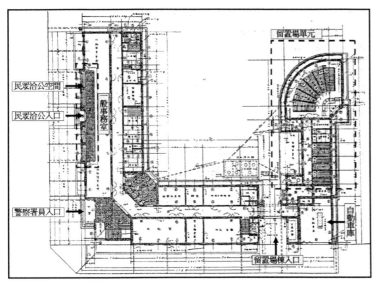

（《臺灣建築會誌》，第 9 輯第 4 號，1937 年 7 月）

　　辦務棟之空間分區，除入口軸線上之玄關、公眾溜、一般事務室與階段室外，大致上依行政與司法兩大部門分佈兩翼。其中，司法刑事各係室配置於接近留置場棟之翼〔註151〕，以利提訊疑犯。再者，在警察署的空間配置上，署長室（含應接室）與高等警察係室有必然之空間關係。如前所述，此乃因高等警察乃署長所專屬與指揮。自臺北南警察署起即有高等警察室（或高等係室）的設置，並配置在署長室隔鄰。隨著政治與思想警察事務日益增加，高等警察組織亦逐漸擴大，自彰化警察署起即有高等主任的產生，並設有高等係室、高等特務室或高等調查室等空間，與署長室形成一套空間相互鄰近的組成單元。除臺南與臺中警察署外，此署長室與高等警察相關係室均配置於二層一上階梯處。

個立面來畫，短向立面則未畫出來，亦反映出其基地特性。

〔註151〕最早新築之臺北南警察署之空間機能幾乎都是司法刑事係室，包括司法主任室、司法事務室、刑事室、調室等，行政部份僅配置在二樓轉角寬敞未隔間之「公廨」（即「一般事務室」）及其旁之會計倉庫。

辦務棟各空間皆以室內廊道連接，有中央廊道與單側廊道兩種型態。若為中央廊道型態，辦務係室以配置於臨街路側為原則，靠中庭側則配置服務性空間。若為單側廊道型態，則廊道臨中庭側。在臺南、臺北北、臺中、新竹與彰化五警察署，其一層廊道與中央轉角階段室之間均未直通，而需稍做轉折方可接續，似與其入口未區分民眾與警察職員有關，在清楚區分二者入口之嘉義與基隆二署則未見此種廊道型態。

（2）留置場棟

市警察署之留置場棟空間組織是日治時期最具特色的空間型態之一。原則上留置場棟之空間元素包括了監房、保護室、監視席等，並與調查室、刑事室與訊問室接近或相鄰。日人可能透過明治維新向西方學習的過程，引入了歐美近代的監獄空間型態，千葉、金沢、奈良、長崎、鹿兒島監獄均為其代表作 [註 152]。其基本型態，皆在基地中央設置一八角形中央看守所，監房則呈放射狀配置。此新式監獄原型，可追溯到十八世紀晚期英國著名功利主義哲學家邊沁（Jeremy Bentham）的全景敞視監獄（Panopticon）模型。基本原型如傅柯所述，「四周是一個環形建築，中心是一座瞭望塔樓。瞭望塔有一圈大窗戶，對著環形建築。環形建築被分成許多小囚室，每個囚室都貫穿建築物的橫切面。各囚室都有兩個窗戶，一個對著裡面，與塔的窗戶相對，另一個對著外面，能使光亮從囚室的一端照到另一端」（Foucault, 1992：199～200）。被監禁者不再能夠躲藏在傳統牢獄的黑暗之中。「充分的光線和監督者的注視比黑暗更能夠有效地捕捉囚禁者」（同上：200）。

但實際上監獄的運用並未完全體現邊沁的全景敞視模型，只是在概念上以中央監視塔控制輻射而出的各棟監舍。每一監房單元並未受到如同全景敞視模型中央高塔無所不在的監視。但此模型卻微型體現於日本警察署之留置場。留置場為代用監獄，有留置天數的限制，無須設置大量之監房。日本何時開始在地方警察機關設置僅數間監房之扇形留置場，尚未有文獻可徵，但應在明治末年到大正年間，隨新式監獄的引入而被運用，可視為是全景敞視監獄之縮小版，監視席在平面與剖面上都位居中心，可監視多層同一方向之

〔註 152〕根據王儀通《調查日本裁判監獄報告書》（頁 15），日本近代改良監獄共分三期：第一期以浦和監獄為代表，是仿西方之形卻乏其精神；第二期以小營監獄為代表；第三期即以千葉監獄為代表。千葉監獄在 1907（明治 40）年新築，奈良監獄 1908（明治 41）年新築，均由司法省技師山下啓次郎所設計，今仍存。詳劉雨珍、孫雪梅：2002：161。

留置人。採四分之一圓的形態，應是在一人無須轉動身體眼目可及的範圍。臺灣警察署留置場之監房數，約在 6 至 7 間，未採複層設計，但監視席之高度仍高於地面許多。

　　惟日人對此空間範型的運用，監視上的方便與衛生健康上的考量甚於權力的支配，亦即不在改造。光亮、通風成為留置場必要之衛生條件，因此在後方牆面有充足的光線，底部並設有通風孔（圖 61～62）。

圖 61　許丙丁所繪留置場插畫

（《臺灣警察時報》，第 23 號，1931 年 11 月 1 日，頁 27）

圖 62　留置場平面簡圖

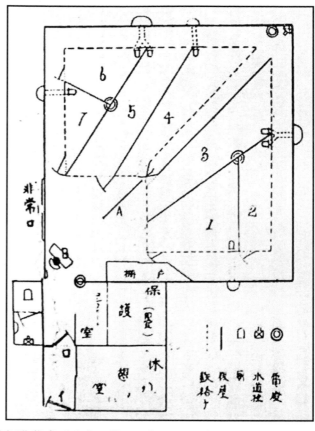

（《臺灣警察時報》，第 21 號，1930 年 11 月 15 日，頁 4）

　　市警察署留置場棟之空間組織演變，可概分爲三個時期。最早之臺北南
警察署，留置場之監房雖以監視席爲圓心劃分各房壁面，但各房大小與形態
均不相同，且差異頗大（圖 63）。由於留置場棟呈扇形配置，兩側均與辦務棟
相接，因保護室與監視員休息室偏於一隅，使空間顯得不對稱。臺南、臺北
北與臺中警察署（圖 64）留置場棟則爲扇形或矩形外框，但僅有一端與辦務
棟相連。在臺南署與臺北北署監視席處爲一半圓形空間，以其爲圓心配置各
監房隔牆，對稱設置。後期的新竹（圖 65～66）、彰化、嘉義與臺中則採四分
之一圓 6 間監房的固定組合，各監房朝監視席開門，留置人洗面所或在監視
席前，或在側邊。便所則每間各設一處。監房與保護室爲留置人監禁期間幾
乎均在其內活動與睡眠，因此其地板均鋪設木板。

圖 63 臺北南警察署留置場平面圖

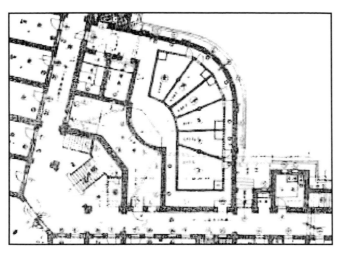

（《臺灣建築會誌》，第 1 輯第 1 號，1929 年 3 月）

圖 64 臺中警察署留置場平面圖

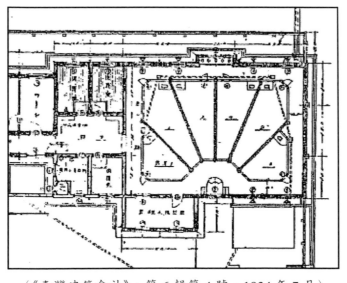

（《臺灣建築會誌》，第 6 輯第 4 號，1934 年 7 月）

　　留置場監房房門爲外開，而留置場棟管制門則爲內開，加以留置場棟乃配置在廳舍動線之最末端，避免留置人輕易地逃離。留置場棟除建築本身外牆，再往外另築有一道高牆以爲防護。因此，留置場棟原則上有三層以上之空間防衛體系，從監房本身、建築物與其外之高牆，層層護衛。警察署留置

場與主要入口有著最長的距離，但常另設有旁門，屬於公務通道，在後期並與自動車格納庫有所串連。

圖 65　新竹警察署留置場平面圖

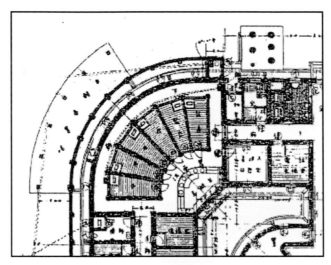

（《臺灣建築會誌》，第 7 輯第 4 號，1935 年 7 月）

圖 66　新竹警察署留置場

（《臺灣建築會誌》，第 7 輯第 4 號，1935 年 7 月）

郡役所警察課亦設有留置場〔註153〕，但與市警察署之留置場在數量與型態上稍有不同。郡役所之編制分庶務與警察二課，其空間分別配置在郡役所兩翼。郡警察課留置場一般由一間保護室以及三室並列的監房所構成〔註154〕，監房後側外亦設有高牆，且位於廳舍動線的最末端（圖67～69）。

圖67　潮州郡役所留置場平面圖

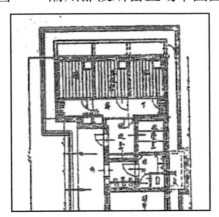

（《臺灣建築會誌》，第6輯第6號，1933年11月）

圖68　東石郡役所留置場

（傅朝卿，2000）

〔註153〕在地方警察機關，郡警察課分室亦設有留置場。但由於缺乏文獻、圖像史料與實存建築之佐證，故未納入討論。
〔註154〕目前所知唯一的例外，是東石郡役所，其留置場亦同警察署採扇形配置，有四間監房。

圖 69　虎尾郡役所留置場

（蔡侑樺攝）

　　除了警察署與郡役所留置場在空間型態上有差異外，透過「高等法院及臺北地方法院」的留置場亦可略窺其差異。在該法院中，在日字型平面的中央部份配置有兩種不同型態的留置場。一是「警察留置場」，另一則爲「刑務所拘置控室」（圖 70）。前者採與警察署相同的扇形空間型態，後者則採平行列置，「各表徵懸而未決與定奪定讞的空間」（吳嘉眞，2006：3～42）。爲何在法院內需配置兩種不同的留置場，且採用不同的空間型態，則尚待深究。在台南地方法院，雖亦分兩種不同名稱的留置場，但型態並無不同。

圖 70　高等法院及臺北地方法院運用兩種不同形式的留置場

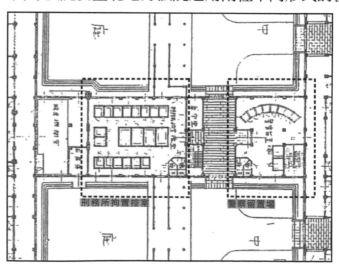

（《臺灣建築會誌》，第 7 輯第 1 號，1935 年 3 月）

6. 建築樣式

　　警察署的建築時段幾乎都在 1930 年代，建築表情已開始具有現代建築的雛形。警察署廳舍建築清楚地反映了建築樣式的時代變遷，大致上從外觀而論可以分成三個階段。臺北市的南警察署（圖 55）、北警察署（圖 71）、臺南警察署（圖 72）與臺中警察署（圖 73）可視為是第一階段，依《臺灣建築會誌》中的紀錄稱為「近世式」或「近世復興式」，轉角處成階梯狀的山牆面與細部裝飾圖案反映出藝術裝飾式樣的特質，而臺北北警察署的拱窗與臺中警察署入口上方的三聯拱窗仍可視為是歷史式樣建築的遺緒。新竹（圖 74）與彰化二警察署（圖 75）則可視為是第二階段，或有學者稱為「過渡式樣」（傅朝卿，1999：74～77），轉角山牆面已平直化，歷史式樣建築的元素已喪失其主導地位，並以懸挑的水平簷版強調水平線條的連續性。在最後階段的嘉義（圖 53）與基隆（圖 76）二警察署已可視為是現代式樣的建築表現，在轉角處的處理亦以方盒量體來表達，而前此警察署屋頂的厚重感也因水平簷版而被消減，尤其轉角梯間角窗的處理已可預見現代建築的精神，所有的歷史式樣元素均不復見。

圖 71　臺北北警察署〔1933〕　　　圖 72　臺南警察署〔1931〕

（《臺灣建築會誌》，第 5 輯第 4　　　（《臺灣建築會誌》，第 4 輯第 2
號，1933 年 7 月）　　　　　　　　　號，1932 年 3 月）

圖 73 　臺中警察署〔1934〕　　　圖 74 　新竹警察署〔1935〕

（《臺灣建築會誌》，第 6 輯第 4 　　（《臺灣建築會誌》，第 7 輯第 4
號，1934 年 7 月）　　　　　　　號，1935 年 7 月）

圖 75 　彰化警察署〔1936〕　　　圖 76 　基隆警察署〔1938〕

（《臺灣建築會誌》，第 8 輯第 5 　　（《臺灣建築會誌》，第 10 輯第 5
號，1936 年 9 月）　　　　　　　號，1938 年 11 月）

表 6 　市警察署營建概要表

市名	警察署名　稱	警察署設置時間	原警察署座落位置	竣工時間	新警察署座落位置	設計單位	建築構造	建築樣式
臺北	臺北北警察署	1920（T09）	日新街派出所	1933（S8）	蓬萊町（憲兵隊附近）	總督官房會計課營繕係	鐵筋混凝土耐震構造	
	臺北南警察署	1920（T09）	臺北州廳內	1929（S4）	大和町一丁目	總督府官房營繕課	磚造	近世復興式
臺南	臺南警察署	1920（T09）	臺南州廳內	1931（S6）	幸町一丁目（原第二高女寄宿舍）	臺南州土木課營繕係	鐵筋（部份I型鋼混凝土	近世式

臺中	臺中警察署	1920（T09）	臺中州廳內	1934（S9）	村上町三丁目（原警察署長、文書課長、會計課長官舍）	總督官房營繕課	鐵筋混凝土加強磚造	
高雄	高雄警察署	1924（T13）	湊町一丁目，原打狗支廳／高雄郡役所	1917（T6）				
	高雄水上警察署	1940（T15）	借用新濱町 2-10 之高雄魚市株式會社樓上					
	高雄東警察署	1944（S19）	不詳					
基隆	基隆警察署	1924（T13）	基隆郡役所內／義重町	1938（S13）	壽町	總督官房營繕課	磚與鐵筋混凝土併用	近代式
	基隆水上警察署	1935（S10）	基隆港合同廳舍內	1934（S9）	明治町一丁目 9、10 番地	交通局基隆築港出張所	鐵筋混凝土耐震耐火構造	近世式
新竹	新竹警察署	1930（S05）	新竹郡役所內	1935（S10）	新竹州廳前	總督官房營繕課	鐵筋混凝土加強磚造	近代式
嘉義	嘉義警察署	1930（S05）	舊嘉義郡役所內	1937（S12）	北門町二丁目	總督官房營繕課	磚與鐵筋混凝土併用	近代式
彰化	彰化警察署	1933（S08）	彰化郡役所內	1936（S11）	高等女學校前	臺灣總督官房營繕課	磚造，以鐵筋混凝土補強	
屏東	屏東警察署	1933（S08）	水利組合事務所旁，1933年新築竣工	1939（S14）	榮町 3-23，郡役所旁，市役所前	臺灣總督官房營繕課	磚與鐵筋混凝土併用	
宜蘭	宜蘭警察署	1940（S15）	宜蘭郡役所東側旁					
花蓮港	花蓮港警察署	1940（S15）	不詳					

3-5　警察官吏派出所廳舍建築變遷

如第一章開首所述，警察官吏派出所建築，規模雖小而微不足道，但卻藉由其在臺灣地理空間上之密集配佈，對殖民地人民形成無所不在的凝視。其所架構之警察空間與展現之權力，也最能夠體現後藤新平之所希冀。不探究警察官吏派出所建築之形成過程，將難以完全理解日人如何透過警察空間網絡的建構進行對臺灣的殖民統治策略。

前此相關派出所建築之研究，僅著重於 1920（大正 9）年之後所興築者，探究其空間形式與外觀風格之特色〔註 155〕。但臺灣日治時期之地方警察制度，在 1920 年地方官官制改正為州廳制後即無重大變革。相對地，派出所建築之空間原型亦在 1910 年代已發展定型。其後，則僅是建築構造、材料與外觀風格的改變，空間的需求與組織型態則無顯著變異。因此，本節對於警察官吏派出所建築之探討，將著重於 1920 年之前的發展概況，以補足前人研究之闕漏。論述重點尤重警察官吏派出所這種新的建築類型（building type）或營造形式（built form）如何因應社會形式（social form）的改變而創生與變遷，以符應新的社會需求（King, 1980：1）。在此，警察官吏派出所營造形式之探討將比較專注在其建築空間觀念與空間構成的面向。

再者，警察官吏派出所建築的發展經歷了 1898（明治 31）年、1909（明治 42）年與 1920 年代三次關鍵年代的轉折，各自影響其空間營造之不同層面。是以本節之行文論說，除制度背景的論述外，將以其發展時序為經，再以各時段發展確立之派出所建築營造前提與空間組織變遷為緯，鋪陳殖民地臺灣警察官吏派出所建築發展之過程大概。文末並申明警察官吏派出所制度之社會形式與警察官吏派出所建築之營造形式間之相互關係。

3-5-1　過渡與摸索：大舉擴張後之警察官吏派出所建築
（1898～1909）

在派出所大舉擴張後，1897（明治 30）年所頒佈之「警察廳舍與宿舍建築標準」已不全然適用。數量暴增與任務特質的轉變，並未促使殖民政府建立並發佈新的建築標準。在 1909（明治 42）年「警察官吏派出所設計書及圖

〔註 155〕詳吳南茜，1999。該論文以實施市制之市「警察署」為主要研究對象，兼論市街地之派出所建築。其所引用資料多為 1920（大正 9）年地方官官制改正之後的狀況，在此之前的警察官署建築則闕如。

面標準」通達發佈之前，派出所廳舍之營造事務均任由各地方官廳自主其事。基本的運作模式，初期以挪用臺灣既有家屋爲主，再繼之以新築廳舍。新築之派出所建築因尚無一標準可循，其型態多樣，難以一概而論，但卻從中逐漸摸索出適於臺灣警察官吏派出所之基本型態。基本的空間組織型態雖仍未確立，但在派出所之配置原則、空間需求與經費來源三個營建前提方面，則在此一階段已經確立，直至日治結束未有改變。

一　營建前提之確立

（一）警察之眼：警察官吏派出所之散在配置原則

臺灣第四任總督兒玉源太郎上任之後，一方面漸進地撤廢「三段警備制」，一方面增加警察官吏，以使警察專職，並達到「散在」配置的終極目的：將大規模的警力區分成大量的小單位，廣泛地配佈在臺灣各地街庄部落〔註156〕。這樣以最精省的警察力監視最大量的小型社群的警察空間部署策略，使得在臺灣的所有社群均受到警察之眼的監視。

地方警察官吏派出所大舉擴張之初，考慮到仍有部分匪亂未平。因此，在治安平穩之地配置較少的巡查，在尚有土匪出沒之地則配置較多巡查〔註157〕。自 1904（明治 37）年起，警察官吏派出所之設置即以管轄的人口與面積爲基本的普遍性原則：人口四千人，面積 5 方里（77.1 平方公里），設置一處派出所〔註158〕。派出所散在配置的關鍵之一，即在於各派出所間聯繫的迅捷。由各派出所設置之管內圖（圖 77），或是由臺灣警察協會所編纂的市街庄便覽（圖78）即可意會到，「距離」是警察派出所至爲關切者〔註159〕。在

〔註156〕「散在」，乃相對於 1898 年之前的「集團」制警察機關配置原則而言。「集團」制警察機關僅在重要市街地或交通要地配置，其配置方式與勤務型態類似歐美各國所採之巡查區制度（beat system），是以制服警察在固定轄區內專門執行徒步的巡邏。其警察機關無須太多，但各警察機關之配置定員則遠較派出所來得多。警察機關將其轄區劃分成數個巡邏區域，各警察即在被分配到之巡邏區域內巡查，並定時回該警察機關報告或休息。詳田村正博，1997。
〔註157〕詳《臺灣總督府事務成績提要》，明治三十二年度分，頁 58。
〔註158〕詳《臺灣總督府警察沿革誌》，I：723～724，1904（明治 37）年，「警察職員及派出所配置標準」。自 1904 年起數年間，警察派出所根據此原則將前幾年已配置完全的派出所分佈檢討後，有增加者，有廢除合併者。之後因人口增加、新開發地或取締的特殊區域增加，方再做新設廢合之檢討（無涉同一派出所的位置移轉）。因此，在 1900 年代，警察官吏派出所之設置，已達相當穩定的狀態。亦詳《臺灣總督府事務成績提要》，明治三十七年度分，頁 50～54。
〔註159〕以昭和七年版《臺灣市街庄便覽》爲例，是書以各派出所所管轄的區域爲單

設置之初，由於臺灣全島的交通幹線尚未建立，通訊設備亦未發達，各派出所之間的事務聯繫需倚靠人夫，之後方設置電話〔註 160〕；或是透過上層監督在固定時刻、固定位置的「會面」，方得以將巡查區域內的訊息做橫向與縱向聯繫。距離，以及由此衍生出的「交通便利」，因而成為派出所設置地點的重要原則。

圖 77　臺中廳直轄車籠埔警察官吏派出所關係略圖

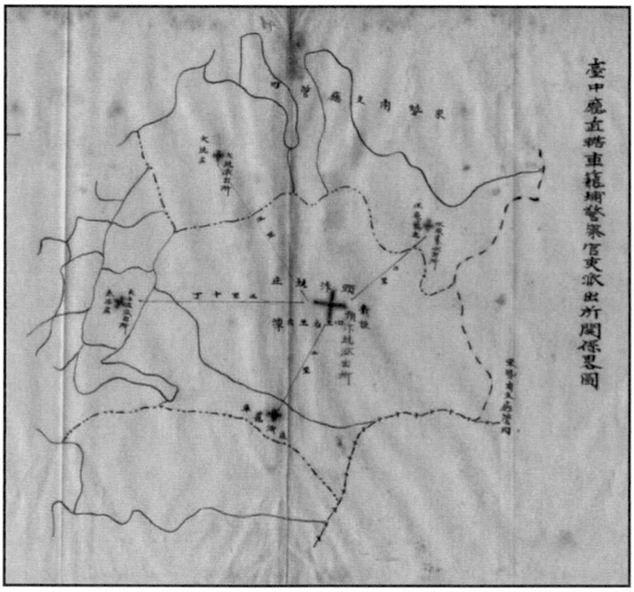

（《臺灣總督府公文類纂》，1914（大正 3）年，第 5749 冊，第 7 號，「頭汴坑警察官吏派出所新設」）

位，條陳其管內區域的人口（並特別標註內地人人口數）、派出所與所屬郡役所（支廳、警察署）的距離（里程）、派出所與所屬市街庄區役場的距離、與鄰近派出所之距離、與最近的交通機關利用地點的距離、與最近的郵便局的距離，以及標示管內重要機關，如官公署、學校、會社、著名祠廟等，與山岳、河川等等。其對「距離」的重視，乃源自設置初期交通與聯絡的不便。詳臺灣警察協會編輯主任篠原哲次郎，1932。

〔註 160〕詳《漢文臺灣日日新報》，1905（明治 38）年 7 月 5 日，第六版。另由各州事務提要的紀錄，相對於派出所的廳舍「營建」，派出所「電話」線路的架設似乎更為重要。此外，在日本內地早期警察機關之通信聯絡皆透過信差，其後將電報等現代通信設施引入。日本為全世界最早將現代通信設施引入警察體系者，並藉此強化其組織階層制。同一層級之警察機關，如最基層之派出所或駐在所，無法做橫向的聯繫，必須透過上一層級的警察署的整合。詳Westney, 1982：327。

圖 78　《昭和七年版 臺灣市街庄便覽》局部

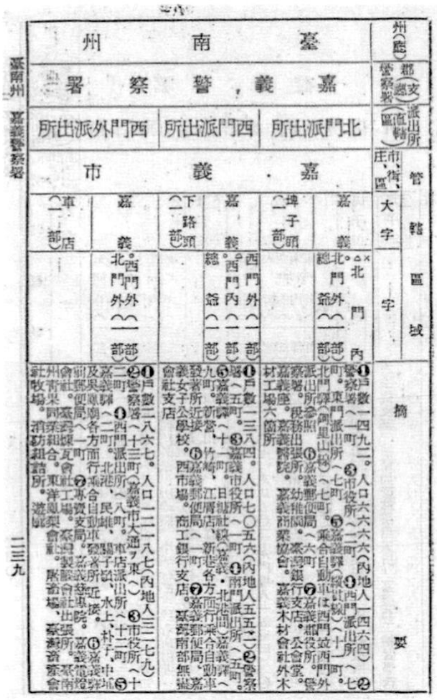

（篠原哲次郎，1932：239）

　　派出所在大舉擴張前之設置位置，除了臺灣人較為密集之區（如大稻埕、大龍峒一帶）外，大多設置在接近山區之處，也都是人煙較為稀少之處。因此，當警察任務轉變為以「民政」為主時，其位置即不再恰當。除新設派出所外，亦有部分前一階段設置的派出所開始移轉位置〔註161〕。從警察官吏派出所設置的相關公文書歸納，其廳舍位置的選擇，從早期因防遏土匪的戰略位置考量，逐漸轉移至大小聚落人煙稠密之所。此空間策略的改變，亦反映其轉向行政警察之任務特質的轉變〔註162〕。在派出所大舉擴張初期，基於現實考量，對基地位置的選擇難以完美，但盡量趨近。廳舍的位置必臨聚落主

〔註161〕以臺北廳新店支廳廢止双坑派出所、新設大崎腳派出所為例。原双坑派出所是為防遏匪害、蕃害而設立，其管內人家198戶，且散居於山頂、山腹與溪谷之間。但大崎腳、油車坑、十二份、德高嶺、員潭仔有戶數201戶，面積約二方里。且地形兩斷，交通頗不便利，因此擬新設大崎腳派出所而廢止双坑派出所。詳《臺灣總督府公文類纂》，1910（明治43）年，第5265冊，第3號，「警察官吏派出所設置并廢止認可ノ件（臺北廳）」。

〔註162〕1900（明治33）年1月30日《臺灣日日新報》第五版的一則報導最能說明：「今匪氣靖盡。所辨乃在民政。故該處當軸……將中崙尾之警官遷至於人煙稠密之木柵。與保甲適相聯合。」

要道路，且盡量在兩條（或以上）之道路交會鄰近（圖 79），或是通渠水道設有橋樑之所。又，如深坑廳楓仔林警察官吏派出所雖在聚落東側外緣，但仍面對聚落中心主要道路，視野更加廣闊（圖 80）。

圖 79　新埔支廳內立警察官吏派出所配置圖

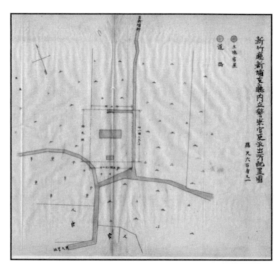

（《臺灣總督府公文類纂》，1906（明治 39）年，第 4967 冊，第 1 號，「內立警察官吏派出所敷地等寄附受納認可（新竹廳）」）

圖 80　楓仔林警察官吏派出所配置圖

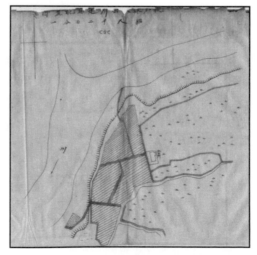

（《臺灣總督府公文類纂》，1904（明治 37）年，第 4798 冊，第 11 號，「深坑廳楓仔林警察官吏派出所廳舍用建物寄附受納認可」）

　　此外，日人在日治之初大量挪用臺灣的傳統地方廟宇充為官衙、兵營、病院、學校與官舍之使用。1898（明治 31）年 3 月 29 日，臺灣事務局曾函請臺灣總督府民政局調查臺灣廟宇佔用情形。民政局（部）在同年 7 月 4 日的回函中，即記錄了全臺有 215 座廟宇為日人所挪用，其中有 53 處做為警察廳舍，包括了 20 處警察（分）署與 33 處巡查派出所〔註 163〕。相關公文中並未描述臺灣事務局為何欲行此調查，亦未說明日人為何在日治之初選擇傳統廟宇之挪用。但這或可從臺灣傳統廟宇在地方之角色、象徵、位置、空間型態與使用來論述。臺灣的地方傳統廟宇，所謂村莊廟，不只是村莊的信仰中心。在官治權力甚為薄弱的臺灣，傳統廟宇實扮演著自治政府的角色，為地方村莊之代表（戴國輝，1979：127～202），既可行地方事務之決策，亦可仲裁地方之紛爭，擔負起整合村庄社會的任務並建立社會秩序（陳其南，1987：117）。而廟宇之位置，常位處村落之核心，或如重要街道的端點之重要節點位置。廟前常聚集市集，亦是村落之經濟中心。廟宇對傳統臺灣人而言，可謂是地方之領導中樞。日人初治臺灣，尚無心力新築各式廳舍，唯有挪用既有屋舍一途。傳統廟宇以其居村落樞要之地與地方領導中心地位，在統治象徵上以日人取而代之，自有其權力轉移之象徵意義。另從空間型態與使用推論，傳統廟宇空間較為寬敞開放，且為公共造產，相較於挪用民屋，較不會擾動常民生活與民心。而廟宇在日治時期仍為聚落人群聚集之所，派出所設置於此可方便監視與取締。新設之初的派出所，即有不少是借用廟宇充用為派出所廳舍者。日後有機會新築廳舍時，則選擇廟宇周遭土地興建。如大龍峒派出所與艋舺派出所，即各自選擇在保安宮旁與祖師廟前空地新築廳舍〔註 164〕。

　　再者，前已述及「交通」為其重要考量。除了需位處交通要道或重要節點外，若鄰近有「交通機關利用」之所，則更為適切。在臺灣鐵道逐漸開展之時，各重點火車站（停車場）前或鄰近亦常設置派出所，除著眼於交通聯絡之便外，火車站的設置亦會形成新興市街聚落，更是人群流動之重要節點，因而需在鄰近設置派出所，以利警察事務之執行。派出所之設置，亦會考量

〔註 163〕 詳《臺灣總督府公文類纂》，第 291 冊，第 12 號，1898（明治 31）年 4 月 8 日，「兵營其他シ使用セル社寺廟宗取調」；轉引自溫國良，1999，〈日治初期日人占用台灣寺廟概況〉，《臺灣風物》，第 49 卷第 2 期，1999 年 6 月，頁 159～173。

〔註 164〕 詳《臺灣日日新報》，1903（明治 36）年 1 月 30 日第 3 版；3 月 12 日第 5 版。

是否有輕便車道或糖鐵之行經，抑或鄰近是否有日治後期各地興設之乘合自動車停留所（公車站）。此外，若是在重要的海港地帶，則設有「水上警察派出所」，專職港灣治安與水上航運交通〔註165〕。

　　日治時期臺灣的基層地方警察承「警務、保安、衛生」之繁雜事務，除以日常巡查為目的所設置之派出所外，亦有部分派出所的設置是與某些特殊的空間密切相關。重要的機關建築，如神社〔註166〕或官舍區〔註167〕鄰近，會設置派出所。人群聚集且易生滋擾之所，亦會設置派出所，如市場〔註168〕、娼寮〔註169〕、遊廓〔註170〕、貸座敷〔註171〕等。

　　當上述派出所成立之時的因素改變時，派出所亦常需隨之移轉位置。如當一地因大規模產業興起而造成新興市街或聚落時，便會增設新派出所或移轉鄰近之舊派出所〔註172〕。當原派出所鄰近之交通運輸設施改變時，如鐵

〔註165〕1897 年，在滬尾、基隆、安平與打狗四處港口設置水上警察署。詳《臺灣總督府警察沿革誌》，I：404～412。在 1933 年時，則有基隆警察署水上派出所、臺中州彰化郡北頭水上派出所、高雄警察署新濱水上派出所與旗後水上派出所、高雄州東港郡東港水上派出所、花蓮港廳花蓮支廳北濱水上派出所與澎湖廳馬公水上派出所等七處水上派出所。詳篠原哲次郎，1932。至日治末期的 1944 年，則僅存主要大港設有水上警察署與派出所，包括基隆水上警察署直轄派出所、高雄水上警察署直轄（即原新濱）派出所與旗後水上派出所、花蓮港警察署花蓮港水上派出所、澎湖廳馬公支廳馬公水上派出所。詳臺灣總督府，1944。

〔註166〕如臺灣神社。1901 年設置之劍潭派出所，即是因應臺灣神社而設置，以為該神社之警衛。詳《臺灣日日新報》，1901（明治 34）年 10 月 22 日第 2 版。

〔註167〕新竹廳新竹街東門派出所，設置在魚市場前，亦鄰近官舍區。詳《臺灣日日新報》，1919（大正 8）年 3 月 20 日第 7 版；1920（大正 9）年 5 月 23 日第 4 版，「派出所設立認可」。

〔註168〕如羅東郡在羅東市場內亦設有派出所，並清楚說明設置緣由：「市場乃極雜沓之處。常有喧嘩口角者多。警官之警邏有時。實難以取締。故者番羅東街欲保其安全。向郡役所請設警察官吏派出所于羅東市場構內云。」詳《臺灣日日新報》，1924（大正 13）年 5 月 21 日第 6 版。

〔註169〕如臺中廳的大墩街警察官吏派出所，在 1916 年因娼寮由常盤町轉移至初音町，亦隨之轉移改築。詳《臺灣日日新報》，1916（大正 5）年 10 月 1 日第 6 版。

〔註170〕如新竹廳新竹街南門警察官吏派出所即設置在遊廓附近，以便利取締。詳《臺灣日日新報》，1919（大正 8）年 3 月 20 日第 7 版。

〔註171〕如臺南市福住町警察官吏派出所，亦因其原本管轄之「本島人貸座敷」的位置移轉，將派出所位置隨之移轉。詳《臺灣日日新報》，1921（大正 10）年 8 月 2 日第 6 版。

〔註172〕如臺南廳曾文庄警察官吏派出所之移轉並新築，即是因其轄內之六份庄設置

道或輕便車道之改移，亦會驅使派出所轉移〔註173〕。最有趣者，其所取締的主要對象，如遊廓、貸座敷、戲園等場所改變區位時，同樣亦需隨之移轉。另外，因市區改正所導致之道路拓寬，抑或因天災所導致派出所廳舍之損毀〔註174〕，亦會藉此評估是否遷移改設或新築。

（二）事務所並宿舍：警察官吏派出所廳舍之空間需求

　　日本內地都市派出所與村町駐在所雖與臺灣的派出所相近，但又有所差異。「派出所」任務以辦公守望為主，其警察官吏並非「駐在」〔註175〕，廳舍僅提供其外勤執務後的「休憩」場所，雖仍為榻榻米的空間，但非宿舍之屬的住居機能。「駐在所」則是事務室與宿舍各一單元的組合，以「前事務室後宿舍」為主要的空間組織型態，該警察官吏與其家人長期駐在於此廳舍中。臺灣的警察官吏派出所，則因警察官吏多來自日本內地，因此需要由政府提供住居之所。地方警察以其為殖民政府在地方之代理人，加以其任務之繁多，並扮演與被殖民社會直接面對的角色，其所需廳舍與內地的駐在所模式最為相近，皆是屬於「事務所並宿舍」〔註176〕之空間型態。但因臺灣的派出所之殖民地特殊狀況，至少需配置兩名警察官吏，在規模上大於內地之駐在所，

　　有臺灣製糖株式會社灣裡工場，有內地人與本島人在此工作，為警察宜注意之所。原派出所位置過遠，且因鐵道開通後原位址住戶已大減，故移轉並新築之。詳《臺灣總督府公文類纂》，1910（明治43）年，第5264冊，第36號，「警察官吏派出所位置移轉并名稱改稱認可ノ件（臺南廳）」。或如臺灣建物會社在三板橋大竹圍一帶開發，逐漸形成繁盛市街，故而增設大正街警察官吏派出所。詳《臺灣日日新報》，1915（大正4）年2月8日第4版，「新設大正街派出所」。

〔註173〕如新竹廳大湖口警察官吏派出所。原派出所位置地當舊鐵道線路，但現因鐵道與停車場（火車站）位置變更，大湖口部落亦隨之往新停車場方向發展，故移轉派出所位置。詳《臺灣總督府公文類纂》，1906（明治39）年，第4966冊，第18號，「大湖口警察官吏派出所敷地等寄附受納認可（新竹廳）」。

〔註174〕早期之派出所常因受暴風雨或地震的侵襲而毀壞。1912年八月的暴風雨，造成大量派出所毀損倒壞，而在隔年興起一股新築派出所之熱潮。詳1913（大正2）年《臺灣日日新報》報導。

〔註175〕駐在，在日文的意思為停駐（stay）與住所（residence）之意。

〔註176〕事務所並宿舍所指之「宿舍」，非指一般機關建築附設之「宿直室」（值夜室），而是指提供完整生活機能且長時間在此生活者。這種空間型態會因機關的屬性與所需的人員特質而定。如郵便電信局或其出張所，即以其工作性質之特殊，而必須緊鄰在工作場所設置宿舍。或因交通不便、無法每日便利地通行以執行其職務的地理殊異之處，即必須設置宿舍。若其人數不多，且受限於基地因素，則不另闢「官（宿）舍區」，而將事務所與宿舍共構，或緊密相鄰。

而顯得較為複雜與多樣。

　　派出所自大舉擴張後，其任務機能即更加明確，也日趨繁複。而與其對應之所需空間內容，小卻多樣，可大分為以下五類空間需求：（一）事務室；（二）宿舍；（三）生活起居之服務性設施；（四）基地之界定元素；（五）相關機構之建築。

　　派出所廳舍之主體建築，以「事務室」與「宿舍」為主所構成，其他的服務性設施，諸如炊事場、便所、浴室、物置（儲藏空間）等則獨立設置〔註177〕。派出所廳舍之事務室與宿舍多半整合成一棟主要建築，附屬的便所或浴室則較少與廳舍整合一處（圖81）。

圖81　斗六廳埔心警察官吏派出所配置圖

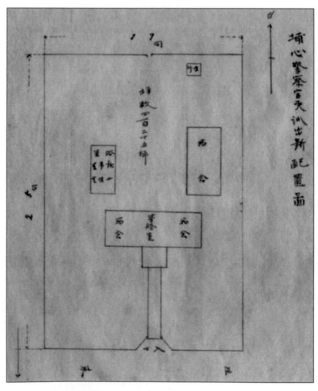

（《臺灣總督府公文類纂》，1903（明治36）年，第4767冊，第13號，「斗六廳長稟申西螺堡埔心庄李文山外六百二十三名總代程朝興埔心警察官吏派出所用家屋地方稅經濟ヘ寄附受納ノ件認可指令ノ件」。）

〔註177〕在1914（大正3）年派出所建築標準改正後，日籍巡查的「便所」、「炊事場」與「物置」已被整合進宿舍單元，浴室則仍為共用。

事務室為機能單純之空間，做為警察官吏辦公、守望之所，其設施主要以桌椅及書類櫃（文件檔案櫃）為主〔註178〕。電話，則是警察機關最重要的現代設備之一，以方便在變故危急之時得以聯絡反應〔註179〕。事務室必須面對面前道路，以能夠清楚地見到其所管控之交通衝要上之人員流動。再者，事務室為地方之主要官廳建築代表，有其權威性展現之必要。為了與宿舍單元有所區別，多會在其前方設有破風頂之玄關空間，並在山牆面裝置表徵警察之「旭日章」。

派出所宿舍依其使用的對象與階級，大致上有「警部補」、「巡查」、「巡查補」與「小使」（工友）四類，各自擁有獨立之宿舍空間，不再數人共用一間房間〔註180〕。警部補與巡查以日人為主，巡查補與小使則清一色是臺灣人。一則由於階級的不同，二則由於生活習性的差異，其宿舍空間亦不相同。警部補為判任官，巡查為判任官待遇。警部補宿舍略大於巡查宿舍，二者除踏入處為泥土地外，是以榻榻米房間（座敷）為主。反之，臺籍之巡查補宿舍與小使室雖設有床榻，但房間為泥土地面，且較日人警察官吏來得小。甚至，巡查補宿舍與小使室有時被獨立設置於他棟建築，以與日本警官區隔。

但由既有的圖面文獻中，仍可見到與日本內地都市派出所空間內容相近之未包含「宿舍」的廳舍，主要是在早期即已形成的大型市街中。如位於臺南古城中的「元會境街警察官吏派出所」與「竹仔街警察官吏派出所」〔註181〕，

〔註178〕此乃由《臺灣總督府警察沿革誌》第 V 卷第三章「勤務、休暇、請願配置」中關於地方巡查每日的內勤任務推測之。且由部分警察官吏派出所之照片即可觀察到辦公桌椅之設置。至於書類櫃，地方巡查均需填寫各式報表並存檔，書類櫃為其必要之設施。在 1913 年後，即被整合成事務室空間的一部份。

〔註179〕由《臺灣總督府事務成績提要》中可知，各派出所在成立之後，即以相當經費架設電話線路。在《臺灣日日新報》中即有一則新聞提到，新竹街的一名竊賊在行竊逃逸後，該地警官即根據罪犯逃逸方向以電話聯絡頭份支廳的警官，並隨即逮捕到這名竊賊。詳《臺灣日日新報》，1903（明治 36）年 4 月 25 日第 3 版。

〔註180〕除軍事防禦的因素消失外，亦有可能是攜家帶眷來臺或在臺成家之警察官吏增多。根據 James W. Davidson 的紀錄，日治之初來臺日人極少攜妻帶子。但至 1900 年時日人男女比例已達二比一。詳 Davidson, 1972：412&418。再者，由中埔支廳 1905 年新築之各級官吏宿舍，低階之巡查宿舍即已分「獨身」與「妻帶」二種，可見此時之警察官吏已有相當比例是攜家帶眷來臺。詳《臺灣總督府公文類纂》，1905（明治 38）年，第 4871 冊，第 10 號，「中埔支廳用土地建物寄附受納認可（嘉義廳）」。

〔註181〕元會境街在今臺南市東嶽殿一帶，竹仔街在今臺南市民權路三段一帶，自清

或嘉義「西門外警察官吏派出所」（圖 82），均以設置「休憩所」取代巡查宿
舍，顯然是承襲日本內地都市地區的派出所（或交番所）建築。但這種情況
基於文獻的不足，難以判定在此類市街的派出所是否毋須設置宿舍，或另設
官舍區。以嘉義西門外派出所爲例，其基地數倍大於派出所廳舍建築，應非
市街內土地不足才未設置宿舍。

圖 82　嘉義廳西門外警察官吏派出所圖

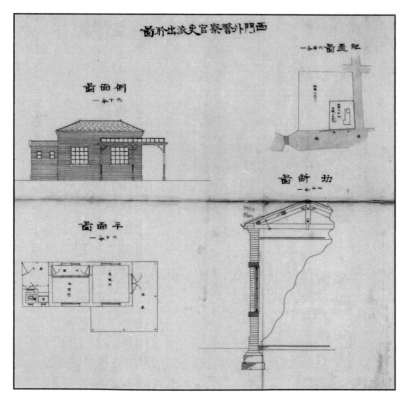

（《臺灣總督府公文類纂》）1904（明治 37）年，第 4799 冊，第 11 號，
「嘉義廳長稟申ニ係ル嘉義西門外警察官吏派出所用トッテ寄附家屋
及ヒ同北門警察官吏派出所建築費トッテ舍員寄附受納ノ件認可ス」。）

　　再者，因社會已漸趨安定，在平原各地羅佈之警察官吏派出所脫去了抗
禦土匪之武裝，原本因防禦所需的設施與作法已不再需要。雖然基地外圍之
牆垣仍存，但僅做爲領域的界定。牆垣若仍以土牆爲之，整個高度已經降低
至不到一米；或是以竹、木、植栽疏朗地排列，穿透性強。亦無高大厚實之

代即是臺南市商業最爲鼎盛之中心。

大門，只是象徵性的兩根門柱，界定出主要的出入口，並與事務室形成派出所廳舍的主要軸線，以表徵其權威性。

　　由於派出所官吏逐漸轉向以「行政警察」爲主要角色，派出所的層級，基本上並不設有留置場或拘留所。唯有在廳、支廳與警察署廳舍，方設有留置場，或刑事事務相關之訊問所。廳或支廳廳舍的空間需求，除事務室與官舍外，尚包括留置場、人民扣所（等待室）與揭示板（告示板），與「警察署」之空間內容相當。其中，揭示板爲三尺四方之告示牆板，初設之時乃懸於派出所入口處或牆壁上，但因民眾多畏懼警察官站立其間而不敢觀視，故多移設於派出所基地臨路邊緣〔註182〕，可將近來發生之竊盜、火災、交通、衛生、防疫、風俗相關警務事件書寫其上。

　　此外，「保甲聯合事務所」與「消防詰所」，亦常與派出所廳舍共同建築，但並非必要。保甲與警察是不可分割的整體，在1911（明治44）年之後，爲方便保甲事務的推行，設置了保甲聯合會，配置保甲書記一名，並設置「保甲聯合事務所」，供管內各保保正處理保甲文書事務與會議。此外，清代臺灣並無設置消防組織。但日人治臺後，以私設或公設之民間消防組擔任消防工作，在內地人聚居之都會市街中設置有消防詰所〔註183〕，並在各派出所設置「火見梯子」及「警鐘臺」（中島利郎・吉原丈司，2000b：186）。當班之消防夫執棍棒巡行管內，並到警邏線路派出所蓋印〔註184〕。若遇火災，警官即登架鳴鐘，消防夫與保甲壯丁即馳赴當場，盡力消防〔註185〕。而在鄉村地區，

〔註182〕詳《臺灣日日新報》，1918（大正7）年12月18日第6版，「揭示枚〔板〕與人民」。
〔註183〕臺灣日治之初都會市街地的消防組織，與營造業者密切相關，並充斥著各團體之間的爭端惡鬥。因此由地方政府提出法令上之約束（內地人消防組規則），使納入官方之管理。以臺北消防組爲例，即是由頗負盛名之營造業者澤井市造所組織之「共義組」所轉型而成。其在臺北城內、大稻埕、艋舺設有警所，並在臺北府前、西門街、艋舺祖師廟前、大稻埕日新街、稻新街、市場、城南街等七處設置警鐘。詳黃天祥、黃俊銘，2006，〈日治初期臺灣營造業者的發展與都市消防系統的形成——以臺北消防組爲例〉，《中華民國建築學會第十八屆第一次建築研究成果發表會論文集》，光碟版；中島利郎・吉原丈司，2000b：181～191；《臺灣日日新報》，1912（明治45）年1月16日第5版、17日第5版、18日第5版，「臺北消防組沿革」；《臺灣日日新報》，1912（明治45）年1月13日第7版、16日第7版、17日第7版，「臺北の消防」。
〔註184〕詳《臺灣日日新報》，1912（明治45）年1月16日第7版，「臺北消防組沿革」；1912（明治45）年1月17日第5版，「臺北の消防」。
〔註185〕如1906年發生在臺北市之火災，「稻新街警察官派出所。設置臺北消防組第

則是由地方警察指揮之保甲壯丁團來負責消防事務。在保甲條例中，即將消防列入為保甲之重要事務，並以保甲過怠金購置消防器具〔註 186〕。保甲聯合事務所與消防詰所，若有設置，若非在派出所廳舍基地內設置，亦會在鄰近。以「社口派出所」（圖 83）為例，即在派出所廳舍右前方設置「消防器具置場」，左前方設置「警鐘」〔註 187〕。

圖 83　社口警察官吏派出所略圖

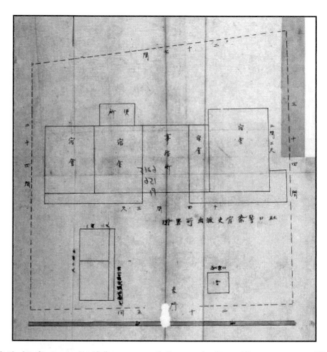

（《臺灣總督府公文類纂》，1906（大正 5）年，第 6215 冊，第 12 號，「地方稅所屬無料使用許可（黃順喜）」。）

二部詰所。該所之右。張梯設架。高懸警鐘。警官見有火起。隨即登架鳴鐘。臺北城市之各組消防夫。急速咸赴當場。盡力消防。該街之保甲壯丁。亦出而救護。」詳《漢文臺灣日日新報》，1906（明治 39）年 9 月 16 日第 4 版，「雜報／豫備消防機關之奏效」。

〔註 186〕詳《臺灣總督府事務成績提要》，明治四十年度分，頁 91。另 1908（明治 41）年亦頒佈「火ノ見梯子及警鐘設置ノ件」，並舉辦消防講習會。詳《臺灣總督府事務成績提要》，明治四十一年度分，頁 112～113；中島利郎‧吉原丈司，2000b：186。

〔註 187〕詳《臺灣總督府公文類纂》，1916（大正 5）年，6215 冊，12 號，「地方稅所屬無料使用許可（黃順喜）」。在日治昭和時期，市街中的派出所開始與相關的機關廳舍複合成「合同廳舍」，消防詰所即是其最常複合的機關之一。

（三）居民寄附：警察官吏派出所建築之主要經費來源

　　警察官吏以其為殖民政府在地方之代理人，其廳舍建築之興築，有賴於其管內居民的「寄附」（捐獻）。早在 1897（明治 30）年即有臺籍人士獻納家屋與敷地充用為派出所〔註188〕。在 1901（明治 34）年前後警察擴張之時，派出所數量大增，經濟尚困窘之總督府財政難以負荷，寄附成為派出所建築的主要經費來源，並成為慣例沿用至戰後。

　　臺灣總督府規定之寄附的對象，為與教育、衛生、敕育、交通及「警察」相關的事務與設施。寄附的方式有五：金錢、勞力、土地、建物與營造物與材料，以及教育及敕育相關物件〔註189〕。派出所建物之經費來源，以管內的人民寄附乃是慣例（中島利郎‧吉原丈司編集，2000d：254）。當欲新築或增改築派出所時，巡查即召集地方保正與士紳集會，討論寄附的方式與金額，並向上級政府申請許可。其中以金錢與勞力的寄附居多。若以金額寄附，其負擔之標準一般是以居民每年應繳交之「地方稅」（或「家稅」）金額來衡量。若有不足者，即強徵地方富紳〔註190〕，或請求國庫補助〔註191〕。而寄附勞力的方式，在日治前期亦頗為平常，主要是協助毋須技術的純粹勞力部分〔註192〕。再者，亦有寄附土地與建物者。在 1900 年代前半，民眾所寄附

〔註188〕當時臺中縣管內塗葛窟街長張錦上等六人獻納家屋敷地予該地警察署派出所，臺南縣管內樸仔腳警察分署亦由該地民眾獻納。詳《臺灣總督府事務成績提要》，明治三十年度分，頁 57。

〔註189〕詳《臺灣總督府公文類纂》，1917（大正 6）年，第 6417 冊，第 2 號，「警官派出所用建物寄附受納方ノ件ニ付通達（各廳）」中，對於 1905（明治 38）年十一月訓令另二三〇號的參照。另亦詳《漢文臺灣日日新報》，1905 年 11月 28 日第 2 版，「寄附之約束」，就該年 11 月 25 日頒佈之寄附金品所關規程（府令二號，訓令三號）之說明，與公共利益或社寺相關方得向人民徵收費用，並需經總督認可方可行之。其寄附金品，限定供做教育、衛生、救恤、交通、警察之用。

〔註190〕如茉寮庄派出所除每戶寄附一定金額外，「就殷戶另行勸捐」，詳《臺灣日日新報》，1903（明治 36）年 5 月 29 日第 3 版：或如五谷五庄派出所除一般寄附外，「其所不足，則再捐于殷戶」，詳《臺灣日日新報》，1903（明治 36）年 7月 10 日第 3 版。另外有一則報導，更詳細說明在一般人民依其貧富寄附後，再向管內居民在他鄉有不動產達五千圓者再行勸募，若還不足則再向殷戶勸捐。詳《臺灣日日新報》，1912（大正元）年 12 月 7 日第 6 版，「派所落成」。

〔註191〕如 1919 年新竹廳牛埔庄派出所新築，因管內「殷戶甚少」，故請求官廳補助。詳《臺灣日日新報》，1919（大正 8）年 1 月 30 日第 6 版，「改築派出所」。

〔註192〕以深坑仔木柵庄派出所為例，其新建之派出所乃「就田地鳩捐數百金購買材料，土木工作則各戶抽出民丁贊助」。詳《臺灣日日新報》，1902（明治 35）

予警察官吏派出所的建物，顯然即專為派出所而建。但卻都是由地方居民新築後，先免費借予派出所使用，再將派出所建築以正式程序寄附，將所有權移轉給該派出所〔註 193〕。此外，其他與教育、衛生、交通相關的寄附，亦大多是透過地方巡查協助徵收。

寄附者雖以臺灣人居多，但在日人大規模產業開發地區或日人居住區內，則以日人會社或日人居民之寄附為主。因大日本製糖株式會社虎尾工場的設立而設置之五間厝警察官吏派出所，即由該會社寄附三分之二之經費，其餘金額則由社員及該地住民寄附〔註 194〕。

居民寄附警察官吏派出所敷地、建築、材料或經費的程序，乃是由地方上的領導階層提出「寄附願」附入公文中上呈總督府以求認可。寄附願必須提出「調書」（調查意見書），需包含以下的內容（圖 84）：1. 代表募集者的姓名、住址、資格、身份與職業；2. 募集的原因與方法；3. 募集的金額、勞力或物件的數量與價格估算；4. 每一個人的負擔標準；5. 募集的期間與管理方法；6. 募集時所需之費用；7. 募集的區域範圍及該範圍內的戶數及其家稅額；8. 募集區域內居民財力的狀況；9. 該次寄附對地方在財源與徵稅上是否有所影響；10. 設計書圖面及營造工期；11. 寄附受納之類別；12. 寄附受納的期間。此外，若是寄附建築物，調書中會註明欲寄附者之基本資料、建築物之數量、構造、坪數、位置與價格，並附上該建築的基地、配置、平面、立面與剖面的簡圖。

二　派出所建築型態之過渡與摸索

（一）舊屋新用：臺灣既有家屋的挪用

派出所擴張初期，由於數量暴增〔註 195〕，在經費與時間上尚無法支應新築廳舍，因此多借臺灣既有家屋權充使用。即使至日治後期，新設派出所之初仍沿用此模式。縱使是借用既有之臺灣家屋，亦非任意而無需選擇。仍須

年 2 月 15 日第 3 版。

〔註 193〕尤以 1902（明治 35）年至 1904（明治 37）年間，苗栗廳管內諸警察官吏派出所為甚。詳 1904（明治 37）年之《臺灣總督府公文類纂》相關文件。

〔註 194〕詳《臺灣總督府公文類纂》，1912（大正元）年，第 5551 冊，第 2 號，「警察官吏派出所廢設認可（嘉義廳）」。

〔註 195〕如 1901 年時，地方官官制改正（廢縣置廳）前之臺南縣即一舉擴張了 284 處派出所。廳舍多為居民寄附，但頗粗造，僅堪遮風避雨。詳《臺灣總督府警察沿革誌》，I：506～507。

以人口稠密之區、交通衝要之地爲要件，且挪用之家屋在規模與使用上需方便警官執務與生活起居。其所選擇者，以挪用臺灣一般傳統民宅最多，傳統廟宇次之，集會所、家族祠堂與書塾之充用亦頗平常。

若挪用臺灣民宅爲派出所廳舍，除位置之選擇外，因每一派出所警察定員爲二至三人〔註196〕，所需之民宅規模最好需三間以上的房間。在型態上，由於臺灣一般傳統民宅型態多樣，並無一定，在符合所需的位置與規模下，乃依實際的需求與條件做調適與增修。一般以面向表門（大門）與主要道路的房間爲事務室，其餘各間則充爲宿舍或炊事場。便所與浴室通常位在盡端或於後方另外增建。

圖84　西勢庄派出所敷地及新築費寄附調書

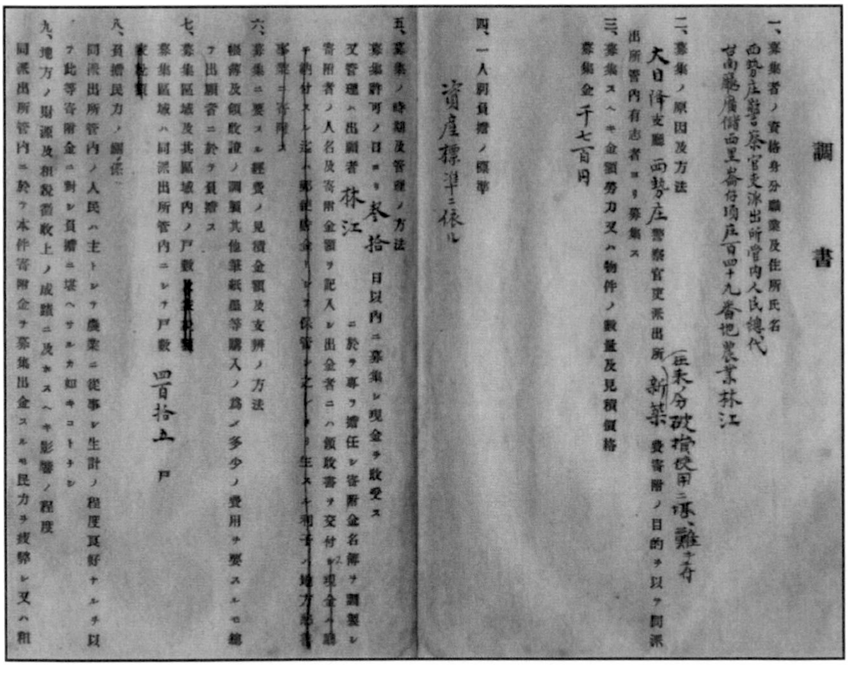
調書

一、寄集者ノ資格身分職業及住所氏名
西勢庄警察官吏派出所管内人民總代
台南廳廣儲西里番仔墻庄百四十九番地農業林江

二、募集ノ原因及方法
大日降支廳西勢庄警察官吏派出所（狹未ノ分破損使用ニ堪ヘ難キ有）新築費寄附ノ目的ヲ以テ同派出所管内有志者ヨリ募集ス

三、募集スヘキ金額勞力又ハ物件ノ數量及見積價格
募集金千七百円

四、一人前負擔ノ標準
資産標準ニ依ル

五、募集ノ時期及管理ノ方法
募集許可ノ日ヨリ參拾日以内ニ募集シ現金ヲ收受ス
又管理ハ出願者林江ニ於テ專ラ擔任シ寄附金名簿ヲ調製シ寄附者ノ人名及寄附金額ヲ記入シ出金者ニハ領收書ヲ交付ス現金ハ
ヲ納付スル迄ハ郵便貯金ト為シ保管シ之ヨリ生スル利子ハ地方事業ニ寄附ス

六、募集ニ要スル經費ノ見積金額及支辨ノ方法
領簿及領收證ノ調製其他筆紙墨等購入ノ為メ多少ノ費用ヲ要スルモ總テ出願者ニ於テ負擔ス

七、募集區域及其區域内ノ戸數
募集區域ハ同派出所管内ニシテ戸數四百拾五戸

八、負擔民力ノ關係
同派出所管内ノ人民ハ主トシテ農業ニ從事シ生計ノ程度頗好ナルヲ以テ此等寄附金ニ對シ負擔ニ堪ヘサルカ如キコトナシ

九、地方ノ財源及租税徴收上ノ成蹟ニ及ホスヘキ影響ノ程度
同派出所管内ニ於テ本件寄附金ヲ募集出金スルモ民力ヲ疲弊シ又ハ租

〔註196〕在地方警察機關擴張初期，警察官吏派出所少則二人，多可至六人左右。詳《臺灣日日新報》，1902（明治35）年1月24日，第二版。在1901年新築之斗六廳清水溝派出所，其宿舍空間亦達七人。詳《臺灣總督府公文類纂》，大圖000049150059001002M「清水溝警察官吏派出所平面圖」。該圖之文件未得見，但可由1909（明治42）年，第5219冊，第111號，「清水溝警察官吏派出所宿舍賣卻認可ノ件（斗六廳）」知其爲1901（明治34）年所新築。

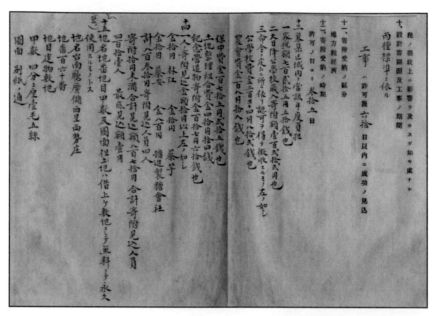

（《臺灣總督府公文類纂》，1912（明治45）年，2086冊3號，「西勢
庄同派出所敷地及新築費寄附受納認可（臺南廳）」）

以苗栗廳桂竹林警察官吏派出所爲例（圖85），即是以民宅權充做爲派出
所使用，面寬五間，以明間爲廳舍（事務室），兩側次間、稍間均做爲宿舍，
並設以榻榻米（疊敷）；另外緊貼房舍後方增建一處「炊事場」〔註197〕。惟臺
灣一般民宅構造多半粗陋，以土塊造居多，竹、木造次之，易因數次風雨即
損壞，而另需購屋移轉或新築。

圖85　苗栗廳桂竹林警察官吏派出所配置圖及平面圖

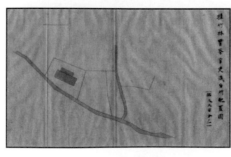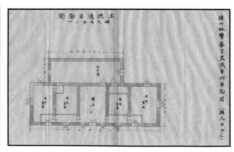

（《臺灣總督府公文類纂》，1904（明治37）年，第4799冊，第13號，「苗
栗廳桂竹林警察官吏派出所用トツテ土地建物寄附許可報告ノ件」）

〔註197〕詳《臺灣總督府公文類纂》，1904（明治37）年，第4799冊，第13號，「苗
　　　　栗廳桂竹林警察官吏派出所用トツテ土地建物寄附許可報告ノ件」。

　　再者，臺灣傳統地方性廟宇，若非位聚落中心，即當交衝要衝。臺灣人民向來重視拜神之事，經常來往神廟。以此權充派出所廳舍，藉其地利與功能之便，警察可便利監視部落人民之言行，自是最理想的選擇。他日若循機新築廳舍，多以選擇原挪用廟宇鄰近土地爲敷地首選。廟宇挪用爲派出所廳舍者，其空間之運用並無一定模式。臺南廳下關帝廟派出所即以正殿前之拜殿爲辦務之所。但一般的狀況是以廟宇兩廂充用爲派出所之事務室與宿舍。以新竹廳月眉警察官吏派出所爲例，即利用當地之丹桂宮正殿右次間爲派出所事務室，左右廂房則充爲宿舍使用（圖86）。有時派出所僅使用一側廂房，另一側則充用爲區長或街庄社長役場﹝註198﹞。

圖86　新竹廳月眉警察官吏派出所平面圖

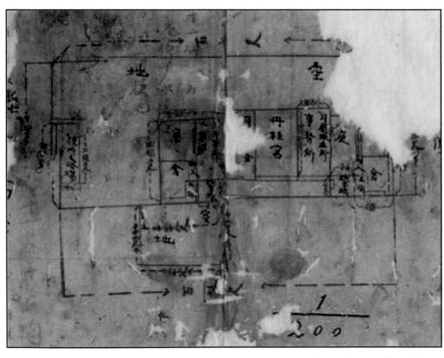

（《臺灣總督府公文類纂》，1917（大正6）年，第6417冊，第9號，「月眉警察官吏派出所用土地及建物無料使用認可（新竹廳）」）

　　日人頗重視官吏宿舍在公共衛生方面之要求，並使來臺官吏在生活習性

﹝註198﹞由於日治前期地方官制尚在過渡階段，無正式之街庄層級官廳建築之設，警察官吏派出所與區長役場，即常挪用廟宇一隅或兩側廂房辦公，形成結合地方官廳與宗教信仰之部落核心地點。

上無須大的改易。至少，「室內倣內地之款式」〔註 199〕，在既有家屋泥土地上直接架高床板鋪設榻榻米，以避潮濕與瘴氣，為宿舍之基本需求。但囿於既有家屋厚實土塊隔牆的框限，宿舍空間單一且機能固定，無「轉用機能」〔註 200〕之空間格局。至於是否如 Davidson 所描述，敲牆打洞以求通風採光之作為，則無從得知了〔註 201〕。

（二）新築廳舍：警察官吏派出所空間基型之摸索與嘗試

1903（明治 36）年前後，派出所擴張已近完全，新築派出所廳舍之作為亦開始啟動。但在無建築標準的規範下，任由各地方自行其事。派出所新築工事由何者主事，尚無確切文獻可徵。但在首都城市臺北，總督府土木技師則參與其事。1902（明治 35）年決定增置警察官吏派出所時，即由臺北廳主務課邀集總督府土木課技師，共同就欲增設廳舍處及其建築構造方法實地調查〔註 202〕。從此時段部分《臺灣總督府公文類纂》中派出所廳舍圖面之專業繪圖方式與空間安排，即可想像仍有土木營繕專職者涉入之可能性。同一廳治或支廳管下之派出所建築，空間格局雖各有不同，但大致上有類似模式。新竹廳新埔支廳管下於 1906（明治 39）年新築之諸派出所，在圖面的表現與空間組織安排上，極可能是同一位專職單位所為〔註 203〕（圖 89～90）。臺東廳管內數所派出所廳舍 1903（明治 36）年因暴風雨毀損而同時改築，亦可能以同一套設計施行〔註 204〕。

在實際的營造方面，1903（明治 36）年雖已有日人德丸貞二標下艋舺

〔註 199〕詳《漢文臺灣日日新報》，1906（明治 39）年 12 月 28 日第 4 版。

〔註 200〕指日本傳統住宅室內空間以障子區隔出的各室空間，其機能並無一定，可相互為用。詳西山夘三，1989：187；陳錫獻，2002：62～64。

〔註 201〕Davidson 在《臺灣之過去與現在》曾提到：「典型的中國式的房子只有最低限度的光線及空氣，而有最高限度的黑暗與濕氣！日本人住此者，極力設法改善此種情形。首先著手的是沿著牆壁開洞，作為窗……離地二三英尺高的木製地板鋪於全部，其傍有走廊由頭通到底。地板上鋪日本他他密，有時還加上日式的滑動門。」詳 Davidson, 1972：411。

〔註 202〕詳《臺灣日日新報》，1902（明治 35）年 1 月 21 日第 2 版；同年 1 月 24 日第 2 版；同年 2 月 1 日第 3 版。

〔註 203〕包括新埔支廳管下之大湖口、內立、大茅浦、圓山仔、紅毛港、新社與鹿場警察官吏派出所。詳《臺灣總督府公文類纂》，1906（明治 39）年，第 4966、4967 與 4969 冊相關文件及其圖面。

〔註 204〕臺東廳管內之加走灣、三間屋、六階鼻、拔仔庄、水尾庄與看音山諸派出所，其風水害復舊工事之構造、規模與經費完全相同，推測應是同一套設計。詳《臺灣總督府事務成績提要》，明治三十六年度分，頁 443。

舊街派出所之新築工程〔註205〕，但此時日籍土木營造業在臺數量應仍為少數〔註206〕。除技術人員外，勞力亦短缺，雇用臺籍工匠成為必要權宜之計。在地的工匠，應對 1900 年代前半新築之警察官吏派出所廳舍建築影響頗大。而構造材料則以土塊與木材兩種材料居多〔註207〕，廳舍高度則以一層平屋為主〔註208〕。以斗六廳下湳警察官吏派出所為例〔註209〕（圖87），廳舍以五間起臺灣傳統民宅為範，牆以土塊砌疊，頂以茅葺。由斷面圖所見之構造模式，亦純然是臺灣式。但在此框架下，事務室前方添設日式破風頂軒亭以為玄關，摻入了日本風味。在室內空間，牆間的櫥櫃（押入）、架高的床板（並鋪設榻榻米）與天花板的設置，已可見其調適。但在 1900 年代後半，部分宿舍單元已趨近於日本傳統住宅之轉用機能空間模式，設有踏入、居間、座敷與押入（櫥櫃）等空間。架高之榻榻米間（座敷）成為室內主體，由立面圖亦可見其建築底部通風口之設置亦已漸成常態。主事者雖欲移植以日本內地之生活空間模式，但在構造上厚重潮濕之土塊壁體削弱了其空間所

〔註205〕德丸貞二，1902（明治29）年來臺，在總督府有馬組、鎌田組歷練。1905（明治32）年獨立創業，創德丸商會。曾任臺灣コークス株式會社社長、臺北印刷株式會社取締、地方稅調查委員、臺北市協議會員。詳《大眾人士錄－外地海外篇》，頁35。

〔註206〕日治之初至 1908（明治41）年前土木營造工事之承攬制度尚不健全，重大工程多採「指名承攬」。詳曾憲嫻，1997：141。

〔註207〕根據筆者所能掌握此時段內之派出所新築案例且有明確陳述主要建築材料者，共有47例，包括了土塊造24例（臺北廳1，深坑廳2，桃園廳1，新竹廳8，苗栗廳4，臺中廳2，彰化廳1，斗六廳3，番薯寮廳1，恆春廳1），木造16例（基隆廳1，斗六廳1，嘉義廳1，番薯寮廳4，恆春廳1，臺東廳8），磚造4例（臺北廳2，臺中廳1，嘉義廳1），石造2例（臺北廳1、基隆廳1），竹造1例（斗六廳1）。這些案例呈現出土塊造與木造在這個時期仍是主要的構築材料，但木造廳舍似乎較頻繁地出現在較多日人聚居之處，尤其是臺東廳。磚造在這時期數量仍少，主要是運用在都會市街中。但由於這些案例僅佔近千派出所之小局部，尚不能代表整體的構造狀況。

〔註208〕在日治之初，警察官吏派出所敷地仍易取得較大腹地，或許加上構造材料上的些微限制，日治前期的派出所廳舍大多為一層樓的建築。但早在 1903 年時，艋舺舊街的警察官吏派出所新築廳舍即已起蓋「二階建」之「層樓」，1910 年大稻埕新築的國興街派出所亦是二層樓的建築。詳《臺灣日日新報》，1903（明治36）年 7 月 18 日第 2 版，「警察官派出所工事」；1910（明治43）年 12 月 3 日第 7 版，「二階建的派出所」。

〔註209〕詳《臺灣總督府公文類纂》，1903（明治36）年，第 4767 冊，第 14 號，「斗六廳長稟申ニ係ル西螺吳厝庄廖良墩外三百三十四名ヨリ下湳警察官吏派出所用トッテ地方稅經濟ヘ家屋及ヒ附屬物寄附受納認可」。下湳在今西螺一帶。

需之輕盈與彈性。但在以純木造為主體之派出所，如馬公厝警察官吏派出所（圖88），則已可見和式之空間與構築型態。

圖87　斗六廳下湳警察官吏派出所之圖

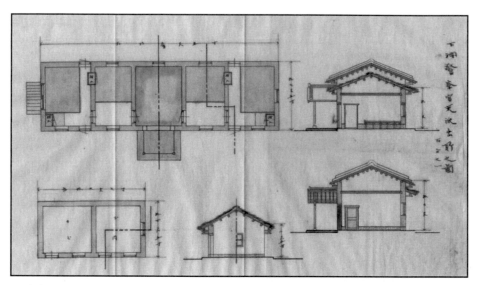

（《臺灣總督府公文類纂》，1903（明治36）年，第4767冊，第14號，「斗六廳長稟申ニ係ル西螺吳厝庄廖良墩外三百三十四名ヨリ下湳警察官吏派出所用トッテ地方税經濟ヘ家屋及ヒ附屬物寄附受納認可」）

　　此時段新築派出所之空間型態雖無建築標準之規範而顯得其型態各有差異，但仍可概略地歸納為兩種較為普遍的空間組織模式，並可視為是派出所廳舍該以何種基本型態與內涵呈現方能既顯權威又利生活的摸索與嘗試。最普遍者為「一」字型屋，其次則為「前事務室後宿舍」之型態。

　　採「一」字型屋者，在基地上是以橫長向與所面臨之主要道路平行配置，亦有少數是與主要道路垂直者。廳舍主體由一間事務室與數間宿舍在一字型屋框架下構成，事務室位置盡量位於中央，宿舍則緊鄰事務室之兩側配置。為了突顯事務室之入口，在事務室前設有軒亭玄關。事務室與巡查補宿舍仍以泥土地面為主，巡查宿舍則以榻榻米房間居多，且已開始運用障子（紙作拉門）區隔其宿舍空間。服務性空間或在同棟建築之最外側，或另築他棟獨立設置（圖88～90）。

圖 88　土庫支廳馬公厝警察官吏派出所平面圖

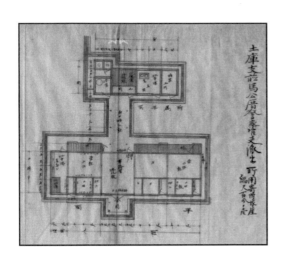

宿舍單元

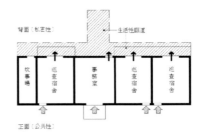

（《臺灣總督府公文類纂》，1905（明治 38）年，第 4880 冊，第 11 號，「垾內大墩仔馬公厝各警察官吏派出所用土地建物寄附受納認可（斗六廳）」）

圖 89　新竹廳新埔支廳大湖口警察官吏派出所建物圖

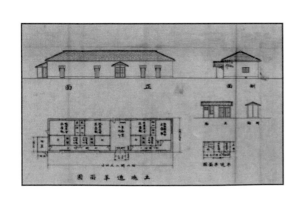

宿舍單元

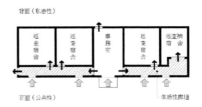

（《臺灣總督府公文類纂》，1906（明治 39）年，第 4966 冊，第 18 號，「大湖口警察官吏派出所敷地等寄附受納認可（新竹廳）」）

圖 90　新竹廳新埔支廳紅毛港警察官吏派出所建物圖

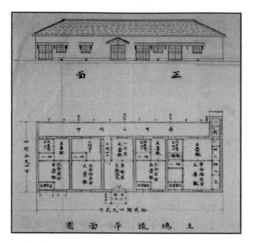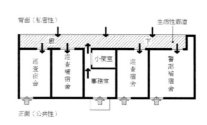

（《臺灣總督府公文類纂》，1906（明治 39）年，第 4968 冊，第 3 號，「紅毛港警察官吏派出所敷地等寄附受納認可（新竹廳）」）

　　至於事務室在前、宿舍在後的空間組織模式，應是移植並調適自日本內地村町地區的警察官吏駐在所〔註 210〕。事務室為官廳之表徵，與生活性之宿舍若能有所區隔，當更能突顯其權威性。事務室或與宿舍共構一屋，但事務室明顯突出於宿舍，如柴仔坑與垺內警察官吏派出所（圖 91～92）；或者事務室與宿舍獨立設置，並突出配置於建築群之最前，如瀰濃警察官吏派出所（圖93）。事務室成為廳舍之主要門面，前方再加設玄關軒亭，並正對表門，面向主要街道。

〔註 210〕由於村町地區警察官吏駐在所執務由一位巡查擔任，且長期駐在當地，因此其廳舍之構成，即是事務所並宿舍之類型；而巡查之家眷即隨其駐在宿舍。可能基於兼顧執務上的需要及家庭生活私密性的維持，因此採前事務室後宿舍的空間組織模式。這種空間組織模式，仍清楚地沿用至當今日本各地之村町派出所，且其官廳之威嚴形象已漸消減，而更趨向於一般住宅的外觀。

圖 91　彰化廳柴坑仔警察官吏派出所圖面

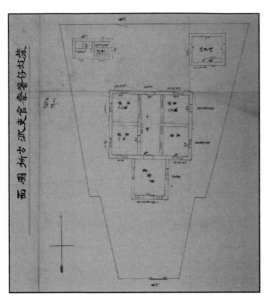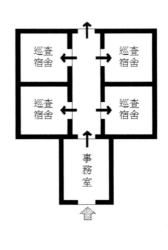

（《臺灣總督府公文類纂》，1903（明治 36）年，第 4767 冊，第 2 號，「彰
化廳長稟申二係ル柴坑仔警察官吏派出所新築用土地建物該地方有志者總
代周建山ヨリ地方稅經濟ヘ土地建物寄附二關スル認可ノ件指令」）

圖 92　土庫支廳埒內警察官吏派出所之圖

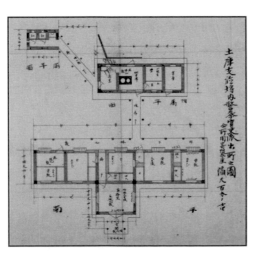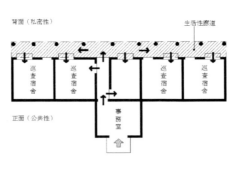

（《臺灣總督府公文類纂》，1905（明治 38）年，第 4880 冊，第 11 號，「埒
內大墩仔馬公厝各警察官吏派出所用土地建物寄附受納認可（斗六廳）」）

圖 93　蕃薯寮廳瀰濃警察官吏派出所平面圖

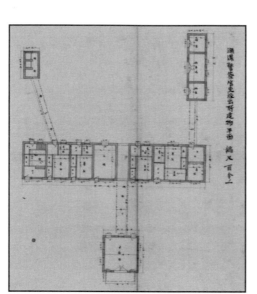

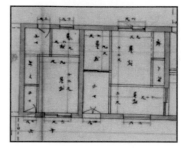

宿舍單元

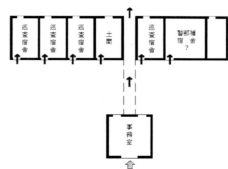

（《臺灣總督府公文類纂》，1906（明治 39）年，第 4965 冊，第 7 號，「港西上里手巾寮警察官吏派出所用敷地及建物無料借上報告（蕃薯寮廳）」）

　　無論採取何種型態，事務室之被突出，並不在其規模大小，而在其如何成為視覺焦點。事務室必與表門、入口通道形成一體的空間序列，且在空間組織上盡量突顯自身。藉此，執務之警察官既可輕易地「在所守望」，監視部落人員之流動與事件；部落民亦在派出所顯著位置的視覺壓迫下，進行行為的自我規訓。

　　再者，此階段新築派出所廳舍之「事務所並宿舍」型態，可看出頗著重在公共辦務與生活起居空間的動線區隔。除藉以突顯事務室之官廳形象外，同時也保有居住之私密性。最常見的處理方式，是經由事務室內部後進入兩側之宿舍，如柴坑仔派出所（圖 91）。而在一字型派出所，常以「生活性廊道」來達到生活私密性的需求。在新竹廳大湖口派出所（圖 89），派出所正面室內設置一條廊道，做為戶外與各宿舍單元之中介，可在此廊道內進行各種生活性事務。同樣地，在土庫支廳馬公厝派出所（圖 88）或新埔支廳的紅毛港派出所（圖 90），雖然宿舍與事務室的入口同在正面，但在廳舍之後方則都設有

一條「生活性廊道」，生活性的往來即毋須經由正面之入口而破壞其私密性。至於此生活性廊道之設，是否與日治初期官舍因熱帶氣候設置之外廊相關，則尚待考證〔註211〕。若是採事務室突出在前之廳舍，以土庫支廳坵內派出所為例〔註212〕（圖92），則以建築體之前後區隔公私。事務室突出於宿舍棟，需經事務室到宿舍棟之後側外廊，方可進入各個宿舍單元。若是事務室與宿舍棟分離者，宿舍單元入口則在正面，瀰濃派出所即是一例（圖93）。或如苗栗廳福興派出所〔註213〕（圖94），平面看似五間起臺灣家屋，事務室居中，兩側各有兩間宿舍。但除巡查補宿舍（右次間）由正面進入外，巡查宿舍則由後側或側邊進入。處理的模式或稍有差異，但由以上案例可看出日人頗注重生活起居之私密性，不希望與事務室放置在同樣的公共面向。

圖 94　福興警察官吏派出所平面圖

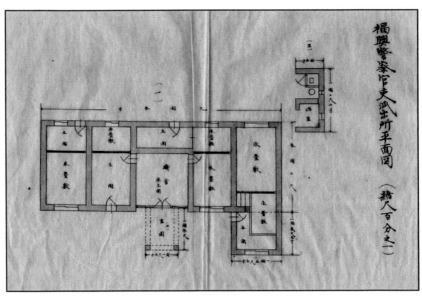

（《臺灣總督府公文類纂》，1905（明治38）年，第4880冊，第7號，「福興警察官吏派出所用土地建物寄附受納認可（苗栗廳）」）

〔註211〕早期的乙種、丙種與丁種官舍在正面設置外廊以抵禦臺灣烈日暴雨之熱帶氣候，為其主要特徵。直至1917（大正6）年改正後，外廊方消失。至於取消外廊之因，則尚待考證。

〔註212〕詳《臺灣總督府公文類纂》，1905（明治38）年，第4880冊，第11號，「坵內大墩仔馬公厝各警察官吏派出所用土地建物寄附受納認可（斗六廳）」。

〔註213〕詳《臺灣總督府公文類纂》，1905（明治38）年，第4880冊，第7號，「福興警察官吏派出所用土地建物寄附受納認可（苗栗廳）」。

　　地方巡查為總督府官制中最低階之官吏，為判任官待遇。受職階等級與官舍規模關係的限制，地方警察官吏之宿舍規模與空間內容均較為精簡。大致上每一宿舍單元的面寬或進深都在 12 尺以上，最大可達 21 尺左右。面積則在 5 坪至 7 坪之間，尚較 1905（明治 38）年判任官官舍建築標準中最低等級之丁種貳號官舍的面積（10.25 坪）來得小。就其空間內容而言，大致上都包含了最基本的通道、起居與服務性空間。在通道空間的部分，巡查宿舍並未設置玄關，而僅有約半坪大小之踏入空間，大多是泥土地，在此脫鞋以進入室內其他空間。在起居性空間的部分，已有不少案例同時都配置了座敷與居間，是巡查宿舍單元之主體，座敷的大小約在 3 坪至 4.5 坪間，居間則在 1 至 1.5 坪左右。至於服務性空間，押入是宿舍單元中主要的儲藏空間，一般倚牆而設，深度一般都是 3 尺，面寬約在 5 尺至 6 尺之間。另外，炊事場為烹煮食物之所，在此時期的案例中仍以設置公共使用之炊事場為主。至於便所與浴室，亦是另築他棟供居住者共同使用。地方派出所巡查以其職階較低，在職務上以外勤警邏為主，內勤亦是在事務室辦公，在生活上亦有可能是單身或已婚但子女尚年幼者，因此僅提供精簡必要之宿舍空間內容。就宿舍單元整體而論，其空間之架構已明顯地受到榻榻米的影響而呈現模矩化，各單元之空間也幾乎都是配置在一個方正的空間之中。模矩化且平面矩形化的模式，亦方便各單元比鄰並置，形成連續戶。

　　此外，1905（明治 38）年頒佈之「判任官官舍建築標準」，對部分此時期之派出所廳舍可能亦有所影響。民政部土木局於 1905 年基於「衛生、經濟與待遇」上之合適設置此標準，將總督府官舍體系中之判任官官舍分為甲種、乙種、丙種、丁種壹號與丁種貳號五種等級，依使用者職階而有空間內容、空間組織與規模上的差異，並提供有標準圖。其中，丁種壹號之使用資格為支廳勤務之警部補、看守部長等；丁種貳號則是巡查、看守〔註214〕。新埔支廳之紅毛港派出所（圖 95），在不同階級警官之宿舍空間規模與組織上，與 1905 年丁種官舍標準已相當接近（圖 96）：其警部補宿舍平面相當於丁種壹號官舍，巡查宿舍相當於丁種貳號官舍。惟外牆以土塊為之，後側室內廊道

〔註214〕甲種官舍之使用者為獨立官衙長、各官衙之部課長，乙種官舍為五級俸以上之地方廳各係長與同等級首席者，丙種官舍則為六級俸以下者。詳《臺灣總督府公文類纂》，1907（明治 40）年，第 1329 冊，第 12 號，「判任官以下官舍計設標準各廳へ通牒ノ件」；《臺灣總督府事務成績提要》，明治三十八年度，頁 410。關於判任官官舍標準之討論，詳陳錫獻，2002；陳信安，2004。

仍爲泥土地，而非架高鋪設木地板的緣側空間。但影響的程度爲何，則尚待更多文獻的考證。

圖95　新竹廳新埔支廳紅毛港警察官吏派出所平面圖

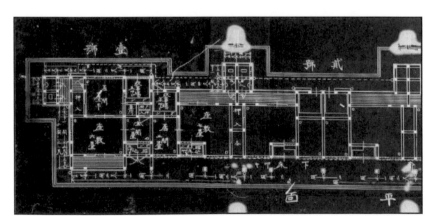

（《臺灣總督府公文類纂》，1906（明治39）年，第4968冊，第3號，「紅毛港警察官吏派出所敷地等寄附受納認可（新竹廳）」）

圖96　1905年版丁種壹號及貳號官舍新築平面圖局部

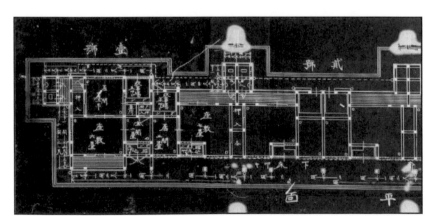

（《臺灣總督府公文類纂》，1907（明治40）年，第1329冊，第12號，「判任官以下官舍設計標準各廳へ通牒ノ件」）

　　經由以上分析，此一階段新築之派出所廳舍，主要是受到臺灣傳統營造模式（包括工匠、材料與空間組織）及日本內地駐在所空間組織模式之移植與調適二者的影響。型態雖多樣，但仍可歸結出一字型屋與前事務室後宿舍兩種較爲普遍的空間組織模式。更重要者，則在其以動線區隔公私空間的營

試，較 1909（明治 42）年後受派出所建築標準與標準圖影響下之廳舍，更能
詮釋既顯權威又利生活的「事務所並宿舍」空間需求。

3-5-2 規範與定型：警察官吏派出所建築標準與標準圖
（1909～1920）

一 警察官吏派出所之建築標準

經歷了逾十年的發展，派出所廳舍建築在 1909（明治 42）年步入另一階
段。1914（大正 3）年之「寄附及特別賦課二依ル派出所用建物標準改正通達」
（依寄附及特別賦課之派出所建物標準改正通知）公文開首即申明此次改正，
乃是依 1909 年「明治四十二年民財第四二○八號通達」之「警察官吏派出所
設計書及圖面標準」所進行之全面改正。由此推測，自 1898（明治 31）年派
出所擴張增設以來，至遲在 1909 年，即有派出所廳舍建築相關標準之建立。
當時的標準，可由其另一參照文件 1913（大正 2）年「警察官吏派出所標準
改正ノ件」（警察官吏派出所標準改正之件）之「警察官吏派出所新舊坪數比
較」得知。考諸圖面與其他報導，在 1909 年之後的派出所確實受到該建築標
準的規範。爲何予以規範，目前並無文獻資料可徵〔註215〕。

「建築標準」之建立，其實施對象在 1920（大正 9）年地方官官制改正
之前至少有三類：判任官官舍、警察官吏派出所與區長役場〔註216〕。三者皆
爲小規模建築物，但數量龐大。在支廳（廳治）時期因缺乏足夠的土木營繕
專業人員，但又需特別著重建築的衛生條件、約制建築經費的經濟目的，以
及與職務待遇能夠確切配合的要求下，因此設置了相關的建築標準〔註217〕。

〔註215〕詳《臺灣總督府公文類纂》，1914（大正 3）年，第 2339 冊，第 1 號，「寄附
及特別賦課二依ル派出所用建物標準改正通達」。至於其所參照之 1909（明
治 42）年民財第四二○八號通達「警察官吏派出所設計書及圖面標準」與 1913
（大正 2）年「警察官吏派出所標準改正ノ件」兩份公文之原件則未見。依
「警察官吏派出所標準改正ノ件」，改正是因原標準中之事務室及官舍狹隘，
各廳屢要求擴張。因適逢判任官官舍標準中之丁種官舍改正，故順勢改正。
至於當初設立「標準」之因，兩份參照公文均未提及。

〔註216〕此乃就筆者目前所得資料而論。官舍建築標準與標準圖之研究，詳陳信安，
2004。警察官吏派出所建築標準，詳本節之討論。另外，在 1914 年則發佈了
「區長役場建築標準」，將區長役場分成甲、乙、丙三種，規範其經費額度，
並在 1918 年因一次大戰所造成之經濟緊縮而改正。詳《臺灣總督府公文類
纂》，1918（大正 7）年，第 2814 冊，第 32 號，「區長役場建築標準」。

〔註217〕判任官舍建築標準之設置理由，乃基於「衛生、經濟與待遇」上之合適。詳《臺

其中，警察官吏派出所屬「事務所並宿舍」之空間型態，宿舍部分實佔建築體之大部分，亦可視爲「官舍」一類。在官舍逐漸標準化的過程，派出所廳舍難免亦受其建築標準之影響。

「明治四十二年民財第四二○八號通達」〔註218〕將派出所依其配置的巡查定員數分成甲、乙、丙三種派出所：「甲種派出所」配置警部補一名，巡查二名，巡查補一名；「乙種派出所」配置巡查二名，巡查補一名；「丙種派出所」則配置巡查一名，巡查補一名。各地派出所配置定員的決定，乃始自 1907（明治 40）年的「地方警察職員配置定員算出標準」，依其管內面積、人口、犯罪即決件數、警察取締相關行業數、鴉片吸食特許者數、船舶出入數、鐵道停車場數與其他特別配置決定〔註219〕。派出所的巡查或巡查補，均需「駐在」。因此，人數的多寡對事務室的大小影響並不大，但卻影響警官宿舍單元的數量。

各種派出所舊有（1909 年）之建築標準所規定的規模大小，由「警察官吏派出所標準改正ノ件」：甲種爲 42.5 坪，乙種爲 31.0 坪，丙種爲 20.0 坪（以主建築爲主，不含浴室、便所等附屬建物）。施行之後，在 1913（大正 2）年進行了第一次的改正，擴增了各種派出所之面積大小，而巡查定員則未改變。此次改正，應是隨 1913 年「判任官官舍標準改正」而變更。該年將舊有的判任官丁種壹號與丁種貳號官舍統一一式，並擴增其面積〔註220〕。由於派出所巡查之職等在判任官之外，以判任官待遇任用，因此其宿舍乃以丁種官舍爲

灣總督府事務成績提要》，明治三十八年版，頁 410。另陳信安則提出因地方官廳缺乏建築專業人員，故促使官舍建築標準制訂之說。詳陳信安，2004：3 ～8 至 3～9。「區長役場建築標準」則僅規範各級區長役場之經費。詳《臺灣總督府公文類纂》，1918（大正 7）年，第 2814 冊，第 32 號，「區長役場建築標準」。警察官吏派出所建築標準的設置理由書，在公文書中則未得見，但推測應與前二類型建築標準之設置原因相似。另外，派出所營造經費多爲部落居民寄附，亦有可能爲免各地因競築廳舍而過份強徵民財，而設立標準規範之。

〔註218〕1914 年「寄附及特別賦課ニ依ル派出所用建物標準改正通達」僅參照「明治四十二年民財第四二○八號通達」之第一條，說明各種派出所配置定員關係，「警察官吏派出所設計書及圖面標準」則未得見。

〔註219〕詳《臺灣總督府事務成績提要》，明治四十年度分，頁 54～57。隔年之 1908（明治 41）年，尚加入商工業住家數、戶口抄本下付數與動態小票作製數等三項因素的決定。詳《臺灣總督府事務成績提要》，明治四十一年度分，頁 65～68。

〔註220〕原丁種壹號官舍面積爲 11.5 坪，丁種貳號爲 10.25 坪，改正後統一並擴增爲 12 坪。詳陳信安，2004：3～11。再者，1913 年「警察官吏派出所標準改正ノ件」亦提及此次的判任官改正之事。詳《臺灣總督府公文類纂》，1914（大正 3）年，第 2339 冊，第 1 號，「寄附及特別賦課ニ依ル派出所用建物標準改正通達」。

主要範型。改正後各種派出所之面積標準分別爲：甲種 54.5 坪，乙種 39.75 坪，丙種 27.75 坪。根據該份公文，甲、乙、丙三種派出所共有十三種組合，但實際的組合情形則無從得知。此外，亦規定了「警察官吏派出所改正標準工資豫算」，可爲居民寄附之依據。此份標準所規範之構造材料，清一色是「木造平家建」，使得這一階段之派出所廳舍建築在外觀型態上與判任官舍相去不遠。因此，警察官吏派出所建築標準規範了派出所廳舍建築的規模、構造與材料、空間格局與經費豫算（表 7）。

表 7　警察官吏派出所新舊配置定員、坪數與工資預算

警察官吏派出所新舊配置定員／坪數／工資預算							
	配 置 定 員			在來坪數標準		改正坪數標準		改正標準工資預算
	警部補	巡查	巡查補	本家	附屬家	本家	附屬家	
甲種派出所	1	2	1	42.5	2.0	54.50	2.5	4,375.000
乙種派出所	0	2	1	31.0	2.0	39.75	2.5	3,275.000
丙種派出所	0	1	1	20.0	1.5	27.75	1.5	2,275.000

依《臺灣總督府公文類纂》，1914（大正 3）年，第 2339 冊，第 1 號，「寄附及特別賦課二依ル派出所用建物標準改正通達」重新製表

　　派出所建築標準改正實施後，在 1917（大正 6）年又發佈「警官派出所用建物寄附受納方ノ件二付通達（各廳）」〔註221〕，僅是將丙種派出增加一名巡查補，其餘未做改變。此公文主要在說明巡查定員增加，各地派出所有增改築之必要，又需民眾寄附。前此一年，警察本署曾邀集財務局、土木局商議派出所的建築問題，即是對此的因應〔註222〕。惟丙種派出所定員雖增加，但其建築面積標準卻未增加。在此後興築之派出所廳舍，尚未有清楚反映此

〔註221〕雖然該年亦頒佈有「判任官官舍標準改正」，但僅改正甲、乙、丙三種官舍，而與以「丁」種官舍爲單元的警察官吏派出所無涉。再者，此公文有一附紙，寫到 1914 年時的標準，雖字跡已遭水漬而模糊，但約略可看出其規範之面積，乙種爲32.75 坪，介於31.0 坪與 39.75 坪間。或許 1913 年之改正並未被施行，僅做了些微的調整，至 1917 年方調整至原預期之規模。

〔註222〕參與者爲警察本署保安課長兼衛生課長後藤祐明、大久保留次郎警視、土木局庶務課長鎌田正威與技師近藤十郎、財務局主計課長小林音八，於 1916年 9 月 18 日在警察本署召開會議，決議「其關於建築者，有一定標準」。詳《臺灣日日新報》，1916（大正 5）年 10 月 20 日第 2 版；同年 10 月 21 日第5 版（漢文）。

通達者〔註223〕。

　　由於派出所建築標準附有標準圖與仕樣書（施工說明書），因廢縣置廳而使得地方缺乏土木技師總理地方工程的問題因而獲得改善。各廳之土木係技手僅需透過警察機關所給予的配置定員數，對照標準圖說，再參酌實際的狀況調整，即可處理派出所廳舍的建築問題。在1909（明治42）年發佈建築標準後，即可頻繁地從報紙看到廳技手參加派出所廳舍的落成式，並提出工事報告〔註224〕。

二　警察官吏派出所標準圖—空間基型之確立

　　1909（明治42）年派出所建築標準發佈後，初期的實施情形不甚清楚。但至遲在1911（明治44）年臺北廳的下崁庄派出所，其構造即依據「丙種標準」〔註225〕。1912（大正元）年〈西勢庄同派出所敷地及新築費寄附受納認可（臺南廳）〉中之寄附「調書」亦寫及「十、設計書圖面及工事ノ期間　丙種標準ニ依ル…」（十、設計書圖面及工事期間　依據丙種標準…）〔註226〕。但隨建築標準所建立之派出所標準圖的運用情況，基於圖面文獻的缺乏，在1914（大正3）年之前並不清楚〔註227〕。1912年嘉義廳土庫支廳五間厝警察官吏派出所雖已見（官舍）標準圖之運用（圖97），但事務室是與宿舍分離的。其宿舍部分即是依1905（明治38）年判任官官舍標準丁種壹號、丁種貳號之平面圖（圖96）加修改而成〔註228〕。而配置定員是巡

〔註223〕就目前筆者所蒐集1917年後之丙種派出所廳舍圖面，巡查補宿舍未有兩個單元者。

〔註224〕以1911（明治44）年臺北廳下崁庄派出所為例，該年11月16日舉行落成式，臺北廳三浦技手即臨席提出工事報告。詳《臺灣日日新報》，1911（明治44）年11月17日第2版。或如阿緱廳歸來庄警察官吏派出所之新築落成式，亦有「廳土木係塚田技手」之工事報告。詳《臺灣日日新報》，1913（大正2）年4月21日第2版。

〔註225〕詳《臺灣日日新報》，1911年11月17日第2版。

〔註226〕詳《臺灣總督府公文類纂》，1912（大正元）年，第2086冊，第1號，「西勢庄同派出所敷地及新築費寄附受納認可（臺南廳）」。

〔註227〕派出所是否運用標準圖，可由兩個層面來檢驗。其一，是在公文書中所附之圖面或工程仕樣書清楚標示「標準丙種」相關之用詞。其二，則是以已確認為標準圖者之空間規模與組織方式來檢驗未清楚標示者。在1914年之前的狀況，由於無清楚標明為「標準」圖者，故無法做任何判定。因此，在1914年改正之前受「標準圖」影響下之派出所空間組織方式並不清楚。

〔註228〕僅調整便所位置至前側，以與前方緣側連結，其餘則未改易。詳《臺灣總督府公文類纂》，1912（大正元）年，第5551冊，第2號，「警察官吏派出所廢

查三人，巡查補二人。其平面所反映者，依判任官官舍建築標準，採丁種壹號者應爲「警部補」。可能是基於權宜便利，而採此官舍配置與格局。同年新築之臺東廳都歷派出所〔註229〕（圖98），亦無法確定是派出所標準圖。其事務室居中，兩側爲宿舍，前方設有橫貫正面之木造外廊，爲當時判任官官舍特徵之一〔註230〕。但事務室與宿舍之正背面均齊平，僅在事務室外廊前突出一小型破風頂以突顯其位置。在外觀上，與一般連棟判任官舍無甚差別。宿舍的空間規劃，則與當時判任官舍標準之格局不盡相同。

圖97　土庫支廳管內五間厝警察官吏派出所新築平面圖

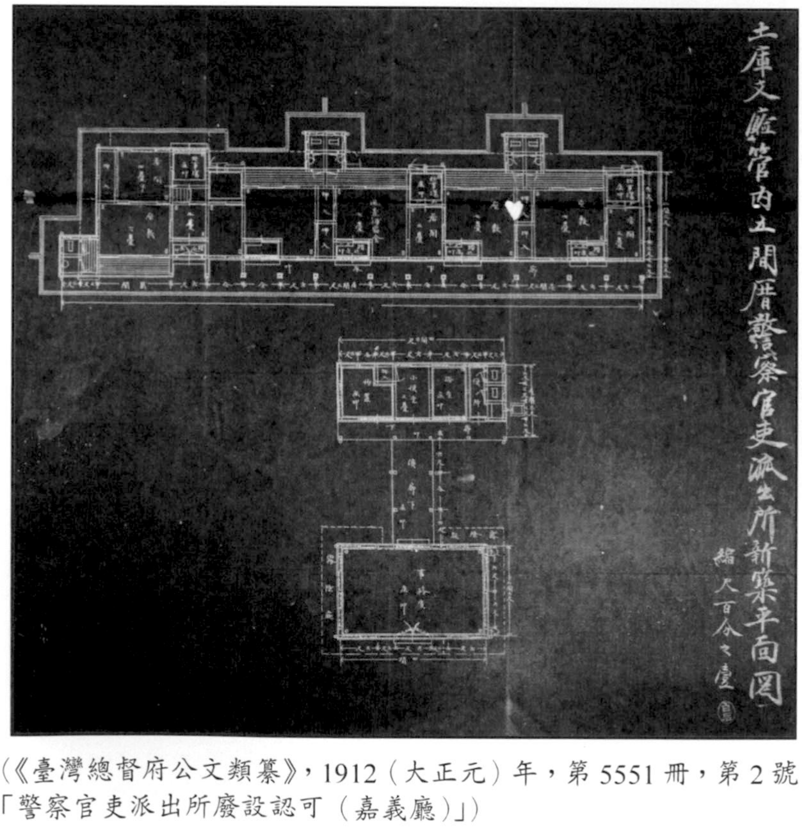

（《臺灣總督府公文類纂》，1912（大正元）年，第5551冊，第2號，「警察官吏派出所廢設認可（嘉義廳）」）

設認可（嘉義廳）」。

〔註229〕 詳《臺灣總督府公文類纂》，1912（大正元）年，第2086冊，第27號，「都歷警察官吏派出所新築寄附受納認可（臺東廳）」。

〔註230〕 同年新築之五間厝派出所與崁仔腳派出所在正面同樣具有外廊。同時期之判任官乙種、丙種、丁種壹號與貳號官舍均具有橫貫正面之外廊，派出所廳舍可能亦沿用而設置。

圖 98　臺東廳都歷派出所新築工事圖面，事務室與宿舍齊平，廳
　　　舍前方橫貫以木造外廊

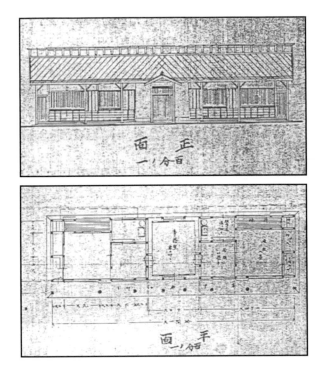

（《臺灣總督府公文類纂》，1912（大正元）年，第 2086 冊，第 27 號，
「都歷警察官吏派出所新築寄附受納認可（臺東廳）」）

　　在 1914（大正 3）年改正派出所建築標準後，標準圖之運用即比較確定，
並在空間型態上逐漸定型，依其規模分為甲、乙、丙三種派出所空間基型。
事務室在正面明顯突出於宿舍部分，並以具山牆面之破風頂強化其官廳印
象。事務室在平面組織與立面外觀的突出，形成爾後派出所廳舍之既定原則，
直至戰後未有大的變異。宿舍正面之外廊仍存，但因受各宿舍單元突出之「踏
入」空間外突而未形成連續之外廊，僅在座敷前方尚存外廊之設。其中，事
務室、巡查與巡查補宿舍構成乙、丙種派出所廳舍主體，事務室位置或居宿
舍之間，或偏處一端，前緣則突出於宿舍。巡查補宿舍一般配置在橫長型廳
舍之盡端。以打貓支廳大崎腳派出所為例（圖 99），其採「標準丙種」，圖面
右下角註明了相關作業者：製圖為「鵜飼技手」，轉寫為「黃長庚」，監查則
為「山本技師」，時間是在「大正五年二月廿二日」。其配置定員為一名巡查，
一名巡查補，空間內容即以事務室、巡查宿舍與巡查補宿舍各一間共同組成。

事務室偏於一側，且突出於宿舍之正面；正面外廊則因事務室與宿舍踏入空間的突出而未橫貫整個立面。1917（大正6）年新築之葫蘆墩支廳翁仔警察官吏派出所則採「標準乙種」，即是在標準丙種的架構下，增加一個巡查宿舍的單元，但整體之空間組織則未改變（圖100）。

圖99　標準丙種派出所——打貓支廳大崎腳警察官吏派出所配置圖及平面圖

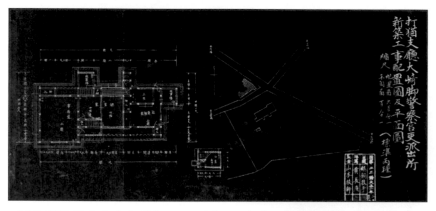

（《臺灣總督府公文類纂》，1916（大正5）年，第6385冊，第5號，「大崎腳警察官吏派出所新築費垈敷地寄附受納ノ件認可（嘉義廳）」）

圖100　標準乙種派出所——葫蘆墩支廳翁仔警察官吏派出所平面圖

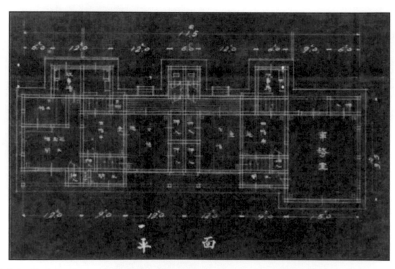

（《臺灣總督府公文類纂》，1917（大正6）年，第6418冊，第1號，「翁仔警察官吏派出所新築費垈敷地寄附受納認可（臺中廳）」）

　　事務室僅是辦務守望之所，機能與空間一直以來未有大的變異。但在改正之後的平面，已可見書類櫃（押入）的設置被整合爲建築的一部份。原本方整之矩形平面，因書類櫃的設置而在後側突出一小室，亦使事務室後方有較深之出簷。事務室之規模，乙、丙兩種派出所大小相同，其寬度即巡查宿舍單元之深度（座敷＋緣側），其深度則相當於宿舍之面寬。宿舍單元，依其階級有「巡查補宿舍」、「巡查宿舍」與「警部補宿舍」。巡查宿舍之單元即爲 1913（大正 2）年改正後之判任官丁種官舍。「踏入」外突形成入口，座敷與居間爲單元主體，後緣則配置緣側、炊事場與便所。1909 年（明治42）之後，便所方被整合進各巡查以上宿舍之單元；惟浴室仍另築他棟供公共使用〔註231〕。臺籍巡查補宿舍因階級與生活習性之故，空間較小且單一，以泥土地之「土間」爲主，設有一坪半大小之床板，後側設有炊事場；但未配置以便所。

　　甲種派出所則配置有負監督巡查之責之警部補宿舍。其空間規模與 1905（明治 38）年頒佈之丙種官舍與丁種壹號官舍相當，但配置不盡相同。警部補宿舍相較於巡查宿舍，增加玄關與台所的空間。爲求整體廳舍構造施作上之簡化，以及在宿舍單元組合時之便利，警部補宿舍之前後緣以巡查宿舍爲準據。但或基於其職位階級較高，以南投廳湳仔派出所爲例（圖 101），警部補宿舍設置在事務室一側，巡查與巡查補宿舍則一同配置於另一側。再者，在廳舍背面，警部補宿舍背面成爲立面主題，設置與事務室正面相似之破風頂而突顯其與其他宿舍之差異。破風頂之運用，在正面以處理公務之事務室爲官廳表現，背面生活起居之宿舍則以警部補宿舍爲階級表徵，爲甲種派出所最爲獨特之處。

　　因此，派出所之空間，實乃由事務室、巡查宿舍、巡查補宿舍與警部補宿舍等四個單元所組成。各空間單元之面積配比整理如表8。丙種與乙種派出所的差異，在於巡查宿舍單元的數量；乙種派出所與甲種派出所的差異，則在是否有警部補宿舍單元，亦即在於階級的差異。茲將派出所之基本空間單元與構成模式整理成圖 102。

〔註231〕判任官官舍浴室之設置，甲種官舍自始即設置有浴室。乙種與丙種官舍則遲至 1917（大正 6）年判任官官舍改正方納入各宿舍單元。但丁種官舍則仍舊制，宿舍單元不設浴室。

圖 101　標準甲種派出所—南投廳湳仔警察官吏派出所圖面

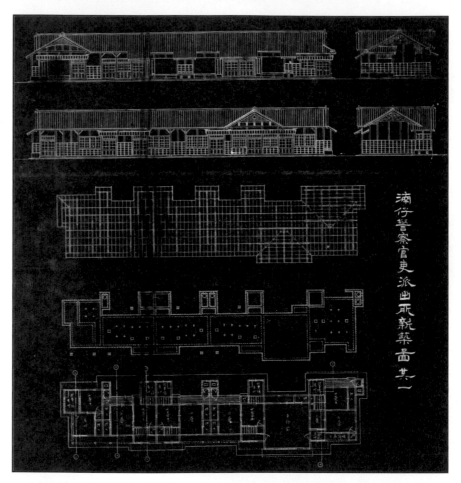

（《臺灣總督府公文類纂》，1919（大正 8）年，第 6732 冊，第 1 號，
「湳仔警察官吏派出所建物並敷地寄附受納認可（南投廳）」）

表 8　標準警察官吏派出所各空間單元面積配比（根據各標準圖測量統計
而得）

	甲種派出所	乙種派出所	丙種派出所
事務室	10.50 坪	8.75 坪	8.75 坪
警部補宿舍	12.50 坪		
巡查宿舍	12.00 坪（×2）	12.00 坪（×2）	12.00 坪
巡查補宿舍	7.50 坪	7.00 坪	7.00 坪
總面積	54.50 坪	39.75 坪	27.75 坪

圖 102 警察官吏派出所各空間單元與組合之模式

 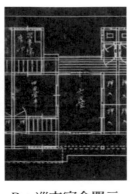  

A：事務室單元　B：巡查宿舍單元　C：巡查補宿舍單元　D：警部補宿舍單元

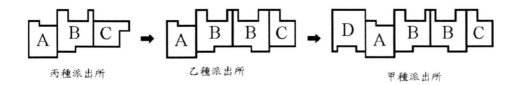

3-5-3　沿襲與變奏：日治後期的警察官吏派出所廳舍建築
（1920～1945）

　　1920（大正 9）年開啓了文官總督的治理模式，代表臺灣社會已進入了較爲安定的時期。早期的武力抗日，也隨著國際上民族自決思想的興起，逐漸轉向非武力抗日模式。加以全島交通網絡系統已建立完全，具近代意義的聚落市街也在日人市區改正計畫下逐漸成形。尤其是昭和年間新築的地方警察官吏派出所，其位置與型態也隨之開始轉變。

　　1910 年代前後，臺灣各地逐步地新築警察官吏派出所。時至日治後期的昭和時代，開始第二階段的改築。改築的原因大致有三：首先，大部分第一階段新築的派出所廳舍至此時均經歷二十年左右的時間，木料屋架開始腐杇。更關鍵的是白蟻對建築的危害嚴重，從報導中觀察幾乎無一倖免。其次則是受到天災的破壞，主要是暴風雨與地震所造成的損害。第三，則是受到人爲的市區改正或都市計畫施行的影響，致使必須遷移新築。另外，派出所組織編制與任務的增加，使得空間感到狹隘亦是造成改築的間接原因。

一　警察官吏派出所的移轉或新增

如同第一次新築，派出所會趁機移轉至適當位置，以利執務。第二次的改築亦會因應聚落發展變遷而伺機移轉位置。派出所位置之移轉實際上反映了市街村落的變遷。部份派出所在日治前期新築時，擇地於聚落中央。但隨時空環境之轉變，聚落逐漸擴展或轉移，以及交通網絡的健全，使得派出所亦需相應地移轉位置。如斗六郡溫厝角派出所、宜蘭郡壯三派出所與東石郡三塊厝派出所，原皆配置於聚落一側，藉改築之機移轉至管內中央交通重要之處〔註232〕。豐原郡頂街警察官吏派出所則因都市計畫道路的開闢而改築於豐原驛前。或如岡山郡左營警察官吏派出所，新築時設址於傳統市街之中，但隨著新市街的開展，原來位置亦偏向邊緣，並遠離開闢完成之縱貫道路〔註233〕。縱貫道路在 1926（大正 15）年完成之後，成為村落派出所設置的重要參考線，以配置在縱貫道路上為佳。

聚落會因產業的設置而逐漸形成，致使地方警察機關亦需隨之調整增設。以臺灣電力株式會社日月潭水力電氣復興工事為例，因與該工事相關之會社社員多舉家移住，大量的職工人夫的集居，以及隨人群集居而來的各種營業者，加上工事上必須使用火藥，以及地點接近蕃地，使得臺中州新高郡與能高郡的警察事務大量增加。因此在 1931（昭和 6）年一次增加巡查 21 人〔註234〕，並增設新高郡司馬鞍（會社之工事建設所）、門牌潭（設有第一發電所）二處警察官吏派出所與能高郡的水頭警察官吏駐在所；翌年再新設警部 3 人，除兩郡警察課各增 1 人外，在取水口附近的武界駐在所亦設置一名警部（《警察沿革誌》，I：674～675）。

二　警察官吏派出所的營繕單位

警察官吏派出所建築在日治後期似乎成為設計者（技師、技手）展現設計功力之所，日治前期之建築標準與標準圖僅維持其基本形制與單元規模。自 1920（大正 9）年前後，警察官吏派出所的落成式開始有技手提出工事報告。在相關報導中，郡技手參與工事報告較多，偶爾亦有上一層級的州或市

〔註232〕 詳《臺灣警察時報》，第 237 期，1935 年 8 月，頁 136；第 241 期，1935 年 12 月，頁 100；第 248 期，1936 年 7 月，頁 119～120。

〔註233〕 詳《臺灣警察時報》，第 219 期，1934 年 2 月，頁 138。

〔註234〕 日月潭水力電氣工事為施行地方取締，依昭和 6 年 3 月 26 日訓令 15 號，臺中州增員巡查 21 人。詳《臺灣總督府事務成績提要》，昭和六年度，頁 516。

技手或下一層級的街技手的參與〔註 235〕。在臺北市城內最重要地點的派出所，甚至可能是總督府官房營繕課技師的設計，如文武町派出所〔註 236〕（圖103）。在七星郡士林分室的草山派出所，更是營繕課長井手薰的設計〔註 237〕。

圖 103　臺北南警察署文武町警察官吏派出所〔1935〕

（上圖：《臺灣警察時報》，第 234 期，1935 年 5 月，頁 116；下圖：
《臺灣日日新報》，1935 年 3 月 30 日，第 2 版）

惟原則上參與工事報告者並不必然是設計者，而是工事監督者。如草山

〔註235〕在《臺灣民報》的一篇報導中提到派出所的營造過於華麗，花費過巨，負責
　　　　設計圖、仕樣書與工事監督的「街役場河島技手」未確實照圖說監督施工。
　　　　詳《臺灣民報》，第 170 號，1927（昭和 2）年 8 月 21 日第 6 版。另外，嘉
　　　　義街北門派出所新營工事的公開入札，亦是由「村田街役場技手」說明。詳
　　　　《臺灣日日新報》，1925（大正 14）年 8 月 26 日第 4 版，「入札公開」。
〔註236〕文武町派出所扼臺灣總督府首要官員辦公與居住之所，其重要性不言而喻，
　　　　其落成式是由營繕課長井手薰工事報告，是相當罕見的案例。詳《臺灣警察
　　　　時報》，第 234 號，1935 年 5 月，頁 116。
〔註237〕詳《臺灣警察時報》，第 222 號，1934 年 5 月，頁 113。

派出所之工事報告即是由太田技手提出，而非由井手薰親自報告〔註238〕。但在郡或街的層級役所，因其建築或土木技手一般編制爲一人，設計者較有可能是同一人，且建築的樣式風格相當接近。如同時新築的宜蘭郡南門、東門與北門派出所（圖104），或屏東郡的長興與舊寮派出所（圖105～106）。

圖104　宜蘭郡東門〔1937〕、南門〔1937〕、北門〔1937〕警察官吏派出所

（文建會「國家文化資料庫」網站）

圖105　屏東郡舊寮警察官吏派出所〔1935〕

舊寮警察官吏派出所

（《臺灣警察時報》，第236期，1935年7月，頁168）

〔註238〕同前註。

圖 106　屏東郡長興警察官吏派出所〔1935〕

（《臺灣警察時報》，第 237 期，1935 年 8 月，頁 145）

三　警察官吏派出所的經費來源

日治後期警察官吏派出所廳舍營造的經費來源，仍以民眾之寄附為主要。從《臺中州管內概況及事務概要》的「寄附受納」可以看出，在警察掌管的事務中，民眾在「警察官吏派出所新築改築修繕寄附」上佔了大部分，每年都在數萬之譜，遠較「堤防改修材料及勞力寄附」、「道路改修材料寄附」等來得多（表 9）。在 1930（昭和 5）年到 1933（昭和 8）年間，甚至都達十數萬，可見這段期間亦是興築警察官吏派出所最多的時期。

表 9　臺中州昭和 4 年至昭和 13 年民間寄附項目與金額

年　　度	警察官吏派出所新築改築修繕寄附	堤防改修材料及勞力寄附	其　他　寄　附
昭和 4 年	48,874.200	7,605.120	9,508.140
昭和 5 年	135,368.160	42,253.830	6,641.140
昭和 7 年	116,815.600	19,612.000	337,501.010（建物敷地、自動車）
昭和 8 年	97,168.450	67,249.490	27,346.090（含飛行場用地、建物敷地、電話架設材料）
昭和 9 年	44,387.500	32,556.000（含架橋材料竝勞力）	5,819.130（含自動車、公眾電話、派出所敷地）

昭和 10 年	55,268.350	95,796.790（含架橋及道路開鑿）	56,050.000（含派出所敷地、自動車、放送局設置）
昭和 11 年	40,356.100（含派出所敷地）	34,508.720（含架橋及道路開鑿）	30,291.000（含自動車）
昭和 12 年	49,967.920（含派出所敷地）	75,016.690（架橋及道路開鑿）	98,704.700
昭和 13 年	22,627.500（含派出所敷地）	27,474.000（架橋及道路開鑿）	380,301.380
資料來源：《臺中州管內概況及事務概要》（昭和 4 年度～昭和 13 年度）			

　　但可能爲因應日治後期地方自治制度上之變革，寄附的金額與方式必須被提到聯合保甲會議進行討論與決定〔註 239〕。每一派出所之工費少則數千圓，亦有動輒萬圓之譜。因此，全臺每年寄附在警察官吏派出所的新築、改築、增築與修繕的金額相當可觀（表 10）。雖然 1930（昭和 5）年總務長官給各知事廳長之通牒文中，希望不要訂定每戶應寄附之最低額度，宜審慎地考慮與處理〔註 240〕。但隨著派出所廳舍規模愈見擴大，人民寄附愈見增加，形成人民重大負擔。不少派出所之規模甚大，其工費動輒萬圓之譜〔註 241〕。如北斗郡溪洲警察官吏派出所之工費達 15000 圓；東港郡的溪洲派出所亦花費 14000 圓，每人的寄附金額竟達 50 圓以上〔註 242〕。

　　再者，由寄附募集之發起人之身分可以理解其人口的組成。以臺南警察署下的鹽埕、錦町與北門町派出所爲例。鹽埕派出所是以保甲聯合會長發起，其位置在臺南市較爲邊緣地帶。而位居臺南市中心的錦町與火車站前的北門町派出所，多爲日人集居區，因此即以日人爲募集發起者。一般寄附募集的時間約爲半年左右。

　　當警察官吏派出所因天災而導致毀損時，則由總督府以國庫費來支援。

〔註 239〕 如 1929 年花壇庄的兩處派出所工事預算，均經「開保甲聯合會，照原案通過」。詳《臺灣日日新報》，1929（昭和 4）年 3 月 21 日第 4 版，「彰化──豫算可決」。

〔註 240〕 詳《臺灣總督府事務成績提要》，昭和五年度，頁 529～530；《臺灣警察法規》，頁 687；吳南茜，1999：53。

〔註 241〕 統計自 1920 年起《臺灣日日新報》與《臺灣警察時報》關於警察官吏派出所的報導，共有 44 處的警察官吏派出所之工費超過一萬圓，佔派出所總數 5%，不可謂不多。另外，1941 年之後因戰事逐漸緊張，可能導致物價上漲與通貨膨脹，因此如高雄署的北野派出所工費竟達 6 萬餘圓，前金派出所也有 5 萬圓，應不做準。

〔註 242〕 詳《臺灣警察時報》，第 246 期，1936 年 5 月，頁 140，頁 146～147。

不少的東部或臨河海的派出所會因暴風雨（颱風）而破壞，即以「復舊費」來協助恢復。這種狀況大多不是全面性的。但如 1935（昭和 10）年 4 月 21 日發生的中部大地震重創新竹州與臺中州兩地的聚落與建築，不少地方警察官署亦遭難。由於影響層面廣大，總督府即動用「第二豫備金」做爲警察關係建物復舊費〔註243〕。

表 10　大正 13 年至昭和 12 年民間寄附派出所營建活動金額與派出所數量

年　度	寄附總金額	寄附營建派出所數量				備　註
		新　築	改築增築	修　繕	合　計	
大正 13 年	131,003.00 圓					p.562
大正 14 年	128,440.00 圓				266	
大正 15 年	164,464.00 圓				270	pp.572-3
昭和 2 年	238,570.00 圓				258	p.616
昭和 3 年	233,309.00 圓				175	pp.572-3
昭和 4 年	244,168.66 圓	16	46	156	218	pp.601-2
昭和 5 年	252,040.97 圓	29	26	146	201	p.553
昭和 6 年	222,844.48 圓	10	43	109	162	pp.541-2
昭和 7 年	230,633.33 圓	15	47	121	183	p.626
昭和 8 年	281,521.00 圓	28	35	106	169	p.557-8
昭和 9 年	297,815.00 圓	17	43	157	157	p.608
昭和 10 年	402,851.00 圓	27	42	184	184	pp.639-40
昭和 11 年	431,800.00 圓	33	48	124	205	p.593
昭和 12 年	339,233.00 圓	14	39	105	158	p.697-8
備註：資料來源爲各年度《臺灣總督府事務成績提要》。						

四　警察官吏派出所的空間內容

各派出所的組織編制於 1918（大正 7）與 1920 年（大正 9）年稍做改變，亦影響了派出所的階層與宿舍的構成模式。在日治前期，依「派出所建築標準」，派出所分爲「甲種」、「乙種」與「丙種」派出所，其中最高階層的「甲種」派出所配置有一名警部補，以監督鄰近的派出所。爲充實監督機關，以

〔註243〕詳《臺灣總督府事務成績提要》，昭和十年度，頁639。

及給予基層警察官優遇，在 1918（大正 7）年恢復設置「巡查部長」一職，是以擔任巡查滿兩年以上，並具以下條件者得任命為巡查部長：1. 月俸 15 圓以上；2. 有巡查精勤證書者；3. 人品才幹俱優適任監督者（《警察沿革誌》，I：604～607）。巡查部長之配置標準，大抵上是以 12 至 15 名平地巡查配置一名監督的巡查部長〔註 244〕。初設置時全臺即有 573 名巡查部長（《警察沿革誌》，I：766～767）。1920 年隨著地方官官制改正，將帶有種族歧視色彩之巡查補廢除，均稱「巡查」〔註 245〕。巡查又分「甲種」與「乙種」，實即相當於日治前期「巡查」與「巡查補」之分，惟日人亦有任「乙種巡查」者。甲種巡查需經「警察官及司獄官練習所」訓練，乙種巡查則僅需入各州之「乙種巡查教習所」訓練即可，由各州自行募集。乙種巡查定員以巡查總定員數之三分之一為原則（《警察沿革誌》，V：608）。日治前期巡查補一定是臺灣人，因此在宿舍空間的設置上規模較小，以泥土地面為主，較符合臺灣人的生活習性。改設甲種與乙種巡查後，僅在職階上呈現差異並表現在官舍規模上，但其空間已無種族差異。

　　日治後期的地方警察機關劃分，州警務部下設市警察署與郡警察課。就警察本身之監督制度而言，乃是採「巡視區及監視區制」，亦反映派出所之層級。首先，各派出所均設有一名取締巡查（亦即派出所長，一般由甲種巡查擔任），管理派出所之執務。其次，數個派出所形成一個「巡視區」，以巡查部長為巡視區監督，監督管下各派出所之執務狀況。最後，兩個或以上之巡視區構成一監視區，以警部或警部補為監視區監督〔註 246〕。因此，每一監視區管轄數量不等的派出所。郡警察課的直轄派出所、分室與監視區監督駐在派出所會有警部或警部補駐在監督，另在巡視區監督駐在派出所則會有巡查部長駐在監督（《昭和十年　臺灣の警察》：64）。

　　以臺南州下警察機關為例（表 11），州警務課下分有二市警察署與十郡警察課。臺南警察署轄下分為東、西兩個監視區，並各再細分為三個巡視區，每一巡視區管轄二至三個派出所，共管轄 14 個派出所。由於是位處於地小人

〔註 244〕1917 年設置巡查部長職時，其配置標準：內勤巡查每 3 至 5 人配置一名巡查部長，平地的外勤巡查約 8 至 10 人配置一名巡查部長。1924 年則改正為：內勤巡查每 4 至 6 人配置一名巡查部長，平地的外勤巡查約 12 至 15 人配置一名巡查部長。詳《臺灣總督府事務成績提要》，大正十三年度，頁 514～515。

〔註 245〕詳《警察沿革誌》，I：627。除此之外，隘勇改稱「警手」。

〔註 246〕依 1926 年改正之「臺灣總督府地方警察配置及勤務規程」，第七條。詳《臺灣總督府警察沿革誌》，V：608。在 1926 年之前，僅有「監視區」之設。

稱之都市型派出所，巡查部長以上警察官吏原則上均駐在警察署內，而不再派駐於派出所。僅有安平監視區因離市區較遠，在安平警察官吏派出所有 1 位巡查部長駐在，監督轄下之安平與水上二個警察官吏派出所。市警察署管下位處都市核心之派出所，因管轄人口較多，一般配置 4 至 5 位甲種巡查與 1 至 2 名乙種巡查。至於在市郊之派出所，則與一般村落派出所相當，僅配置甲種巡查 1 至 2 位，乙種巡查 1 位。

各郡警察課下則會分成二處以上的監視區。以嘉義郡為例，其下分成新巷、民雄、中埔、阿里山等監視區，與民雄、竹崎二警察課分室。警察課分室廳舍一般同時包含了警察課分室與警察官吏派出所兩個不同層級的地方警察官署。民雄分室廳舍內之警察官吏，即包括了民雄分室的 5 位（警部 1、甲種巡查 3、乙種巡查 1）警察官，與民雄警察官吏派出所的 4 位（巡查部長 1、甲種巡查 2、乙種巡查 1）警察官。分室之警察官數少則 7 至 8 人，多可至 16 人。分室所屬派出所一般即屬於監視區監督駐在派出所。其他監視區則由郡直轄派出所監督，或擇一派出所派駐監視區監督。如新巷與中埔都是該監視區監督駐在之派出所，各編制有 5 位（新巷：警部補 1、巡查部長 1、甲種巡查 2、乙種巡查 1）與 3 位（中埔：警部補 1、甲種巡查 1、乙種巡查 1）。各監視區下再分為二處以上之巡視區，各管轄數個派出所，並擇一派出所派駐巡查部長以為監督。如中埔監視區轄枋樹腳與白芒埔二巡視區，各管轄 5 至 6 處派出所。白芒埔巡視區內之中埔派出所為監視區監督駐在之所，白芒埔派出所則為巡視區監督之巡查部長駐在之所，一般會配置 1 名巡查部長、1 至 2 名甲種巡查與 1 名的乙種巡查。至於其他的村落派出所，以配置 1 名甲種巡查搭配 1 名乙種巡查為原則，必要時會增加甲種巡查 1 至 2 名。

表 11　1935（昭和 10）年時臺南州管下警察機關（《臺南州管內概況及事務概要》，昭和十年度）

市警察署署郡警察課	監視區名及監視區監督駐在派出所名	巡視區名及巡視區監督駐在派出所名	管 下 派 出 所
臺南警察署	東監視區	錦町巡視區	錦町、大宮町
		開山巡視區	開山町、壽町、大林
		本町巡視區	本町、明治町

		永樂巡視區	永樂町、福住町
	西監視區	新町巡視區	新町、南門、鹽埕
		安平巡視區	安平、水上
新豐郡警察課	新豐監視區	車路墘巡視區—車路墘	灣裡、喜樹、鯤鯓、中洲
		永康巡視區—永康	三崁店、大灣、仁德、太子廟
		安順巡視區—安順	十二佃、媽祖宮、和順
	關廟監視區—關廟分室	關廟巡視區—關廟	龜洞、崎頂、龍船
		歸仁北巡視區—歸仁北	大潭、埤圳頂、歸仁南
新化郡警察課	新化監視區	直轄巡視區—郡直轄	知母義、嘜口、新市、道爺
		山上巡視區—山上	潭頂、那拔林、荅寮、岡子林
	善化監視區—善化分室	善化巡視區—善化	茄拔、東勢寮、六分寮
		安定巡視區—安定	蘇厝、港口、海寮
	玉井監視區—玉井分室	玉井巡視區—玉井	楠西、鹿陶洋、口宵里、芒子芒
		南化巡視區—南化	北寮、竹頭崎、菁埔寮
曾文郡警察課	麻豆監視區	直轄巡視區—郡直轄	安業、埤頭、構子墘
		下營巡視區—下營	茅港尾、麻豆寮、番子田
		大內巡視區—大內	二重溪、頭社
	六甲監視區—六甲分室	六甲巡視區—六甲	烏山頭、官田、林鳳營、王爺宮、大丘園
北門郡警察課	佳里監視區	直轄巡視區—郡直轄	番子寮、子良廟、下營、青鯤鯓
		塭子內巡視區—塭子內	西港、後營、劉厝、七股、七十二分、土城子
	學甲監視區—學甲	學甲巡視區—學甲	漚汪、苓子寮、將軍、佳里興、宅子港
		北門巡視區—北門	中洲、三寮港、王爺港、頂溪洲
新營郡警察課	新營監視區—鹽水	直轄巡視區—郡直轄	柳營、太子宮、鐵線橋、後鎮
		鹽水巡視區—鹽水	岸內、番子厝、南竹子腳
	番社監視區—番社	前大埔巡視區—前大埔	牛肉崎、下南勢
		安溪寮巡視區—安溪寮	長短樹、吉貝耍、小腳腿、果毅後
	白河監視區—白河分室	白河巡視區—白河	竹子門、糞箕湖、關子嶺
		後壁巡視區—後壁	菁寮、海豐厝、內角

嘉義警察署	嘉義監視區	西門巡視區	西門町、榮町、北社尾
		東門巡視區	東門町、北門町、宮前町
		南門巡視區	南門町、元町、玉川町
嘉義郡警察課	新巷監視區－新巷	水上巡視區－水上	柳子林、南靖
		新巷巡視區－新巷	埤子頭、舊南港、番婆、月眉潭
	民雄監視區－民雄分室	民雄巡視區－民雄	江厝店、林子尾、好收、菁埔
		大林巡視區－大林	溪口、溝背、大埔美、械子溝
	中埔監視區－中埔	枋樹腳巡視區－枋樹腳	頂六、三界埔、菜公店、觸口、公田
		白芒埔巡視區－白芒埔	凍子腳、石硿、大埔
	竹崎監視區－竹崎分室	竹崎巡視區－竹崎	內埔、覆鼎金、瓦厝埔
		小梅巡視區－小梅	大坪、交力坪、大草埔
	阿里山監視區	糞箕湖巡視區－糞箕湖	幼葉林、蛤里味
斗六郡警察課	斗六監視區	直轄巡視區－郡直轄	石榴班、溪邊厝、內林、林內、溝子埧
		莿桐巡視區－莿桐	樹子腳、新庄子、竹圍子、大北勢
	斗南監視區－斗南	大埤巡視區－大埤	石龜溪、塭厝角、新崙、田子林
		崁頭厝巡視區－崁頭厝	古坑、大湖底、樟湖
虎尾郡警察課	虎尾監視區	直轄巡視區－郡直轄	埒內、惠來厝
		土庫巡視區－土庫	馬公厝、埔姜崙、大屯子
		海口巡視區－海口	崙子頂、東勢厝
	西螺監視區－西螺分室	西螺巡視區－西螺	埤頭埧、埔心、永定厝
	崙背監視區－崙背	崙背巡視區－崙背	油車、二崙、麥寮、貓而干、橋頭
北港郡警察課	直轄監視區	直轄巡視區－郡直轄	新街、土間厝
		元長巡視區－元長	客子厝、鹿寮、好收
	口湖監視區－口湖	水林巡視區－水林	牛挑灣、四湖、蔦松、槺梧
		新港巡視區－新港	下崙、三條崙、飛沙

		直轄巡視區—郡直轄	六腳、竹子腳、港尾寮
	朴子監視區	東石巡視區—東石	屯子頭、下揖子寮、港墘
東石郡警察課	鹿草監視區—鹿草	太保巡視區—太保	水虞厝、灣內、蒜頭
		鹿草巡視區—鹿草	後堀、双溪口、大康榔
		牛挑灣巡視區—牛挑灣	鴨母寮、下潭、東後寮
	布袋監視區—布袋分室	布袋巡視區—布袋	塭子、過溝、前東港
		義竹巡視區—義竹	過路子、新店、新塭

　　如北門郡學甲派出所與屏東郡的德協、高樹派出所皆是派駐有巡查部長的派出所，一般為 1 名巡查部長，搭配 2 名甲種巡查與 1 名乙種巡查。部份關鍵地點的派出所則會有警部補駐在。如大屯郡霧峰警察官吏派出所（圖107）因位處「本島思想界之震源地〔註247〕」（指以林獻堂為首的霧峰林家），或是「本島人信仰中心所在地」（新港奉天宮）之嘉義郡新巷警察官吏派出所〔註248〕（圖108），則配置更高階的警部補。

圖107　大屯郡霧峰警察官吏派出所

（《臺灣警察時報》，第 206 期，1933 年 2 月）

〔註247〕詳《臺灣警察時報》，第 206 期，1933 年 2 月。
〔註248〕詳《臺灣警察時報》，第 244 期，1936 年 3 月，頁 160～161。

圖 108　嘉義郡新巷警察官吏派出所

（《臺灣警察時報》，第 244 期，1936 年 3 月，頁 161）

　　此外，屬於地方警察官署輔助機關之「保甲聯合事務所」與「消防詰所」在此階段與警察官吏派出所的關係更爲密切。

　　首先，無論是在市街地或村落，新築的派出所幾乎都同時在基地內新築保甲聯合事務所。但在市街地的派出所開始有同棟建築之內機能複合化的趨向，且採二階建（二層）的方式成爲一種「流行」〔註 249〕。市街地派出所或因市街的逐漸開發，基地減縮，加以街道轉角型態官廳的建築形象，而往層樓的方式發展。與派出所最常搭配的單位，不外是消防詰所與保甲聯合事務所。如臺北市的太平町二丁目派出所與大稻埕建昌街派出所皆是如此。以太平町二丁目派出所爲例，爲二層樓建築，一樓右半邊做消防詰所之用，派出所則在一樓左半邊，二樓則被稱爲「大客廳」，可充作「管內住民之會議所」〔註 250〕。大稻埕建昌街派出所在 1921（大正 10）年即新築爲二層樓廳舍，一層做爲派出所使用，二層除當作保甲會議所外，亦提供水難救護所使用〔註 251〕。1930 年代的市街地派出所已有「合同廳舍」的趨向產生。臺南

〔註 249〕《臺灣警察時報》的「派出所誌上展覽會」在介紹大屯郡北屯警察官吏派出所時，即提到「二階建は最近流行の派出所風景だが」。詳《臺灣警察時報》，第 206 期，1933 年 1 月。

〔註 250〕詳《臺灣日日新報》，1931（昭和 6）年 1 月 24 日第 4 版，「太平町派出所重新建築」。

〔註 251〕詳《臺灣日日新報》，1921（大正 10）年 2 月 22 日第 7 版，「派出所落成式」。

市錦町派出所即與臺南州警察會館、消防詰所合同一棟（圖 109）；新竹市的北門町派出所亦同保甲會館共構，形成規模相當大的都市建築（圖 110）。

圖 109　臺南署錦町警察官吏派出所〔1938〕

（《臺灣警察時報》，第 272 期，1938 年 7 月，頁 172）

圖 110　新竹署北門町警察官吏派出所與保甲會館

（《臺灣日日新報》，1940 年 1 月 21 日，第 2 版）

　　反之，在村落派出所，因腹地仍大，保甲聯合事務所多在同基地內分棟營建。派出所廳舍多採磚或鐵筋混凝土造，保甲聯合事務所則以木造爲主。另外，消防器具置場也成爲必要設施，在村落中是以保甲壯丁團負責消防事宜。以虎尾郡海口庄海口警察官吏派出所爲例（圖111），派出所敷地甚爲寬廣，中央主要部份爲派出所廳舍，一側有「自記風速觀測塔」，另一側即爲保甲聯合事務所與消防器具置場。從照片可以看到派出所內的建築橫越大的面寬。

圖111　虎尾郡海口警察官吏派出所〔1933〕

（《臺灣警察時報》，第210期，1933年5月）

五　警察官吏派出所的規模、空間型態與空間構成

　　在日治前期，警察官吏派出所的規模與型態，大致上是受到警察官吏派出所建築標準的影響，在型態上都相當近似，應無明顯的城鄉差異產生〔註252〕。但在1920（大正9）年之後的警察官吏派出所建築，隨著新的建築材料與構造技術的引入，以及近代市街的逐漸成形，在空間型態上開始有所轉變。而這種改變，在主要市街與一般街庄存在著差異。

1. 建築規模

　　日治前期以派出所建築標準來規範其規模，在日治後期對於規模的規範似仍存在，但逸出規範者甚多。另外，以市街地派出所來講，並不必然採「事務所並宿舍」的模式，警察官吏以集體居住在警察官舍區爲主，派出所至多僅設有「宿直室」（值夜室），故而如建昌街派出所之面積僅14.53坪〔註253〕。

〔註252〕基於文獻的缺乏，市街與村落派出所的差異，在日治前期的狀況並不清楚。如臺北市大部分的派出所雖皆居於道路交角，但空間型態是否與村落派出所類同則難以斷定。

〔註253〕詳《臺灣日日新報》，1921（大正10）年2月21日第7版。

在少數村落派出所，亦僅設置事務室，如嘉義郡的好收派出所〔註254〕。

就事務室的規模而論，若依 1917（大正 6）年之派出所建築標準與標準圖，事務室大小有8.75坪（乙、丙種派出所）與10.5坪（甲種派出所）二種。在日治後期新築的派出所事務室擴大許多，非監視區監督駐在之派出所事務室面積小則 10 坪，一般約都在 13 坪上下。村落監視區監督駐在之派出所則稍大，如嘉義郡新巷派出所之事務室即有 18 坪。而在市街地之二層樓派出所規模更大，事務室面積可達 30 坪以上。

至於警察官宿舍的部份，在 1917 年的派出所建築標準與標準圖中，巡查宿舍面積爲 12 坪〔註255〕，警部補宿舍面積爲 12.5 坪，（臺籍）巡查補宿舍則爲 7.5 坪。日治後期之宿舍亦應依職階分爲警部補、巡查部長、甲種巡查與乙種巡查四種單元。各單元之確實面積尚無文獻可徵，但由新化郡安定派出所與中壢郡大崙派出所的落成報導中推測，巡查部長宿舍面積約在 14 坪上下，甲種巡查宿舍爲 12 坪，乙種巡查宿舍則爲 9 坪〔註256〕。

因此，派出所本身需求雖增加不多，但因複合保甲與消防等機能，使得整體規模擴大許多。在基地稍小之處，則起蓋層樓，在基地夠大之處，則平面發展，形成相當壯觀之建築群景觀。

2. 空間型態與基地條件的對應

因應近代市街的逐漸成形，日治後期市街地與村落的警察官吏派出所在基地配置上開始多元。村落派出所主體建築仍和道路維持一段距離，並設有入口門柱界定派出所基地內外，在廳舍主體與門柱之間形成廣大之前庭，並種植植栽。建築型態上仍以一層樓的廳舍型態爲主，並將原本稍微突出之事

〔註254〕面積 11.5 坪。詳《臺灣警察時報》，第 234 期，1935 年 5 月。

〔註255〕若依 1922（大正 11）年「臺灣總督府官舍建築標準」，巡查均配以判任官丁種官舍，面積亦爲 12 坪。詳《臺北州令規類纂》（下卷），頁 56。另外，1927 年時，臺灣總督府官房會計課曾對臺南州所提出，對判任官六級以下巡查官舍配屬丙種或丁種官舍增加之案提出答覆。會計課長表示會予以考慮，請警察系統繼續參考當時之標準坪數規定，並未應允。詳《臺中州例規》，頁 716，轉引自陳信安，2004：3-15～3-17。

〔註256〕絕大多數的報導均僅說明總面積，未說明個別宿舍單元面積與編制，故難以斷定。僅能由兩則報導與日治前期的建築標準來推測。新化郡善化分室安定派出所之事務室 13 坪，官舍分巡查部長、取締（甲種巡查）、乙種巡查三種，總面積 34.8 坪。另外，中壢郡大崙派出所事務室 12.2 坪，甲種巡查宿舍 12 坪，乙種巡查宿舍 9 坪。詳《臺灣警察時報》，第 229 期，1934 年 12 月；第 234 期，1935 年 5 月。

務室的部份更加突顯，以磚造或鋼筋混凝土的構造方式形塑各種型態的門廊。亦有部份的村落派出所起蓋層樓，將派出所事務室與保甲聯合事務所結合上下配置，其旁側再附築一層樓之警察官宿舍，如屏東郡的舊寮、長興派出所與鳳山郡港子埔派出所〔註257〕。市街地派出所與村落派出所的差異，亦在《臺灣の警察》所附的照片被強調（圖 112～114）。

圖 112　1932 年版《臺灣の警察》中的「平地派出所」（左）與
　　　　1935 年版《臺灣の警察》中的「市街地派出所與保甲事
　　　　務所」（右）

圖 113　屏東警察署崇蘭警察官吏派出所〔1934〕，即 1935 年版
　　　　《臺灣の警察》中的「村落警察官吏派出所」

（《臺灣の警察》，頁 37）

〔註257〕在現有文獻中，1920 年新築之嘉義廳土庫支廳頂湳警察官吏派出所即有這種
　　　　型態，事務室部份為二層樓，但樓上空間內容不詳，旁側則附築一層樓之警
　　　　察官宿舍。詳《臺灣總督府公文類纂》，1920（大正 9）年，第 6903 冊，第 7
　　　　號，「頂湳警察官吏派出所建物寄附及敷地無料使用認可ノ件（嘉義廳）」。

圖 114　屏東警察署歸來警察官吏派出所〔1934〕

（《臺灣警察時報》，第 228 期，1934 年 12 月，頁 152）

　　在市街地之警察官吏派出所廳舍大多直接臨路，不留前庭與門柱。市街派出所會盡量選擇在重要街道的十字街角，其廳舍入口幾乎都在轉角處。加上市街地派出所隨著市街人口的增加而擴增編制，以及市街裡各式建築的高層化趨向，亦逐漸起蓋層樓。再者，因是複合機能，因此一般有兩處入口：派出所入口在轉角處，並懸挑出雨庇強調入口；其他入口則平行道路設置（圖115～118）。這樣的配置方式在日治前期相當罕見，或許是因為在 1920（大正 9）年之前，除卻幾個主要城市，聚落街路仍未改正之故，也可視為是都市空間與警察官吏派出所建築型態的對應。亦即前一時代較普遍的廳舍「正面性」，在市街地已經改變，十字街角成為視覺焦點（目貫の地點）。市街地區的派出所在 1935（昭和 10）年之後，一方面可能受到「始政四十週年博覽會」的影響，一方面受到臺灣建築會大力推廣現代建築思潮，建築型態上開始喜好使用圓弧轉角、流線型態，甚至圓窗，如基隆署的旭町派出所（圖119）與馬公支廳的馬公北派出所（圖 120）。也有部份派出所廳舍可能受到新近完成的幾處警察署建築風格的影響，其造型宛若都市警察署之縮小版，在街角處以圓弧處理，並將入口設置在轉角處。如宜蘭郡的東門、南門與北門派出所〔註 258〕，臺中署的老松町與梅ヶ枝町派出所。但如臺南署的北門

〔註258〕三者都是因應宜蘭街的市街改正而重新建築，並都向民眾寄附，東門派出所
　　　　1 萬圓，北門與直轄派出所各 8 千圓。在報導中甚至提到新築的北門與直轄

町派出所則以圓弧形成一個連續街面，而將入口設置在沿街面。另外亦有部份村落派出所配置在道路交角，亦會採取斜向的入口方式，如北門郡的學甲派出所與羅東郡的孝威派出所。

圖 115　新竹警察署東門警察官吏派出所〔1930〕

（《臺灣警察時報》，第 18 號，1930 年 10 月 1 日，頁 33）

圖 116　豐原郡頂街警察官吏派出所〔1930〕

（《臺灣警察時報》，第 208 號，1933 年 3 月）

兩派出所可能是全臺第一的現代建築。詳《臺灣日日新報》，1936（昭和 11）年 5 月 3 日第 5 版「宜蘭郡警察課で三派出所を建築工費は全部街民の寄附」。

圖 117　臺北北署下奎府町警察官吏派出所〔1934〕

（《臺灣警察時報》，第 227 期，1934 年 10 月，頁 139）

圖 118　臺北南署有明町警察官吏派出所〔1938〕

（《臺灣警察時報》，第 271 期，1938 年 6 月，頁 140）

圖 119　基隆署旭町警察官吏派出所〔1936〕

（《臺灣警察時報》，第 250 期，1936 年 9 月，頁 125）

圖 120　馬公支廳馬公北警察官吏派出所〔1939〕

（《臺灣警察時報》，第 283 期，1939 年 6 月，頁 136）

　　有少數都市派出所因應臺灣的熱帶氣候以類似街屋的型態配置並設置亭子腳（騎樓），如臺北南警察署的建昌街派出所（圖 121）、臺中署的初音町派出所與高雄署的入船町派出所（圖 122）。

圖 121　臺北北警察署建昌街警察官吏派出所〔1920〕

（《臺灣警察協會雜誌》，第 46 號，1921 年 3 月）

圖 122　高雄署入船町警察官吏派出所〔1936〕

（《臺灣警察時報》，第 252 期，1936 年 11 月）

3. 空間構成

　　就派出所基地內整體配置而言，以派出所建築為主體，一般配置於中央，

並與主要出入口正對。其他附屬空間則配置一旁或後側，或另有出入口。

　　若就派出所主體建築而言，仍以「事務所並宿舍」的空間組織型態為原則。但受惠於構造方式的進步，原本在標準派出所平面因應構造模矩的限制消失，使得空間的組織方式更為多元。其中，做為辦務空間的事務室較前一時期更為突出，不管是在位置或是立面的表現形式上，與門柱共同成為派出所權力的外在表徵。宿舍部份除構造外，無大的改變。事務室的規模亦增大，乃是因各派出所的編制定員增加與事務更加繁雜之故。

　　日治後期的派出所空間型態，較前期更為突出事務室的部份，是以三種方式達成。其一，加高增大事務室之尺度，或起蓋層樓。其二，事務室正面以流行的建築風格塑造，如同一面與後側空間無關之立面皮層，成為派出所廳舍之視覺焦點。如北斗郡的小埔心與萬興派出所（圖123～124），事務室立面與後方的建築幾乎是無甚關係。或如旗山郡美濃派出所與北門郡安定派出所（圖125～126），形成寬廣之柱列門廊，塑造獨特之警察官署印象。其三，將事務室空間往前挪移，突出宿舍單元甚多，使得事務室後側與側邊之宿舍單元僅部份連接，形成一內凹之戶外空間。甚至如嘉義署山子頂派出所與嘉義署宮前町派出所，皆是事務室獨立配置於前，宿舍另棟退居於後（圖127～128）。另外，東石郡的寸桃灣派出所（圖129），其甲乙種巡查宿舍與事務室之兩側相連，但巡查部長宿舍則獨立一棟﹝註259﹞。

圖123　北斗郡小埔心警察官吏派出所　　　圖124　北斗郡萬興警察官吏派出所

（《北斗郡大觀》）　　　　　　　　　　（《北斗郡大觀》）

﹝註259﹞詳《臺灣警察時報》，第222期，1934年5月，頁126～127。

圖 125　旗山郡美濃警察官吏派出所〔1933〕

（「國家文化資料庫」網站）

圖 126　北門郡安定警察官吏派出所

（《臺灣警察時報》，229 號，1934 年 12 月，頁 97）

圖 127　嘉義署山子頂警察官吏派出所

（《臺灣警察時報》，223 號，1934 年 6 月，頁 156）

圖 128　嘉義署宮前町警察官吏派出所

（《臺灣警察時報》，254 號，1937 年 7 月）

圖 129　東石郡寸桃灣警察官吏派出所

（《臺灣警察時報》，第 222 期，1934 年 5 月，頁 127）

　　此外，或因都是由郡技手所設計，因此各郡之派出所約略可見類同的風格。如宜蘭郡、羅東郡與東臺灣的派出所與前期的型態較爲接近，只是構造改變；嘉義、東石二郡以木造廳舍居多，但尺度、規模較大。

六　構造方式

　　就派出所的構造與材料而言，日治前期的木造或土埆造廳舍在歷經十餘年後多已頹敗不堪，木材腐朽或受白蟻侵襲。因此，日治後期的派出所廳舍以磚造與鐵筋混凝土爲最主要構造方式。派出所雖是小規模建築，但已有不少派出所以鐵筋混凝土爲主要構造材料。早在 1931（昭和 6）年新築的豐原街頂街派出所與 1933（昭和 8）年的高雄市旗後派出所即已運用鐵筋混凝土構造，都是兩層樓的廳舍建築〔註 260〕。亦有不少一層樓廳舍亦已使用鐵筋混凝土，如 1936（昭和 11）年興築的北斗郡溪洲派出所，建築型態上相當特別，中央的事務室以圓形的空間型態突出〔註 261〕，即是一層樓的鐵筋混凝土造平房〔註 262〕（圖 130～131）。

圖 130　北斗郡溪洲警察官吏派出所〔1936〕

（洪寶昆，1937）

〔註 260〕頂街派出所詳《臺灣日日新報》，1931（昭和 6）年 11 月 11 日第 4 版，「豐原──派出上棟」；旗後派出所詳《臺灣警察時報》，第 214 號，1933 年 9 月，頁 160。

〔註 261〕除了溪洲警察官吏派出所外，與溪洲隔濁水溪對望的西螺街，亦發現了數棟日治後期興築的民宅亦採用圓形的正面軒亭。

〔註 262〕詳《臺灣警察時報》，第 246 號，1936 年 5 月，頁 140。

圖 131　北斗郡溪洲警察官吏派出所〔1936〕

(《臺灣警察時報》，第 246 期，1936 年 5 月，頁 140)

　　但是嘉義市及嘉義郡的警察官吏派出所則受到 1930（昭和 5）年底嘉義大地震的影響，以及阿里山林場的開採，在派出所的興築上偏好木造廳舍〔註263〕。嘉義街東門派出所原爲磚造，在震災後即改建爲木造廳舍〔註264〕。其他如嘉義署的山子頂派出所、宮前町派出所與嘉義郡江厝店派出所（圖132）、柳子林派出所、番婆派出所、凍子腳派出所（圖 133），皆是以木造爲主。

〔註263〕1930 年嘉義大地震對於臺灣建築耐震構造的影響，詳陳正哲，1999：62～66。陳文曾由麻豆在震後實施的市區改正所新築的建築觀察到，當時對於防震構造的討論並未呈現在此次的市區改正。但對於經歷數次大震且有豐富林木資源的嘉義鄰近地區而言，在木造建築所能興築的規模限制下，卻在此後大量興築各式木造建築，警察官吏派出所亦如是。如 1934 年興築之山子頂派出所，尺度相當的大，但卻是採用木造。詳《臺灣警察時報》，第 223 號，1934年 6 月，頁 156。

〔註264〕詳《臺灣日日新報》，1931 年 4 月 17 日第 4 版，「嘉義—舉上棟式」。

圖 132　嘉義郡江厝店警察官吏
　　　　派出所

圖 133　嘉義郡凍子腳警察官
　　　　吏派出所

（《臺灣警察時報》，260 號，1937 年 7 月，
頁 145）

（《臺灣警察時報》，286 號，1939 年 9
月，頁 122）

　　另外，亦有少數派出所並非橫向面寬的空間型態，而是採縱深型態，如
北門郡佳里興派出所與基隆署的八斗子派出所（圖 134〜135）。

圖 134　北門郡佳里興警察官吏
　　　　派出所

圖 135　基隆署八斗子警察官吏
　　　　派出所

（《臺灣警察時報》，第 260 期，
1937 年 7 月，頁 147）

（《臺灣警察時報》，第 256 期，1937
年 3 月，頁 141）

　　大宮町警察官吏派出所（圖 136）之型態頗具特色，雖然在屋身已漸走向
簡潔之現代風格，但屋頂卻仍是相當傳統日式之神社造型。此乃是因為該派
出所所在位置之大宮町（今大直一帶），即臺灣神社所在區域，因此在建築型
態上亦有所呼應。

圖136　臺北北警察署大宮町警察官吏派出所〔1927〕

（《臺灣警察協會雜誌》，第130號，1928年4月）

七　特殊機能的警察官吏派出所

在部份重要火車站〔註265〕會設有停車場詰所，配置有巡查監控車站進出之人潮。其空間形態簡單，與日本內地交番所近似，僅具有事務室，而不附設宿舍空間（圖137～138）。大部分停車場警察詰所都設在停車場廣場一側。

此外，日治初期曾在全臺各大小港口設置水上警察官吏派出所，舊港、後壟港、塗葛堀港、鹿港、東石港、安平、打狗、東港皆設有水上警察官吏派出所，管轄港灣治安。在彰化郡鹿港分室的北頭水上派出所（圖139），在前方可見一高度甚高之木杆做為警戒用之遠望台。但在稍後新築的水上派出所，則設有三層樓高之瞭望塔。而馬公支廳水上警察官吏派出所則直接設置在港道邊，以方便執務。

〔註265〕驛前派出所是否每一火車驛站必設並無文獻可徵，除臺中驛與蘇澳驛均設有派出所或詰所外，淡水驛、臺北驛、宜蘭驛、新竹驛、臺南驛與潮州驛皆設有驛前派出所。宜蘭驛前派出所目前已保存下來，並登錄為歷史建築。另由臺灣七大都市車站圖面，在臺南驛之事務所前方可見設有派出所。詳《台灣七大經典車站建築圖集》，頁195，「臺南驛本家其他新築工事圖，配置圖」。

圖 137　臺中署驛前派出所〔1932〕

（《臺灣警察時報》，第 206 期，1933 年 1 月）

圖 138　蘇澳停車場詰所

（《臺灣警察時報》，第 311 期，1941 年 10 月，頁 103）

圖 139　彰化郡鹿港分室北頭水上警察官吏派出所

（《臺灣警察時報》，第 207 期，1933 年 2 月）

3-5-4　小　結

　　日人在臺之殖民統治，地方警察官吏實居首功。「臺灣的警官，右手執刀劍，左手持經典」（持地六三郎，1912），既維持地方之社會治安，又兼及人民之規訓啟蒙。但「權力之結構與表徵能在日常生活框架中體現愈多，它們就愈不被質疑，並更有效率地運作」（Dovey, 1992：2）。臺灣日治時期之地方警察制度與警察官吏派出所建築，以其無所不在之建築與萬能多元的任務，滲入常民生活各個層面，深刻影響臺灣社會。戰後，國民政府繼續沿用以至今日，仍為臺灣「警察制度的靈魂」（蔣基萍，1997：118）。任務特質雖已改變，但其本然面目為何卻已消散於歷史洪流而乏人聞問。

　　前此已拼湊出此種我們今日習以為常之「警察官吏派出所」建築類型的成形過程之大概。表 12 概要地將警察官吏派出所的建築變遷與警察制度、官舍建築標準在時間軸上並置，由其中可見警察官吏派出所之制度與建築間的互動關係。建築是社會與文化的產物。當社會發生變化，營造環境即隨之而變。在清領時期，臺灣並無現代意義之警察，只有鄉村的自衛組織。及至日治，「派出所制度」因應殖民統治之需而設，新創「警察官吏派出所」之建築

類型，並具「事務所並宿舍」之特殊空間需求與型態。警察官吏派出所之建築實則反映了殖民地臺灣兩項重要社會形式：一為「社會控制」，反映在其「散在配置」與辦務之「事務室」官廳形象的形塑；另一則為「文化差異」，反映在其生活住居模式，亦即「宿舍」之營造。

　　警察官吏派出所建築在地理空間上無所不在之配佈模式，是日人在臺殖民統治的最大利器。警察「散在」配置即是一種空間權力之運作，以建築實體為規訓之工具，將權力的關係以空間營造的策略銘刻在殖民地屬民之身體與心智。事務所並宿舍之空間需求，看似削減了其官廳之威嚴形象。但藉由事務室在空間組織上之突顯—包括突出配置於宿舍之前，正面破風頂及其山牆面之運用，更重要的，事務室與表門、入口路徑形成的軸線，皆強化了其殖民統治權力的象徵。宿舍部分則反映了不同民族在生活習性與空間運用上之文化差異。日人習於架高之榻榻米房間起居生活。從日治之初挪用改造臺灣家屋，乃至新築廳舍，榻榻米空間即幾乎佔宿舍面積之全部；而臺籍巡查補則仍以泥土地為生活底面。由派出所宿舍之平面與剖面，即可辨明居住者之屬性。其次，派出所廳舍數量龐大，而在 1909（明治 42）年被施以「建築標準」之規範。因其宿舍空間大於事務室數倍，故以「官舍建築標準」為範調適而成，並依隨該標準相關層級之官舍改動而改正，以規範其規模、構造、經費，並配合居住官吏之職階。

表 12　日治時期警察官吏派出所建築發展概要年表

年　代	警察制度變遷	警察官吏派出所建築變遷		官舍建築標準變遷
1895（M28）	臺灣警察制度之創始	大舉擴張前		
1896（M29）	地方警察機關之始設			
1897（M30）	實施三段警備制		**警察廳舍及警官宿舍建築修繕標準**	
1898（M31）	撤廢三段警備制，轉向民警察	過渡與摸索	派出所散在配置原則之確立	
	派出所準備由集團制改散在制		事務所並宿舍之空間需求的確立	
1901（M34）	全島警察機關統一擴張期：**警察機關の設施振興に關する通達**		以居民寄附為主要經費來源之確立	

1905（M38）			判任官以下官舍設計標準
1909（M42）		警察官吏派出所設計書及圖面標準	
1913（T02）		警察官吏派出所標準改正ノ件	判任官丁種官舍改正
1914（T03）	規範與定型	寄附及特別賦課ニ依ル派出所用建物標準改正通達	
1917（T06）	派出所の巡査配置定員の增加を	警官派出所用建物寄附受納方ノ件ニ付通達（各廳）	判任官官舍標準改正（僅改正甲乙丙種官舍）
1922（T11）	沿襲與變奏		臺灣總督府官舍建築標準
1927（S02）			判任官六級以下巡查官舍ノ坪數增加ニ關スル件

　　臺灣日治時期之地方警察官吏，即以無所不見之警察派出所廳舍為據點，以「權力」（刀劍）與「知識」（經典）規訓殖民地人民之身體與心智。警察官吏派出所建築雖不若重要官廳來得宏偉壯觀，但卻更令臺民印象深刻與懾服。說它是臺灣地下的總督府廳舍，也無不可。

3-6　地方警察的輔助機關廳舍：保正事務所與保甲聯合事務所

　　保甲機關建築所指為「保正事務所」與「保甲聯合事務所」二者；其與日治時期警察機關關係密切。保正為非正式之職，殖民政府未提供辦務處所。1898（明治31）年發佈之「保甲條例」、「保甲條例施行細則」與1903（明治36）年4月公佈之「保甲條例施行細則標準」，均未提及設置相關辦務廳舍之要求。直至1904（明治37）年1月的「保甲編成に關する注意」（有關保甲編制注意事項）之通牒，才有「保甲の事務所」的規定，包括了各保正自行設置的「保甲事務所」，以及在配置有數保之市街地設置之「共同保正事務所」

〔註 266〕。二者在設置上有所差異：當保正事務所從一處移至另外一處時，是
視誰能成為保正而定；而保甲聯合事務所則是在一固定處所（Tsai, 1990：
231）。

3-6-1 保正事務所

保正事務所，可視為警察官吏派出所在管內地域再次散置之「派出所」。
其設置一般以保正自宅充之，少數則租用民屋，或在地方廟宇辦公（江廷遠，
1940：204～208；中島利郎・吉原丈司，2000c：90）。在日治前期，任用臺灣
人協助日人殖民政府處理事務之準官署，有相當數量是以任職者之自宅為辦
務處所，除保正事務所外，另一即是輔助地方行政事務者之辦務處所，包括
「街庄事務取扱員」、「街庄社長」與「區長」役場，皆是非正式之地方行政
輔助機關〔註 267〕。根據 1919（大正 8）年的調查，以區長私宅為役場者最多
〔註 268〕。役場之稱謂均以「街庄社長」役場、「區長」役場稱之，將「建築物」
依附在「人」之下。與保正事務所同樣，區長役場所管轄者，僅臺灣人，不

〔註 266〕 有四條規定，包括：一、不管什麼事情，得設置保甲局或是類似的事務所；
二、保正也可以用其自宅設置保甲事務所，所需費用自理；三、保甲聯合會
是議定各保關係事項，可處理保甲之事務與會計上的事情；四、有數保之市
街地，可設共同保正事務所。詳中島利郎・吉原丈司，2000c，：90。再者，
兩種保甲相關建築之稱謂頗為混雜，鷲巢敦哉稱個別保正辦公之所為「保甲
事務所」，稱數個保正共同辦公之所為「共同保正事務所」。江廷遠則稱前者
為「保正事務所」，後者為「保正共同事務所」。後者一般因應保甲聯合會的
成立，而稱「保甲聯合事務所」，亦有稱「聯合保甲事務所」者。本文以「保
正事務所」與「保甲聯合事務所」分別稱呼二者。

〔註 267〕 此三者為日治後期街庄役場之前身。1895（明治 28）年八月擬定之「街庄事
務取扱員規則」，以舊街庄總理，權充地方行政事務之辦事員，以傳達官命，
辦理戶口，開始縣政，為街庄長之源起。1897（明治 30）年 5 月 27 日起則
設置「街庄社」長，在縣、辦務署下，輔助地方行政，並受辦務署長指揮命
令。1909（明治 42）年地方制度由二十廳改設十二廳後，即廢「街庄長」制，
改採「區長」制。數街庄社置區長一人，區書記若干人，區長與區書記均授
與判任官待遇，並受廳長指揮監督。詳鷲巢生，1937a：53；鷲巢生，1937b：
97；《臺灣總督府事務成績提要》，明治二十八年份，頁 102～104。

〔註 268〕 其次為有專門獨立之役場建築者，再次則為使用廟宇、借用家屋與其他。詳
水越幸一，1937b：19～20。專門獨立之區長役場建築始自 1907（明治 40）
年新築之臺北廳淡水支廳下興化店區長役場。1913（大正 2）年則有「區長
役場建築標準、關允伺」，是規範區長役場新築或改築的經費。1918（大正 7）
年並有「區長役場建築標準」之設置。詳《臺灣總督府公文類纂》，1918（大
正 7）年，第 2814 冊，第 32 號，〈區長役場建築標準〉。

包括日本人與外國人（水越幸一，1937b：29）。因此，保正事務所設置位置因人而異，並無一定原則或標準〔註269〕。但應考量保甲民交通之方便，「各庄凡保正事務所，宜修造大路以便通行」〔註270〕。

在保甲制度的運行下，保正事務所成為日治前期與常民及殖民政府官吏職員均最為密切之準官署，舉凡種春痘、新式農事教習、戶口調查與戶籍申請、土地家屋之調查與申告、政令宣導，多項事務皆以保正事務所為匯集地。以種春痘為例，保內民眾帶需種痘之孩童在規定時間齊集保正事務所，同時間地方警察官吏亦與公醫來此監督與施行種痘過程，保正則需統計該種痘與尚未種痘者之人數並呈報警察官〔註271〕。或如日人在臺為改善稻米品種與種植方法，亦以保正事務所為基地，由地方廳之殖產係員到各保正事務所「教諸農為鹽水撰法，並指示以蒔秧樹藝諸方法」〔註272〕。甚至，保內人民爭鬥打架，警察官亦會帶兩造至保正事務所公斷〔註273〕。保正事務所以保正自宅充用之，不僅是殖民政府在財政豫算上之限制，更因其亦是自然社群的焦點（Tsai, 1990：216）。

因此，保正事務所兼具私人住宅與公共官署之特質，成為日治時期相當特殊的一種建築類型。保正多為保內頗具資產之富戶，其宅院原本就屬地方鄉紳宅第。但不同於清領時期鄉治社會下鄉紳地位之興衰不定，保正受到日人殖民政府的認可，地位更為穩固。不少保正皆在其自宅建築上有所表現，多採閩洋或閩和洋折衷風格，以彰顯其新的身份地位（蔡明志，2003b）。如大內鄭宅、將軍陳宅與玉井葉宅（圖140～142），在建築朝外之各處立面（正立面、護龍側向立面與門樓、牆門）以西式風格立面表現。但亦有如竹山廖

〔註269〕保正每二年選舉一次，連任不限次數，在日治時期的慣例若非必要不會更換，使得保正事務所並不一定會產生頻繁的變動。

〔註270〕詳《水竹居主人日記》（三），1912（明治45）年元月13日，頁155。此為該日臨時保甲聯合會議中宣達事務之一。

〔註271〕依「臺灣種痘規則」第二條，定期種痘每年一回，在二月至四月間行之。《水竹居主人日記》中，幾乎每年春季三月時都有召集保內孩童種痘的紀錄。

〔註272〕詳《漢文臺灣日日新報》，1906（明治39）年1月25日第4版，「教浸鹽水撰」。在《水竹居主人日記》中亦有農務官吏至保正事務所教習該保農戶鹽水選種與農藥使用之紀錄。

〔註273〕在日治前期，民人打架訴至警察官署，警察會命兩造雙方至保正事務所，訊問事由。此乃因保正對地方、人物、語言與文化之熟稔，可協助警察官吏做適當之判斷。詳《漢文臺灣日日新報》，1906（明治39）年2月11日第6版，「恆春鎖聞」。

宅，在資產、匠師與建築材料難與平地市街或村落相比的情況下，其住宅仍相當儉樸。但可從廖宅正面所懸掛之各種專賣許可，即可知其身份地位。

圖 140　大內鄉鄭保正宅西式立面門樓　　圖 141　將軍鄉陳保正宅之西式立面牆門

圖 142　玉井鄉葉保正宅正身之正立面、護龍正立面與外側立面均採西式立面

　　除在自宅外觀上彰顯其社會地位外，保正之職務並無設置特殊功能空間之必要。保正做為地方警察之輔助者，事務雖頗繁雜，但主要是就所調查之該保概況做各種的紀錄與統計，因此有相當多之簿冊〔註274〕，但僅需一處有

<hr />

〔註274〕保正事務所需備之簿冊包括：保甲規約、保甲臺帳、戶口簿、除戶簿、備品臺帳、保甲及壯丁團經費收支、保甲及壯丁團經費徵收簿、保甲經費及壯丁團經費賦課徵收原符簿、過怠處分事件簿、過怠金收支簿、來泊他行者居簿、保甲會議議事錄與書類編等十三項。詳江廷遠，1937：76～77。

文書櫃之房間即可執務。此外，保正常需召集保內甲長至自宅舉行會議。保正一般會選擇宅內之正廳、護龍廳、軒亭或閒置之房間為狹義之事務所，如將軍陳宅是以右護龍廳為事務所，永靖邱宅（圖143）則是以護龍尾間為事務所。亦有如大林張宅（圖144）是在左側內外護龍間之天井設置洗石子座椅供召集會議之用。地方派出所之警察官吏會定期至各保正事務所檢查簿冊。部份地區之保正事務所甚至設有電話，使可與「諸警務官廳相通」，「從此保正與官衙直接，聲氣愈覺靈敏」〔註275〕。

圖143　永靖鄉邱宅積善堂仍保存著當年之保正辦公室（魏嘉攸攝）

圖144　大林鎮張宅之左側內外護龍間天井設有洗石子座椅做為保正會議所之用（林宜嫻攝）

〔註275〕如1907年底，甚至連新竹區（新竹市區）下14處保正事務所皆裝設電話可與該地警察官吏派出所相聯繫，電話費用則由保甲民共同醵出。詳《漢文臺灣日日新報》，1907（明治40）年12月1日第4版，「保正電話」。

3-6-2　保甲聯合事務所

　　保甲聯合事務所之設置，大體上一警察官吏派出所管內設一處，處理保甲相關事務，尤其是戶籍作業〔註276〕。其設置位置，大部分配置在警察官吏派出所基地內或鄰近，在空間關係上充分反映了二者的密切相關。

　　保甲聯合事務所之設置，在日治初期並非必要，是由欲組成保甲聯合會之保正連署，向廳或支廳提出申請〔註277〕。如新竹廳新埔支廳所在附近，即由三位保正共設一公共事務所，經支廳長核准設立〔註278〕。如新竹街（區）十四處保正事務所原各自執務，因需自付之事務費頗為繁重，故決定組織保甲聯合會事務所於城隍廟左翼之觀音廳，並雇用保甲書記二名〔註279〕。依「保甲編成に關する注意」，亦有在市街地方有設置保甲聯合事務所之暗示〔註280〕。在設置之初，保甲聯合事務所以保甲聯合會長自宅〔註281〕、租賃民屋或以地方廟宇為辦務處所〔註282〕。如塩裡庄之警察官吏派出所、保甲聯合會議所與街庄長役場一同設置在一棟五間起之臺灣家屋內（圖145）；鹿港保正共同事務所則亦是利用舊街屋為事務所。諸保正於保甲聯合事務所辦公議事，每日由一至數位不等的保正輪班執務。

〔註276〕戶籍事務在日治時期係由警察系統掌理。在市警察署與郡役所警察課之戶口係存有戶口調查原簿，在各警察官吏派出所存有戶口調查副簿，保甲事務所則存有保甲戶口簿。詳 Tsai, 1990：123～124。

〔註277〕依 1902 年發佈之「保甲條例施行細則標準」第十六條之規定。詳中島利郎・吉原丈司，2000c：88。

〔註278〕詳《臺灣日日新報》，1903（明治36）年 8 月 28 日第 3 版，「新埔三保正合一事務所」。

〔註279〕詳《臺灣日日新報》，1915（大正4）年 12 月 11 日第 6 版，「保甲聯合」。

〔註280〕如新竹與彰化二街，頗早即設置保甲聯合事務所，但一直維持一處。新竹街原設保甲聯合事務所一處於關帝廟，於 1930 年時方分設四處保甲聯合事務所。詳《臺灣日日新報》，1930（昭和5）年 5 月 6 日，第 4 版，「保甲分設」。彰化街二十七保僅設一處保甲聯合事務所於彰化郡役所內，直至 1931 年方分割而多數設置。詳《臺灣日日新報》，1931（昭和6）年 12 月 20 日第 4 版，「保甲分離」。

〔註281〕根據曾任新竹州寶山庄保正之李金鎮先生描述，在該地保甲聯合事務所未新築之前，保甲會議都在保甲聯合會長家開會。詳蔡慧玉，1995b：189。

〔註282〕宜蘭街天后宮、新竹街城隍廟與臺南市武廟均曾充當過該地之保甲聯合事務所。

圖 145　塩裡庄警察官吏派出所平面略圖

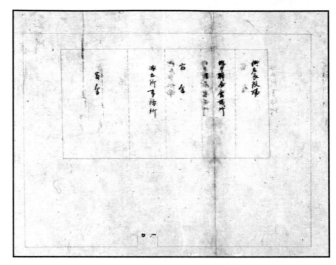

《臺灣總督府公文類纂》，1907 年，4942 冊，25 號，「土地建
物無料借上報告（臺南廳）」

　　隨著保甲事務擴增與 1911（明治 44）年「保甲書記」之制度化，保甲聯
合事務所與村落中之警察官吏派出所的關係被密切關連起來（Tsai, 1990：222
～223）。除部份保甲聯合事務所新築於區長役場鄰近外〔註 283〕，幾乎都是設
置在警察官吏派出所基地之內〔註 284〕，並在日治後期幾乎成爲一種必然模
式。保甲聯合事務所之建築雛形，實與警察官吏派出所無甚差異。保甲書記
成爲保甲聯合事務所中唯一之正式職員，受判任官待遇，協助地方警察行政
之運作。保甲書記不必然是當地人，故必須在保甲聯合事務所中提供宿舍單
元。至此，保甲聯合事務所不再是單純的辦務或會議之所，而成爲與警察官
吏派出所類同之「事務所並宿舍」之建築形態。除事務室外，尚設有一間保
甲書記宿舍、一間小使室與其他附屬空間。因此，保甲聯合事務所兼做或挪
用爲警察官吏派出所的情形亦頗常見。如桃園廳下之成福與崁仔腳（圖 146
～148）等十二處保甲聯合事務所在 1912（大正元）年即無償借予該地派出所

〔註 283〕如新竹廳下舊港庄與牛埔庄保甲聯合事務所分別位在舊港與香山區長役場鄰
近。詳《臺灣日日新報》，1918（大正 7）年 11 月 24 日第 4 版，「保甲事務
所落成」：1919（大正 8）年 1 月 30 日，第 6 版，「保甲事務所建築」。
〔註 284〕如嘉義郡西門警察官吏派出所，或文山郡內湖警察官吏派出所，均與保甲聯
合事務所共同新築。詳《臺灣日日新報》，1922（大正 11）年 12 月 20 日第 6
版：1925（大正 14）年 5 月 21 日第 4 版。

之用〔註285〕；或是在警察官吏事務所新（改）築的過渡期間，以保甲聯合事務所為臨時的辦公廳舍〔註286〕。此時保甲聯合事務所建築仍以土埆造居多，經費約在千圓以內，由管內民眾寄附。

圖146　崁仔腳保甲聯合會議所配置及平面圖

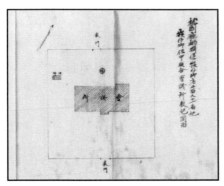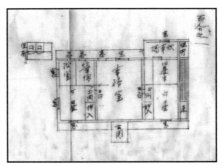

（《臺灣總督府公文類纂》，1912年，2032冊，3號，「保甲聯合會議
所無料借上認可（桃園廳）」）

再者，保正事務所在日治前期之重要性勝過保甲聯合事務所，乃是基於日人初治臺灣仍未熟悉之故。但至大正年間，治理已上軌道，各種基礎設施亦已逐漸成形，保甲聯合事務所之角色開始加重。一方面如蔡慧玉所言，在1917（大正6）年之後，保甲聯合事務所開始扮演了類似廟宇的角色，成為公共與私人活動的場所（Tsai, 1990：233～234）；另一方面，透過新的公共空間的形塑，更易給予警察之眼的凝視。

約在1918（大正7）年前後，保甲聯合事務所之新築更顯頻繁，且與其所屬派出所關係更為密切，成為其必備之附屬建築。原則上一派出所設置一保甲聯合事務所。以新竹廳為例，在1919（大正8）年3月末，廳下共有401保，並設有85處保甲聯合事務所〔註287〕。保甲聯合事務所之功能，除處理與

〔註285〕桃園廳直轄中路派出所，三角湧支廳隆恩埔、大湖、成福派出所，咸菜硼支廳銅鑼圈派出所，楊梅壢支廳員笨、三角堀、崁頭厝、新屋派出所，中壢支廳東勢派出所，大坵園支廳埔心派出所，大粍崁支廳八張犁派出所，皆以當地保甲聯合事務所為警察官吏派出所廳舍。詳《臺灣總督府公文類纂》，1912年，2032冊，3號，「保甲聯合會議所無料借上認可（桃園廳）」。
〔註286〕如打貓支廳江厝店庄警察官吏派出所。詳《臺灣日日新報》，1917（大正6）年6月19日第6版。
〔註287〕詳《臺灣日日新報》，1919（大正8）年4月18日第6版，「新竹保甲狀況」。

討論保甲相關事務外，部份亦設置消防器具置室。且在日治後期，在各市街地開始興築公會堂，而在未設置公會堂之地區則有擴其保甲聯合事務所規模之趨向，以供村落各種社團或民眾舉辦各種大型會議或活動之所〔註288〕。其規模小者約在 30 坪上下，如中港保甲聯合事務所；略大者則在 50 坪左右，如竹南保甲聯合事務所，其自興築之始即有「竝得利用為集合所之大規模」，不計其事務室，會議室即有 42 坪之大〔註289〕。斗六保甲聯合事務所甚至達 88 坪〔註290〕。宜蘭郡員山庄開庄協議會時即以員山庄保甲聯合事務所為會議場址〔註291〕。新竹郡舊港庄新成立之造林組合大會，則借用舊港保甲聯合事務所開會，可容納出席者 105 人〔註292〕。

圖 147　崁子腳保甲聯合事務所圖面

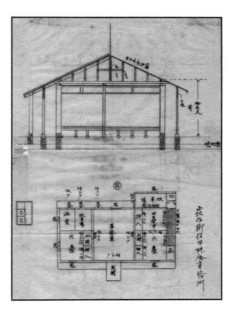

《臺灣總督府公文類纂》，1912 年，2032 冊，3 號，「保甲聯合會役所無料借上認可（桃園廳）」

〔註288〕除做為保甲會議場所外，平常亦得做「俱樂部」使用。詳《臺灣總督府警察沿革誌》，V：1173。

〔註289〕詳《臺灣日日新報》，1935（昭和10）年 10 月 9 日第 4 版，「竹南保甲聯合建事務所續報」；1936（昭和11）年 1 月 10 日第 5 版，「保甲聯合事務所の工事」。

〔註290〕詳《臺灣日日新報》，1936（昭和11）年 6 月 22 日第 8 版，「聯合保甲事務所落成」；《臺灣警察時報》，第 249 期，1936 年 8 月，頁 157。

〔註291〕詳《臺灣日日新報》，1921（大正10）年 8 月 5 日第 6 版，「協議會況」。

〔註292〕詳《臺灣日日新報》，1922（大正11）年 12 月 7 日第 6 版，「造林組合總會」。

圖 148　成福保甲聯合會議所平面圖

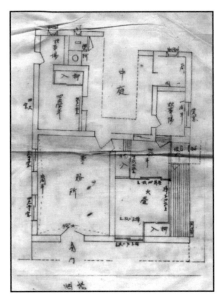

《臺灣總督府公文類纂》，1912 年，2032 冊，3 號，「保甲聯合
會議所無料借上認可（桃園廳）」

　　保甲聯合事務所制度化後，規模愈見擴大，構造亦較日治前期改善許多，
在營建經費上少則 2000 圓左右，5000 圓上下是常態，亦有需耗費萬餘圓之鉅
資者〔註 293〕。但經費之來源，無非是民眾寄附〔註 294〕。

　　保甲聯合事務所之設計，也約在 1920（大正 9）年前後開始有地方官署
土木技手的涉入，此應與保甲聯合事務所亦被制度化為地方警察官署（尤其
是警察官吏派出所）之重要元素相關。桃園郡警察課直轄保甲聯合事務所之
新築，是由「河島技術員」向諸保正說明設計、材料〔註 295〕。斗六郡的仙波
技手，均參與了郡內溝子埧與斗六街兩處保甲聯合事務所之營建〔註 296〕；海

〔註 293〕斗六保甲聯合事務所工費為 14000 圓，新營保甲聯合事務所工費為 16000 圓，旗
　　　　山保甲聯合事務所工費為 13000 圓，小埔心保甲聯合事務所工費為 10000 餘圓。
〔註 294〕然鳳山郡警察課直轄保甲聯合事務所之工費三千圓，除民眾寄附半數外，餘額
　　　　由管內各廟宇基金支應，包括開漳聖王基金 350 圓，龍山寺 150 圓，城隍廟 1000
　　　　圓，頗為特殊。詳《臺灣日日新報》，1933（昭和 8）年 5 月 2 日第 4 版，「鳳
　　　　山保甲事務所按三千圓建築」。但實際上並未立即興建，隔年才又重行寄附與新
　　　　築。詳《臺灣日日新報》，1934（昭和 9）年 1 月 16 日第 8 版，「新築地點」。
〔註 295〕詳《臺灣日日新報》，1926（大正 15）年 8 月 21 日第 4 版，「議建會議室」。
〔註 296〕詳《臺灣日日新報》，1935（昭和 10）年 12 月 24 日第 12 版，「溝水埧保甲」；
　　　　1936（昭和 11）年 6 月 22 日第 8 版，「聯合保甲事務所落成」。

山郡直轄保甲聯合事務所之設計，則由郡技手陳和山擔任〔註297〕。特別的是亦有警官涉入相關營建設計，如員林郡警部補柳澤即主導員林保甲聯合事務所的設計〔註298〕。

　　日治後期保甲聯合事務所之構造，以木造平屋建爲主，採日式雨淋板之構法爲其外觀特色（圖 149）。部份規模甚大之保甲聯合事務所，如斗六與埔里保甲聯合事務所（圖150～151），則以磚及鐵筋混凝土造爲主要構造，爲「耐震之現代式建築物」〔註299〕。做爲辦務及會議之所，頗講求通風採光，故大其開窗。旗山郡警察課直轄保甲聯合事務所則採獨立設置之二階建事務所建築，二樓做爲保甲聯合事務所，一樓則做爲消防詰所，並與直轄派出所相連〔註300〕。在部份市街地採二階建之警察官吏派出所，則皆以派出所二樓爲保甲聯合事務所，在構造上亦以磚造或鐵筋混凝土造爲主。

圖149　北斗街保甲共同事務所

（洪寶焜，1937）

〔註297〕該事務所除會議室外，尚設有唧筒室，總建坪20坪，工費1163圓，承攬者爲臺北市營造業者陳田。詳《臺灣日日新報》，1932（昭和7）年11月16日第4版，「板橋保甲役員籌建事務所」。

〔註298〕工事費豫算4千5百餘圓，「爲最近流行式」。詳《臺灣日日新報》，1931（昭和6）年4月23日，第4版，「内閣緊縮中員林保甲決議新築事務所」。

〔註299〕詳《臺灣日日新報》，1936（昭和11）年6月22日第8版，「聯合保甲事務所落成」；《臺灣警察時報》，第249期，1936年8月，頁157。

〔註300〕詳《臺灣日日新報》，1940（昭和15）年2月7日第5版，「旗山に保甲事務所」。除旗山外，桃園與新營保甲聯合事務所亦是二階建獨立建築之模式。詳《臺灣日日新報》，1926（大正15）年8月21日第4版，「議建會議室」；1939（昭和14）年11月21日第5版，「保甲事務所上棟式」。

圖 150　北港郡元長保甲聯合事務所

（《臺灣警察時報》，第 229 號，1934 年 12 月，頁 98）

圖 151　埔里保正共同事務所

（江廷遠，1940：208）

　　保正事務所／保甲聯合事務所是否在日治時期有不同階段的發展呢？就保正事務所而言，以自宅爲事務所是常態。但因其身份，可能對其自宅形式的展現有所影響。至於保甲聯合事務所（或稱「共同保正事務所」），可概分爲五個不同階段的發展：

（1）日治之初的保甲局，僅在某些早期發展的主要市街成立；

（2）在日治初期，未正式於全島施行保甲制度之前，由數個保正較有自發性地共同設立。原則上可能無各自的保正事務所。主要是在人口較為繁多之市街地，如大稻埕，因此共同設置比較沒有「距離」上的問題。這類保甲聯合事務所並非強制性的設置。

（3）1911（明治 44）年隨著保甲制度的制度化，開始依據總督府的法令強制性地設置保甲聯合事務所。原則上是以一個警察官吏派出所為單位，統轄其下的保甲而設置。因此，在位置的選擇上與警察官吏派出所的關係最為密切，縱使不是在派出所基地之內毗鄰派出所而建，也必在派出所鄰近設置。

（4）1920 年代後期起，隨著派出所規模的擴大與二層樓化的趨勢，在市街地之保甲聯合事務所開始與派出所共構建築。基本的配置是將派出所置於地面層，保甲聯合事務所則置於二層。

（5）1930 年代左右，部份保甲聯合事務所更擴大其規模，到接近公會堂之規模。到 1930 年代末期，因應戰時政策，亦有部份與部落集會所結合。因此，在使用功能上，更趨多元化，而非專屬保甲聯合會議之使用。

3-7 小 結

一種有目的而興築之環境（a purpose-built environment）的出現以符合任何被確認的社會需求，需經歷哪些階段？首先，活動在某一特殊場所發生，可以是一棟現存的房子，或僅僅是一個地面上的選定位置，接著被制度化。其次，建立所有權並標定邊界；一種遮蔽的形式被營造，或是一棟既存的房子為了使用而被調適。再其次，有一種活動的理性化、理論化及一種「理想」的構築：環境「在被營造之前已被構思」。最後，特殊的營造形式被構築出來。（King, 1980: 30）

臺灣在日治之前並無近代意義的警察制度，更無與此制度相對應之建築類型。大致上在日治五十年的時間中，絕大多數的地方警察官署建築皆經歷了「沿用（並調適）舊屋」、「新築」與「再次新築」等三個階段。在日治之初，基於臺灣總督府本身財政仍未獨立與健全，至 1907（明治 40）年時，全臺僅有四成左右的官廳廳舍、官舍新築，仍有逾半沿用清代舊屋。尤其是屬於地方警察機關的支廳與警察官吏派出所，最初都是向民家貰借充為廳舍與

宿舍（臺灣總督府官房文書課，1908：275～280），之後再逐年新築，並逐漸調適並發展定型。

　　地方警察機關雖小，但卻如同「地下總督府」般行使無上權力，其在警察官廳建築形象上需顯「警察之威容」。廳舍部份必須能夠展現殖民政府之權威以震懾臺人，官舍部份則必須符合衛生需求與日人的生活習慣與方式。因此，新築之地方警察機關建築，乃以洋館為其廳舍範型，而以和館為其宿舍典例，即所謂「和洋折衷」的建築樣式。再者，日治前期的支廳與警察官吏派出所之數量繁多，星佈於全島各地，基於警察執務與生活上之「衛生、經濟與待遇」，並避免地方警察強徵寄附競築華麗廳舍，而設立了建築標準與標準圖，依編制、職階以及基地特質，選擇適合的標準運用。此舉亦使日治前期之支廳與警察官吏派出所廳舍有較為一致之形象。

　　最後，遍佈在臺灣各村莊部落的基層地方警察官署，其辦務廳舍與官舍或共構一棟，或同在一處，皆試圖從分區、動線與空間配置的模式來界定公共辦務與私密生活之分野。辦務廳舍為殖民權力在殖民地方最重要之表徵，也是地方政治運作的主體空間。警察官舍雖屬生活場所，但實也是充滿權力之所。地方政治之運作，常不僅只在威嚴堂皇之辦務殿堂，警察官舍常成為警察與地方領導階層私下議事之所。從張麗俊《水竹居主人日記》與蔡秋桐的小說〈保正伯〉、〈奪錦標〉或〈新興的悲哀〉中，處處可見保正、區長等地方領導階層在警察官舍向警察官吏送禮、探病或飲酒吃飯，並藉此進行各種的議事與協商，以改變在正式辦務空間或在大街、公共空間已做出的裁決。尤其在幾乎以警察官吏派出所為唯一殖民官署的鄉村野地，警察官舍實為「一種非正式的地方政治運作空間」。建築正背與動線區隔所產生之官舍私密性，反倒為殖民者與被殖民者形塑了另一個協商空間，其效力有時尚比正式的政治運作空間來得有效。

　　保正事務所雖非正式警察官廳，但在保甲聯合事務所未制度化前，以自宅充當廳舍之保正事務所為村落中最重要之新興公共與政治空間，殖民官吏（包括地方警察）與村落民眾經常在此集聚從事各種事務。同地方警察官舍一樣，保正自宅亦可視為是「一種非正式的地方政治運作空間」。直至保甲聯合事務所被制度化後，警察官吏派出所方成為殖民地方之新的中心，保正事務所之公共性開始減弱。舉凡村落中需聚集民眾之事，概皆在保甲聯合事務所中進行。地方警察不再凡事均需到保正宅或地方廟宇，並可就近監視與管理。

第四章　警察之眼：日治時期臺灣地方警察之部署與殖民治理

4-1　引　言

　　殖民的目的決定了殖民治理所需採取的策略與技術，亦會影響殖民政府在殖民地社會的控制程度與手段。殖民地社會秩序之維持，是殖民地治理成功的支柱之一〔註1〕。而殖民地之社會控制或治安維持，與殖民者如何在殖民地「介入」或「部署」其殖民代理人（agents）密切相關。相對於抵禦境外侵略的軍隊，警察專責殖民地自身社會秩序的維持〔註2〕。殖民治理一般是以少數之異地殖民者統治多數之在地被殖民者，二者之間並無太多接觸機會。殖民政府官僚中與被殖民土民最有可能密切接觸者，即殖民地警察（縱使機會還是很少）。但殖民地警察與其說是法律的代理人，不如說是殖民政府的代理人（Brewer, 1994：6），或是殖民權力的僕役（ibid：17），是為殖民母國的利益而存在，並且是攸關種族問題的（ibid：18）。對受英國殖民統治的印度社會而言，警察不僅僅是做為政府的執行利器，他們根本就是政府（they *were* the

---

〔註1〕 David Killingray 認為，有效的殖民治理建立在兩大支柱上：首先是法律與秩序的維持，以支持行政管理的權威；其次則是徵稅，使殖民地的財政能夠運作。詳 Killingray, 1986：411。

〔註2〕 如第二章所述，歐西帝國殖民地警察一般多指涉英帝國之殖民地警察，至於歐陸殖民地之治安維持多賴軍隊與憲兵。惟諸多論述均將歐陸帝國在海外殖民地之軍憲因其具維持治安之責務而被籠統地稱為警察，但其本質上仍為軍隊，與英帝國或日本帝國殖民地之文官警察不同。

government）〔註3〕。甚且，在殖民地治安中，「威迫」（coercion）取代「共識」（consensus）成為殖民地社會控制的一個必要要素（Anderson & Killingray, 1991a：11）。

臺灣總督府以警察為施行治理之主體，對日本人而言，實即「治理被殖民者之『對的』方式」（the "right" way to govern the colonized）（Yao, 2004）。持地六三郎在其名著《臺灣殖民政策》亦稱，臺灣警察制度之體用與日本內地不同，「若不知悉警察制度之體用，則無以理解臺灣殖民政策的性質」（持地六三郎，1998：67）。警察對於殖民地臺灣的治理涉入之深，更被以「警察國家」（Polizeistaat）〔註4〕或「警察政治」〔註5〕來形容。日人透過地方警察積極滲透臺灣社會，以對臺灣人進行直接的支配與規訓。其殖民地警察官吏與官署之部署，實與英帝國殖民地在不干預政策影響下所形成之「雙城城市」之治安模式不同。

以 1930 年代英國在巴勒斯坦（Palestine）的殖民統治為例，前後主事的兩位警察顧問即因對被殖民者的觀感不同而提出相互對立的意見。Dowbiggin 持平等主義，視警察為文官，應專職於預防與偵察犯罪，因此建議採取小規模而多量的配置，以便於蒐集情資、預防暴動。任一警察據點，都應讓被殖

〔註3〕 在更為遙遠的英屬印度鄉野之地，巡查的警察與地方監視官就是國家權威活生生的體現。地方住民並不認識其他人。通常在區內巡迴的警察監督（superintendent）或是他的助理，是此區印度社會所能見到唯一的歐洲人，雖然他們很少與之互動。詳 Campion, 2003：234～235。

〔註4〕 持地六三郎認為，過去有所謂警察國家的理想已在臺灣實現，臺灣殖民政策的成功，一部份不得不歸功於這一警察制度。詳持地六三郎，1998：68。同樣地，當時候的外國人亦稱日本或臺灣為「警察國家」。詳 Braibanti, 1949：17；Grajdanzev, 1942：323。因日本母國本身的警察制度亦極嚴密，早就被稱為是「警察國家」。因此，姚人多即將臺灣想像成是「一個警察國家的殖民地」。詳 Yao, 2004：147。其他殖民地有此類似稱謂的，只有英國殖民統治下的馬拉威（Nyasaland），Devilin 委員會稱之為「一個警察國家」。詳 Killingray, 1986：436。1920 年代的馬拉威殖民地警察，職責之一是向被殖民者收稅，若不繳稅，常常將婦女留在區的 boma 當作人質，直到她們的丈夫付清稅款為止。詳 McCracken, 1986：132。根據陳新民的定義，「警察國家」一詞出自德文 Polizeistaat，係指十八世紀末、十九世紀初時的國家，在警察制度下制訂多項法規命令規範人民生活，並具有一種趨向良好秩序之目的。詳陳新民，2005，《行政法學總論》。臺北：陳新民。

〔註5〕 鹽見俊二認為，直至 1934（昭和 9）年實施「地方改制」時止，臺灣的行政，實際是由警察負責。至於臺灣的「蕃地」行政，則至日本戰敗投降時止，是徹頭徹尾的警察政治。詳鹽見俊二，1952：136。

民者「清楚可見」。但 Tegart 則視被殖民者不易馴服，警察在必要之時需具備
武裝戰鬥的能力。他認為 Dowbiggin 小規模又配置於顯著地點之警察據點將
無法防禦，因而建議應採取類似軍營（camp）的集中模式〔註6〕。Tegart 建議
將警察據點沿道路與鐵路配置在理想位置，並根據警察的需求規劃興建拘留
室、訊問室、警察娛樂室及其他服務性設施、已婚與單身英國警察及巴勒斯
坦警察之營舍，以及一些政府辦公處所。這些營舍實即做為殖民地警察維持
法律秩序與蒐集情資之基地（Kroizer, 2004：129）。

　　再者，殖民治理與殖民城市（colonial city）的關係，亦影響著殖民地警
察的空間部署模式。歐西帝國在亞、非大陸的殖民地城市，總是呈現出在種
族、文化與空間上的隔離。從法國十七世紀末期在印度 Pondicherry 的殖民開
始，各殖民帝國在空間策略上即刻意地區分出歐洲人區與在地人區〔註7〕。殖
民地普遍出現所謂的「雙城城市」（dual cities）〔註8〕：在一座城市中並置著
「殖民都市聚落」（colonial urban settlement）與「在地聚落」（indigenous
settlement），二者之間總是有一條清楚的界線（King, 1976：17～18），區隔著

〔註6〕　詳 Kroizer, 2004：115～133。兩人對於警察應否被「顯著」地呈現持有不同的
　　　　意見。Dowbiggin 認為警察應該被看見，所以警察據點應配置在顯著之處，而
　　　　警察制服的顏色必須是清楚可見的水藍色。但 Tegart 則認為應該隱匿，所以
　　　　警察是被集中配置（包括住居）在有高牆圍閉之營區中，而警察制服之顏色
　　　　則應採較不顯眼的卡其色。
〔註7〕　法國在南印度的 Pondicherry 的殖民統治，早自 1688 年即開始。根據 Preeti
　　　　Chopra 的研究，法國在此地的殖民計畫，有兩個特質是格外重要的。第一，建
　　　　立格子狀的都市街道系統，配合上歐洲住宅風格，反映了法國想要展現其在文
　　　　化上的優越性，卻又不會讓當地人產生敵意。第二，法國對於此處殖民地的治
　　　　理是採取不干預主義，因此在空間策略上採取了歐洲人區與在地人區的區隔。
　　　　另外，Pondicherry 宏偉的總督府（與其他殖民政府建築）的興建，除向在地土
　　　　人展示權力外，亦向其他殖民帝國展示權力。這些特質均在法國於阿爾及利亞
　　　　的阿爾及爾（Algiers）、塞內加爾的達卡（Dakar）、印度支那的西貢（Sagon）
　　　　與摩洛哥的 Casablanca 及 Rabat 等殖民城市營造中被延續，而且也影響了英國
　　　　在印度次大陸的殖民統治的空間策略。詳 Chopra, 1992：107～137。
〔註8〕　Janet Abu-Lughod 所提出殖民城市之「雙城城市」的概念模型對其後學者在殖
　　　　民城市上的探討影響極大。在〈雙城故事：現代開羅之源起〉（Tales of Two
　　　　Cities：the Origins of Modern Cairo）一文中，作者探討受殖民帝國影響下的現
　　　　代開羅，其中一段引文最生動地描述了殖民城市的這項普遍性質：「歐洲人的
　　　　開羅被一條從火車站經過許多大旅館到亞伯丁（宮殿）的長街與埃及人的開
　　　　羅切開……而且到處都是大型的商店與住屋，精緻的馬車與盛裝的人們，就
　　　　如同是一座西方人的城市……真實的開羅是在這條街的東方，實際上就像從
　　　　前一樣。」詳 Abu-Lughod,1965：429～457。

兩種截然不同的社會、文化、人種與實質環境。這條界線，受十九世紀與殖民理論共謀的熱帶醫學理論的影響〔註9〕，就是一條「防疫線」或「隔離帶」（quarantine or *cordon sanitaire*），因而形成「一個城市，兩個世界」。對殖民者而言，「在地聚落」既是落後、不潔之所，亦是殖民治理潛在之反抗來源。「殖民都市聚落」與「在地聚落」間的界線，不只具有公共衛生上「防疫線」的意義，更是一條具有社會控制意義之「治安防線」（police line）〔註10〕。因此，殖民地的警察官署總是策略性地被配置在兩個不同聚落的「邊界」。在印度加爾各答（Calcutta）警察官署屋頂的小瞭望塔，總是面對著「在地聚落」，不斷地施以凝視。警察官署策略性地空間部署模式，更加強化了殖民者／被殖民者「在種族地理學（racial geography）上的嚴格區分」〔註11〕。歐洲殖民者對於「在地聚落」社會總是施以間接統治。因此在歐洲帝國的殖民地，警察的成員多以殖民地土民爲主要成員，但聽令於歐洲上司，且相當程度是武裝警察。同時，代理殖民者行統治之實的在地菁英亦設置自己的警察，以鞏固其自身之統治利益。亦即，殖民地具備不只一種類型的警力，至少包括了殖民政府警察與地方土民部落的警力（Killingray, 1986：424）。

因此，殖民地警察之空間部署策略，會因殖民者對殖民地社會控制的基本目的與治理理念上之不同而呈現出差異。臺灣日治時期地方警察權力之運作基礎爲何？歷來與臺灣日治時期警察相關之論述〔註12〕，多專注於警察制

〔註9〕 這種空間上的隔離，並非一開始就與熱帶醫學理論相關。殖民城市空間隔離是基於對殖民地社會與空間的不干涉主義。直至十九世紀末熱帶醫學興起後，方開始受其影響，成爲其支持論述之一。詳 Cell（1986）與 Curtin（1985）二文之討論。

〔註10〕 Foucault 則稱之爲是一種社會的「隔離區」。詳 Foucault, 1992a：215。

〔註11〕 詳 Low, 1996 :182。Low 的討論對象主要是針對文學家 Rudyard Kipling 在其遊記小說《惡夜之城》（*City of Dreadful Night*）中對於英國在印度的殖民城市加爾各答（Calcutta）的描述。在加爾各答，從 Howrah Bridge 到 Park Street 的東端畫一條線，在其南邊與西邊是住在印度的英國人所居住之富裕而寬敞的郊區；在其北邊與東邊，則是擁擠的印度人區域。而警察凝視的目光方向，主要是在印度人區。如 Kipling 小說中的主人翁所承認的，警察在高貴的歐洲白人所居住的區域幾乎無事可做。警察官的凝視，與高尚的歐洲白人無關。詳 Kipling, Rudyard. 1919. *From Sea to Sea：Letters of Travel*, volume 1, 'Chapter V With The Calcutta Police', London：Macmillan, [1899]。

〔註12〕 與日治時期警察制度相關之論說，主要有：李崇僖（1996）、蔡易達（1988）、陳純瑩（1989, 1992, 1994）、田村正博（1997）、劉匯湘（1952）、鹽見俊二（1954）。至於與日治時期派出所制度相關之論述有：蔡進閔（1998）、蔣基

度本身的發展，而較少關注其在實際運作警察權力時的種種對象與部署策略。尤其空間常被用作社會控制之重要工具，且以在殖民地尤甚。殖民地臺灣地方警察治理權力之滲透，即是因警察官吏與官署在臺灣地理空間上之散在配置而深達臺灣社會之任一角落。警察官署因而成爲殖民政府在地方治理之權力中心〔註13〕。但其散在配置之策略爲何？是根據哪些「殖民知識」做此決策？地方警察在殖民治理上扮演何種關鍵角色？本章將試圖藉由回答這些問題，檢視臺灣總督府利用地方警察，將臺灣形成爲怎麼樣的「警察國家」。

4-2　臺灣日治時期地方警察官署與官吏之部署模式

4-2-1　警察官空間：組織、數量、種族與城鄉空間部署

一　組織：中央集權之金字塔型組織結構

　　臺灣殖民地警察特色之一，即是其中央集權的科層組織。後藤新平爲因應日治初期匪亂時起且財政困窘的狀況，將行政官廳採二級制，但以地方警察擔任職員之支廳做爲廳長之輔助機關，以地方警察兼管行政事務。並以支廳爲中心，在各地散在配置警察官吏派出所。更重要的，後藤堅持設置行政位階高於其他局處之「警察本署」，以統合全臺警察建立指揮系統一貫之警察制度。警察本署長具有指揮地方廳長之權力，亦即全臺警察均受警察本署長之指揮調度，不受地方行政長官之左右。自此，「警察本署／地方廳警務課／支廳／警察官吏派出所」之金字塔型科層組織因而建立。此外，每一派出所亦因其人口地域而設置有數量不等且受派出所警官指揮之保甲組織，亦形成層級分明「派出所警官／保正／甲長／家長／個人」之類科層組織。原已遍及臺灣各街庄之警察官署，即藉由保甲組織強化其組織之能耐，被殖民者無一人能夠逃脫殖民者的權力凝視。這種科層組織結構雖在 1920（大正 9）年後稍減強度，但在下層保甲組織的運用未曾改變，對被殖民社會之影響強度

　　　　萍（1997）。

〔註13〕但同時也是被殖民者反抗殖民統治的主要場域。日治之初的警察署、巡查出
　　　　張所、派出所，亦或是 1910 年代數次的武裝抗日對於支廳及警察官吏派出所
　　　　的襲擊，都顯現出殖民地警察直接與被殖民者正面接觸之角色。詳中島利郎・
　　　　吉原丈司，2000a：350；《臺灣總督府警察沿革誌》第二編，〈領臺以後の治
　　　　安狀況（上卷）〉之「第四章　本島治匪始末」與「第六章　日露戰爭中の民
　　　　情竝に其後の騷擾事件」。

未曾稍減。

　　至於在殖民地警察本身之科層組織中，亦是層層監督，向上層負責。除配屬於一般行政區域外，在地方廳（或郡）與警察官吏派出所間分別設置「監視區」與「巡視區」兩個層級，更將其組織編制細緻化，組織內部控制更為嚴密，而不只在被殖民者一方。各層級監督需定期巡迴監督其下一層即之警察官署之作為。

　　此外，地方警察中央集權之組織結構或可從其通信設備之控制略窺究竟。明治時期日本內地警察官署以電報做為通信聯絡之工具，並藉此強化警察之階層結構。同層級之派出所間無法相互橫向聯繫，唯有透過上下層級之縱向聯繫方可〔註 14〕。臺灣在普設派出所的同時，即以架設警察專用電話為要務。目前雖無文獻可資佐證，內地這種藉管制聯繫以強化官僚科層制的做法，可能亦在臺灣被採行。至少，在初期的電話架設，因經濟與時間的因素，應是從支廳輻射到各派出所，但尚未建立起各派出所之間的聯繫。這亦可從廳警務課與支廳的簿冊中有「電話簿」與「長途電話簿」、但派出所卻無推測之〔註 15〕。

二　數量：多量、散在之配置模式

　　無論是殖民母國或是殖民地的現代警察，其有效性乃在於其「散置」（diffusive）的特質，使警察能夠滲透進社會，並以一種細緻而有效的方式監控人群（Fahmy, 1999：376）。而日本殖民地警察在臺灣之部署策略，即是其範型。地方警察之分佈密度，所謂「散在制」實是地方治理之關鍵。

　　在 1900（明治 33）年末的全島警務課長召集會議中，警保課長浦太郎即提到，內地人因多集合聚居，警察之視察極為方便。而臺灣雖有街庄之名，甚多是零散配置，因此需大量增加派出所的數量〔註 16〕。不只是警察官的數量很大程度上反映了殖民政府想要掌控被殖民人群的程度（Yao, 2004：154），警察據點（尤其是最基層的警察官吏派出所）在殖民地臺灣地理空間上的配佈亦反映了其對臺灣人的控制模式。在設置的初期，一個派出所少則

〔註 14〕　詳 Westney, 1982：327。警察機關之間的通信本是透過信差，後來則透過電報，而電報也強化了警察組織之階層：每一派出所可與其上一層主管聯繫，但同一階層之間則無法聯繫。
〔註 15〕　詳《臺灣總督府警察沿革誌》，V：589～601（「附錄　文書保存期限表」）。
〔註 16〕　在警保課長浦太郎演說的當時，全島已有七百五十處左右之派出所，但他認為仍未周密。詳中島利郎‧吉原丈司，2000b：22。

十人，多則三十人；各派出所間的距離在三四里間，偏遠的村落則在四五里間。之後隨著殖民地社會的平穩，逐漸轉向一派出所平均四至五人的配置標準，並希望能達到內地一派出所僅一二人之巡查的配置模式（中島利郎‧吉原丈司，2000b：21〜22）。

派出所之配置原則，基本上是以管轄的面積與人口兩項因素來決定：面積五方里〔註17〕或人口四千人設一處派出所〔註18〕。實際上在部署時，則依實際狀況而有所調整。另外，派出所之規模亦因應管轄人口多寡而有甲、乙、丙三種不同的等級。因此在部分市街地派出所，雖然管轄面積很小，但管下人口達一萬以上，則設置以有較多的警官配置之甲種派出所來因應。在人口密集的市街地，派出所之間的距離可能只有三四百公尺，市郊地則在兩公里左右。至於一般街庄聚落，則在四公里左右；較偏遠的則可達九至十餘公里〔註19〕。

臺灣全島自 1900（明治 33）年開始大舉擴張警察官吏派出所後，派出所之總數每年成倍數地增設，自 1899 年的 345 處，1900 年的 680 處，至 1901 年已達 930 處。至此，派出所之部署已獲致一種空間的平衡，使所有的社群都受到「警察之眼」的監視（Chen, 1984：217）。此後派出所數量即緩慢增減，至多時曾達 1066 處〔註20〕。除警察官吏派出所外，做為地方警察輔助機關的保甲組織亦可視為是派出所之延伸，亦即警察官吏派出所之「派出所」。派出所之數量在擴張後數年內即已穩定，但其治理觸角卻因人口自然增長而逐年增加之保甲組織而更形嚴密。在 1910（明治 43）年時全臺即有 4869 保，48360 甲；至日治末期的 1942 年，則已有 6168 保，58916 甲〔註21〕，是相當驚人的數量。

〔註17〕 一（日）里=3926.88 公尺；一（平）方（日）里約等於 15.42 平方公里。因此，五方里約當 77 平方公里的面積範圍。

〔註18〕 詳《臺灣總督府警察沿革誌》，I：723（「警察職員及派出所配置標準」）；《臺灣總督府事務成績提要》，明治三十七年度分，頁 50〜51。

〔註19〕 這是根據《昭和七年版　臺灣市街庄便覽》中的記載所計算歸納的粗略結果。如大稻埕的幾個派出所之間的距離都很近，約只有三町（330 公尺）。詳篠原哲次郎，1932。

〔註20〕 在 1937（昭和 12）年時，派出所總數達到 1066 處為最多。詳臺灣省政府主計處編，《臺灣省五十一年來（民國前十七年至民國三十四年）統計提要》，「歷年地方警察機關及官警（1）」。

〔註21〕 詳臺灣省政府主計處編，《臺灣省五十一年來（民國前十七年至民國三十四年）統計提要》，「歷年保甲及壯丁團數」。

　　總督府配置數量如此之多的警察，在 1920 年代中期開始受到臺灣人的質疑與挑戰，認為日治之初為鎮壓土匪蕃人與預防傳染病而配置如此多的警察官吏，在 1920 年代中期的歌舞昇平的年代已經不合適，警察官吏過多易生流弊〔註22〕。因人員多而事務減少，導致過於安逸而以「好弄小策」（欺負臺灣人）為消遣。因此建議裁減警察官吏，並將警察善用於「地方治安和人智的向上」，亦即回歸現代警察之本務〔註23〕。

　　以下即由日治時期各種統計資訊，略作分析。

　　首先，表 13 是臺灣以州、廳為行政區域整理之地方警察官署與轄區人口、面積的統計。在中級警察機關（警察署、郡、支廳）並無太大分別，大致上與行政區域面積成比例，無太大差異。然就做為基層警察官署之警察官吏派出所而論，則以臺北州就人口與面積二項均最為密集，超過西部其他四州甚多，主要是因臺北州多都市，除人口較為密集聚居外，都市中亦多官署與公共建築，需配置較為嚴密之警力。至於臺東與花蓮港廳因人口尚少，以原住民與日人農業移民為主，較無治安上之顧慮，故配置較少之警力。

　　若以行政區劃來看警察官吏之配置（表 14），同樣是臺北州所配置之警察官吏最為密集。若再對照 1935 年之人口統計，臺北州與臺南州為臺灣人口密度最高者，一為殖民地首都所在之地，另一則為清代舊府城所在〔註 24〕。由此可見臺北州之警察官吏配置密度高過臺南州將逾 1.3 倍。這應與臺北為島都，且與在臺日人有約三分之一集中在臺北有關（章英華，1997：53）。殖民地警察雖以管理被殖民者為主，但在殖民者聚集區域，仍配置較為密集之警察官署與警察官吏，以維護殖民者之安全與利益。至於東部的臺東與花蓮港二廳，住民較少，且多為蕃人，交通亦不方便，警察事件鮮少，其警力配置亦較疏。

〔註22〕詳《臺灣民報》，1925 年 8 月 2 日，頁 1，「警察政治的功過」。該文比較了日本內地、朝鮮與臺灣警察配置的比重，顯出臺灣警察之多，必多冗吏，「變會惹出吹毛求疵、無事請功的流弊，欲保治安者反害治安的怪事」。

〔註23〕詳《臺灣民報》，1926 年 10 月 3 日第 2 版，「好弄小策的警察界」。

〔註24〕根據《臺灣省五十一年來統計提要》之「歷次普查人口之密度」，臺北州為 223 人/km²，新竹州為 155.9 人/km²，臺中州為 157.4 人/km²，臺南州為 245.7 人人/km²，高雄州為 128.1/km²。人口密度以臺南州最高，臺北州次之。且依 Grajdanzev 之統計，均高過當時日本內地之平均人口密度。詳 Grajdanzev, 1942a：24。

表 13　臺灣各行政區域地方警察官署與人口、面積之關係

區分	機　關　數				人　口	一官署當人口	下級機關數（僅列平地）				
	警察署	郡	支廳	計			派出所數	平地人口（人）	一派出所當人口	平地面積（km²）	一派出所當面積
臺北	3	9	0	12	968,387	80,699	218	951,225	4,363	2,732	12.53
新竹	1	8	0	9	697,949	77,550	135	674,460	4,996	2,629	19.47
臺中	1	11	0	12	1,062,514	88,543	165	1,038,413	6,293	3,545	21.48
臺南	2	10	0	12	1,210,115	100,843	255	1,205,899	4,729	4,937	19.36
高雄	1	7	0	8	656,412	82,052	136	624,425	4,591	2,858	21.01
臺東	0	0	4	4	60,544	15,136	24	48,012	2,005	1,000	41.66
花蓮港	0	0	4	4	90,355	22,589	30	76,269	2,542	1,351	45.03
澎湖	0	0	2	2	63,997	31,999	20	63,997	3,195	127	6.35
計	8	45	10	63	4,810,273	76,354	983	4,682,700	4,764	19,180	19.51

資料來源：日本行政學會，1934a：259。

說明：面積部份，原採用單位為（日）方里，已轉換為平方公里（km²）。

表 14　臺灣各地方行政區域之地方警察官吏與人口、面積之關係

區分	事務官	警視	警部	警部補	巡　查				平地人口		平地面積	
					部長	甲種	乙種	計	人口（人）	人／巡查	面積（km²）	km²／巡查
臺北	1	5	53	58	117	835	366	1218	951,225	**781**	2,732	**2.31**
新竹	1	3	31	31	85	423	212	720	674,460	937	2,629	3.70
臺中	1	3	39	35	89	590	235	914	1,038,413	1,136	3,545	3.86
臺南	1	4	44	46	123	759	292	1175	1,205,899	1,026	4,937	4.16
高雄	1	3	32	26	61	353	191	605	624,425	1,032	2,858	4.78
臺東	0	2	11	8	23	138	36	197	48,012	244	1,000	5.09
花蓮港	0	1	12	14	36	149	53	238	76,269	320	1,351	4.16
澎湖	0	1	4	4	10	58	26	94	63,997	681	127	13.57
計	5	22	226	222	544	3305	1312	5161	4,682,700	907	19,180	3.70

資料來源：日本行政學會，1934a：258～259。

說明：面積部份，原採用單位為（日）方里，已轉換為平方公里（km²）。

　　若從時間軸向觀之（表 15），在 1922（大正 11）年至 1936（昭和 11）年間，警察機關與官吏人數均呈頗爲穩定的狀態。警察署應依行政區劃的變化而增減，派出所的數量與每一巡查所管轄的人數，則因臺灣人口的自然增加而增加〔註 25〕；反之，每一巡查所管轄之面積即逐漸減小。若再對照《臺灣省五十一年來統計提要》之「歷年地方警察機關及官警」，自 1899（明治 32）年至 1921（大正 10）年間之警察數量大致逐年增加，僅在 1910（明治 43）年與 1921 年有顯著的增加，應是與前此一年地方官官制改正相關。另外，1937（昭和 12）年與 1938（昭和 13）年甲種巡查驟減 1200 餘人，可能是因爲部份日籍巡查被動員參加中日戰爭之故〔註 26〕。

表 15　臺灣 1922 至 1936 年間地方警察官署數量及警察職員與面積、人口之關係

| | 警察署 | 警察分署 | 派出所駐在所 | 職　員 | | | 巡查一人に付面積方粁（km² /巡查） | 巡查一人に付人口（人／巡查） |
				警視	警部及警部補	巡查		
1922	57	2	1,390	21	558	7,133	5.0	547
1923	58	1	1,391	21	559	7,132	5.0	558
1924	59	0	1,426	15	490	6,866	5.3	559
1925	59	0	1,393	15	490	6,886	5.1	602
1926	60	0	1,544	15	490	6,903	5.1	614
1927	60	0	1,531	15	490	6,903	5.1	628
1928	61	0	1,510	20	512	7,050	5.1	630
1929	61	0	1,510	20	512	7,126	5.0	638
1930	63	0	1,496	22	536	7,205	5.0	649
1931	63	0	1,510	22	536	7,376	4.9	651
1932	63	0	1,518	22	537	7,399	4.9	666

〔註 25〕　若參考 Grajdanzev 的計算，1905 年至 1937 年間臺灣人口增加 1.85 倍。詳 Grajdanzev, 1942a：23。另由《臺灣省五十一年來統計提要》之「地方警察機關及官警」統計，警察官吏在此 32 年間的增加率則約爲 1.65 倍。二者之增加率頗爲相近。

〔註 26〕　1937（昭和 12）年 7 月 7 日，日本在中國蘆溝橋發動軍事攻擊，開啓戰端，不少日籍巡查亦被徵召到中國作戰，可從《臺灣警察時報》闢有「戰地之友」專欄以在臺巡查撫慰與戰同仁之文章知道此現象。詳《臺灣警察時報》，第 272 期，1938 年 7 月，頁 106～109。

1933	65	0	1,530	24	542	7,492	4.8	675
1934	65	0	1,539	24	543	7,468	4.8	696
1935	66	0	1,535	25	552	7,519	4.8	707
1936	66	0	1,538	25	553	7,544	4.8	723

資料來源：臺灣總督府編，《臺灣現勢要覽》（各年度）。

若就臺灣與日本內地基層巡查的配置密度來看（表16），臺灣與日本二地皆是在城市配置較為嚴密的警力。但臺灣警察之配置顯然在都市地區約略相當，但在鄉村地區，臺灣即較日本內地嚴密，由此可見臺灣殖民地警察對於鄉村地區的支配程度。

表16 臺灣與日本內地「警察官之警備能率」（《臺灣の警察 昭和六年》，頁36～37）

	面 積		人 口	
	臺 灣	日 本	臺 灣	日 本
市部巡查	0.28 km²／巡查	0.11 km²／巡查	528 人／巡查	503 人／巡查
郡部巡查	5.14 km²／巡查		993 人／巡查	1349 人／巡查

此外，地方警察之數量，在 1937（昭和 12）年時達 9972 人[註27]，略多於教師之數量，將近是醫生數量之 3 倍。相較於日本內地教師是警察官吏之 6 倍（Grajdanzev, 1997：163），可見臺灣地方警察配置之嚴密，且如姚人多所論述，「從治理殖民地而言，殖民者最需要的是警察官」（Yao, 2004：174）。

■ 臺灣與其他日本殖民地之比較分析

同為日本殖民地之朝鮮，其殖民地警察官署配置卻與臺灣不同。韓國在 1919（大正 8）年制度改正後，在總督府設警務局，警察權移交地方官署。在各「道」（相當於臺灣的「州」、「廳」）設警察部。各道管轄下之「府」、「郡」設警察署，原則上一府郡設一警察署[註28]。警察署下在各地設派出所、駐在所與出張所。派出所設置在警察署所在地，駐在所則設置在警察署所在地

[註27] 此數量含蕃地警察及警手。詳《臺灣省五十一年來統計提要》，「地方警察機關及官警」。

[註28] 朝鮮之警察署位階與日本內地警察署較為接近，亦與臺灣 1920 年後仍未「郡警分離」之「郡役所警察課」較為接近，但與實施市制地區之「警察署」則有較大差異。

外地區。出張所則爲特殊警戒目的而設，如國境衛戍或鐵道工事之需。一「邑」、「面」（相當於臺灣的「街」、「庄」）以設一處駐在所爲原則（日本行政學會，1934b：204）。在 1933（昭和 8）年時，朝鮮共有 13 處警察部，251處警察署，197 處警察官派出所，2331 處警察官駐在所，154 處警察官出張所（同上：203）。

若將朝鮮警察官署與日本內地及臺灣略做比較，日本面積與朝鮮相當，在 1933（昭和 8）年時，有 906 處警察署，12074 處警察官駐在所，3497 處警察官派出所（同上：204），均數倍於朝鮮，尤其是派出所之數量。臺灣則有 65 處警察署（含郡役所警察課），1530 處派出所（含駐在所）。就每一街庄警察官吏派出所數量看，臺灣在 1920（大正 9）年改正時有 281 處街庄（含東部 18 個區），共有 969 處派出所，平均每一街庄約有 3 至 4 處派出所，顯然較朝鮮爲多。此亦呈現與臺灣地方警察配置一個最大的差異：「散在配置」並非其重點。再者，若再將 1933（昭和 8）年時朝鮮各警察官署數量與其配置人數整理如表 17。

表 17　1933 年朝鮮警察官署與警察職員數量（日本行政學會，1934b：203～206）

	官署數	警視	警部	警部補	巡查部長	巡查	總數	人／官署
警察署	251	24	331	561	1175	5357	7448	29.7
警察官派出所	197	—	—	—	10	1190	1200	6.1
警察官駐在所	2331	—	—	49	2275	6524	8848	3.8
警察官出張所	154	—	—	—	57	510	567	3.7

經由上表，朝鮮警察官吏有 41.23％配置在警察署所在都市之中，同時「人／官署」的關係亦反映出每一警察官署人員配置數量的城鄉差距。就警察署論，每一警察署平均約 29.7 人的定員遠少於臺灣之市警察署。在警察署所在地之每一警察官派出所則有 6.1 人之定員，則與臺灣警察署所在都市派出所相當或略少。至於非警察署所在地之警察官署的人數均多於臺灣，達 3.7 至 3.8人，相較於臺灣村落派出所以 2 人爲原則，可見朝鮮警察官署之數量並非關鍵。以與臺灣之警察官吏派出所較爲接近之駐在所爲例，一邑面僅設一駐在

所，管轄面積甚大，卻僅配置不到 4 名警察官〔註 29〕。日人雖在各殖民地同樣施行內地之派出所散在配置制度，但密度不盡相同。

其次，由表 18，關於日本內地及其各殖民地警察官署與警察職員之統計，以關東州之警察官署與人員配置最為嚴密，臺灣次之。細究其因，最主要之關鍵在於中國東北動亂不堪，致使馬賊與海賊越界肆虐，加以保甲制度施行成效不彰，因此加重警力部署。尤其 1931（昭和 6）年滿州事變爆發之後，關東州即在不到一年的時間增員 2322 人，以因應戰爭所帶來之紛亂（日本行政學會，1934c：258）。若就管轄面積與人口來看，除關東州外，臺灣的警察配置最為密集，更甚於日本內地與朝鮮。若與日本內地相較，臺灣每一巡查所管轄之面積與日本內地相當，但每一巡查所管轄之人口數卻僅日本內地之半，有甚為嚴密之警察配置。

表 18　1925 年與 1935 年時日本與其殖民地警察官署與職員比較
（《臺灣現勢要覽》（大正 14 年度與昭和 10 年度））

| 1925 年（T14） | 警察署 | 警察分署 | 派出所駐在所 | 職　員 | | | 巡查一人に付面積方粁（km²／巡查） | 巡查一人に付人口（人／巡查） |
				警視	警部及警部補	巡查		
臺灣	59	0	1,393	15	490	6,886	5.14	602
朝鮮	250	0	2,463	48	1,209	17,188	12.8	1,106
樺太	6	4	66	2	29	248	154.2	762
關東州	19	9	380	9	141	2,339	1.6	466
北海道	31	36	652	13	189	2,010	38.6	1,243
內地府縣	766	383	17,289	262	4,119	51,333	5.7	1,115

| 1935 年（S10） | 警察署 | 警察分署 | 派出所駐在所 | 職　員 | | | 巡查一人に付面積方粁（km²／巡查） | 巡查一人に付人口（人／巡查） |
				警視	警部及警部補	巡查		
臺灣	66	—	1,535	25	552	7,519	4.8	707
朝鮮	252	—	2,530	57	1,186	18,153	12.2	1,206
樺太	12	—	134	4	36	499	72.3	646
關東州	25	—	393	16	169	3,567	1.1	455
內地府縣	1,225	—	18,912	346	5,168	59,425	6.4	1,165

〔註 29〕如「江原道」之警察官駐在所各配置 3～4 名。詳日本行政學會，1934b：302。

　　但須提醒的是，韓國（朝鮮）之警察配置不若臺灣來得嚴密，乃是因爲其人民反日活動自始自終持續激烈，必須透過軍事力量來鎮壓，故而採取憲警同時維持境內治安的狀況。警察僅是維持治安的要角之一。再者，相較於臺灣爲一封閉地域之島嶼，日人在韓國與關東州更需防備自中國邊境而來之各種紛亂。

　　若與姚人多所做之英帝國殖民地警察與人口比率相較，他認爲新加坡與馬來西亞聯邦的警察密度較臺灣來得嚴密〔註 30〕。但其推論僅根據人口，而未將屬地面積納入考量。即如上表之樺太廳，每一巡查管轄 603 個人民，似乎較臺灣嚴密。但其實樺太面積甚大，人口甚少，因此單由人口無法確知其警察分佈之密度。新加坡與香港都是面積狹小、都市化甚高的地區，密度自然較高。馬來西亞的狀況，則可能與樺太類似。但實際狀況仍須深究，但已可見臺灣殖民地警察密度甚高，且不只是警察官吏本身，警察據點多量散在分佈更是關鍵，爲臺灣殖民地警察配置之特徵所在。

三　警察部署之城鄉差異

　　以 1918（大正 7）年臺北廳各支廳轄下派出所數量爲例（表 19），直轄區域（主要是指臺北三市街）外之其他支廳是以一般街庄聚落爲主，各支廳之面積雖均數倍於廳直轄區域，但派出所之數量卻不及其三分之一。如與廳直轄區域相鄰之士林支廳（約略包括 1920 年後之士林庄與北投庄）僅 13 處派出所，錫口支廳（約略包括 1920 年後之松山庄與內湖庄）僅 8 處派出所，枋橋支廳（約略包括 1920 年後之板橋庄與中和庄）也僅 12 處派出所。由圖 152 可清楚讀到，派出所之配置密度除反映了城鄉差異外，亦與地形相關。山陵地區各聚落之間相隔甚遠，派出所間之距離亦較遠。

〔註30〕根據姚人多的統計，應還包括香港。姚的統計是根據 Jefferies 的 *The Colonial Police* 一書與 D. Arnold 在 *Police Power and Colonial Rule：Madras, 1859-1947* 的紀錄，在 1950 年時，英國殖民地警察與人口比率如下：新加坡 243、馬來西亞聯邦 247、香港 483、肯亞 894、黃金海岸 1037、烏干達 1805、Tanganyika 則是 2447、奈及利亞 3296。至於印度，在 1901 年時是 1720，1935 年時是 1635，1948 年時是 1358。詳 Yao, 2004：175。

圖 152　臺北廳管下各支廳警察官吏派出所分佈圖（局部）

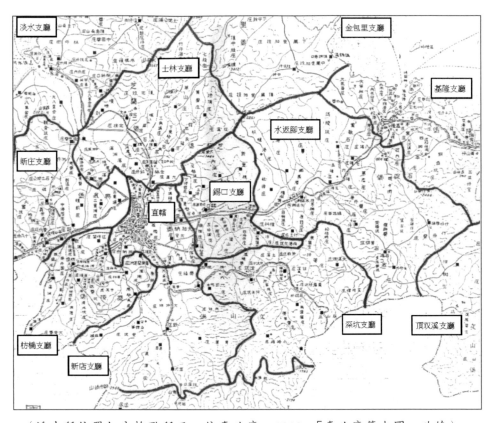

（派出所位置如方格點所示，依臺北廳，1919，「臺北廳管內圖」改繪）

表 19　1918（大正 7）年臺北廳管下各支廳警察官吏派出所數量統計

臺北廳管下警察官吏派出所（大正七年度，1918）												
所屬廳支廳名	直轄	士林	錫口	新庄	枋橋	淡水	基隆	深坑	新店	水返腳	金包里	頂双溪	總計
數　量	38	13	8	13	12	17	19	9	8	13	7	11	168

（臺北廳，1919：246～261）

　　再以 1911（明治 44）年時之葫蘆墩支廳爲例（圖 153），葫蘆墩支廳連同直轄派出所，共有 7 處派出所。1932（昭和 7）年時，豐原郡在原有的區域內僅多了一處（頂街派出所）。亦即，鄉村人口在日治後期因逐漸往市街移動，致使市街地人口成長較快，加上官署與公共建築的陸續完成，因而增加派出所之數量。

圖153　葫蘆墩支廳管轄略圖

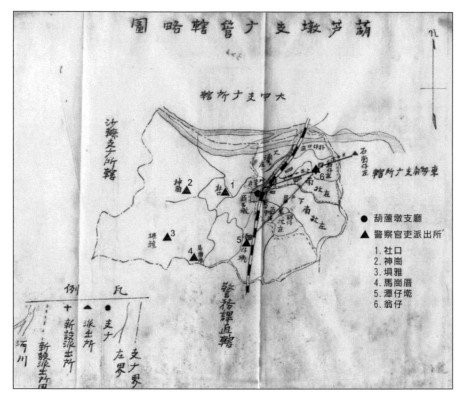

（《臺灣總督府公文類纂》，1911（明治44）年，第5429冊，第14
號，「翁仔庄警察官吏派出所新設認可（臺中廳）」）

　　若就行政區域範圍內之警察官吏派出所配置密度觀之，都會市街地派
出所密度高於一般街庄聚落。以臺北廳為例，其直轄區域內的臺北三市街
為臺灣人口最為密集之區，在派出所大舉擴張實施之前，僅有6處警察官
署〔註31〕。1902（明治35）年則大舉擴張為27處〔註32〕。1910（明治43）
年時，增至28處。由圖154可以觀察到，城內之派出所僅有四處，可能與城
內尚未完成市區改正、官署建築尚未興築完備有關；派出所主要配置在大稻

〔註31〕　包括城內、艋舺、大稻埕、水上警察、久壽街與北皮寮街等6處。詳《臺灣
　　　　日日新報》，1902年（明治35）1月25日第3版，「市內警官派出所增設配置
　　　　區域」。

〔註32〕　除上述6處外，增設了城內北門街、府中街、文武街、西門街、石房街與城
　　　　南街；艋舺南新街、布埔街、料館口街、龍山寺街、祖師廟街前街、新起街
　　　　與西門外街；大稻埕北門外街、河頭溝街、建昌街、稻新街、建成街、太平
　　　　街、媽祖宮口街與怡和巷街。同上註。

埤與萬華之臺灣人市街。至 1918（大正 7）年則隨著城市轄域與人口的擴增，共設置了 38 處派出所〔註33〕。其中，臺灣人密集聚居之大稻埕，面積不算大的區域中即有 11559 戶，派出所配置相當密集，共有 9 處村落派出所，而且都是規模較大之甲種或乙種派出所〔註34〕。至 1931（昭和 6）年，大稻埕一帶之派出所間的距離最近甚至只有三町〔註35〕。

　　至於在日治後期警察官吏派出所之巡查配置，已達相當穩定之狀態。警察署所在都市之派出所，一般配置 6 名以上之巡查。其管轄區域小，管轄之人口不必然比非都市地區來得多，卻配置較多巡查，乃是因為其管轄區域內分佈有較多之官署與公共建築，且都市中之日籍人口亦較一般市街村落來得多。而在警察署管內但已在區域外圍之派出所巡查配置，即如一般村落派出所以兩名巡查為主。以嘉義市為例（圖 155），西門町、東門町、北門町、南門町、榮町與元町派出所密集配置在市中心區域，且均配置 4 至 6 名巡查。配置在市郊之北社尾、宮前町與玉川町派出所則僅配置 2 名巡查，各派出所間之距離亦較長。

　　由此可見日人密集聚居之城市顯現出配置較多警察官署與警察官吏的現象。根據章英華（1997）引述富田芳郎的研究，臺灣鄉街的特徵之一，乃是以臺灣人為主之城鎮，而日本人大都集中在「都市」，且越大的都市，日本人口的比例越高，其中又以臺北市最多，其在臺日人即佔全島在臺日人三分之一強。且在臺日人有相當比例擔任都市內的政府與專業人員〔註36〕。章英華引述 G. W. Barclay 對臺灣人口統計的研究，在 1930 年時，臺灣都市內的政府與專業人員，七成為日本人（章英華，1997：52〜53）。陳紹馨亦曾提示，都市原是異族最容

〔註33〕臺北三市街範圍內的派出所大抵並無增加，增加之派出所為三市街在東、北、南三側的的市郊地，38 處的派出所包括了北門街、河溝頭街、府前街、西門外街、西門街、文武街、府中街、東門街、南新街、城南街、日新街、稻新街、媽祖宮口街、普願街、怡和巷街、太平街、建昌街、建成後街、大橋頭街、舊街、祖師廟前街、八甲街、料館口街、將軍廟街、布埔街、龍山寺街、新起街、頂內埔街、大竹圍、古亭村、大安庄、六張犁、三板橋、牛埔庄、大龍峒、中崙庄、下崁庄與加蚋仔庄。詳臺北廳，1919：247〜250。

〔註34〕其中甲種派出所四處（日新街、稻新街、媽祖宮口街、普願街），各有定員 6 名：乙種派出所五處（建昌街、建成後街、太平街、怡和巷街、大橋頭街），各配置有 4 名警官。詳田原鐵之助，1921：35〜38。

〔註35〕如永樂町四丁目派出所與太平町五丁目派出所、太平町三丁目派出所與下奎府町派出所、太平町一丁目與太平町二丁目之距離均僅三町，約 327 公尺。詳篠原哲次郎，1932：9〜14。

〔註36〕在臺日人有 41.5%擔任政府公職或專業人員，形成臺灣行政體系之脊骨；而臺灣人僅有 2.2%，但都是擔任最低階之職位。詳 Grajdanzev，1942a：33。

易居住之所，在臺灣之都市人口中，應注意日人人口比例。在 1940 年時，臺北市日人佔 28%；而就全臺日人論，有 69%居住在主要的十一個城市之中，從事公務、自由、工商、交通運輸各業（陳紹馨，1979：172～173）。

圖 154　臺北三市街 1910（明治 43）年時警察官吏派出所分佈圖

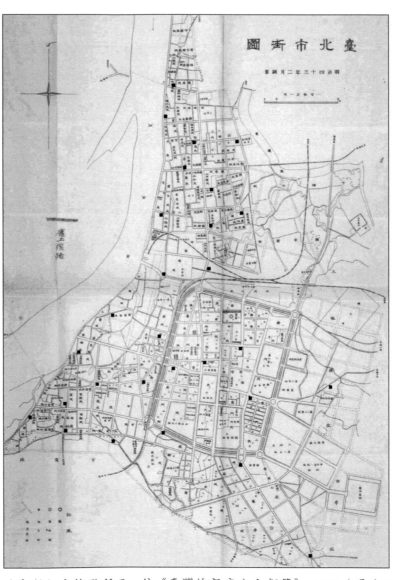

（派出所如方格點所示，依《臺灣總督府公文類纂》，1912（明治 45）年，第 5574 冊，第 1 號，「臺北市區計畫一部ノ變更」之「臺北市街圖」改繪）

圖 155　嘉義警察署管內警察官吏派出所分佈圖

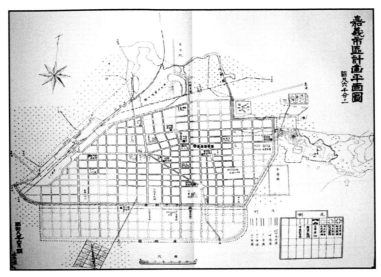

（據 1933 年「嘉義市區計畫平面圖」改繪）

　　至於在一般的市街或村落派出所，除郡役所或分室所在地派出所外，以配置 2 名巡查為主，如六腳庄的五處派出所，除蒜頭派出所因糖場之設置多配置一名巡查外，皆僅 2 名巡查。若單就甲種與乙種巡查之定員而論，經比對《臺灣市街庄便覽》中各派出所之人口與主要建築或紀念物後，可歸納出超過 2 名巡查配置之派出所之標準在於：人口超過 7000 人；街庄役場或重要官署所在地，並設有小學校、公學校、劇場與公會堂〔註 37〕；管內有對日本人〔註 38〕或臺灣人〔註 39〕分別具有特殊意義之建築者；有稅關（含其支署與

〔註 37〕如苗栗郡苑裡派出所管轄 11514 人，管內有苑裡庄役場、公學校外，尚有苑裡帽蓆檢查所、苑客座與御大典紀念館，因此配置有 1 名警部補、1 名巡查部長、3 名甲種巡查與 1 名乙種巡查。或如曾文郡大內派出所僅管轄 4497 人，但因境內有大內庄役場、公學校外，尚有大內劇場，故配置 1 名巡查部長、2 名甲種巡查與 1 名乙種巡查。

〔註 38〕如竹東郡芎林派出所管內住民有 6776 人，管內除有庄役場外，尚有「皇太子殿下御行啓紀念碑」與「御大典紀念碑」，配置有 2 名甲種巡查與 1 名乙種巡查。新營郡後壁派出所住民 5042 人，但管內有後壁庄役場、永樂座與「御大典紀念休憩所」，配置有 2 名甲種巡查與 1 名乙種巡查。新營郡安西寮派出所與虎尾郡莿桐派出所管內均有「北白川宮殿下御遺蹟所」，則多配置 1 名巡查部長。

〔註 39〕如桃園郡之大廟口派出所管內住民有 7193 人，但設有臺北地方法院出張所與桃園公會堂外，尚有重要廟寺景福宮，因此配置了 5 名甲種巡查與 1 名乙種巡查。嘉義郡新巷派出所亦因有臺灣人重要信仰奉天宮，故配置有 1 名警部補、1 名巡查部長、2 名甲種巡查與 1 名乙種巡查。

監視所）或重要港口者〔註40〕。其中，新營郡鹽水派出所是個相當特殊的例子。鹽水派出所在日治前期曾設有廳與支廳，雖僅管轄住民 6574 人，但管內卻有鹽水街役場、公學校、公會堂、商工銀行支店、公平座與「伏見宮貞愛親王殿下御滯在紀念建築物」等重要建築，因而配置有 2 名警部補、1 名巡查部長、5 名甲種巡查與 1 名乙種巡查共 9 名警察官吏（篠原哲次郎，1932：274）。

　　派出所主要配置在小型市街城鎮或是大型村莊聚落。由臺南州東石郡六腳庄的五處警察官吏派出所分佈圖（圖 156）即可觀察到，蒜頭是六腳庄最大聚落，亦是庄役場所在地，因此設置有警察官吏派出所。其他四處派出所亦是配置於鄰近諸多聚落中之較大者，且各派出所間之距離大致上是均等分佈。

圖 156　臺南州東石郡六腳庄管下五處警察官吏派出所分佈圖

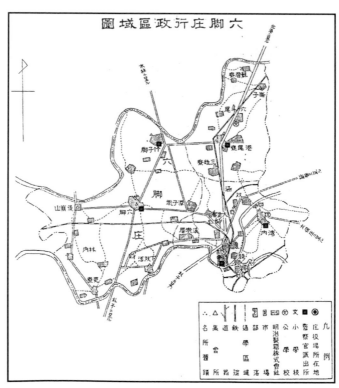

（六腳庄役場，1935，《六腳庄要覽》）

〔註40〕　如新竹郡舊港派出所僅管轄 5914 人，但管內有舊港庄役場、舊港稅關支署、舊港公學校與南寮海水浴場，配置有 3 名甲種巡查與 1 名乙種巡查。竹南郡公司寮派出所管內住民 5986 人，並有後龍稅關支署與日本石油會社油槽所的設置，配置了 2 名甲種巡查與 1 名乙種巡查。

　　再者，全臺警察官吏的統計僅呈現出一個平均值，約爲一個巡查管轄 600 至 700 人左右。但根據《昭和七年版　臺灣市街庄便覽》中所記錄各派出所轄區之人口數，實際上的數字並不若此來得嚴密，尤其是在鄉村地區。警察據點的數量之重要性更甚於警察官吏的數量，尤其是在治安穩定之後。都市人口較多，配置較多之警察官署，且每一警察官署之人員均數倍於村落派出所。在鄉村野地，大致上以配置 2 位巡查之派出所爲主，管轄七千人以下之範圍，超出七千人再增加一人。但在僅數百人或一二千人之區域，派出所亦仍配置 1 至 2 位警察官吏。

　　城鄉人口的差距拉大，根據日治時期的人口調查，是在日治後期。與英法等國在進入現代或工業化社會初期類似，鄉村的人口開始往城市移動。尤其當臺灣鄉村以人力勞動爲主之稻米種植逐漸爲以機器加工之近代製糖工業所取代時，鄉村勞力過剩，只好往城市尋找工作機會。因此，透過人口調查可以看出，城市人口大量增加，農村人口則幅度較緩；城市之男性人口較多，鄉村則以女性居多〔註41〕。推測這樣的人口分佈狀況，亦是造成都市派出所管內人口雖不一定倍數於村落派出所，但其警察官人數卻數倍於村落派出所之故。

　　警察官署實際上的分佈與配置在一定原則下，仍有相當大的差異。如在市警察署與郡警察課的層級，臺北北警察署僅管轄不到 20 平方公里的區域，但嘉義郡警察課卻管轄了 1400 平方公里的廣袤地域。就派出所來講，有管轄達逾 200 平方公里者，亦有僅管轄不到 1 平方公里者（《昭和十年　臺灣の警察》：31）。

四　警察官空間

　　施添福提出在日治時期臺灣地域社會中，存在著以警察官吏派出所、保甲與壯丁團所構成之警察官空間。警察官空間是以警察官吏派出所爲中心。三者在日治初期並未統合一體，直至「土地調查」與「人口調查」在 1905（明治 38）年完成後，方完備其「以圖統地」、「以地統人」之殖民治理基礎工程（施添福，2001）。地方警察亦在此基礎工程之執行過程中多所協助，並藉此理解並熟悉臺灣各地之土地、聚落與人口狀況，並建立起以「人口」與「面積」爲決定警察官吏與警察官署部署之基本原則〔註42〕。

〔註41〕詳 "Colonial Demography：Formosa", *Population Index*, Vol. 10, No. 3 (Jul., 1944), pp. 151～152。

〔註42〕陳清池亦曾引述淺田喬二（Asada Kyoji）的著作《日本帝國主義下の民族革命運動》（東京：未來社，1973），韓國的殖民地警察亦協助土地調查工作，

　　警察官吏派出所之設置，在支廳時期之初，乃是廳長依部內需要經臺灣總督認可得置警察官吏派出所。因保甲分劃施行在先，因此派出所之管轄區域需「依保甲區域」〔註43〕；至於壯丁團在1898（明治31）年「保甲條例」與「保甲條例施行規則」發佈施行後，即按保甲編成。至於保甲之編成，原則上以空間鄰近之家戶組織而成，十戶編成一甲，十甲編成一保；若因土地狀況與住民種族之關係不便編成一保（甲）則不在此限。因此，保甲屬「地緣性」組織，將派出所之管轄土地再做更爲細緻之劃分（圖157）。

圖157　由「新營國民塾配置圖」所見新營保區分佈，是以新營郡
　　　　警察課直轄派出所爲中心

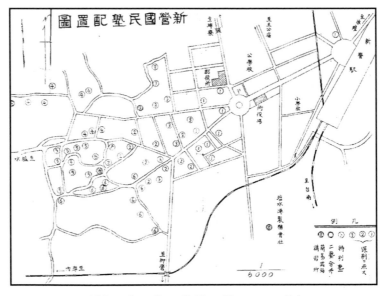

（《親民》，第2卷第6號，1938年）

　　保甲與壯丁團之運作順遂，更便利了派出所之散在配置。散佈各地之警察官吏派出所爲「組織保甲和壯丁團之空間樞紐。地理系統建立後，三者的領域，朝三位一體發展，並帶動派出所的空間重組」（施添福，2001：34）。

使得日本警官熟悉韓國的地形，使他們能夠輕易地決定在何處配置其警察據點。詳Chen, 1984：228, n. 50。施添福亦認爲日人透過土地調查明確了臺灣的地方空間，「作爲編成行政、警備，以及各種社會教化機關管轄區域的基本單位」。詳施添福，2001：1。
〔註43〕依1902年2月訓令第二號公佈之「臺灣總督府警察職務規程」第二條。亦詳《臺灣總督府警察沿革誌》，V：602, 611。

至 1920（大正 9）年地方官官制改正後，警察官吏派出所之管轄區域，除因土地狀況〔註 44〕與其他特殊事由外，則要求盡量與街庄（區）之位置一致。1930 年代除少數派出所外，幾乎所有派出所皆達此原則〔註 45〕。保甲、壯丁團在空間上皆是依附警察官吏派出所〔註 46〕。

五　種族差異：不對稱之權力空間

1. 警察官之種族差異

殖民地臺灣之人口組成，即具備殖民者少數與被殖民者多數之差異特質。1938（昭和 13）年時，臺灣籍人口佔 94%，日人僅佔 5.3%（Grajdanzev, 1942a：24）。雖然如此，地方警察之組成上仍以日籍警察官吏爲主。地方警察之出身國別，在 1931（昭和 6）年時，日人佔了 61.5%，臺灣人佔 38.5%。高階警官中鮮少有臺灣人。至 1935（昭和 10）年，臺灣人僅 2 人任警部補，6 人任巡查部長。而在最基層之巡查的部份，甲種巡查仍以日本人爲主，臺灣人僅 152 人，最低階之乙種巡查幾乎都由臺灣人擔任（《昭和十年　臺灣の警察》：42）。由此可見，臺灣之殖民地警察以日人爲主體，且據管理層級之位（表 20）。

表 20　1931 年與 1935 年時臺灣警察中內地人與臺灣人之比例

		警視	警部	警部補	巡查部長	甲種巡查	乙種巡查	總計
1931（S06）	內地人	22	250	286	713	4214	812	6297
	臺灣人	0	0	0	6	165	1436	1607

〔註 44〕 《臺灣總督府警察沿革誌》中即有舉例，言某支廳管內某警察官吏派出所有巡查 2 名，僅管轄戶數 8 戶。因其位置位在海拔八百尺之山腰，距主要街道 2.8 公里。若廢除此派出所，另一派出所則在 8 公里外。詳《臺灣總督府警察沿革誌》，V：1171～1172。

〔註 45〕 依《昭和七年版臺灣市街庄便覽》（篠原哲次郎，1932）與《警察官署別臺灣總督府行政區域便覽》（臺灣總督府，1944），僅草山派出所（士林街／北投街）、山腳派出所（新莊街／五股庄）、山崎派出所（竹北庄／湖口庄／紅毛庄）、埔頂派出所（新屋庄／楊梅街）、上坪派出所（竹東街／橫山庄）、秋津派出所（二林街／沙山庄）、內林派出所（斗六街／古坑庄）、東港水上派出所（東港街／新園庄／佳冬庄）、大和派出所（鳳林街／瑞穗庄）與枋腳派出所（貢寮庄／雙溪庄）等派出所管轄區域跨二至三個街庄。

〔註 46〕 詳施添福，2001：22。除保甲與壯丁團外，施添福亦觀察到，有派出所的地方，不一定有學校；但有學校的地方，必定有派出所。所以亦可視學區是附屬於警察官空間。

1935（S10）	內地人	25	257	237	775	3780	795	5587
	臺灣人	0	0	2	6	152	1057	1217

（臺灣總督府警務局，1932&1935）

　　朝鮮（韓國）的狀況與臺灣略有不同。朝鮮現代警察制度創始自舊政府時期的 1904（明治 37）年。但在 1907（明治 40）年朝鮮政府即將警察權委託予聘傭之日本警察官，日本警察開始進入朝鮮警察體系。1910（明治 43）年日本合併朝鮮後，仍沿用 1904 年以來之「憲兵警察統合制」。1919（大正 8）年警察制度隨地方制度改正，廢憲兵警察統合制，治安責務全由警察負責。改正之前，憲兵實為朝鮮國內治安之主體〔註 47〕。改正之後，需大量填補憲兵遺留空缺，除繼續徵募朝鮮本地人之外，亦大量自日本徵募日籍警察。在朝鮮委付警察權予日人後，在 1909（明治 42）年時日籍警官有 1033 人，朝鮮籍警官有 3549 人，佔警察總數四分之三強。再者，在最高階的警視一職，朝鮮籍警視佔 20 席中的 17 席。至 1932（昭和 7）年時，日本警官已有 10657 人，朝鮮籍警官則僅 7408 人，僅佔警察總數四成左右。朝鮮籍警察人數雖增加一倍，日籍警察卻暴增十倍。在高階警官方面日籍亦佔多數（表 21）。可見日人在併吞朝鮮後，即著力改變朝鮮現代警察之組織結構，日籍警官成為主體。但相較於臺灣，朝鮮人仍有機會位列警部、警視之高階，臺灣卻僅有兩人在中階的警部補的階級。整體的警察官吏組成雖均以日人居多，但朝鮮籍警察數量約佔全部警察的四成左右，而臺籍的警察卻僅佔全部警察的四分之一左右。此應與朝鮮在被併入日本之前即已施行現代警察制度有關。

表 21　1909 年與 1932 年時韓國警察職員國籍別比較表

	1909（M42）	國　籍	1932（S02）
警視	3	日本人	46
	17	韓國人	8
警部	146	日本人	333
	102	韓國人	70
警部補	—	日本人	544
	—	韓國人	108

〔註47〕 在 1919 年制度改正時，負責朝鮮治安之憲兵有 8179 人，警察僅 6222 人。詳日本行政學會，1934b：205～206。

巡查	884	日本人	9721
	3430	韓國人	7222
總計	1033	日本人	10657
	3549	韓國人	7408
說明：1909 年資料詳《臺灣日日新報》，1909 年 9 月 4 日第 1 版，「韓國警察機關」。 1932 年資料詳日本行政學會，1934b：206。			

韓國警察制度至 1919 年改正後方設「警部補」一職。

殖民者與被殖民者之間總是存在著無法消弭的鬥爭隙地，欲使被殖民者同化接受殖民僅是一幾乎無法達成的理想。因此在殖民地的治理，尤其是治安的維繫上，不願賦予被殖民者警察過大的權力，而僅將基層職階施放予被殖民者。就英帝國殖民地警察制度而論，殖民政府僅讓在地土人擔任基層警察，即是從其劣等民族性與管理同種族群易使治安體系腐敗的認知而來。故而英人擔任高階指揮中樞，中階警官則委付其他殖民地之警察，亦即以「異鄉人」（stranger）來協助管理。日本殖民帝國歷史較短，臺灣又為其第一處殖民地，殖民地警察制度亦在臺灣初次建立，並未考慮類似英帝國之殖民地警察模式。加以其欲行直接統治之目的，當以日本人為警察主體為主要考量。

2. 保甲制度之種族差異

保甲制度的創設雖久，但施行最力者卻在清代與日治臺灣，其共同點都是以外族身份統治漢人社會，為強化對於地方的控制而施行，以將國家權力滲透到社會底層。

日人挪用保甲制度專施行於臺灣人社群，而不及於日人或外國人〔註 48〕。誠如臺北帝大教授中村哲所稱，保甲制為一種「異民族統治策」，指清朝滿人政府即是以此制度來壓制反抗的漢人，施行於漢人村落，並延伸到熟苗、熟猺之地（中村哲，1942：14～15）。保甲制度被臺灣人視為是日人對臺人的差別歧視，是專制國家對待未開化人民之法，是作威作福的警察的一大武器，使得「臺人無端永在監視之中而有臨深履薄之懼」。

4-2-2　警察大人的高樓——全景敞視社會之空間建構

一　警察官署之基地座落與警察立番

殖民地警察官署皆有其部署之策略，以回應其殖民之方針。歐西殖民帝

〔註48〕包括中國人在內，亦都被視為是外國人。

國建立與在地聚落相鄰卻又分隔之殖民城市，形成雙城城市。警察官署即配置在黑白雙城之間的隔離帶上，形成治安防線，警察權力之眼則望向黑城。警察只在處理治安事務之需時，方進入黑城執務，平時則與被殖民者社會分處二地。

回視臺灣，除少數大型城市有日人聚居的情況外，並沒有顯著地因種族差異所產生之空間隔離現象；亦即，臺灣人與日本在地理空間上之分佈，並無明顯界線﹝註49﹞。其次，日人對臺灣之殖民治理，並非採取「間接統治」的模式。臺灣總督府以地方警察行直接統治，其部署的方式即在警察官吏派出所的散在配置與保甲制度的運行，在殖民地處處皆可見警察官吏（及其代理人，如保正）與官署的存在，無論城鄉之大小或遠近。如前之分析，警察官吏與官署之分佈密度，與轄地之面積、人口及城鄉差異相關。但散在配置該如何配置，方能使其警察權力有效運作，則牽涉到地方警察官署之基地座落策略。

警察官署之基地座落，在城鄉略有差異。在已進行市區改正之市街，傳統聚落線型蜿蜒狹窄的街路被取直擴張，格狀街道與街廓型態成為臺灣現代街鎮城市之主角，以行使「視覺化」之空間統治。因此自 1920 年代起，隨著臺灣各地現代市街的開闢，警察官署多配置在道路交角。如羅時瑋所言，日治時期重要官署建築「直接沿著街角興築，以道路交角之斜軸對稱配置，將開放空間留在後方。以這樣一種方式，街角被以一種都市意義所定義。由外部觀之，其量體看起來會比實際上來的大」（Lo, 1996：132）。在《臺灣建築會誌》中關於警察署之繪圖方式亦為此觀點之展現。首先，道路交角的斜軸被明顯地繪製出來，並成為兩翼空間的鏡射基準（圖 158）。其次，在立面的畫法上，將沿街之兩處立面「展開」來畫（圖 159）。而這更因市街道路的改正而被凸顯。「運用在殖民紀念物的『填實』（pochè）原則，傾向於以一種透

﹝註49﹞ 在臺日人多聚居於主要城市，除東部移民村外，以臺北市城內最為密集。在 1931（昭和 6）年末，臺北市城內區域與其東、西、南側外緣，日人的數量達總人口數的八成五以上。至於如基隆、臺中、臺南等等城市，則至多僅是二三街廓有日人較為密集之聚居，並不若歐西殖民城市有相當清楚的「殖民都市聚落」與「在地聚落」之分野。各市街庄臺日人口統計，詳篠原哲次郎，1932。另外，在 1941（昭和 16）年時，日人有逾半居住在三板橋庄、艋舺與古亭村三處，向臺北市之東南方發展。詳中原大學建築系，2000：17。但臺灣總督府中央研究所技師富士貞吉曾從日本人與臺灣人在生活型態上的差異，提出不應離居的看法，多少還是帶有種族隔離的色彩。詳富士貞吉，1938：21。

視的方法更積極地去建構都市空間。它使得這些紀念物看起來更大更具支配性。因此，與一般建築物在量體與形式上不同，殖民紀念物走向了在城市中一種視覺層次的建構。它們被賦予豪斯曼式的（Haussmanian）支配性，要求被看到，並主張架構城市。」（Lo, 1996：158）透過警察官署建築在顯要位置的座落，並將建築量體緊臨街道延展配置，並藉由垂直向度之山牆或塔樓強調其轉角，以增其在新都市空間中之可見度（visibility）。民眾為現代街道之新奇所吸引而在此聚集，街道成為新的公共空間，更方便警察之監視。

圖 158　新竹警察署一層平面圖

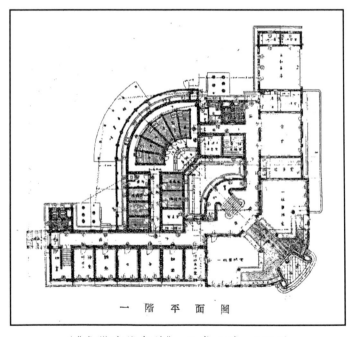

（《臺灣建築會誌》，7 卷 4 號，1935）

圖 159　新竹警察署正面圖，乃是將臨街立面整個展開來畫

（《臺灣建築會誌》，7 卷 4 號，1935）

　　至於派出所在村落中之座落，蔡秋桐〈理想鄉〉中的一段文字最能描寫出臺灣人對於警察官吏派出所之感受。

> 今日是美化日，庄眾個個要去美化作業，庄的美化工程，是以鐘聲爲號，如聽著鐘聲一響，勿論誰人有怎樣重要的工程，亦要放掉而服從這個美化工作！大家集齊在那鐘臺下而候指導員指揮了。指導員老狗母仔（中村）大人在這庄居住已有四十年之久了，也是個老臺灣了，他因爲要吾鄉好，拋棄他底故土而就吾鄉指導員之職，將來亦可是吾鄉的大恩公，就是他亦以吾鄉的慈父自居，所以他選定吾鄉的中央地點，建置他的高樓，四方八達可有道路直通至他之高樓。譬準樹木，他之高樓是幹，其他庄眾的住家是枝、養〔葉〕啦，一登樓上全庄一一可以修〔收〕入眼界。老狗母仔大人自入庄來，他是日繼夜地灌全精神指導，今日能夠得著那理想鄉三個字，就是他灌全精神勞力所結晶的。

蔡秋桐，1935，〈理想鄉〉，《臺灣文藝》第二卷六號

　　在〈理想鄉〉中，地方警察「中村大人」所代表的，是總稱的日本統治者。他的高樓，無非是指「警察官吏派出所」。當然，這無非是蔡秋桐在文學上的譬喻，但卻是眞實的感受。其座落在聚落之「中央地點」，可便利其掌控監視全局；在各方向有道路可通至此，但實則反喻地方警察可輕易地由「他的高樓」至村落各處。雖然日本警官以樹木爲譬，視「他之高樓是幹，其他庄眾的住家是枝、養〔葉〕啦」，但「一登樓上全庄一一可以修〔收〕入眼界」，其實就是座監視塔罷了。讓人不禁聯想到 Foucault 所論述 Bentham 的「全景敞視監獄」（panopticon），亦或是 Claude-Nicolas Ledoux 的 Chaux 製鹽場〔註50〕。由蔡秋桐的比喻中即可認知到，派出所與村落的關係，雖不若全景敞視監獄與 Chaux 製鹽場具有的強烈幾何特徵，但在座落之位置與權力支配的意圖上卻相當類同。再者，傅柯所論述之「全景敞視機制」之實際體現，並不在北歐，而是在其殖民地〔註51〕。

〔註50〕Ledoux 在 1770 年代在 Franche Comte 的皇家製鹽場，以強烈的幾何圖像配置其建築物，以彰顯其所強調之社會秩序。圓形場區中央之場長官邸與禮拜堂所形塑之中央監視統合了生產控制與宗教權威，其他各機能建築則環繞此中心配置。此中心不僅是空間的核心，亦是權力的中心，顯出控制者與被控制者的關係。相關的討論詳 Vidler, 1990：74～134；Markus, 1993：253～256。
〔註51〕如在印度。詳 Mitchell, 1991：35。實際的例子可詳 Kaplan, 1995。另外 Mitchell

這是個小小村落，雖然說是街路，但僅有一條，且幾乎是不成街路
的破落街路，正中是一條丈多寬的不大不小的路，路中心有輕便鐵
軌，路兩旁是並排的住房，全都是泥角的低矮屋舍，全長大約五六
十公尺吧……村口有一警察派出所，是唯一算得上有那麼一絲絲氣
派的房子。（陸）志驤提心吊膽地從派出所前面走過。他在經過派出
所正前面時，裝得若無其事地投過去迅速的一瞥，警官正坐在大門
口朝馬路的一張辦事桌後。那個巡查好像也瞥了志驤一眼，卻並未
注意他。

鍾肇政，1980，《臺灣人三部曲》

　　村落派出所之座落並不必然在中心，亦有如上引文所謂的「村口」，扼村
落進出之要道，有時則在聚落重要道路之端點（丁字路口）。雖然村落中之警
察官署之座落並不直接臨路，但透過事務室、門柱與面前道路之開啟視線，
派出所警官之權力凝視效能並未減損。此外，在城市之外的市街村落，支廳
與派出所廳舍常以「磚疊成之西洋風家屋，巍然聳立于」「斬竹編茅櫛次麟比
之民屋」間〔註52〕，常常是當地「唯一算得上有那麼一絲絲氣派的房子」，以
新式之建築震懾臺灣人。但由臺灣人寄附而興築的派出所，卻成了讓居民恐
懼，避之唯恐不及的建築〔註53〕。進出派出所卻讓人心生恐懼。因為在警察
暴虐權力的運作下，不只是殖民者的成見，臺灣人亦已將自己想像為是「天
生的罪犯」。陸志驤經過派出所前的忐忑不安，其實就是當時臺灣人的心情寫
照。若被警察之眼所關注到，即代表暴虐的權力將降臨其身。

　　在地方警察官署於策略位置座落後，即依賴警察官吏的「立番」（站崗）。
派出所之在所警備僅在限定時間可處於室內，除位置偏僻少人往來之派出所
外，均必須以在室外「立番」警備（《警察沿革誌》，V：539）。派出所亦是臺

亦指出埃及 1850 年代的模範村（model village）亦是全景敞視機制的實際體
現，居住在模範村中的人們甚至稱其村落為「一座幾何監獄」（a geometrical
jail）。詳 Mitchell, 1991：92。
〔註52〕詳《臺灣日日新報》，1904（明治37）年 6 月 15 日第 3 版，「地方進步狀況（承
　　　　前）」。
〔註53〕反倒是進出法院觀看審判在日治時期成為一種殊異的流行體驗。如王志弘藉
　　　　由對《水竹居主人日記》中張麗俊進出法院（除法庭外，尚包括登記處、公
　　　　證處與民事調停處），除了將民事調停處只是視為另外一名斷事的公親外，
　　　　諸如到法庭旁聽或擔任證人，則亦如尋常之四處遊訪一般，或許這類造訪法
　　　　庭的經驗，對張麗俊而言，去感受體驗箇中的新奇都來不及了。詳王志弘，
　　　　2005。

灣人有各種糾紛投訴之處〔註54〕。在日治前期，發生任何糾紛或發現可疑之
事，即先投訴警察官吏派出所。受理之警官即會通知保正一同會勘〔註55〕。

　　十九世紀初開羅的都市改正所帶有的空間規訓意義，與臺灣日治時期都
市改正若合符節。開羅的學校與臺灣的警察官署都是位於都市或聚落的中
心。學校規模是根據村莊或城鎮的規模而定，其分佈並反映出行政層級，這
種層級反映了新的、現代（民族）國家的階層秩序。再者，兩種制度的體系
都是強烈的中央集權。舉凡學校的教科書、課程時間表、人員編制、制服、
建築平面、教室空間與家具及每一間教室的位置等等，都由開羅的中央政府
決定。學校建築需依中央政府提供的標準圖與設置標準建造，而且也反映出
就學者的社會階層與財富狀況〔註56〕，使學校中各類角色在實質空間中皆一
目瞭然，並便於管理。

二　連續不斷的凝視：警邏與保甲連座

1. 警邏（patrol）

　　臺灣的殖民地警察任務繁多，可從「臺北州警察衛生展覽會」中「內地
警察官ノ仕事ト內地台灣警察官ノ仕事」（內地警察官之事務與臺灣警察官之
事務）圖一窺（圖160）。日本內地警察官僅處理普通警察事務，臺灣的警察
官則尚須處理戶口事務、阿片事務、保甲事務、理蕃事務及其他助長事務等
等。但本節的重點並非全觀地論述地方警察官的任務，而是要專注於其與警
察據點的空間關係，尤其是透過管內轄區的警邏，執行諸如上述之任務。

〔註54〕　如大稻埕有六名臺灣人將錢借予一日籍土木包辦業者卻無法索回，即至警察
　　　　官吏派出所投訴。詳《臺灣日日新報》，1912（明治45）年4月23日第5版，
　　　　「急於催促」。

〔註55〕　如1911年底的臺北，有人看到有數名內地人夜半抬棺掩埋，訴於舊街派出所。
　　　　警部補某某即偕同保正至現場會勘。詳《臺灣日日新報》，1911（明治44）年
　　　　12月19日第5版，「人棺埋犬」。

〔註56〕　首先，依地方官署「村莊、城鎮、省城與首都」之行政層級，在村莊或城鎮
　　　　設基礎學校（elementary school），在省城設進階學校（secondary school），在
　　　　開羅則設高階學校（highest school）。其次，各地方之基礎學校再依人口規模
　　　　2000～5000人、5000～10000人與大型城鎮分爲三級。第三，學校教育分成
　　　　三個階段，反映出社會階層金字塔：一般人可以讀到第一階段，稍微有錢或
　　　　社會地位者則可念到第二階段，第三階段則僅供政治菁英研習，以富人或具
　　　　高社會地位者爲主。詳Michell, 1991：76～77。

圖 160　日本內地警察官事務與臺灣警察官事務

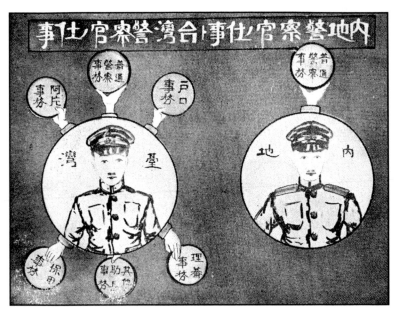

（臺北州務部，1926a）

　　巡查之勤務，依 1926（大正 15）年改定之「臺灣總督府地方警察配置及
勤務規程」，分「內勤」、「外勤」、「刑事」與「特務」四種。內勤巡查從事「紀
錄、會計、統計與其他庶務」；外勤巡查則從事「警備、警邏、交通、護衛、
理蕃、衛生、囚人刑事被告人與疑犯之押送及留置人之監守、戶口實查、保
甲監督、臨檢、視察之執行與取締」（《警察沿革誌》，V：609）。由其勤務內
容觀之，巡查雖有內、外勤任務之分，但以「外勤」事務最為繁雜，而有所
謂「外勤第一主義」之稱〔註57〕。其中，「警邏」又是最為主要的任務。所謂
警邏，即是在轄區內巡查（patrol）與監視。最基層之警官名為「巡查」
（patrol-man），即有此意。

　　若在大多數臺灣人居住的一般市街與鄉村區域，一處派出所可能管轄數
個小型聚落。派出所之設置位置，則以人口較多之聚落或有交通運輸之節點
（尤其是火車站）為主。在這種狀況下，警邏成為派出所巡查每日執務之主
要工作。警邏之方式，即是以步行巡查轄區內各聚落及各聚落間之主要道路。

〔註57〕詳《臺灣警察時報》，第 262 期，1937 年 9 月，頁 17～23，「警察與外勤第一
　　　　主義」。此外，1902 年公佈之「臺灣總督府廳警察職務規程」第六條即規定，
　　　　「內勤巡查，廳應在 4 人以內，支廳在 2 人以內」。詳《臺灣總督府警察沿革
　　　　誌》，V：490。

但隨著腳踏車的普及，在 1916（大正 5）年改正之「臺灣總督府廳警察職務規程施行細則標準」中即已有「警邏之際得乘用自轉車（腳踏車）」之許可（《警察沿革誌》，V：561）。

警邏的路線與週期因警察官署所在位置而不同。警邏線路可分「警察官署所在地警邏路線」、「村落警邏路線」與「宿泊警邏路線」三種。其每次警邏的時間與每日警邏的次數，如表 22 所示。警察官署一般座落於聚落人口住居密度較高之處，因此需給予較為頻繁的警邏視察。所在地外之轄域，基於人口較少、距離僻遠，其警邏次數則不若警察官署所在地來得頻繁。

表 22　臺灣地方警察在不同城鄉狀況之警邏時程與每日警邏次數
　　　（《警察沿革誌》，V：503，539～540, 550～551）

警　邏　類　別		警邏線路時程	警　邏　頻　率		
			1902 年規定	1908 年規定	1916 年規定
所在地警邏路線	廳	1～2 時間	5 回／日	5～7 回／日	6 回／日
	支廳		4 回／日	4～6 回／日	4 回／日
	市街派出所		2 回／日	2～4 回／日	2 回／日
	村落派出所			2～3 回／日	
村落警邏路線		往返 2 時～1 日（平地 6 里，蕃地 4 里）	4 回／月	4～6 回／月	5 回／月
宿泊警邏路線		1 日往返	2 回／月	2～3 回／月	2 回／月

除一般警邏外，在市街雜沓有通行危險之虞的場所，則以「立番」（站崗）替代（《警察沿革誌》，V：492）。另外，阿片特許營業者、貸座敷（妓院）、雇人口入所（職業介紹所）、料理店、飲食店、獸肉販賣所、獸乳搾取所、市場、質屋（當鋪）、古物商、宿屋（旅館）、湯屋（澡堂）與銃砲火藥營業者等營業場所，在警邏之際，每月需入其店鋪、製造場與家宅臨檢二至三次（《警察沿革誌》，V：505～506）。

警邏的過程中，需查察諸多事項，包括：保甲及壯丁團的狀況；法律命令實施的狀況；宗教及風俗相關的狀況；公共及個人衛生的狀況；監視人、要視察人及其他惡漢無賴之徒的舉動；相關營業狀況的取締；銃砲、火藥、阿片及其他禁制品有無秘密買賣；道路、水路、鐵道及橋樑、渡船塢及其他

交通上的狀況；電信並電話線有無故障；農工商與其他生業的狀況；其他應
注意事項（《警察沿革誌》，V：527～541）。其警邏之路線，應包括人民聚居
之聚落與重要的交通要道及節點。以阿緱廳潮州支廳崁頂警察官吏派出所為
例〔註58〕，其派出所轄區涵蓋了以崁頂庄、後廍庄為主的近二十處大小村落，
轄區內也有河岸和數條私設鐵道。從圖 161 可以清楚看到其警邏路線，就是
在於串連各個大小聚落，並且對主要道路與河岸（東港溪）特別重視。

圖 161　屏東崁頂庄派出所巡查警邏路線圖，如虛線所示

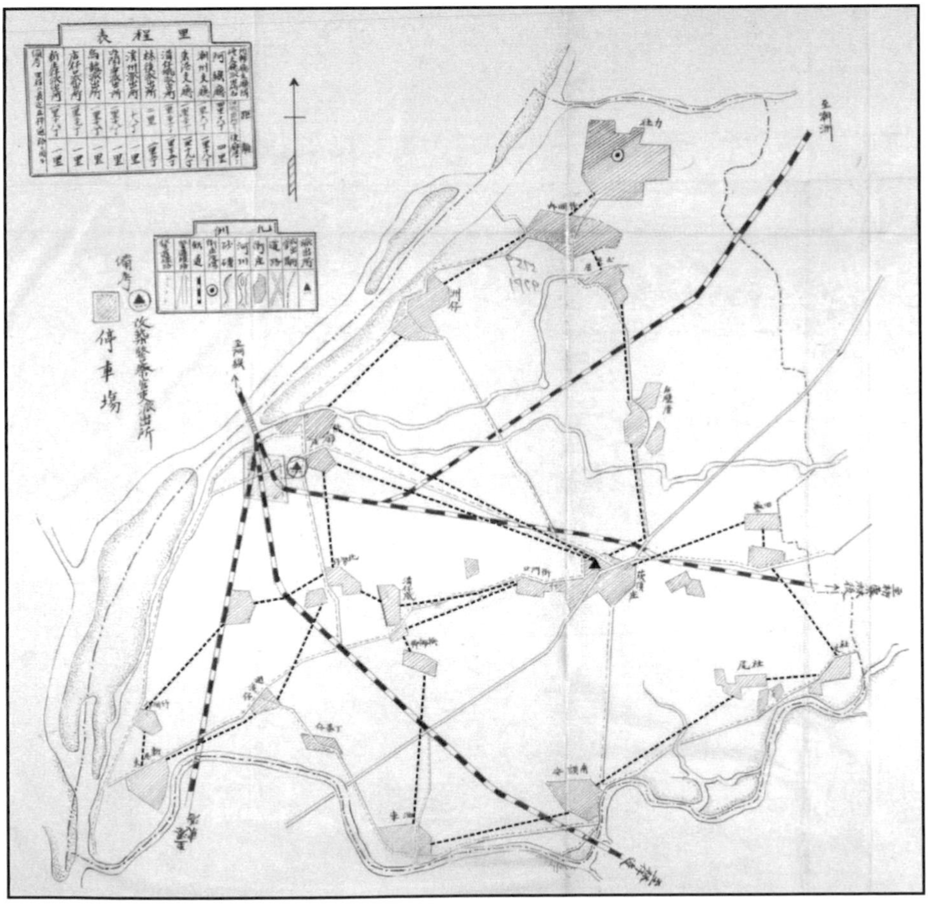

（《臺灣總督府公文類纂》，1909（明治 42）年，第 5159 冊，第 8 號，
「警察官吏派出所移轉認可ノ件（阿緱廳）」）

〔註58〕 詳《臺灣總督府公文類纂》，1909（明治 42）年，第 5159 冊，第 8 號，「警察
官吏派出所移轉認可ノ件」。該公文原是欲將派出所從主要聚落之崁頂庄，移
至三條主要私鐵匯集之後廍庄附近之停車場（火車站）。

巡查在各警邏路線上之樞要場所均需設有「警邏票」，需將警邏經過時間填入並捺印〔註59〕。保正為地方巡查在各保執務之代理人，亦成為各保必經之警邏節點，並檢查保甲簿冊及「蓋巡邏籤之印」〔註60〕。警邏過程中所見與處理之事務以「手帖」（筆記本）紀錄，回至派出所後均需向上官稟告並登載在警察日誌上。

在轄區走動巡查是地方警察最重要的任務，以其醒目可見，警惕欲犯罪者。但臺灣地方警察不只如此，透過警邏的過程兼理各種地方行政事務，即所謂「行政警察〔註61〕」。在非市街地，警邏尤為重要。藉由警邏，將廣大的轄區連繫成監視的網絡，並執行繁複的各種任務。其中，保正事務所是主要的節點之一。因為諸如種春痘、共同秧籍等農作相關事項、疫情防治、糾紛仲裁等等，都是以保正事務所為中心：執務之警官與技術人員，以及保內居民均來此會合作業。甚至，若巡查近午時來到保正事務所，保正免不了要請其用午繕〔註62〕。

警察的巡查是一種權力的展示，也是檢查與監視的一種儀式。巡查是殖民政府執行日常監視最重要的方式之一（Yao, 2004：156）；在警勤區內巡查所牽涉到的，就是「一種監視的全景敞視空間」（a panopticon of surveillance）（Cain, 1993：321）。地方警察以其定著的警察機關據點為中心，透過動態的警邏方式，佈建了綿密的監視網絡。如同楊守愚在〈顛倒死〉中的描寫，「巡查大人呢？他又是生來好管事的人，一天裏專心一意地想和不中用的窮苦的小百姓為難；那怕你有四隻眼睛、八條腿，也顧不到、跑不脫他的羅網」〔註63〕。當遇到緊急狀況時，更是出動大批警力，使其監視的網孔更為細密〔註64〕。

〔註59〕 依「臺灣總督府廳警察職務規程」之第36條規定。詳《臺灣總督府警察沿革誌》，V：492。

〔註60〕 在保正事務所設有巡警票筒。詳張麗俊，《水竹居主人日記》（二），1908（明治41）年7月16日（頁70）、1909（明治42）年2月4日（頁146）。另外，曾擔任乙種巡查的陳金和先生即提到，巡查是外勤的工作，每天都要外出巡邏，凡巡視過之處均得蓋章，表示已巡查過了。蔡慧玉，1995b：209。

〔註61〕 亦即「普通警察」，與「司法警察」有別。

〔註62〕 這在張麗俊擔任保正期間是常有之事，也包括數月一次之支廳長巡視。詳《水竹居主人日記》。雖然在「廳警察職務規程施行細則標準」第三十三條中即有規定，警官「村落警邏之際攜帶晝飯」。詳《臺灣總督府警察沿革誌》，V：528。

〔註63〕 詳張恆豪主編，1990，《楊守愚集》，頁81～87。

〔註64〕 同樣如楊守愚在其〈辦命〉一文中的描寫，「警察方面得到這一個消息，早已起大恐慌，接連地下著緊急動員令到各分室、派出所，非常大召集起來。所

2. 保甲連座

「保甲條例」第二條規定：「保及甲的人民咸負連座之責任。其連座者，得處罰金或科料。」「保甲條例施行細則」第二十七條則規定：「保內住民有被處以重罪者，各家長俱得處科料。前項場所若先發現犯罪人並向官申告者，得免其罪」。亦即，一保之內所有人之行為，俱由保正、甲長與各家長負共同責任，亦即「連座」（collective responsibility）。這原是日治初期防止臺灣人社群藏匿掩護抗日分子之方法。後藤新平認為此乃根源於「義務、血緣關係與傳統」〔註65〕。保甲規約中的連座處罰，使得臺灣人被鼓勵相互偵探與密告。地方警察的散在配置與保甲組織的結合，使得全臺灣各地大至都市小至窮鄉僻壤之街頭巷尾發生的小事，都在警察的耳目所及的範圍。這與十九世紀埃及的警察官署被從位置固定的警察官署轉變成充滿活力的神經中樞類似，其觸角遍及都市與村落，使得國家能夠控制並操控社會〔註66〕。《臺灣日日新報》之報導則稱保甲制度「連座責任之規定，堪為本規約之真髓」〔註67〕。

三　只怕警察眼

臺灣殖民地警察在本質上，屬「事前反應」（proactive）型態〔註68〕。就治安而言，警察之「可見度」（visibility）之於預防性治安的能耐，以及警察

以這一天，天還沒亮，大街小巷的各條交叉點，都站滿了公服的巡查，武裝地在戒嚴著，此外騎著鐵馬，到處尋哨的探偵，也都忙碌地交織著。」詳許俊雅編，1998，《楊守愚作品選集（補遺）》，頁 2～11。

〔註65〕詳 Goto Shimpei (1909). "The Administration of Formosa," in *Fifty Years of New Japan*, vol. 2, pp. 530～553. 此處轉引自 Tsai, 1990：70。

〔註66〕十九世紀的埃及警察，除了正式的警察官外，尚有數量龐大的各級地方官員、軍人、偵探、線人與各種政府認可的情報蒐集者，他們都領受政府薪水，並定期向警察局提出報告。這與傅柯所論述的十八世紀法國警察頗為相近。詳 Fahmy, 1999：351。臺灣的狀況與之類似，但關鍵差異點在於日人挪用的「保甲制度」，透過法律的正當性讓臺灣人監視臺灣人，且不受薪。

〔註67〕此乃《臺灣日日新報》報導關東都督府亦欲施行保甲制度，以為警察及補助收稅之機關，並用以防範馬賊。詳《臺灣日日新報》，1909 年 6 月 16 日第 1 版，「保甲制度」。

〔註68〕田村正博曾指出，日本的派出所制度與英美之巡查區制度（beat system）有很大的差別。所謂巡查區制度，是以制服警察在固定的轄區內專門執行徒步的巡邏。而派出所制度與巡查區制度最大的差別，即在於「有無可於其附近警戒，並受理居民各種申報與通報的活動據點」。因此派出所制度的性質是proactive，是在事前抑制事故的發生，並注意平時之作為；而巡查區制度則是reactive，僅在事故發生後做反應。詳田村正博，1997：201～213。

在城市各區域中快速反應之「可及性」（accessibility）都是重要的（Westney, 1982：326）。透過自身無時無刻的出現，警惕或提醒被殖民者殖民政府權威的存在。即如後藤新平欲以宏偉華麗之官廳建築來提醒臺灣人，日本人將永久地統治臺灣的意圖。因此，警察之可見度與可及性成為主要的策略。對日人殖民政府而言，臺灣人仿若「天生的罪犯」（criminals by birth）〔註69〕，不時受到警察之眼的凝視，包括顯而易見的地方警察官署建築與定期的警邏以防止其犯罪（反抗殖民政府）。在各地散在配置之警察官吏派出所，即可展現警察之存在，亦使民眾認知到警察存在之於地方的意義（田村正博，1997：206）。《臺灣民報》曾有一篇社說「只怕警察眼」，即說明了地方警察的監視特質〔註70〕，亦是所謂「警察國家」的重要特質。地方警察官署實即一監視哨站，監視的對象為被殖民者，其座落位置大多是在主要聚落之中心或重要道路節點，尤其是人群集散之地，以達其監視之目的。在建築的構成上，亦以執行守望、監視任務之事務室與入口、面前道路形成重要的控制管道。城市中因人口密集，派出所的配置數量亦多。此外，尚有各種專務之警官，包括水上警察、阿片視察、營業臨檢、留置場、電話、防疫等等專務。都市派出所除密集部署外，且大多配置於道路交角〔註71〕。「十字街頭」成為警察官時常佇立監視之所。因此，在人口薈萃之都市地區，警察以在所立番（站崗）、監視的任務為主，警邏（巡查）次之。派出所的位置，亦多配置於所欲特別針對之監視對象聚集之處，如遊廓或本島人市場，既可收警衛之效，亦可就近懲罰，震懾台人〔註72〕：「我們每從派出所走過，便常常看見許多男女為賭博或別的事跪在那裡。」〔註73〕

〔註69〕 Sanjay Nigam 以「天生的罪犯」的隱喻可用以相當貼切地形容整個被殖民者所處的情境。詳 Nigam, 1990。亦詳姚人多，2001, 119～182。因此，在殖民者眼中，所有的被殖民者，無論男女老少，只要是異民族，都潛在地是「有問題的」個體。

〔註70〕 詳《臺灣民報》，1926（大正15）年5月23日，第106號，頁1，「社說 只怕警察眼」。

〔註71〕 詳田原鐵之助，1921，〈臺北に於ける警察と民眾〉，《臺灣警察協會雜誌》，no. 50, 1921年7月25日，頁35～38。

〔註72〕 如「新竹市場邊派出所內外，賣菜者多數站立……立在派出所前者皆此巡查扯來處罰……」。詳《臺灣民報》，1926（大正15）年2月7日，第9號，頁11，「不平鳴」。

〔註73〕 詳《臺灣民報》，1926（大正15）年3月28日，第98號，頁13，「臺灣人的幾個特性（續）」。

4-3 日治時期臺灣地方警察之「經典」治理

> 臺灣的警官，右手執刀劍，左手持經典，捕盜斷訟而外，盡至教育
> 慈善事業，亦爲其分內事。〔註74〕
> 警察的筆記本，就如同是軍人的步槍。〔註75〕

在日治時期臺灣，讓小孩聽到「大人來了！」都會噤聲的日本警察，其
眞正的權力來源並不在利可傷人之刀劍，而在持地六三郎所謂之「經典」。「經
典」所指爲何，持地六三郎並未多做解釋。但由地方警察實際運作的模式來
看，所謂「經典」，至少有三。其一，是殖民政府據以擬定殖民政策之「殖民
知識」；其二則是地方警察負有對被殖民者「開發思想」之責；最後則是加諸
在臺灣人身上之「法律暴力」，包括了「犯罪即決」與「臺灣違警例」。

4-3-1 他熟知這個地方：地方警察與殖民知識

對於殖民地的認識是殖民地治安的首要之務。透過訴諸原居土民與殖民
主義者之間的基本差異的認識與想法，治安實務在一種預設的殖民治理科學
論述中獲致了合法性（Mukhopadhyay, 1998：257）。如 Metcalf 所云，「有效的
控制需要知識：屬民的、其過去的與其建築的知識」（Metcalf, 1989：22）。殖
民者在殖民初期，都汲汲於蒐集對其統治有所裨益的異地文本。在英國殖民
統治下的印度，「認識國家」（knowing the country）──它的景觀、人群與文
化──的駭人責任，大部分都落在警察身上。他們被期望累積大量關於印度
社會各方面的知識體系，尤其是與安全議題相關的，並且定期地更新這種資
訊（Campion, 2003：225～226）。而且，這些文本大多是與當地人進行合作而
實現的，使其能夠形塑一套當地的論述以將殖民統治合法化（Boehmer, 1998：
20）。

殖民政府對殖民地的滲透，是藉由殖民者統攝俯瞰的觀察角度，即所謂
的「殖民者的凝視」，並顯現在一系列的調查、檢查、審查、窺探與細查之中
（Boehmer, 1998：81）。就如同蔡秋桐所描述的高塔，警察對其所管轄的區域，
一眼望盡。這並非眞實的高塔，而是建立在其對地方的「蒐密」與全盤瞭解，

〔註74〕 詳持地六三郎，1912（1998）：80。
〔註75〕 這是印度警察總顧問 Hebert Dowbiggin 在 1930 年的報告中所提出的名言。他
認爲警察應該備有一本筆記本，可學習記錄罪行、事件與住民的抱怨，以及
他對這些事情的觀點。而這也是警察與軍隊、憲兵以武力遂行任務最大不同
之處。詳 Kroizer, 2004：121。

得以佔據一個優勢制高點進行凝視與統治。「管理統治就是瞭解情況，就是對全貌一覽無遺，瞭如指掌」。如同康拉德（J. Conrad）小說《吉姆爺》（*Lord Jim*）的主人翁吉姆身處高地，孤伶伶的一個白人，遠離他所統治的人們，眺望監視著他們。甚且，「凝視既是一種征服行為，也是一種研究形式」（Boehmer, 1998：81～82）。對被殖民者的詳細探查，使得殖民地既成為研究的對象，也成為向殖民者「展示」的對象。

　　日人對臺灣的認識與論述，則是透過地方警察與其輔助機關保甲組織的共謀來達成。但這套論述並不是單純的複製，而是為了統治的目的而被挪用與轉化。後藤新平熱衷「生物政治學」，而有「鯛魚之眼不同於比目魚之眼」之譬喻，認為殖民地之治理應尊重其舊慣（鶴見祐輔，2004b：469～478）。此外，後藤受德國科學殖民主義（scientific colonialism）影響頗深，認為應採「系統的與研究導向的」取徑來認識臺灣，並視臺灣為一「實驗室」（Peattie, 1984b：85），將在臺灣實驗施行之經驗沿用至其他日本殖民地。同時基於後藤在德國之公共衛生醫學的教育，頗著重於以「調查」及「統計」來觀察事物之趨勢與變化。

　　因此在初領臺灣之時，臺灣總督府即以「土地調查」、「人口調查」與「舊慣調查」三者為最應盡快完成之事業。其中，針對臺灣舊慣習的調查，陳偉智曾提出一個有趣的觀察。他發現日治時期許多關於臺灣民俗的研究著作，其作者多為警察與法院相關職員。他認為警察與法院欲藉由語言與民俗來瞭解被殖民者的「心裡」，以形塑對被殖民者「民族性」瞭解的實用性知識〔註76〕。

　　土地調查做為一種「繪製地圖」（mapping）的動作是殖民者理解其所殖民治理領域之最重要事務，以建立理性化的徵稅標準。臺灣在 1898（明治 31）年至 1903（明治 36）年間施行土地調查，是日本殖民地中之最早者〔註77〕。

〔註76〕陳偉智提出除日治之初透過政府力量所做之「臺灣舊慣調查」與日治後期「民俗臺灣」團體所出版之著作外，尚有不少重要臺灣民俗著作是由與殖民地民眾在第一線接觸之警察與法院官吏所著，包括：佐倉孫三《臺風雜記》（1903），小林里平《臺灣歲時記》（1910）、片岡巖《臺灣風俗誌》（1921）、志波吉太郎《臺灣の民族性と指導教化》（1927）、山根勇藏《臺灣民族性百談》（1930）、鈴木清一郎《臺灣舊慣と冠婚喪祭年中記事》（1934）與東方孝義《臺灣習俗》（1942）。其中，佐倉孫三、志波吉太郎、鈴木清一郎與東方孝義皆是警務系統官吏。詳陳偉智，2005：2～3。

〔註77〕臺灣是日本殖民地中最早施行土地調查者。韓國是在 1912～1918 年間，關東

再透過經由調查、統計所繪製之「數字地圖」，形塑了警察轄地之區劃。警察轄區區劃打破傳統的自然村落，並被架構在殖民統治下方便治理的「構思的空間」（conceived space）或「想像的共同體」（imagined community）。這使得在臺灣的殖民政府能夠掌握住第一手的殖民地資訊，以做為各種決策之判斷基礎。殖民政府就其所發動之各式各樣的「統計調查」，製造了大量有關殖民地臺灣的知識與殖民政策，大多是在 1905（明治 38）至 1920（大正 9）年間所完成，更造就了日本首批具有實際殖民地經驗的專家學者〔註 78〕。

在日治臺灣，警察「捕盜斷訟而外，盡至教育慈善事業，亦為其分內事」。臺灣日治時期之地方警察向以「萬能」著稱，如日治時期所傳稱，「臺灣的警察除不能把女性變成男性而外，什麼事情都有辦法」（葉榮鐘，1967：167～168）。「警察萬能」實為臺灣殖民地地方警察一大特色（持地六三郎，1998：81），除維持治安之外，亦是日本開發臺灣經濟的「實踐者」或「推動者」（鹽見俊二，1952：127）。Peattie 即視殖民地警察為臺灣地方行政之樞軸，就像一個殖民地官員一樣，「年復一年，日本的人口調查員、衛生監督員、教師，以及最無所不在的警察，熱烈地、無趣地且有時是無情地從事維持秩序、改正、收編與那些我們可以總稱為現代化活動的任務」（Peattie, 1984a：44）。藉此過程，地方警察熟知轄地之種種，使得殖民政府之殖民政策在實際推動上助益頗多，並回饋至臺灣殖民地警察官吏與官署之部署策略的擬定。Gann 即曾提出，日本警察所掌握的權力與英國在殖民地的區行政長官（district commissioners）相當，使得臺灣成為一個完美的「警察國家」（Gann, 1984：515）。就治理的角度言，地方警察既是殖民政府數字治理下基本資訊的蒐集者〔註 79〕，亦是殖民政府運用這些數字所做的決策回返地方的實際執行者（圖162）。自 1902（明治 35）年 2 月發佈「臺灣總督府警察日報規程」，各地方

州是在 1914～1924 年間，樺太與南洋則在 1922～1923 年間。詳 Peattie, 1984a:30。

〔註 78〕 透過在臺灣的第一手資訊的獲得、觀察與實際經驗，加上相關殖民理論著作的閱讀，在約略時段產生了專研殖民論述的專家學者，包括新渡戶稻造、東鄉實、持地六三郎、竹越與三郎及永井柳太郎，都有不少關於殖民論述的著作發表。後藤新平更在 1908 年在東京帝大請新渡戶稻造首開殖民研究之講座。詳 Peattie, 1984b：86。

〔註 79〕 在 1900 年代的《臺灣日日新報》，每日都有「每日警察日表」的統計數據，即是臺灣各地警察每日在地方所做的數據蒐羅，並迅速地向上回報彙整。主要是關於天災、火災所造成之災損，以及各種傳染病的流行狀況。

廳警察官署即需將每日發生之「變災、匪狀、蕃狀、犯罪、傳染病及警察死傷」綜理後在隔日十點前以電報電話向警視總長報告，並以新聞發佈〔註 80〕（圖 163）。在治理的程序上，地方警察既是起點，也是終點。其中，對於管下區域的人事地物鉅細靡遺的蒐集與造冊，形成了對治理被殖民者大有幫助之「殖民知識」，也建構了殖民政府「檔案」（dossiers）治理的模式。不只是實體的空間，每一個被殖民者，每一個「人」也被透視，包括他的「身體」與「心靈」，並進而被「分類」，納入「檔案」。因此，在臺灣的殖民地警察被賦予滲透至地域社會最深角落之正式證書，並深涉一種知識的體系，一種監視的知識〔註 81〕。而所謂的殖民知識，就是派出所尋常警察官對被殖民社會日常生活監視記錄的成果（姚人多，2001：142）。

圖 162 殖民地警察在殖民地資訊之蒐集與殖民政策之執行上之角色

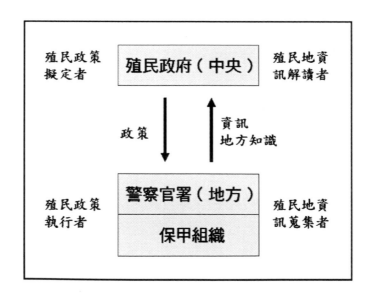

〔註 80〕 「臺灣總督府警察日報規程」於 1922 年 4 月廢止。詳《臺灣總督府警察沿革誌》，V：121～152。

〔註 81〕 詳 Yao, 2004：159。這種狀況，與 Foucault 所描述的十八世紀警察的治安權力頗為相似。警察關注每時每刻發生的事情，尤其是枝微末節。為了行使這種「遍及一切事物」的治安權力，必須使之具備一種持久的、洞察一切的、無所不在的監視手段，並把這些觀察匯集成一系列的報告和記錄，即是所謂的「治安文本」。其所記錄的，是個人的行為、能力、預測、疑點。詳 Foucault, 1998：213～214。

圖 163　全島警察日表

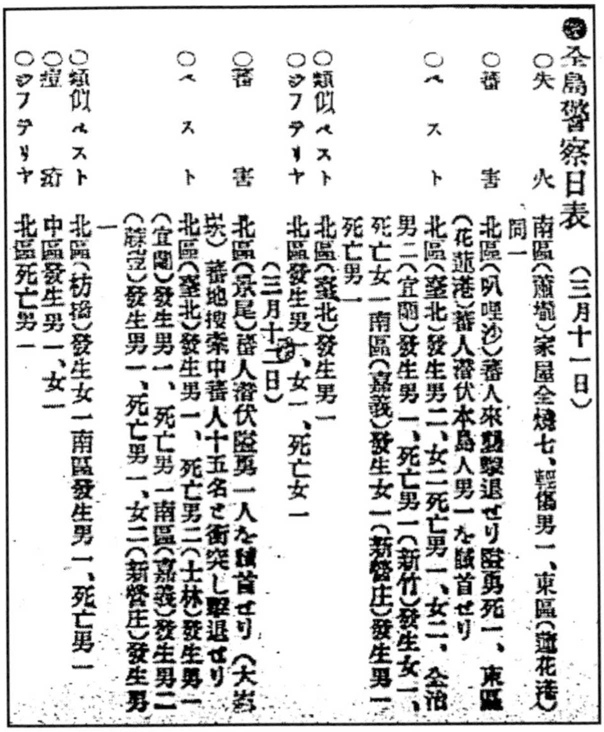

全島警察日表（三月十一日）

○失　　火　南區（蘿壠）家屋全燒七、輕傷男一、東區（蓮花港）同一

○蕃　　害　北區（叭哩沙）蕃人來襲擊退せり隘勇死一、東區（花蓮港）蕃人潛伏本島人男一を馘首せり

○ペ ス ト　北區（臺北）發生男二、女二死亡男一、女二、全治男二（宜蘭）發生男一、死亡男一（新竹）發生女一、死亡女一南區（嘉義）發生女一（新營庄）發生男一死亡男一

○類似ペスト　北區（臺北）發生男一

○ジフテリヤ　北區發生男一、女一、死亡女一

（三月十二日）

○蕃　　害　北區（景尾）蕃人潛伏隘勇一人を馘首せり（大嵙崁）蕃地搜索中蕃人十五名と衝突し擊退せり

○ペ ス ト　北區（臺北）發生男一、死亡男二（士林）發生男一（宜蘭）發生男一、死亡男一南區（嘉義）發生男二（蔴荳）發生男一、死亡男一、女二（新營庄）發生男一

○類似ペスト　北區（枋橋）發生女一南區發生男一、死亡男一

○痘　　瘡　中區發生男一、女一

○ジフテリヤ　北區死亡男一

（《臺灣日日新報》，1905（明治 38）年 3 月 14 日第 5 版）

地方警察在官署與官吏之部署策略上，亦奠基於此種「科學」取徑。雖然千千岩英一在地方警察初始配置上之計算頗爲粗略，但已具有數字管理之概念。受德國醫學教育之後藤新平，則眞正將此取徑運用在對臺殖民統治。地方警察的配置，亦是在此概念下被規範化、常規化。然就臺灣總督府而言，在所有的殖民知識中，對於管內被殖民的「人」的認識最爲關鍵。

一　人口調查

Anderson 提出數字統治之論述，認爲「人口調查」（census）本身即是一種「權力制度」（institution of power），以供殖民政府想像在其統治下之被殖民者的性質（Anderson, 2003：187）。Appadurai 則認爲經調查後所得知之數字，使得被殖民者成爲可被計算的單位，進而成爲可被控制的實體（Appadurai, 2000）。對臺灣總督府而言，「數字治理」的主要對象是「人」。而在採行「間接統治」的其他亞非殖民地，重視的則是「土地」與「資源」，除了奴隸販賣外，「人」並不被視爲是資源。但日人在臺的統治，或因考量臺灣未來可能成

爲日人之移居地，因此如何理解並馴化臺灣人成爲關鍵。

　　臺灣總督府在完成地方警察的配置之後，即大規模地對其陌生的臺灣進行全島性的土地、人口與舊慣調查。其中，「人」的資訊是殖民治理的重要資訊之一，並以地方警察做爲戶口調查之專責單位，定期舉辦全島之人口調查〔註82〕。1905（明治38）年10月1日施行「第一回臨時戶口調查」，做爲調製戶籍之根底，並發佈「臺灣戶口規則」，各地方廳之戶籍簿廢止，改以警察之戶口調查簿紀錄戶口之異動，包括家戶之組織及身份相關事項。戶口調查簿正本存於郡役所、支廳與警察署，各管轄之警察官吏派出所則存有戶口調查副簿。在戶口調查簿之中，臺灣人被分門別類，貼上標籤。尤其是與殖民統治利益攸關者，如危險份子，即成爲被嚴密監視的對象；而富裕之家，則成爲被徵斂寄附的對象。藉此，臺灣人，而且是臺灣的每一個「個人」，都被當成檢查的對象，就如同是在邊沁全景敞視監獄每一個小室中的罪犯。臺灣人在日本警察眼中「一覽無遺」。

　　戶口調查簿中有諸多欄項（圖164），其中較具特殊性者有「種族」、「阿片吸食」、「纏足」、「種別」、「不具」、「種痘」。「種族」分福建人、廣東人、支那人（中國人）、內地人、朝鮮人、滿人、日人、平埔族、高山族、外國人、熟蕃與生蕃等，依人種分門別類做不同的管理。「阿片吸食」、「纏足」則是日人認爲欲杜絕之臺灣人惡習之記錄。「不具」意指殘障，分啞、聾、盲、癡、瘋及肢體殘障等項。最特別者，乃是「種別」一欄，是戶口調查簿中最具殖民治安色彩且有爭議者。其將臺灣人區分成三種。第一種爲官吏、公吏或有資產常識而行爲善良者；第三種爲曾受禁錮之受刑人（顯有悔改者除外）需視察人或其他警察人員特別注意者；第二種則爲不屬於第一種與第三種者〔註83〕。

〔註82〕 根據 ***Population Index*** 在1944年〈殖民地的人口調查：臺灣〉一文中提到，日本帝國的人口調查雖然常常因未述明統計標準而有多個版本，但仍是當時相當完整而精確的調查，爲世界少有，因此可據以做各種分析。詳 "Colonial Demography：Formosa", ***Population Index***, Vol. 10, No. 3 (Jul., 1944), pp. 147～157。臺灣在1905與1915年各有一次人口調查，之後在1920、1925、1930、1935與1940年則由日本本國進行母國與殖民地之「國勢調查」。

〔註83〕 根據蔡慧玉對耆老的訪談，戶口可以分成三種：第一種是勢力家、富戶、名望家；第二種是普通老百姓；第三種是賭博犯、身份資料註紅字等問題人物。詳蔡慧玉，1995b：196。

圖 164　日治時期臺灣之戶口調查簿，塗黑處即為「種別」欄

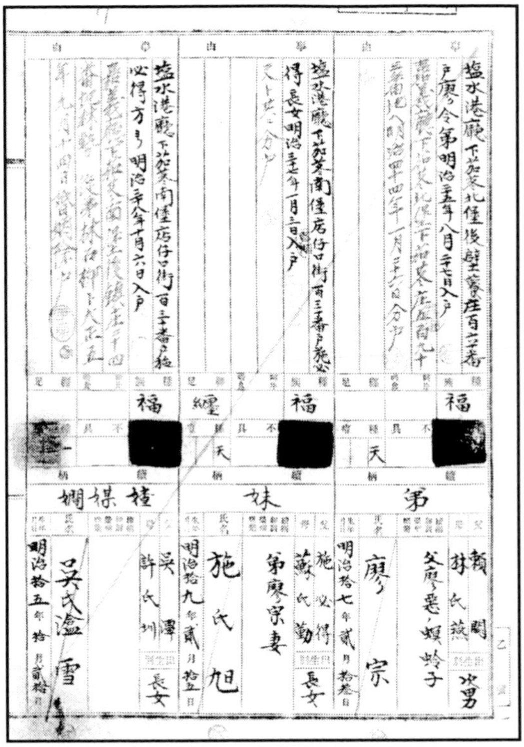

（林宜嫻提供）

　　除了獲得人口統計數目外，其所衍生出的地方治理利器即是「須知簿」。
須知簿是建立在土地調查與人口調查的基礎上所轉化而成。每一派出所都設
置有「須知簿」。須知簿是對管轄區域內的所有種種的紀錄，是一種因知識而
產生的治理權力，只有警察官吏方得以檢看。須知簿的內容，詳細地記載了
該派出所管內的家戶與個人的基本資訊，包括 [註84]：

　　一、地理之概要及地目、甲數；

　　二、堡里、街庄社名及戶數人口；

　　三、重要物產之出處、產額及其價格；

　　四、部內人民職業之種別、戶數及其景況；

　　五、官公吏及保甲役員之住所、姓名；

[註84] 根據 1916（大正 5）年 12 月 19 日民政長官通達〈廳警察職務規程施行細則
　　　標準改定〉之「臺灣總督府廳警察職務規程施行細則標準」，廳警務課、支廳、
　　　派出所與駐在所均需備付須知簿。詳《臺灣總督府警察沿革誌》，V：568〜569。

六、有位帶勳者及紳章受有者之住所、姓名；

七、富豪、名望家及具有學識者之住所、姓名及資產的概額；

八、辯護士、代書人及其他以幹旋公事為業者之住所、姓名；

九、新聞、雜誌之發行所並其重要社員及記者之住所、姓名；

十、書肆之所在及其販賣之書籍，與和文、漢文、歐文之別；

十一、屬警察取締之諸營業者職業種別、住所、姓名；

十二、官署、公署之名稱及位置；

十三、學校、書房、圖書館、博物館、病院、醫院、慈惠院、會社
　　　及市場、屠場等之名稱、位置及其所有者和管理者之住所、
　　　姓名；

十四、神社、佛閣、祠廟、教會及形像、記念物、名勝、舊蹟之名
　　　稱、位置及祭祀時間與景況；

十五、菜堂之所在及信徒數量及食菜人之住所、姓名；

十六、賣卜、乩童、地理師與其他祈禱符呪等為業者之住所、姓名；

十七、火藥庫之所在及其所有者與管理者之住所、姓名、銃砲火藥
　　　類持有者之住所、姓名、職業；

十八、雇用多數職工及工夫、使役者之工場的名稱、位置、所有者
　　　及其景況；

十九、公共組合長及其管理者之住所、姓名；

二十、居留外國人之國籍、姓名、職業及年齡（支那人除外）；

二十一、前科者、賭博常習者、受豫戒命令者、就業且受定住戒告
　　　　者、其他惡漢無賴之徒等警察需特別注意者之住所、姓名
　　　　及年齡；

二十二、諸興行場、渡船場、墓地、火葬場、其他屬警察取締之場
　　　　所的位置及所有者與管理者之住所、姓名；

二十三、當該派出所駐在所之沿革；

二十四、前記各號之外認為有必要之事項。

　　警察藉此掌握了「人」的知識，尤其是在其經濟力與人格特質〔註 85〕
方面。每一位新來的警察官，都必「須」藉此來認「知」一個地方的土地；
更重要者，是熟知每一個個人及其「人格特質」，包括其財富、是否會妨礙

〔註85〕反之，亦是一種是否有犯罪傾向之判定。

殖民治理與健康與否。因此，警察官對於管內之人知之甚詳，每個人在警察官來講都是「熟人」（known individuals）並具有「顯著個性」（noted characters），是可被登記、計算、監視與報告（Mitchell, 1991：98）。對於地方的「人」的知識的「建檔」，就如同病人的病歷檔案般，個人被納入殖民者的分類範疇之中。另外，須知簿亦需附有轄內之地圖，並標註廳、支廳、派出所、區長役場及主要道路之位置（《警察沿革誌》，V：570）。日本殖民政府由人的資源所能獲致之最大利益，是在各種形式之「寄附」，包括土地、建築、金錢、物品與勞役。藉此，可對富人進行強制性的捐納，對窮人進行勞力的剝削，或對有犯罪傾向者進行嚴密的監控。但居民寄附警察相關的各種事務，「結果成就一個組織嚴密的系統，無孔不入地監視人民的日常生活」（施添福，2001：23）。

二　人在空間中的定著與流動

臺灣總督府對於人口的流動監控與動員，亦需透過地方警察官署與保甲組織的運作。「保甲條例施行細則標準」即有規定，各戶家長必須針對犯罪者、他者宿泊或自家旅行之行蹤，以及出生死亡之戶口異動隨時報告保正甲長，保正則定期將相關資訊呈報警察官吏派出所之警察官。因此，人在空間中的移動是隨時被定位的。欲出外旅行，需向保正報告；旅行至他處，他處之保正或旅館業者亦需向當地派出所報告。保甲簿冊即包括有「來泊他行者屆簿」（江廷遠，1937：77）。各地「保甲規約」中通常列有「管束出入者」一章之規定，凡家長容他保男女投宿者，須將「住所氏名年齡職業要務及投宿豫定日數，報告甲長，甲長報告保正」，保正即需登記在「來泊他行者屆簿」，受警察官吏之檢閱。反之，若家長遇自己或家人欲旅行投宿他處一日以上，亦需循此程序報告〔註86〕。雖不若埃及模範村〔註87〕之嚴格框限，但對於人口在空間中之定位與流動同樣清楚。

臺灣人申報戶口時，必須由保正以書面代向警察官吏派出所提出（蔡慧玉，1994：118）。因此，對於被殖民者的動態，從警察機關到其輔助機關之保

〔註86〕此處引用江廷遠《現行保甲制度叢書》中收錄之「臺中州豐原郡神岡庄社口派出所」管內保甲規約漢譯文。詳江廷遠，1937：11。
〔註87〕埃及曾在蘇伊士運河開築期間大量動員人夫，每個人均需申請「旅券」（ticket），然後透過當時全世界密度最高之鐵路網絡將人力運送到工地。鐵路車站均有設置守衛隊、警察與監視人，以維持與控制這些人力的移動。因此，鐵路車站的角色也是具規訓角色的監視據點。詳Mitchell, 1991：96～97。

甲，均能瞭若指掌。除警察官吏派出所之外，保正事務所內亦充斥著各種文書，包括了：保甲規約、保甲臺帳、戶口簿、除戶簿、備品臺帳、保甲及壯丁團經費收支簿、保甲及壯丁團經費徵收簿、保甲費及壯丁團經費賦課徵收原符簿、過怠金收支簿、來泊他行者屆簿、保甲會議議事錄、書類編（洪秋芬，2000：230～231）。

4-3-2　開發島民：地方警察之社會教化責務

　　對於殖民地人民的規訓，不只是身體，還有他們的心智。教育，是馴化心智最重要的工具。但在日治前期被殖民者的教育體制尚未完備之前，警察負擔著社會教育之責。日本殖民政府對於臺灣人的治理，不僅是透過武力的脅迫，更透過思想的改正來達成其殖民統治的目標。其中，尤以地方警察扮演重要角色。警察官之責務，除維持治安外，尚負「開發島民」之責，如風俗改良、國語普及、教育發達、產業進步、富力增進、思想開發與國民性的涵養等（大久保留次郎，1917：10）。警察官透過在派出所與特定地點的站崗、管內轄區的警邏巡查，改正被殖民地人民之行為舉止，甚至思想觀念。警察官吏派出所前均設置有「揭示板」（公告欄）（圖 165），隨時提醒人民應該注意的事項，並讓民眾知曉政令。以臺北市三市街派出所為例，其揭示板所記載的事項，包括了「火災豫防」、「戶締注意」（小心門戶）、「搔浚注意」（小心扒手）與「詐欺注意」等項〔註 88〕。甚至在保正事務所或保甲聯合事務所亦會訂閱報紙，供民眾對殖民政府的各項政令、政策或事務有所理解，與傳統臺灣社會僅知鄉里之事的封閉知識狀態截然不同。

　　在日治時期的臺灣，警察更是社會教育的先鋒。在 1917（大正 6）年時僅一成的臺灣人就學〔註 89〕，欲「規訓」臺人，無法僅依賴教育體制。藉由警察官在日常生活空間中的凝視與規訓，方得以竟其功。警界亦有「警察官為社會之指導者」之說〔註 90〕。凡此，都意圖將臺人「改正」為「現代」但

〔註 88〕 詳〈臺北廳警務課の揭示板〉，《臺灣警察協會雜誌》，第 20 號，1919 年 1 月，頁 73-4。

〔註 89〕 臺灣人在日治時期的就學率，在 1915 年時僅 9.6％，1925 年時為 29％，至 1935 年時為 41％。直至 1939 年才終於過半，達到 50％。詳許佩賢，2004：185。尤其城鄉之間就學率的差距頗大，警察官吏在鄉村地區擔負的社會教育職責愈重。

〔註 90〕 詳岡安卓亮，1919，〈大正の警察官〉，《臺灣警察協會雜誌》，no. 28, 1919（大正 8）年 10 月 25 日，頁 8～9。

「馴化」之「皇民」。

圖 165　臺北州海山郡板橋街深丘警察官吏派出所，在右側設有「揭示板」

（淀川喜代治，1933）

此外，地方警察官署亦會利用機會舉辦各種型態與規模的警察衛生博覽會〔註91〕，或是設置相關的館舍。一般是以講演會或寫眞、映畫的方式來教化民眾〔註92〕，是社會教育的重心，其效果則以舉辦展覽會最佳。臺南市在1930年代即固定每年舉辦「衛生展覽會」，亦在臺南市白金町設置衛生參考館。此外，更透過在市街地與農村巡迴舉辦衛生活動寫眞與衛生講話，以宣傳衛生思想〔註93〕。

1925（大正14）年由臺北州警務部所舉辦之「臺北州警察衛生展覽會」

〔註91〕從《臺灣日日新報》的報導，各層級地方警察官署的新築落成，常舉辦與警察、衛生及產業相關的展覽會一同慶祝。

〔註92〕日人在朝鮮之殖民治理亦有類似的作法，尤其是在農村地區進行「啓蒙」（尤其是衛生觀念）活動時，會利用博覽會、展覽會等視覺手法，或利用電影或幻燈片等媒體。此外，松本武祝認爲由朝鮮警察機關而來的種種規制和檢查，亦扮演農村居民重要的啓蒙角色。詳松本武祝，2004：122～123。

〔註93〕詳《臺南州管內概況及事務概要》，昭和七年度，頁334～336。或如宜蘭郡警察課即曾召集郡內三十餘名的警官，以樂隊爲前導，走街宣傳衛生思想。詳《臺灣日日新報》，1935（昭和10）年1月11日夕刊第4版，「宜蘭警察課宣傳衛生」。

可能是整個日本海外殖民時期，由地方警察機關獨立主辦過規模最大的一次展覽會。考諸日本內地與臺灣，似乎都未曾有警務機關主辦過如此大型之展覽會。而此次展覽會的成果，也成爲十年後 1935（昭和 10）年「始政四十週年紀念臺灣博覽會」由警務局所主辦之「第二文化設施館」的基礎〔註 94〕。

　　此次展覽會是由臺北州警務部所籌辦，舉辦的目的是爲了讓民眾瞭解「警察事務的內容與民眾日常生活的關聯」，此乃受當時日本內地「自警共衛」的觀念所影響，期望摒棄過往「警察國家」印象，以試圖拉近警察與民眾的關係。舉辦的時間是在 1925（大正 14）年的 11 月 21 日到 25 日，爲期 5 天。舉辦的地點原來僅欲在舊總督府廳舍與樺山小學校雨天體操場及附屬教室，但因展品甚多，因而再將臺北州細菌檢查所納入做爲第三展場。館舍主題的配置，第一會場的舊總督府是與「警務」相關事務之主題，第二會場的樺山小學校則以「理蕃」爲主題，兼有衛生館的一部份。在細菌檢查所之第三會場則以「衛生」爲其主題。展品共有 6814 件，以模型、實物展品、照片與海報來呈現。展覽會每天自早上九點開始，至晚上九點方結束，甚至在夜間施放煙火吸引民眾來參觀。五天下來，共計有 30 萬人次觀展。（圖 166～167）

圖 166　臺北州警察衛生展覽會第一會場入口一景

（臺北州警務部，1926a）

〔註 94〕 如程佳惠所稱，「始政四十週年紀念臺灣博覽會」第二文化設施館爲「殖民地成果秀」，是由警務局籌畫，包含三個主題：理蕃、衛生與社會行政措施，表現出殖民地「典型的警察政治」的特質。詳程佳惠，2004：95。第二文化設施館展示的詳細內容，詳鹿又光雄，1939：348～355。

圖167　臺北州警察衛生展覽會第一會場警務館第三室一景

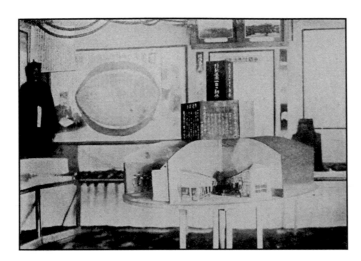

（臺北州警務部，1926b）

此次展覽會的展示手法，是以「圖像」（寫眞、映畫、海報）、模型與實物爲主要媒體，並以「新／舊」、「改正前／後」、「傳統／現代」等對照的方式來凸顯各種的差異。另外，數字、統計成果亦以圖表大量展現，讓觀者清楚明瞭。在一些重要的主題上，甚至同時以日文與漢文呈現。再者，在每一主題館之入口處，會以主題空間爲背景。如第一會場以「保安館」的交通安全爲起始，即以臺北的十字街頭爲背景。第二會場之理蕃館則以蕃山風景爲背景。

這實際上即是一種「空間」的改正。從物質的空間（都市、建築、家戶內部與細部）到心理的空間（風俗改善），都有賴警察權力在實質空間中無所不在的驅動方得以施行。因此，警察不僅建構了嚴密的權力支配網絡，且充滿動能。

經典治理實帶有「教科書」般的規訓意味。日治時期的警察，同時掌握了治理地方的權力與知識。且藉由其在物質空間中的「巡查」將權力滲透到被殖民社會的每一角落的物質空間，亦滲透到被殖民的臺灣常民心中所建構的、自我想像的、無所不在的心理空間。即有臺灣人說，「總督長官之更迭，吾不關焉。州知事廳長郡守之更迭，吾不關焉。惟派出所警官之更迭，最直接受其影響」。更有甚者，「寒村僻地之警官，生殺與奪之權存焉」〔註95〕。

〔註95〕詳《臺灣日日新報》，1924年5月10日第5版，「警察官及民眾」。

在日治臺灣，越是地方末端，警察權力越大。

4-3-3　地方警察之微罪判決權力

　　總督府警視大久保留次郎曾在「臺灣警察官責務ノ二方面」（臺灣警察官的兩種責務）一文中特別提到臺灣警察與日本內地警察的兩個差異。其一是認為應特別關注「陰謀事件的豫防」與「生蕃的措置」（大久保留次郎，1917：8～9）。顯然被殖民者被視為是「天生的罪犯」，必須受到不間斷的監視與規訓。在 1925（大正 14）年臺北州舉辦的「警察衛生展覽會」中有「螳螂振斧」一圖（圖 168），即充分顯示殖民者對被殖民地人民的成見。確實，日本在臺灣的殖民地治理，「警察的大輪」確實「維持著國家的車身」〔註96〕；但卻將臺灣「民眾視為螳螂，並藉威力來壓制」〔註97〕。

圖 168　臺北州警察衛生展覽會中之「螳螂振斧圖」

（臺北州警務部，1926a）

　　其次，大久保提到，在當時（1917，大正 6 年）之地方性機關在廳與支

〔註96〕詳《臺灣民報》，1925（大正 14）年 12 月 13 日，第 83 號，頁 11，張我軍，「看了警察展覽會之後」。

〔註97〕詳《臺灣民報》，1925（大正 14）年 12 月 6 日，第 82 號，頁 2，「評警察衛生展覽會的價值」。

廳下，除派出所外，僅區長役場而已。因此，不同於內地的警察官，臺灣的
警察官的形象，乃是「右手握劍，以圖治安之保持」，但同時「左手攜著教典，
以開發島民」的兩面形象。警察官所具有的權威與權力，自不待言。

　　1904（明治 37）年「犯罪即決令」發佈後，賦予地方警察微罪即決之審
判權，地方警察因此亦兼具法官之權力（圖 169）。警察官兼具法官的想法，
在後藤新平於來台任職前所提出之〈臺灣統治救急案〉（1898 年，明治 31 年）
中即已見端倪。後藤認為，臺灣裁判制度在廣義的警察制度基礎上，可以警
察為第一審；而且就當時臺灣的文化程度而論，以警察官兼任裁判官（法官），
若得人的話，是沒有任何弊病的。後藤最後並在臺灣統治之策之（丙）項建
議以警官為最下級之裁判機關（鶴見祐輔，2004a：646～662）。「犯罪即決令」
的頒佈與施行，實可視為後藤以警察為最基層司法官建議之實現〔註98〕。

圖169　臺北州警察衛生展覽會中之「臺灣即決制度」

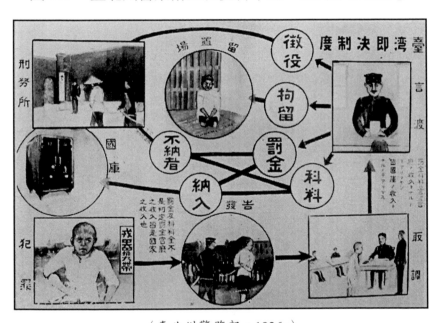

（臺北州警務部，1926a）

　　「犯罪即決令」自施行後，至日治終止未嘗間斷，其賦予警察直接對輕
微的犯罪行為做直接判決並處罰的權力〔註99〕。因警察掌握有如此大的「司

〔註98〕再者，在 1904 年當時，全臺之裁判機關亦不過 3 處地方法院與 4 處法院出張
　　　　所而已。
〔註99〕主要是針對違犯賭博或行政諸規則之「該當拘留科罰刑」之輕罪，這類犯行

法」權力，一直以來飽受批評。

臺灣鄉村野地之地方警察職階雖低，官署建築雖小，但卻顯現巨大權力，勝過遠在都市市街或島都臺北之殖民地高官。「原來，臺灣的一般人民，稱呼巡查爲『大人』，對于州知事、長官、總督等也是稱呼『大人』，但覺得警察大人是能任意罰人、隨便拿人、自由打人」〔註100〕。此等權力，乃來自於「犯罪即決」之支持。

1918（大正7）年「臺灣違警例」的改定施行〔註101〕，122條無所不包的規範，圈限著臺灣人的生活，動輒得咎。警察手中的那本「小本子」，可是比刀劍還要兇狠的武器。呂赫若〈牛車〉中，當主人翁楊添丁因在牛車上打著瞌睡而爲警察所見時，看到「大人從口袋取出小本子和鉛筆」，即「要哭似地做出對大人作揖的樣子」。但仍舊無濟於事，第二天甲長就「拿著奴庫派出所底通知單來」，並令其隔天早上繳交兩圓的罰金〔註102〕。爲讓民眾瞭解多如牛毛之各種犯罪及其刑罰，更發明「刑罰早見表」使被殖民者一目了然（圖170）。

警察是現代機構中重要的一環。殖民地警察雖引入現代警察制度，但就如同殖民地的法律制度一般，「是在殖民地台灣，宣示新的國家權威的到來，並維護殖民地次序，而非爲了推廣近代式的法律體系」〔註103〕。臺灣的殖民地警察體系亦如是。現代警察制度應是以維護一般的社會秩序爲主，但殖民地警察設置的目的，卻以維護殖民母國政府、利益團體與子民的利益爲主，而罔顧殖民地人民的權益。總督府的法律所形塑之「法律暴力」與地方警察體系所形塑之「監視的空間暴力」互爲狼狽，擴大「犯罪即決」的範疇，既方便與經濟其殖民地治理，尚可增加警察之權威。

臺灣人動輒違犯「臺灣違警例」、「保甲規約」，而被警察施以各種懲罰。

實佔大多數，故委由警察官裁判以簡便訴訟。犯罪即決之件數，初實施之1904年起即有28008件，自此後逐年增加，1928年即突破10萬件，1936年時更達214203件。雖可申請正式裁判請求，但實際申請者每年均不超過百件。詳《臺灣總督府警察沿革誌》，IV：353～355。

〔註100〕詳《臺灣民報》，1926年5月23日，頁1，「只怕警察眼」。

〔註101〕「臺灣違警例」是在1908年10月首次發佈。

〔註102〕詳呂赫若，2001：170～171。臺北：萬卷樓。或詳蔡慧玉，1997：77。林老和先生接受蔡慧玉訪談時提到，日本警察有配刀，有權力。當時地方上如果有事，警察馬上就拿出（保甲）簿冊來登記。

〔註103〕此處挪用王泰升對於日人「法律暴力」之論述。詳王泰升，2006。

但臺灣總督府施行這些法令規約之真正目的，並不在懲罰臺灣人，而是欲藉此「運作規訓技術以更有效地施行社會控制」〔註104〕。

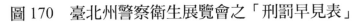

圖170　臺北州警察衛生展覽會之「刑罰早見表」

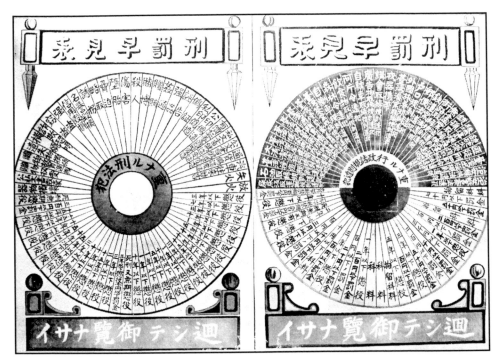

（臺北州警務部，1926a）

4-4　日治時期臺灣地方警察部署所形塑之時代錯誤的警察國家與全景敞視社會

不管是在殖民地，或是在殖民母國，現代警察制度似乎都與現代城市的初期發展脫離不了關係，都與工業化或往工業化的過程中所帶來的種種都市問題息息相關，不管是在倫敦、巴黎，或是其他殖民地城市。

日人對臺的殖民統治，與明治維新時處理日本國內社會狀況實相當類似。梅森直之即由明治初期警察部隊絕大多數徵募自九州島薩摩藩來推論，明治政府對於初一統的國內是利用歐洲的殖民方法統治自己的人民，視明治

〔註104〕S. Nigam 在論述印度殖民政府在 1871 年發佈施行「犯罪部落法」（The Criminal Tribes Act）即提到此觀念。詳 Nigam, 1990a：155

政府實即爲「殖民」政體（colonial regime）（Umemori, 2004：130～131）。明治政府在創造新的法律規範之時，仍意圖保有帝王的特權。而警察即位處這些矛盾政策的交叉點上（Katzenstein, 1996：48）。在這一點上面，日人的策略是與殖民地警察範型英國「皇家愛爾蘭警察隊」相當類同。皇家愛爾蘭警察隊是設計來維持一個化外之地的治安，以確保帝國安全與殖民利益，因此殖民地警察可說「是秩序警察，而非法律警察」（order police, not law police）（Das& Verma, 1998：354）。

人稱日本爲「警察國家」，非指其爲一極權國家，而是指「警察支配了所有的社會、政治與經濟活動。在警察官吏派出所金製旭日章下的制服警察統治著鄰里」（Wildes, 1953：655）。日本社會在明治時期逐漸由傳統過渡到現代，並形成一現代之民族國家的過程中，是透過中央集權且散在配置的近代警察制度方逐漸將社會安定下來。廢除封建舊藩以建立現代民族國家的過程，國內各地充滿了動亂與反抗。這狀況與日本初治臺灣狀況類似，因此將其國內發展漸趨成熟之警察制度挪用之臺灣。

日治時期殖民地臺灣的地方警察制度，被時人喻爲是「警察國家」或「警察政治」。就如後藤新平所言，「臺灣的政治，彷彿是歐洲十八世紀乃至十九世紀初所謂的『警察國時代』」（後藤新平，1917：3）。日治時期的警察制度雖存在於二十世紀，卻「時代錯誤地」（anachronistic）具有十八世紀的領域，亦是臺灣殖民地治安的特殊性（Yao, 2004：170），更是 Foucault 論述全景敞視論的時代。法國警察對其住民與外來者均施予嚴密的監視，確保像家庭、生活、職業與大規模的人口移動等重要事實可以被精確而詳細地紀錄。爲了嚴密這樣的監視，警察被配置在永久性的警勤區上，因此每一個警察可以完全地熟識其轄區內之住民（Fairlie, 1901：20）。雖然日本現代警察制度乃借鏡自十九世紀中後期之巴黎首都警察，已與十八世紀之制度有所差異。卻在日人自行調適的過程中，而有派出所制度之發明，並趨近了十八世紀歐洲的治安模式。日本的警察監視，在本土與殖民地皆如是。Tilly 即指出國家治安的成長帶來三個重要轉變。其一，對於大眾集體行動的監視、控制與鎮壓變成了國家政府的專業地方代表——警察、檢察官、間諜與其他——的事務。其二，被科層化與常規化的監視、控制與鎮壓的程序變成定期舉報與監督的對象。其三，預期的監視大大的增加〔註105〕。

〔註105〕詳 Tilly, Charles (1986). *The Contentious French*. Cambridge：Belknap。此處轉

　　臺灣日治時期殖民地警察制度原則上就是個多層次的「全景敞視機制」。在警察的編制組織層級中，採取的是一種金字塔式的中央集權模式。低職階的警官本身也受到高職階警官的持續監督，包括了在轄區巡查時與上級警官的會面，或是回到派出所之後需詳細填寫警察日誌。殖民權力是一種監視的權力。透過保甲制度的類科層組織，更將其機制運作之觸角滲透到整個被殖民社會，在臺灣人心中形塑了另外一個的全景敞視模型。亦即，警察官吏派出所的散在配置，更以具體可見的建築實體，在其轄區內建構了一座全景敞視監獄，以「製造馴服的且有用的被殖民者」〔註106〕。就如同蔡秋桐在〈理想鄉〉中之譬喻，警察科層本身宛若中央高塔，尤其是遍佈地方的派出所建築。此外，1920 年代警察署留置場的空間型態，則顯然是受全景敞視監獄的影響。

　　但若細究後藤在《國家衛生原理》、〈臺灣統治救急案〉〔註107〕中之論述，其所謂「十八世紀之警察制度」所指涉者，可能是承襲自德國的「衛生警察」概念。德國衛生警察之責務繁雜，並不侷限於醫藥、衛生、防疫等一般衛生行政，更接近臺灣殖民地警察被賦予的「萬能」特質。而德國衛生警察之相關規定，大量出現在 1770 至 1789 年間〔註108〕，與後藤所謂「十八世紀乃至十九世紀」之時間相當。後藤在 1917（大正 6）年的演講所論述的，也有可能是傅柯所論述之十八世紀的法國警察；但後藤原初的想法，則可能是指涉德國之衛生警察。雖然臺灣在日治之初即設有「衛生專務警察」，但真正在臺灣各地執行任務者仍是一般巡查，任衛生專務之巡查與警部補僅負責較為專業之部分。後藤將國家視為一個有機之身體，國家之治理如同衛生事業，在此概念下衛生警察與行政警察並無二致。日本在創制警察制度最初是沿用英

　　　　引自 Gillis, 1989：316。

〔註106〕姚人多藉由警察官與司獄官練習所與總督府醫學校這兩所學校的設置，說明日本殖民政府對於殖民地臺灣的「規訓」重點。醫學校教育並生產醫生，使臺灣人更健康；警察學校則教育並生產警察官，使臺灣人更馴服。但醫學校僅給臺灣人就讀，警察官與司獄官練習所在初期則僅培養日籍警察官，這種差異也揭顯了殖民治理性的整體本質。詳 Yao, 2004：179。

〔註107〕後藤新平在〈臺灣統治救急案〉（1898）提到，對照臺灣的現況，所謂警察並非今日的警察，而是十八世紀以前的警察，亦即廣義的警察組織。詳鶴見祐輔，2004：651&656。

〔註108〕詳 Wischhöfer, B. (1991). *Krankheit, Gesundheit und Gesellschaft in der Aufklärung. Das Beispiel Lippe 1750-1830*. Frankfurt/M.：Campus。此處轉引自白裕彬，2003。

國制度，但向歐西取經後即挪用改造法國之制，使其警察制度在空間部署上趨近於法國警察。但其後之發展，則受其聘募自德國之多位警務專家的影響，使其在執務萬能方面更趨近於德國衛生警察。

綜合以上，日治時期臺灣地方警察在殖民地之權力運作，具有許多特點是與 Foucault 的權力空間理論若合符節的。（1）是局部的、地方性的；（2）是位處龐大官僚體系的最枝微末節；（3）這個枝微末節是與權力行使的對象（被殖民的臺灣人）直接接觸的；（4）Foucault 理論的重點在於權力的實踐與執行，而不只是位處在權力中心的國家機器或權力結構上層的計畫；（5）因爲是末梢，小而呈點狀分佈，但毛細管似的無所不在的滲透，使被殖民者無所遁形。Foucault 對於權力關係的分析，包括規訓的模式與生物權力的理解，均因「治安」或「治理性」而方便其控制。在陳述 Bentham 的計畫時，Foucault 即提到，「警察（police），直接使所有歐洲政府著迷的法國發明，是全景敞視空間（Panopticon）的雙胞胎兄弟」〔註 109〕。

本研究所關切的，並不是全景敞視空間在日治時期臺灣建築空間上的實際運用。警察官署、法院的留置場，或臺灣的監獄建築之構築，的確可見到全景敞視空間的影響。它們只支配了某些特定的族群，是狹義定義下之罪犯。在殖民地臺灣，更重要的是殖民政府視臺灣人爲「天生的罪犯」的殖民者心態，針對所有的被殖民者施予支配性的權力凝視，而這更與 Foucault 所提出的全景敞視機制更爲契合，而這才是 Foucault 空間權力理論的核心，而非只是在 Bentham 的全景敞視監獄的實體。Foucault 的論說鮮少提及殖民議題，但其「全景敞視論」卻在各殖民地獲致各種不同程度的體現。日治時期臺灣由地方警察制度所形塑之社會空間，亦可視爲是其「全景敞視論」在殖民地的範型之一。

4-5　小　結

本章從地方警察在「空間部署」與「殖民知識」二個面向，探討了臺灣日治時期地方警察監視空間網絡的形塑。

警察散在制度與保甲制度之整合一體，爲日人在臺殖民治理得以成功之關鍵，可視爲是日本內地與臺灣舊慣的雜揉。地方警察散在配置與保甲分劃

〔註 109〕詳 Elden, 2001：147。原文出自 Defert, Daniel & Francois, Ewald (eds.)(1994). *Dits et écrits 1954-1988*, Vol. 2, p729. Paris：Gallimard。

之結合，一方面將臺灣之地理空間依警察官署階層與保甲區域做層層分割至相當細微之地域空間，除強化地方警察之散在配置外，亦使地方警察所代表之殖民權力能夠滲透至被殖民社會每一個人；另一方面透過地方警察官署在關鍵地點的設置、警察職員在關鍵地點的立番監視與在管內區域之警邏巡查，加上保甲連座處罰對臺灣人民所強加之自我監視與自我規訓，形塑了嚴密之監視空間網絡。而警察科層組織之中央集權制，亦使得該監視空間網絡之威迫權力，不僅在被殖民社會，亦在警察科層組織之中，且從國家機器之最上層至被殖民社會之最底層全部貫串一體。地方警察與被殖民者同樣被框限在此網絡之中，受到殖民政府統治菁英的規訓。

此外，地方警察之權力來源，並不僅在其刀劍所象徵之武力脅迫，尚在其與「殖民知識」之依存關係。日人在殖民臺灣之後，即對臺灣進行鉅細靡遺的各種調查，地方警察在其中扮演關鍵角色：其既是殖民政府數字治理下地方資訊之蒐集者，亦是殖民政府運用這些資訊所做決策回返地方之執行者；在此過程中，地方警察對於細分化後之空間上的種種知之甚詳，並建立實際上治理可資運用之檔案。甚且，地方警察同時亦兼具「社會教化」與「司法裁判」之權，更增其權威。

透過地方警察之空間部署與殖民知識的運用，將臺灣建構成 Foucault 所謂的「全景敞視社會」，形塑了殖民政府與被殖民社會之間的「觀看」與「被觀看」的權力關係。殖民政府將殖民地的種種視爲凝視的對象，臺灣人亦眞實地感受到來自地方警察的權力凝視，不管是在日常生活中被監視檢查，亦或是被視爲是殖民知識蒐集的對象與檔案。但若將視域拉大，日本同樣是做爲一個被觀看的對象。日本是亞洲第一個殖民帝國，卻也是世界最後一個殖民帝國。臺灣做爲其第一個殖民地與殖民「實驗室」，其成果亦成爲歐美殖民帝國所觀看的對象，使日本得以與其他帝國修改前此簽訂的不平等條約。因此，在日本與其他帝國之間實亦建構了另外一層「觀看」與「被觀看」的權力關係。

第五章 建築警察：日治時期臺灣地方警察與空間改正

5-1 引 言

　　空間做為規訓的工具之一，使得空間秩序與社會秩序常被視為是一體兩面。日本殖民政府在臺灣之治理權力，透過前述地方警察空間網絡之建立，形塑殖民地臺灣之全景敞視社會之特質，將社會控制之影響遍及島內各個角落與臺灣島民日常生活的各個面向。相對於一般殖民地在「間接統治」治理模式下僅及於「殖民城市」（colonial cities）之現代空間營造，臺灣地方警察在以殖民政府之政治領導菁英與專業菁英所主導之殖民地空間改正計畫中，實扮演著相當重要的推手角色；亦即，其影響所及不只是在「殖民城市」，還在「殖民地方」（colonial locals）。地方警察對臺灣現代空間營造之干預，並不在規劃設計，而在其做為空間改正之執行者與管理者的角色，方使得政治與專業菁英的規劃得以實踐與維續。地方警察亦可被視為是殖民地地方社會現代化的傳播者與改革施行者。尤其是在衛生方面，從公共衛生到居家衛生，並延伸到建築與都市計畫的層面。如建築取締，雖在日治晚期因臺灣都市計畫令的施行才納入警察的任務之一，但日本本土的警察卻在創設警察制度之初即有建築取締之職。

　　此外，殖民地空間改正總是挾啓蒙、科學、衛生之名以行之。無論是透過殖民官方之正式營繕組織，亦或是由地方警察與保甲組織所形成之保甲工

團，其所營造之「現代」空間，被殖民的臺灣人是否受惠？臺灣之空間改正遍及城市街鎮與鄉野村落，其實也爲殖民者提供了可以行使殖民權力的管道，範圍廣而且深。在探究殖民時期之空間歷史時，應質問其「現代性」中是否亦潛藏著「殖民性」。

因此，本章即欲論述日治臺灣在殖民治理之社會控制與殖民地現代空間營造之間的共謀關係，而殖民地警察實是關鍵所在。

5-2　社會秩序與空間秩序：殖民地空間改正之治安意涵

5-2-1　殖民主義下殖民地之「黑闇」詮釋

殖民帝國總是以其文化、道德與種族上之優越性取得其「詮釋」殖民地總總的權力。在英法等殖民帝國的殖民地文學中，常可見對於殖民地「黑」、「暗」、「夜」的詮釋與描寫，以在亞非殖民地尤爲清楚。試舉數例。J. Conrad 的《黑暗之心》（*The Heart of Darkness*）、H. M. Stanley 的《在最黑暗的非洲》（*In Darkest Africa*）、R. Kipling 的《惡夜之城》（*The City of Dreadful Night*）、E. Waugh 的《黑色惡作劇》（*Black Mischief*），均在其作品標題即以「闇黑」、「夜晚」來象徵殖民地。殖民母國作家對殖民地的「黑」，實具有以下幾個隱喻。首先，是關乎種族與膚色。亞非殖民地之土民膚色以深色爲主。歐西藉由種族、膚色與地理位置之間關係的論述，給予白優黑劣之價值判斷。在一幅 1749 年的 Madras 地圖上即稱其北方之印度人聚落爲「黑城」（The Black Town），稱英國人所在之聖喬治堡（Fort St. George）爲「白城」（The White Town）。其次，是關乎文明與進步與否。殖民地總是被視爲是處於停滯、未啓蒙之蒙昧狀態。第三，是關乎殖民地空間的封閉特質。歐西帝國之海外殖民，從重視海上貿易的大陸邊緣，逐漸轉變成向大陸內地的土地與資源拓殖。殖民首要之務，即是土地測量，以明瞭未知之地。對一地之殖民，將其土地測繪形成「地圖」，即代表其已掌握該殖民地。若否，則仍是一片混沌大地。如 G. Greene 的《沒有地圖的旅程》（*Journey without Maps*）與《沒有規矩的道路》（*The Lawless Road*），均是描寫未知的或無序的殖民地狀態。

再者，受十九世紀中後期醫學理論的影響，失序的、狹窄的與闇黑的街

道，被視為是疾病與犯罪的源頭。殖民城市之黑白雙城即是建立在這種二元對立之論述，二者之間有一條清楚之隔離區，白城成為一處清潔明亮的「圍地」（enclave），並將被殖民者侷限在線之彼端。歐西自十九世紀開始，對於「健康、光線與空氣」的著迷，已傳布到殖民地，並意圖藉由環境的改造尋求社會經濟問題的解決方式（Lamprakos, 1992：201）。空間改正成為殖民地統治的重要策略之一，以建立新的殖民地社會秩序。殖民地之都市計畫常常是殖民支配的劇場，殖民強權總是以現代化的修辭來掩飾其政治意圖，而殖民城市總是成為展現及維持其征服與控制之象徵的場所（Jyoti, 1991：83）。殖民地傳統聚落空間的打開，象徵了被殖民者在文化上之啟蒙與公共衛生的改善。更重要的，是提供了殖民者認識、監視與治安以治理被殖民者之框架。但其策略與執行者會因殖民目的而顯現差異。殖民城市不只是殖民者展現其權力之所，並被藉以使被殖民者懾服於其權力與支配（Alsayyad, 1992：16）。

　　在殖民地之「黑闇」詮釋下，殖民者在殖民地之空間營造，創造出具有「一個城市，兩個世界」特質之殖民城市。殖民者所居住的白城與被殖民者世居的「黑城」在空間形態上形成鮮明對比。法農（F. Fanon）在《世間可憐人》（*The Wretched of the Earth*）中將清晰兩分的白城與黑城做了對照。歐洲白色人種所居住的部份，是光亮的，沒有絲毫被遺棄的、看不見的、未知的與意想不到的東西會出現；亦即，整個殖民城市的形態所展現的，就是一種秩序，是與「啟蒙」直接聯繫的幾何秩序。反觀與之相鄰的深色人種所聚居的區域，卻是惡名昭彰之所，到處都是聲名狼籍之人（Fanon, 1968：38～39）。相對於啟蒙的光亮，暗無天日的街道被視為是未開化的。不只是有種族的差異，更有道德上優劣的暗示。印度最具傳統權威、曾以其美麗與宏偉而聞名的古城德里（Delhi），卻因新德里（New Delhi）的建立，而被貶為是骯髒與落後的「舊德里」（Old Delhi）（Jyoti, 1992：94～95）。

　　黑城狹窄、曲折、無序的空間形態，對殖民者而言產生了治理上的困難。英國在殖民治理印度 Madras 之初，即曾對所建聖喬治堡鄰近擁擠之印度人黑城聚落產生恐懼，憂慮其中潛藏有已經到來之敵人，因而將印度人聚落破壞並另地重建（Evenson, 1989：5）。在 Julien DuVivier 所導演的電影「望鄉」（*Pepe le Moko*）中，主人翁為了逃避法國殖民地警察的追捕，逃入了阿爾及爾（Algiers）的舊城區（the Casbah）。彎曲陰暗的巷弄，僅見無數個不知通往何處的門戶，迷宮般的舊城區，成為法國殖民政府無法一窺究竟因此也

無法治理的尷尬區域。就如片中的法國警察官在看著警察局牆上所掛著的大幅阿爾及爾地圖中的那塊舊城區時，總是充滿著困惑、神秘與好奇（Vann, 2002：189）。被殖民者逃入了混沌無序的舊城區，使得殖民者之權威無處施力。同樣地，阿爾及爾的傳統都市紋理亦使得法軍無法快速地動員部隊（Celik, 1997：27）。阿爾及爾舊城區蜿蜒曲折的巷弄，以及原本各家屋頂間所形成的婦女私密動線，隱藏了各種歐洲人無法探知的活動（Lamprakos, 1992：204），更阻撓了殖民地社會控制的有效施行〔註1〕。與街道近乎隔斷的傳統住宅，僅有小心配置的門窗以防止人從街道看進去住家（Celik, 1997：15），內向性的住家與宗教文化上對於婦女的約束，使得住家成為殖民社會的緩衝，並做為抗拒殖民統治與軍隊侵犯的重要防線〔註2〕。

在印度的加爾各答（Calcutta），原來的土民城市宛若密集擁擠的量塊，道路迂迴曲折，人聲雜沓，充斥著各種氣味。此種亞非熱帶殖民地城市對歐西殖民者而言，不只是不衛生、不健康的空間，空間秩序的缺乏，使得殖民者進入後完全失了方向感。入夜之後，城中的一切變得更無法掌握，也充斥著各種脫序的行為，而成了吉卜齡（R. Kipling）筆下的「惡夜之城」。舊有的聚落紋理就如同傳統的黑牢般，使被禁錮的被殖民者仍有逃離殖民者暴虐凝視的空間。這對殖民者而言是個威脅。因此，推倒厚牆、打通視線並排序空間（蘇碩斌，2005：238～249），使被殖民者被看見而無所遁形，方能使之納入殖民者的規訓機器之中。隨著空間秩序的改正，亦改正了社會秩序與被殖民

〔註1〕 詳 Celik, 1997。在第三章「土民住宅」（The Indigenous House）中，Celik 指出，家（home）對阿爾及爾人而言是抗拒殖民統治最重要的殼。對殖民者而言，阿爾及爾的住宅代表了阿爾及爾人生活無法穿透的面向，包括了其家庭與婦女的活動。住宅既滋養了東方主義者的幻想，也象徵了與殖民主義的對立。民族學者期望進入阿爾及爾傳統住宅做研究，但在當時研究學者仍是男性支配的時代，是與阿爾及爾住宅的女性象徵相抵觸的。直到法國民族學界承認女性研究者的地位後，方由女性民族學者打破了這層藩籬。此舉不僅使得殖民者揭開了阿爾及爾住宅的神秘面紗，也提升了女性研究者的地位。對被殖民者而言，女性也代表了傳統文化保存的最後防線。

〔註2〕 阿爾及爾的街道是屬於男人的公共性空間，而住家本身則成為屬於婦女的私密性空間。婦女的私密性在回教世界是不容侵犯的，而對殖民地採同化政策的法國人更是殖民統治的罩門之一，傳統住家成為不可侵犯的空間。但有趣的是，1920 年代起開始有女性法國民族學者到阿爾及利亞進行民族學的研究，以其女性的身份，打開了原本封閉內向的住家，開始深入瞭解阿爾及利亞的傳統空間與文化。而這批女性民族學者也在男性支配的學界中提升了其地位。詳 Celik, 1997：88～97。

者。但空間改正的過程在歐西透視法都市景觀觀念支配下，以解剖學的暴力方式將臺灣的傳統地景刮去重寫。這種過程就如同楊念群將中國傳統婦女裏小腳在清末民初由美轉醜的過程，視之爲以「解剖學中的透視法用暴力解除裏腳布的過程」（楊念群，2006：3～4）。

　　日本內地在明治時期之地方警察散在配置原則和新式現代都市空間的呼應關係，是藉由一種視線凝視的策略，展現出一種新的空間權力關係。初期在東京傳統街巷的轉折處配置一處小型警察據點來貫串視覺軸線，但須耗費大量的人力，且易致效率不彰。透過空間改正的策略，在關鍵位置配置可敞視全景的地方警察官署，遂行其國家法律和秩序的維持，並規訓國民秩序，即是將社會與空間從「失序」轉換到「秩序」的過程。殖民地社會秩序之建立，實尤需透過空間改正來強化。

5-2-2　日人從治安角度詮釋下之臺灣傳統建築與聚落空間

> 本島人建造家屋。雖貧富不同。廣狹異制。而於衛生上及警察事務
> 稽查上。均未免有缺憾。〔註3〕

> 當局者以臺北市街。夜中黑暗。於警察取締上。衛生上。外觀上。
> 實屬遺憾。擬於市街道路要所。燃點電燈。〔註4〕

　　無論是「臺灣家屋建築規則」影響下的現代市街與建築，或是使暗夜明亮之「電燈」，一般均被視爲是「現代化」之具體作爲與表徵。但由這兩則報導可以清楚認知到，除了「衛生」上的考量外，在殖民地臺灣亦關乎警察在「事務稽查」或「取締」上的方便，而此即具有殖民地社會控制與地方治理上之意義。在臺灣，讓殖民地「被看見」，使不再是「惡夜之城」，實是日人治理臺灣的重要舉措之一。

　　范燕秋曾引述堀內次雄〔註5〕初次來到臺北的印象，「好比突然闖進黑暗一般」（范燕秋，1996：140）。醫學博士下條久馬一在 1935（昭和 10）年論

〔註3〕　詳《臺灣日日新報》，1899（明治32年）6月4日，第5版，「築屋規則」。
〔註4〕　詳《臺灣日日新報》，1812（明治45年）4月12日，第5版，「臺北市街點燈」。
〔註5〕　堀內次雄（1873～1955），日本兵庫縣人。1895年日本「征臺之役」以三等軍醫身分隨軍來臺，見聞日本人面臨的傳染病問題。1896年5月退役返回東京，1896年10月再度來臺，擔任臺北病院內科醫師，並開始進行傳染病研究，對傳染病防治貢獻頗大。1915年出任臺灣總督府醫學校第三任校長，至1936年臺北帝國大學醫學部成立爲止，擔任校長長達21年。詳《臺灣歷史辭典》。

述臺灣衛生狀態變遷的文章中，亦稱初領臺灣鼠疫（黑死病）蔓延時之明治時期爲「衛生黑暗」時代（下條久馬一，1935：2）。臺北州警務課在 1925（大正 14）年舉辦的「臺北州警察衛生展覽會」中，則以「黎明／闇夜」、「文化／矇昧」、「都市／鄉野」來對比殖民者與被殖民者間之差異。雖然是以蕃人爲對象，但實際上卻是隱喻著所有被殖民的島民，無論是平地人或蕃地人（圖 171）。其所呈現者，不僅是文化在時間上之差距（三千年），尚在空間形態上之差異。

圖 171　臺北州警務部以「闇夜」、「矇昧」及「黎明」、「文化」的
　　　　　對比來論述日人與蕃人的文化距離

（臺北州警務部，1926a）

　　日人警官即習於從「治安」與「社會秩序」的角度論述臺灣傳統市街與建築形態之不合時宜。如細井英夫與鷲巢敦哉均曾提到，臺灣之「固有式家屋」之門面與窗戶的狹窄，或是深邃的進深，皆肇因於政府力量的薄弱，沒有維持治安的能力，迫使老百姓不得不採取這種非常不利於衛生與健康之空間（細井英夫，1937：9～14；中島利郎‧吉原丈司，2000c：222, 309）。田中一二亦認爲，臺灣一般農家周圍環植的竹圍，普通民家的狹窄門戶與堅實門扇，或是鄉紳宅第築以高牆、狹窄的門口，都是爲了防備匪賊夜盜的手段〔註6〕。諸多日治時期文獻對臺灣傳統聚落或家屋都持類似的看法〔註7〕。

〔註6〕　詳田中一二，1998：239。但有趣的是，曾有一位日本農業博士從農業的角度，認爲臺灣人在「家屋外。多植以竹圍。不惟可爲納涼之用。且可收生筍之利。誠屬一舉而兩得者焉。」詳《漢文臺灣日日新報》，1905（明治38）年7月13日第4版，「臺灣習俗美醜十則」。
〔註7〕　如《臺灣日日新報》早在日治之初即有一則報導稱：「今者，山陬海澨匪類漸

更有甚者，江廷遠在《現行保甲制度叢書》中論述保甲民之家屋改善時，除視日治之前的臺灣傳統家屋陰濕暗黑的不衛生型態是基於「防匪」等治安因素所造成外，更認為這種不衛生的空間可能會造成「道德」上的危害。唯有改善家屋，進而改善家庭，方能製造出「良民」（江廷遠，1937：135～137）。臺灣傳統市街「行人之詬誶，多起於相逢狹路，肩摩轂擊而互競奔馳」，經過改正後，不僅可以興利、衛生與捍災，更可收「善俗」之效〔註8〕。

　　日人認為臺灣在日人統治下治安良好，這種空間模式已不合時宜。空間，成為殖民治理的一種工具，也提供了權力行進的管道（蘇碩斌，2005：149）。理性的透明空間根除了神話、猜疑、暴虐與非理性，以外科手術的方式給予城市流通、光線與空氣，都是「穿透的權力」（power through transparency）（Vidler, 1993：84～85）。如 Mitchell 在描述開羅的都市改正時的結論，「空間、心智與身體在一種共同的秩序與規訓的經濟下，在同一刻均被物化（materialised）」（Mitchell, 1991：68）。人們在街道上的空間感受已與過去大不相同。一切必須被攤在陽光之下，都可被看見，且都可被計算。城市中開放的、明亮的街道不只有益於健康，亦有益於商業，街道並體現了可視性與監視的原則。城市闇黑的「內部」當清除掉（失序的）人群後，變得容易「警察」，人工燈光也使得新式商店與娛樂場所在夜間也能營業（Mitchell, 1991：67）。

　　即如每年春秋兩次的大清潔〔註9〕，均由保正督導，且須待警官到來方能執行。不只結果，過程亦在警察的監視之下進行。除基本的清潔外，尚須將屋內物品家具均移出屋外，以讓日光映射消毒，且物品家具放回屋內時不得置於原位。將屋內清空，除了掃除屋內污穢之外，更使得屋內無可藏匿之處，也暗含治安之意。

　　日人對於臺灣傳統聚落空間的改正，實是奠基於公共衛生〔註10〕的前

　　知斂迹，皇皇其民咸欣太平之化，建造家屋豈復有懼夫匪賊侵襲者」。詳《臺灣日日新報》，1899（明治32年）6月4日，第5版，「築屋規則」。類似說法亦可詳伊原末吉，1926：78～83。

〔註8〕詳《臺灣日日新報》，1901（明治34）年10月6日第5版，「市區改正論」。

〔註9〕臺灣總督府於1905（明治38）年11月，為預防傳染病而發佈「大清潔法施行規程」，規定各廳每年兩次施行定期大清潔法。一般是在春秋二季。

〔註10〕「衛生」之稱謂，乃長與專齋引用《莊子・庚桑楚》中之用語，以替代「健康」一語，最大的差異即是從「個人」保健轉換到「公眾」保健。其意為「警察健康」（policing health）。詳 Lee, 2003。後藤所謂「衛生警察」或亦可做如是解。

提。在諸多國家或地區，都是透過警察來綜理公共衛生相關事務〔註11〕。現代公共衛生與醫療體制的建立，實與傳統城市轉換到現代都市空間同步。在後藤新平的《國家衛生原理》〔註12〕中，即視國家爲一「至高之有機體」與「人體的國家」（後藤新平，1889：92）。國家對人民的支配，就是以醫師對患者的姿態來構想。不惟是個人健康之改善，更關鍵的是公共衛生的推行。近代中國中西醫之衝突點，即在於西醫關注的是公共衛生，但中醫卻僅能醫治個人的身體（楊念群，2006：254）。清朝治下的臺灣仿若病態之身體〔註13〕，日人學者即從「身體測量」與臺灣人之精神意志貶抑臺灣文明的文明低下與人種退化〔註14〕。公共衛生之推行，牽涉甚廣，而警察即攫其重任〔註15〕。臺灣的警察事實上就是做爲一個醫學的執行者（Yao, 2004：174）。如蘇碩斌所論，公共衛生隱含著權力之眼，「是使不潔的場所成爲可見的」，「公共衛生本身就是展開空間的視覺化過程」（蘇碩斌，2005：193）。

其次，空間的改正也影響了民眾的日常生活與空間經驗。實質空間被改正後，民眾使用空間的習慣亦必然改變。在「臺灣違警例〔註16〕」之規範下，

〔註11〕 如在北京，衛生部門在民初時即是在警察部門轄下。詳楊念群，2006：98～102。況且，在殖民地臺灣，公共衛生本就是警察主要責務之一。

〔註12〕 此書爲後藤新平譯著德國參事官兼衛生醫官 Louis Pappenheim 之著作《衛生警察學》（*Handbuch der Sanitäts-Polizie*）而成。詳後藤新平，1889；白裕彬，2003；范燕秋，1998；劉士永，2004；Lee, 2003。

〔註13〕 晚清以來，中國人的「身體」乃至由這些「身體」所組成的國家都被視爲是「病態」的。詳楊念群，2006：425。清末變法維新之新一代知識份子亦有此體認，而在清末與民初有「軍國民」、「新民」與「公民」之重要身體論述。詳黃金麟，2000：33～107。

〔註14〕 詳范燕秋，2005：29。范燕秋在〈熱帶風土馴化、日本帝國醫學與殖民地人種論〉一文中，舉臺北醫院醫師角田秀雄運用身體測量法得出纏足婦人骨骼扭曲變形致影響生育。國北山人在《臺灣日日新報》投文〈臺人今日之現狀及始政二十周年紀念計畫事業〉中則提到：「臺人居炎熱之地，精神易於困頓，意志易於消沈。」詳《臺灣日日新報》，1915 年 6 月 17 日第 41 版。而在清末民初的大陸，新一代知識份子亦持有類似看法。如康有爲〈請禁婦女裹足摺〉即由歐美人因母不裹足，故傳種易強。中國因母親裹足，而致傳種孱弱，而有弱種弱國之推論。相關討論可詳黃金麟，2000：44～55。

〔註15〕 後藤在德國留學時之博士論文爲「日本與各國衛生警察和醫療行政的比較分析」，加上《國家衛生原理》中對於警察之論述，可見後藤以「警察」做爲管理衛生與管理國家之主體。另外，德國衛生警察多樣繁雜之責務，與日治時期臺灣地方警察責務實相當接近，值得做更進一步之探究。詳後藤新平，1889：115～130；鶴見祐輔，2004a：646～662。

〔註16〕 臺灣總督府在 1918（大正 7）年 6 月 26 日以府令第 43 號發佈了「臺灣違警

臺灣的城鄉空間不再是傳統宇宙觀與生產行為影響下的空間，而是被國家所定義、改造並管理的現代空間，衛生且秩序井然。人民不能再為所欲為，並受到警察的監督與取締。在街道、公園或公共建築物中，不得有違犯社會秩序之行為。透過改正被殖民者不文明的陰暗空間，也去除了被殖民者嵌印在傳統空間的歷史記憶，藉此逐漸改正了被殖民者的心靈。朱點人〈秋信〉中的主人翁「斗文先生」來到臺北參觀博覽會之餘，企圖追索記憶中的空間歷史之時，臺北已非他記憶中的臺北了。如陳芳明所解讀，「屬於臺灣人的歷史真實已淪為一片廢墟，換來的則是充滿權力氾濫的殖民支配」（陳芳明，2004：68）。

5-3　日治時期臺灣地方警察影響下之空間營造與其殖民現代性

5-3-1　地方警察與保甲組織做為臺灣現代空間營造之非正式體系

　　日人殖民治理臺灣之最大利器，除地方警察之散在配置外，臺灣傳統保甲制度的挪用與改造更增其權力支配。清治臺灣的保甲制度，本質上是因應官治色彩極淡、以鄉治為主的臺灣社會而生。黃宗智即指出中國介於國家與底層社會之間存在著「第三領域」（the third realm），國家與社會在此領域中相互支援。清代保甲制度即是其中一環（Huang, 1993）。清代官衙僅及於縣，縣之下的地方治理即需依賴不受薪的準官員，或是地方鄉紳的協助。這些代理人是由地方舉出並受到官方的認可與賦權，但原則上更接近是一種鄉村自治組織。日人挪用並改造保甲制度，即在於將保甲制度「制度化」，使受到殖民政府的強力支配，並做為警察的輔助機關。清治保甲吏員原即有協助處理地方事務之權責，包括仲裁調解、造橋鋪路與社會福利。日人亦將此與其內地之寄附慣習相結合。

　　臺灣地方警察具指揮監督保甲組織之權。警察官根據保甲規約指揮保甲民從事具強制性的義務勞動（corvée），一般稱為「保甲工」或「做公工」，包括道路橋樑之開鑿改修與後續維護，或如河川堤岸的修築〔註17〕（圖172）。

　　例」，列舉了122條臺灣人不得違犯的事項，違者則處以拘留或罰金。
〔註17〕濁水溪堤岸在大正年間陸續興築，即完全徵用保甲民施作。張素玢指出，日大正年間濁水溪堤岸的興築，完全仰賴民工。凡是住在溪水氾濫區之內的居

除了由國家支持的專業菁英所規劃之現代市街外，在臺灣各地遍佈著「保甲道路」，即是由地方警察驅策保甲民所築成。事實上新道路之開鑿及舊道路的擴築均得借助保甲方得完成。根據臺灣總督府警務局在 1930（昭和 5）年「巡查助長事務」之統計，「道路改修築」即佔去巡查工作時間的 29%〔註 18〕。下村宏即提到，臺灣獨特之保甲制度，除做為保持地方安寧之補助機關外，在殖產的獎勵、徵稅的援助、教育、救恤的設施及「土木的幫助」方面均有相當助益（下村宏，1917：1）。在清代的臺灣，聚落間之道路聯繫僅是鬆散的連結，與日人開設現代道路用以快速動員各種資源的意義不同，也改變了聚落之間的關係趨向強烈的連結。唯有開設道路，殖民的勢力方能進入。以斯里蘭卡為例，頑強的甘地王國（Kandy）即是因道路開關而為英國人被敗（Perena，1998：43）。或如臺灣蕃地警備道之開關，亦使得日本殖民政府理蕃獲致成功。日本接收臺灣後，鐵路被視為是部隊移動最重要的基礎設施，由軍方與鐵道部先後執行。鐵路與道路都是為了軍事擴張與民政控制而興築，並將自臺灣獲得之資源經由道路運輸至海港以運至日本或海外。此外，一般道路的開關仍屬必要，但基於財務上的考量，即運用保甲民來執行。日治臺灣地方警察機關亦相當重視各警察官吏派出所之間的聯繫，因此有不少的道路都是在此原則上先開設出來。

日治之初，各地（警察）官署即動員大量人力修築道路（Hishida, 1907：277）。明治 37（1905）年時嘉義廳下所開關之主要道路，參與之保甲民即達六十萬之多。在支廳時代，警察指揮保甲民開鑿、修補道路，就是設州之後，道路的維護也仍是保甲的責任（洪秋芬，2000：262）。在 1931（昭和 6）年，豐原郡警察課「特下英斷。先將當街至水源地及社皮大埔厝間。竝烏牛欄聚與庄間之現在六尺或八尺道路。一律擴張為十五尺或十八尺之廣道。日昨已由各部落保甲民著手增築」〔註 19〕；豐原后里間道路，亦一律擴張為「四間

民，都必須參加義務勞動。修築期間，每天晚上甲長至保正家開會，宣佈明天徵調之人數。每戶出丁一人，也可請人代工。每人分配三尺長的堤防，自備鋤頭、畚箕、扁擔去挖土挑土，築到官廳指定的高度。詳張素玢，〈與河爭地──濁水溪河川地的利用與環境變遷〉。該文為「二水鄉古文書與老照片數位建置計畫」中收錄相關論文。

〔註 18〕此為 1930 年時的「巡查助長事務援助時間」統計。詳《昭和六年 臺灣の警察》，頁 113；Chen, 1984：235。

〔註 19〕詳《臺灣日日新報》，1931（昭和 6）年 2 月 8 日第 8 版，「道路擴張」。

道路」〔註20〕。因此到昭和 6（1931）年時，葫蘆墩街道煥然一新，有寬廣的
縱貫道路和寬約五間，通往東勢、后里的州道，以及通往各部落（村庄）寬
約九尺的保甲路〔註21〕。村落原來如「蜿蜒長蛇」之道路，悉已擴張成「直
線」之新道路〔註22〕。

圖 172　保正甲長之務

（臺北州警務部，1926a）

在 1932（昭和 7）年到 1933（昭和 8）年間，臺南州下各郡大舉地改修
道路。如北門郡的道路擴張改修，亦是由郡下保甲民一同出役完成。各派出
所一方面召開家長（戶長）會議，讓民眾理解這樣的努力大有利於郡未來的
發展〔註23〕；另一方面甚至舉辦「道路品評會」。斗六郡即在 1932 年以派出
所為單位舉辦道路品評會，擬定郡下道路的改修計畫。過程中有部份民眾尚

〔註20〕 詳《臺灣日日新報》，1931（昭和 6）年 12 月 24 日第 4 版，「豐原后里間道路
　　　　擴張」。
〔註21〕 詳洪秋芬，2000：263。原文出自〈豐原鄉土誌〉。
〔註22〕 詳《臺灣日日新報》，1938 年 2 月 22 日第 5 版，「竹藪は清掃されどの部落も
　　　　明朗」。
〔註23〕 詳《臺灣警察時報》，第 209 期，1933 年 4 月，頁 307。

須捐地及移轉家屋。完工之後，再由臺南州（警務部）保安課長與土木課道路係長召集審查委員評等論級〔註 24〕。除了道路開拓之外，殖民政府亦大量在道路兩側種植樹木，形塑了現代的道路景觀〔註 25〕，並將之視為「臺灣市街之裝飾」〔註 26〕（圖 173）。

圖 173　恆春的木麻黃鋪裝道路

（「國家文化資料庫」網站）

甚至，保甲組織總是被利用於超過保甲條例施行細則所指定之標準，如縱貫道路，即是由各地之保甲民所鋪設而成（矢內原忠雄，2002：196）。臺灣南北縱貫道路是由臺灣總督明石元二郎在 1919（大正 8）年宣布興築，並在 1926（大正 15）年完工。實際上是將歷年來分段修築的道路銜接起來。由於此工程將耗費頗大，明石總督在日本地方警察與臺灣保甲民的抗議下，仍決定透過保甲系統來興築。除了興築道路外，保甲系統尚須維護道路，連

〔註 24〕 詳《臺灣警察時報》，第 208 期，1933 年 3 月，頁 168。此外，尚包括東石、虎尾、新化等臺南州下各郡。

〔註 25〕 如新埔一帶的道路，大體上是由保甲民寄附土地與勞力，並在路旁種植相思樹之苗木。詳《臺灣日日新報》，1908 年 6 月 24 日，第 5 版，「新埔地方の保甲道路」。

〔註 26〕 此為林學博士本多靜六所提出的見解，認為在市街種植樹木，可以增添美觀以為市街之裝飾，在夏天時可提供行人樹蔭，亦可防止塵埃，使空氣新鮮，葉子的蒸發作用則可消減暑氣。詳《臺灣日日新報》，1911 年 7 月 13 日，第 24 版，「臺灣市街の裝飾」。

監督的地方警察亦怨聲載道。明石總督此舉既是要測試殖民政府對於保甲組織的掌控程度，同時也可減緩財政上的負擔。而縱貫道路的開築，對於道路的規格、植樹、溝渠與電線桿的位置均有規定（李詩偉，2003：114～130）。若如臺北艋舺市街之改正，因所需經費龐大，殖民政府僅能「擇要以圖。凡大道衝衢，固為當務之急。而蕞爾偏隅、稍鄰僻陋者，或力所不能逮，故不得不希望于民力之相輔而成，各自負擔，因勢改良，旁通曲引，以為他日市區改正之基礎〔註27〕」。由臺灣人「依技手之測線」自力完成之市區改正，不只被視為是道路之開通，甚至被視為是「人民之開通」〔註28〕。如陳清池所言，臺灣在日治時期道路網絡的完成，實際上大大的依賴保甲（Chen, 1975：405）。

5-3-2　平面的長城：誰的現代大街

　　「大街」在歐西現代城市是觀察「現代性」的重要場所，在殖民城市亦如是。殖民者對於殖民城市的「市區改正」，顯見的特徵即在將彎曲狹窄的傳統街道拉直、拓寬，形塑具有強烈視覺意象的都市空間，並且產生種種不同於傳統的空間感知與活動。日人在殖民城市中所改造之現代市街，成為殖民地社會新的公共空間。新式市街的秩序井然，是臺灣人前所未見。街道之空間秩序，以及街道上各種「物件」（包括人、動物、交通工具、物品）之秩序均受到嚴格的規範。在臺灣的現代大街，並不如波特萊爾在巴黎的現代大街上漫遊者（*flaneur*）的隨意閒逛。靠左通行，禁行牛車，貨品不准堆放在亭子腳下（圖174），空間的規訓與人的行為規訓被結合一起。

　　就如同班雅明（W. Benjamin）視巴黎的拱廊街（arcades）為現代性之表徵，亞洲熱帶殖民地城市的亭仔腳（騎樓）街道亦是殖民地現代空間營造之體現。根據黃俊銘的研究，在亞洲各殖民地處處可見之亭仔腳街廊與歐洲步廊存在差異。歐洲步廊上方並無建築；亞洲殖民城市街廊上方則有建築以供居住。此為曾任多處英國在東南亞之殖民地總督萊佛士（T. S. Riffles）爵士考量華人對於街屋空間之需求所調適而成。清末劉銘傳在臺北府城興築之街屋即師此法，亦為隨後殖民臺灣之日人所襲用並普及。除以「家屋建築規則」制限亭仔腳之高度、寬度與構造外，亦以「街路取締規則標準」管理其使用

〔註27〕詳《臺灣日日新報》，1906年8月26日，第2版，「艋舺江瀕道路之開通」。
〔註28〕詳《臺灣日日新報》，1906年8月26日，第2版，「艋舺江瀕道路之開通」。

（黃俊銘，2006）。亭仔腳街廊之設置形成可以遮陰蔽雨、供公眾使用之連續通廊，與新式商業行為結合成為新的人群匯集之所。此外，亭仔腳街廊風格多樣的立面外觀，亦形塑了現代的都市景觀。因此，在歐洲具有現代性表徵之城市步廊，在殖民地因考量被殖民者之舊慣而被調適成亭仔腳街廊，在「現代性」中亦具有「殖民性」。

圖174　日人對於城市街道與騎樓均設有規範

（臺北州警務部，1926a）

　　亭仔腳街廊中，人聲鼎沸，新奇貨品處處可見。在日人聚居的臺北城內，「這島都的心臟，殷賑華麗的榮町、京町一帶充溢滿著人。店內街路，停仔腳，擁擁擠擠繁忙地在蠕動」（王詩琅，1990：69）。同樣地，在臺灣人雜處的「這新興的向近代化途上驀進著的臺灣人街市—大稻埕，幾年之間，觸眼盡是高樓林立，電光閃爍，照得像白晝一樣……停仔腳，店內不輸城內擁擠異常」（同上：83～84），就如同郭雪湖「南街殷賑圖」中所描繪的場景。而在街道交會的十字街口，在清代傳統市鎮中原本即是商業鼎盛、各家必爭地之城市中心。在經過市街改正新築之亭仔腳街屋，亦於十字街口以突出之建築空間與外觀強化其現代特質。但十字街頭亦是地方警察經常「立番」取締之所，隨時凝視著他眼下被殖民的本島人。在過去，菜販將賣擔擱在街路上是理所當然，而且更要搶佔十字街頭的最佳位置。但在日治時期，這樣的作法就犯了違警例，免不了要罰錢了！或如蔡秋桐筆下的「興兄」在已經邁入

現代的臺南古都，處處動輒得咎，心生「這殺人的都會有什麼可留戀」之感〔註29〕。楊守愚的〈十字街頭〉〔註30〕一文即清楚地傳達出臺灣人受日人殖民下「十字街頭」的空間意涵：

> 這時候，這麼一條繁華、熱鬧的十字街頭，變得冷清清地幾同廢墟，
> 連往來的人們，都不由地帶著幾分恐怖，在這時，祇見到一個威風
> 凜凜、殺氣騰騰的巡查大人，搖擺著從此踱過。

在殖民地方，警察支配下的保甲夫役，造就了城鎮或村落的主要道路（圖175）。保甲路甚或不只是一條可供人車方便通行的一般道路，還有可與臺北、臺中等殖民城市可堪比擬的「三線道路」。「高雄州潮州郡管內的道路，是冠於全臺的。那到處平坦的大路上，兩邊所栽的樹木，怎麼樣的齊整而美麗呵！就中潮州枋寮間的三線道路，延長有五里二十九丁。那路上栽得四列的樹木很是繁茂，中央可以驅自動車、自轉車，左右可以駕牛車、馬車，看起來真是令人稱贊不已的了。」但這樣美麗的大道，卻是「官廳拿了保甲規約，強制徵用了許多的夫役，郡下各戶大概每月平均要五六回去造路了……簡直說，潮州郡下的好道路，即是這些樸實的老百姓的血汗的結晶。」〔註31〕顯然，對於殖民母國是現代表徵的「林蔭道」（boulevard），卻是藉由剝削被殖民者的金錢與勞力來營造與維持。甚且，原應由官廳直營之縱貫道路，亦是由保甲民續築完成〔註32〕。

〔註29〕蔡秋桐〈興兄〉：「興兄行路有些不自然了，又是在那銀座，馬路往來的人們足多，興兄在越角又被那取締巡查扭住了，興兄又犯著左側通行了，這時興兄感覺都會怎會如此艱難過日呢！他愈想討厭起來了……這殺人的都會有什麼可留戀？」詳蔡秋桐，1990：218。

〔註30〕詳張恆豪主編，1990，《楊守愚集》，頁75～80。除楊守愚外，相當多數之日治時期作家均喜以現代市街之十字街頭做為小說場景，但其小說敘事總是帶著濃郁的愁悶，如郭秋生之〈王都鄉〉、王詩琅之〈十字街〉。

〔註31〕詳《臺灣民報》，第88號，1926（大正15）年1月17日，「無所不用其極之保甲」，頁3。

〔註32〕如臺北州七星郡在大正十一年度之縱貫道路擴張改修工事，未完成部分即由保甲民鋪設之。詳《臺灣日日新報》，1922（大正11）年12月23日第6版，「道路改修工事」。

圖 175　臺中州北斗郡田尾庄三十張犁部落之道路改修

（邱淼鏘，1940）

　　但這些道路眞如楊逵所說，「是現代文明給予鄉村的恩惠，也成本村的一種值得向外界誇耀的榮譽」（楊逵，1990：237）嗎？這當然是一種諷刺！因為這些道路在剝削保甲民築成之後，「凡有監督官廳的人們，要通過該道路的時候，就要派遣保甲夫役在先打掃的齊齊整整，以博上官的贊許。〔註 33〕」另一方面也扼殺了跟不上現代腳步的臺灣人的生存空間。誠如呂赫若在〈牛車〉中的描述：「慢吞吞地打著黃牛底屁股，拖著由父親留下來的牛車在危險的狹小的保甲道上走著的時代，那時候口袋裡總是不斷錢的……當保甲道變成了六間寬的道路，交通便利了的時候〔註34〕」，一方面因為運輸工具的

〔註33〕 詳《臺灣民報》，第 170 號，1927（昭和 2）年 8 月 21 日，「保甲制度的存廢問題」，頁 2。
〔註34〕 詳呂赫若， 2001：143。另外，陳芳明根據資本主義邏輯提出，日本人開闢

進步，米穀改由「運貨汽車」取代；另一方面，牛車亦被禁止在道路中央走著〔註35〕，道路上設置寫有「道路中央四周不准牛車通過」的路碑，「因爲小石頭鋪得坦平的道路中心是汽車走的」。道路是日人爲了提升運輸效率而開闢，臺灣農民的生產與運輸方式卻已敵不過現代化下的競爭（陳芳明，2004：65～67）。同樣一條道路，卻也區隔著兩種不同的文明，而且，「道路中心漸漸地變好，路旁的牛車道都通行困難起來了」（呂赫若，2001：154～155）。陳芳明即點出道路的「中心／邊緣」所寓含「殖民者／被殖民者」間在中心與邊緣的不平等關係（陳芳明，2004：66）。也難怪吳新榮將保甲民受警察壓迫所開闢出來之道路喻爲「怪物」，並質問這是「爲什麼或者爲誰」了！〔註36〕當道路伸進農村的深處時，資本主義就進一步向庶民生活挖掘掠奪。現代大道的種種利益，似乎不在被殖民者身上。亦如施淑在評論蔡秋桐〈新興的悲哀〉時所云：「表面上，這些以英文大寫字母命名的市鎮，與農村有明顯的意識區隔，相對於簡單、蒙昧和破敗的農村，市鎮象徵著文明、秩序、許諾和機會，但同時隱藏著意想不到的新災難」（施淑，1997：108）。反之，從後藤新平銳意修築之縱貫鐵路到明石元二郎興築縱貫道路之決策，都是爲了方便殖民控制與動員。陳虛谷的詩作「縱貫道路〔註37〕」頗能道盡臺灣人的辛酸：

> 基隆直造到屏東，那管農家事正忙。
>
> 土地沒收還不足，荷鋤更作無錢工。
>
> 拋卻收冬造路來，農民個個哭聲哀。
>
> 強權抵抗無能力，但願天無風雨來。

5-3-3 新興的悲哀：誰的理想鄉

　　日人對於臺灣村落的空間改正，可概略分爲三個階段，警察官吏在不同階段扮演重要程度不同的角色，而保甲組織則一直是執行的主要工具。此三

農村道路以提升運輸效率，但臺灣農民的生產與運輸方式卻已敵不過現代化下的競爭了。詳陳芳明，2004：65～67。

〔註35〕鷲巢敦哉提到臺灣之牛車輪子易造成鋪成路面之凹痕，損及道路而被禁止。詳中島利郎‧吉原丈司編，2000b：167。

〔註36〕出自吳新榮詩作「道路」：「縱行南北的原始之怪物。這是狹窄空地長長的連續。幾萬肩膀和肩膀被強迫著。築成這平面的長城。然而沒有一人知道。**爲什麼或者爲誰？**」詳吳新榮，1997。此詩原發表於1936年。

〔註37〕詳「默園詩人陳虛谷」網站。

階段，分別與「瘧疾防遏」、「部落振興」及「皇民化運動」相關。

　　瘧疾〔註 38〕一直是熱帶殖民地讓殖民政府困擾的傳染病。在印度，英國是將患瘧疾者隔離，臺灣總督府則充分運用警察與保甲制度進行防疫（顧雅文，2004：189）。1910（明治 43）年臺灣總督府召開警察會議，制訂「瘧疾撲滅計畫」（同上：191），並在 1913（大正 2）年公布「瘧疾防遏章程」，以「檢診、血液檢查、治療、服藥、保持清潔」爲防遏之法〔註 39〕，對於聚落環境空間的改善仍非重點。若某地被指定爲瘧疾特別防治區，即由總督府派遣醫官，指揮當地警察官吏與保甲組織進行防治，主要是在監視患病者是否服藥〔註 40〕。在 1910 年代後期發現村落較市街更易發生瘧疾，而將瘧疾防遏之區域漸由市街擴展到村落；同時亦視村落之竹林蔓草爲瘧疾發生之源，但仍未以環境之改善爲主要方法〔註 41〕，至多將之納入每年春秋二季之大清潔法之範圍〔註 42〕。由於瘧疾多發生在臺灣南部，直至 1924（大正 13）年前後，臺南、高雄兩州方開始以整理部落環境爲瘧疾防遏之首要工作〔註 43〕，並由郡警察課指揮各地巡查與保甲役員改善部落環境〔註 44〕。

　　其次，受到日本本國自 1931（昭和 6）年起爲因應農村破敗的經濟與社會問題，開始施行「農村經濟更生運動」，在臺灣也相應地實行「部落振興運動」（蔡錦堂，2006：17）。臺灣在 1932（昭和 7）年時，在新竹郡即有「模範村」之設置，以促進地方農村之繁榮〔註 45〕。除了農事方法的指導與改良，

〔註 38〕 即 malaria，マラリア，麻拉利亞，又稱「寒熱鬼」。

〔註 39〕 詳《臺灣日日新報》，1913（大正 2）年 4 月 12 日第 5 版，「瘧疾防遏章程」。

〔註 40〕 詳顧雅文，2004：192。在嘉義地區，則曾在派出所召集居民講說瘧疾防遏之法，並在保甲聯合事務所採血檢驗。詳《臺灣日日新報》，1915（大正 4）年 10 月 5 日第 6 版，「嘉義防疫」。

〔註 41〕 1916 年時，阿里港之防疫已提出「填塞潦污、掃除茅藪」之法。詳《臺灣日日新報》，1916（大正 5）年 11 月 23 日第 6 版，「阿港驅除瘧疫」。

〔註 42〕 如在發生瘧疾最烈之嘉義廳即修訂大清潔法規則，除一般之灑掃、排濕、捕鼠、消毒外，「惟欲豫防瘧疾，務令剪去庭園竹木下枝，芟除雜草，使之蚊類無所棲息」。詳《臺灣日日新報》，1918（大正 7）年 3 月 28 日第 6 版，「春季清潔」。

〔註 43〕 如嘉義街之防遏法，「凡地域內居住者，或土地家屋所有者，須將池沼溝澮岸畔雜草芟除，剪去竹木下枝，填埋低濕之地。凡可以積水之無用容器力爲排除。家具寢具，曬以日光。」詳《臺灣日日新報》，1924（大正 13）年 5 月 23 日第 6 版，「防瘧屬行」。

〔註 44〕 如鳳山街之防瘧，即由郡警察課指揮乙種巡查及保甲役員，至各戶施行檢查。詳《臺灣日日新報》，1925（大正 14）年 5 月 8 日第 4 版，「鳳山撲滅蚊族」。

〔註 45〕 詳《臺灣日日新報》，1932（昭和 7）年 8 月 18 日第 3 版，「新竹郡に模範村設置」。

以及部落居民知識程度的提高外，原先為防遏瘧疾之部落環境改善亦被整合融入。其中部落環境的改善即是由地方警察機關發起與監督執行。在臺南州，即以各警察官吏派出所之管轄範圍為單位，設置「瘧疾防遏日」，實行各種驅逐瘧蚊措施；並在各郡配置「防遏專務巡查」，在各地召開瘧疾講習會，最後並選定「瘧疾防遏作業模範村落」獎勵民眾（顧雅文，2004：202～203）。警務當局即視臺灣傳統鄉村聚落遍佈的竹圍易使得陽光無法直射，採光、通風與排水均不佳，造成不潔與潮濕。因此大力地填平水壑、除草伐採〔註 46〕。其中，每一家戶之竹圍都要刈到一定高度，並掃除家屋前後，地方巡查每月都要巡視數回〔註 47〕（圖 176～178）。審查之標準項目包括「竹木伐採、雜草芟除、制限栽植、蚊帳使用、凹地填埋、排水施設、豚舍及放飼取締、堆肥舍、塵溜（垃圾場）」〔註 48〕。由蔡秋桐之小說〈奪錦標〉即可見一斑。地方警察藉由保甲會議將命令宣達後，即日夜差使著保正、甲長與保甲民，刈竹刺、填窟仔，道路與橋樑要造得完全，連「庄內的路頭，也要造到像街市一樣」（蔡秋桐，1990：186）。

圖 176　臺中州北斗郡田尾庄三十張犁部落入口之整理

（邱淼鏘，1940）

〔註 46〕 詳《臺南州管內概況及事務概要》，昭和 7 年度，頁 327～328；《臺灣日日新報》，
　　　　　1929（昭和 4）年 2 月 26 日夕刊第 4 版，「臺南市竹篙厝設衛生模範部落」。
〔註 47〕 詳《臺灣民報》，1929（昭和 4）年 3 月 17 日第 3 版，「文化村原來如此？」。
〔註 48〕 詳《臺灣日日新報》，1932（昭和 7）年 12 月 6 日夕刊第 4 版，「岡山郡瘧疾
　　　　　防遏　按選模範區三處　並定審查標準事項」。

圖 177　臺東廳新港郡長濱庄石坑部落改善狀況

（臺灣總督府社會課，1940）

圖 178　臺中州北斗郡田尾庄三十張犁部落家屋改善狀況

（邱淼鏘，1940）

　　1936（昭和 11）年起，臺灣總督府提倡「民風作興運動」，以普及日本神道敬神思想、尊崇皇室、國語普及與打破臺灣傳統陋習爲主要實施項目，並在翌年隨著中日戰爭的爆發轉化成「皇民化運動」（蔡錦堂，2006：18）。各街庄下之部落亦在「教化振興」、「產業振興」與「部落美化」（衛生土木設施）三個大項下進行「皇民化」。在「部落美化」方面，仍延續前二階段之衛生部落活動。

　　在 1940 年代前後，各州就州下村落衛生建設之審查、評等與表彰更爲頻繁。內容除延續前述之審查標準項目外，尚有「窗之改善」、便所設置、個人或公共「風呂場」（浴室）之設置、道路之擴張改修等。臺南州虎尾郡爲了撲滅「流腦」（流行性腦脊髓膜炎），即以「明朗部落的建設」爲主題，針對 17086

戶臺灣家屋的開窗進行改善，數量達到 34600 餘個窗戶，爲臺南州第一，因而受到表彰〔註49〕。新豐郡之警察課長亦兩度擬定郡下「明朗部落建設」，「得各派出所警官之督勵，與保甲民之自覺，大收成效」〔註50〕。同時爲了鼓倡正當娛樂，部份部落亦設置以「部落遊園地」〔註51〕（圖 179）。而爲了振興村落民眾之社會教化，各部落亦興築「部落集會所」（圖 180），並設置國旗揭揚臺、部落「文庫」（圖書館）與「博物館」〔註52〕。亦有部份部落新築或改築之家屋內部設置以「座敷」，採內地式之生活樣式，以進一步達到同化爲日本人〔註53〕。

圖 179　臺中州北斗郡田尾庄三十張犁部落遊園地

（邱淼鏘，1940）

〔註49〕詳《臺灣日日新報》，1940（昭和 15）年 3 月 26 日第 9 版，「臺灣家屋に開窗」。1938 年，臺北州的頭圍分室與金山分室亦都有「舊式部落的明朗化」的活動。

〔註50〕詳《臺灣日日新報》，1935（昭和 10）年 1 月 22 日第 8 版，「新豐明朗部落實施週間大收成效」。其實施項目有：部落內各處凹地填平；家屋三尺四方以上窗戶增設；豚（豬）欄及塵埃箱需以磚或石竹材製；公共或個人便所增設；路旁樹保護所關；公共或自用井戶鑿掘。

〔註51〕如臺中州北斗郡田尾庄三十張犁部落。詳邱淼鏘 1940：91

〔註52〕如臺中州大屯郡西屯庄惠來厝部落之部落集會所即設有「神棚」與「文庫」。另亦設有「部落博物館」，並訂 11 月 1 日至 7 日爲「博物館週間」。詳臺灣總督府社會課，1940：282, 295。

〔註53〕如臺北州七星郡北投庄石牌第一、二部落振興會。詳臺灣總督府社會課，1940：49。

圖180 臺南州北港郡元長庄鹿寮部落集會所

（臺灣總督府社會課，1940）

　　而在臺南州北港郡元長庄鹿寮部落，除一般衛生部落之項目外，尚提出了「迂迴道路之直線化」、「店鋪之改築整備」、「道路樹植栽」。村落慣見的彎曲道路被取直，部落已被區劃整齊如棋盤之目，因此更擬「統一住宅之方向」（臺灣總督府社會課，1940：485～486）。

　　施淑即注意到，蔡秋桐在敘述有關1920年代後半起的「文化村落」運動之小說標題「錦標」、「新興」、「理想」所顯示之價值判斷（施淑，1997：37）。部落獲得表彰並不見得是件好事。奪了錦標後，「今日也有視察團，明日也有視察團……保甲民的爲供呼喚而煩忙，是不用說的」（蔡秋桐，1990：192）。如圖181所示，家屋仍爲竹牆草頂，新增設之便所卻爲磚造。更有趣的如蔡秋桐小說〈理想鄉〉所描述的，「不是街不是市，道路也清到那麼光溜溜，元理末廁池是要創在偏僻地方，怎樣慣慣都是叫人起在道路邊，那像建廁池街？怎麼講著起在道邊咯！大人來才有看見咯！才知咱有起廁池咯！」（蔡秋桐，1990：229）

　　在部落環境美化後，從警察大人目光可及的外觀都顯得整潔光亮，農村生活與產業所需的種種物件，全不許出現在院子或家屋之外，在警察大人的意思，「厝內之如何他是不顧，總是外面眾人所看得著者，譬如一枝草一塊石也要清到乾乾淨淨，方使甘休」（蔡秋桐，1990：229），因此「一踏入屋子裏

面，卻因農具雜物一股腦兒搬了進來，沒有地方安置，變得零亂不堪了。許多農家，甚至睡覺的地方以及吃飯的地方也被這些雜亂東西佔據了。只好坐在糞桶上面吃飯，睡在犁耙下面的也不乏其人」（楊逵，1990： 287）。甚至「連房屋附近的鳳梨、香蕉，也都因為有礙觀瞻而被砍掉」（同上：286）。廁所設置在大路旁，房間變成雜物間，「雖是矛盾，那末為著名聲，為要賣名，是所難免」（蔡秋桐，1990：229）。

圖181　斗六衛生部落

（《臺灣日日新報》，1938 年 11 月 13 日第 5 版，「斗六衛生部落」）

最後，在皇民化之同化政策下，臺灣神職會與各地方官廳藉由「正廳改善運動」與「寺廟整理運動」，試圖強制改變臺灣人之宗教信仰。原供奉神佛像與祖先牌位之臺灣家屋正廳，被強迫設置「神棚」以供奉「神宮大麻」，以做為家庭之精神中心；並勸導臺灣人將祖先牌位易以「皇民始祖」為主軸之祖靈社（蔡錦堂，1991）（圖 182）。在此階段，以臺灣神職會職員與地方官廳職員為主要執行者，地方警察僅居於被動的協助角色。日人試圖藉由改正正廳空間以使臺灣人改宗，遂行其皇民化之目的。但這種趨向於「日本化」的空間改正，已和前此以「現代化」或「西化」為標的之空間改正大相逕庭；充斥著強烈的「殖民性」，卻已失其「現代性」。

圖 182　臺中州北斗郡田尾庄三十張犁部落之正廳改善前後對照

左為改善後之正廳，右為原來之正廳（邱淼鏘，1940：56）

5-4　建築警察：地方警察與建築管理

就明治維新以來的日本治理者而言，警察的責務不僅是「預防與偵察犯罪」之本務，還及於林林總總的繁雜地方治理事務，而有「警察萬能」之稱。清浦奎吾曾就警察事務將警察大分為「高等警察（國事警察）」、「司法警察（刑事警察）」與「行政警察（普通警察）」三類〔註54〕。與地方治理最為相關者即「行政警察」。在 1885（明治 18）年由內務省警保局所編集與警察執務相關之《警務要書》，則將（行政）警察再細分為十項，其中即有「建築警察」一項，其主要責務則在「家屋之正整、通行之安全、火災與危害的防制、健康保護」，包括了對一般「建物」與具危害性之「製造所」的管制〔註55〕。在 1886（明治 19）年德國警察專家 Wilhelm Hoehn 的「地方警察巡迴復命書」中即提及「建築監督」：建築之管理、監督，是由警察署長、消防長、町村人民代表與縣廳所指派之建築師組成一個委員會，每年定期做建築檢查〔註56〕。由此可知，日本內地在殖民臺灣之前，警察即扮演著「建

〔註54〕 詳清浦奎吾，1890，〈警察事項に関する演説〉，收於由井正臣・大日方純夫，1990：284。

〔註55〕 此十項警察分類為：安寧警察、宗教警察、衛生警察、風俗警察、營業警察、河港警察、道路警察、建築警察、田野警察與漁獵警察。詳〈警務要書（抄）〉，收於由井正臣・大日方純夫，1990：327～390。關於「建築警察」的部分，詳該書頁 385～386。

〔註56〕 詳 Wilhelm Hoehn，1886，〈地方警察巡迴復命書〉，收於由井正臣・大日方純夫，1990：279。

築管理」者之一。而在臺灣警察協會舉辦的「臺灣與衛生警察」徵文中，花蓮港廳警部渡邊柳三的文章亦提到「建築警察」在居住與保健上的重要角色。他認爲臺灣過去的家屋爲了預防危害，但缺忽略了保健，因此有不佳的通風採光〔註 57〕。

　　所謂「建築警察」，即「直接防止因建築而發生之危害，以維護公眾安全與健康之警察作用」〔註 58〕。臺灣在日治之初尚未有如「建築警察」這般明確的詞彙，與建築管理之相關業務均歸於「衛生警察」的任務範圍〔註 59〕，並責令保甲役員有「監視之責務」〔註 60〕。至 1936（昭和 11）年「臺灣都市計畫令」發佈後，方見「建築警察」一詞〔註 61〕，並有所謂「建築取締」之務，由警察來負責執行，並在 1937（昭和 12）年 1 月 11 日至 22 日由內務局土木課在警察會館舉辦「第一回都市計畫講習會」〔註 62〕。在實施都市計畫令的講習中，關於「建築取締」的部分，即由當時任職警務局警務課長的細井英夫主講。如細井英夫所述，建築取締應包括「建築許可」與「建築取締」兩個事項，而在都市計畫令施行之後，此二者即正式由警察專責處理。在此之前，則無一定，或由警察，或由市、郡役所（細井英夫，1937：9）。

　　在「臺灣都市計畫令」頒佈實施之前，與建築管理相關之法令以「臺灣家屋建築規則」與各地方之「市區改正計畫」爲主，主要是基於衛生與保安上之考量（圖 183）。因此，細井英夫即提到，警察之建築取締從早期之衛生課逐漸轉向保安課，最後才演變到由郡市役所來核發建築許可〔註 63〕。

〔註 57〕 渡邊柳三，1917，〈臺灣的衛生警察〉，《臺灣警察協會雜誌》，第 115 號，昭和 2 年 1 月，頁 201。該文中亦提到「病原住宅地移轉」，認爲現今交通發達，住宅不應如傳統般配置於水田地中，應遷居到較爲高燥之地。
〔註 58〕 詳《警察大辭典》，頁 395。
〔註 59〕 如臺北廳在 1908 年起在臺北市三市街與滬尾（淡水）共配置了 30 名「衛生專務巡查」，亦在三市街各設專務警部補一名。衛生專務警察所執行事務即有「家屋建築及增築改築」一項，就所擔任區域內有家屋建築及增築改築者，查其是否有違反臺灣家屋建築規則，或查是否有未受准許即進行家屋建築及增築改築者。詳《臺灣日日新報》，1909 年 7 月 17 日，「衛生警察活動」。
〔註 60〕 詳《臺灣日日新報》，1911（明治 44）年 12 月 29 日，「衛生監理」。
〔註 61〕 詳《臺灣總督府事務成績提要》，昭和十二年度，頁 729。
〔註 62〕 詳《臺灣總督府事務成績提要》，昭和十二年度，頁 670。
〔註 63〕 詳細井英夫，1937：10。另外，在高雄州，家屋建築取締的工作，本來是衛生課的責務，1922 時移交給保安課。詳《高雄州管內概況及事務提要》，昭和九年度，頁 171。

圖 183 「危險家屋」、「住家の撰定」與「衛生の鄉に病魔の住家な」

（臺北州警務部，1926a）

　　以臺北爲例，1896（明治 29）年臺北縣發佈之「家屋建築規則」規定，應於工事開始前三日，檢具申請書與圖面，向所轄「警察官署」提出申請。家屋之構造有違規定者，則警察署得令其限期改善。在 1900（明治 33）年頒佈全臺適用之「臺灣家屋建築規則」之後，則規定應向「地方長官」申請建築許可。在辨務署時期是向辨務署提出申請，並由辨務署上呈縣廳給領許可。至廳治時期，則向地方廳申請。以新竹廳爲例，若僅是修繕舊建築者，則無須申請。欲新建者，則需提出「家屋建築認可願，並建築設計書、建築仕樣書，後添附建築位置圖」〔註 64〕。但實際執行者，在仍以警察官擔任大多數文官的日治前期，應仍爲警察之責務。在 1920（大正 9）年地方改正後，則改向郡守、警察署長或分署長申請（黃武達、蔡之豪、內藤昌，1997）。在臺北州，任何建築物之營建行爲，均需檢具申請書向該管之「郡役所」或「警察署」核轉行政官廳廳長或知事申請；而採石造、磚造、混凝土造、木造、鋼骨造鋼筋混凝土的工程，進行至指定階段時，應行申報該管郡役所或警察署核轉（中原大學建築系，2000：119）。違犯建築規則者，則由地方警察官吏派出所巡查向上一層級警察官署告發檢舉〔註 65〕。在高雄市，1930（昭和 5）

〔註 64〕 詳《臺灣日日新報》，1905（明治 38）年 10 月 14 日第 6 版，「築室受罰」。
〔註 65〕 如高雄市湊町三丁目有一民眾陳金丁違犯建築規則，即被湊町派出所巡查所發現，告發於高雄警察署，並立即由警察署之司法主任即決，判罰二十圓罰金。詳《臺灣日日新報》，1931（昭和 6）年 3 月 18 日第 4 版，「犯建築規則罰金廿圓」。

年起開始調查市內「無斷建築家屋」（未經許可之建築），並自 1934（昭和 9）年 8 月起開始整頓並拆除入船町一帶 276 戶無斷家屋，將其住戶移轉至苓雅寮指定興築之家屋，皆是由地方警察執行〔註66〕。

　　此外，因應 1935（昭和 10）年發生在新竹、臺中二州的大地震，地方警務機關在建築管理上亦有相應之設施。彰化警察署在大震後不久，即召集管內各信用組合長會議，就街路區劃整理及耐震家屋建築資金融通之協助等事宜進行磋商，期使更徹底地執行「家屋建築規則」〔註67〕。斗六郡永田警察課長亦認為此次震災倒塌家屋之多，乃因建築不完全之故，因此建議應趁當下斗六、斗南二街正進行市街改正之時，改善建築之法〔註68〕。

　　而在「臺灣都市計畫令」實施之後，建築取締正式成為警察之責務。甚至因此而欲適度地增加警察官之員額，並在各州配置一位技術官員（細井英夫，1937：9）。臺北州在施行都市計畫令後，即配置了 19 名技術者與警察官來從事建築取締〔註69〕；臺中州則增置了 12 名〔註70〕。在高雄州，則計在高

〔註66〕1935 年則接著針對鹽埕町管內 648 戶家屋，分次移轉至北野町。詳《高雄州管內概況及事務概要》，昭和九年度，頁 171〜172。
〔註67〕詳《臺灣日日新報》，1935（昭和 10）年 7 月 12 日夕刊第 4 版，「建築規則運用磋商」。
〔註68〕詳《臺灣日日新報》，1935（昭和 10）年 4 月 25 日第 8 版，「建築宜改」。
〔註69〕臺北州增置從事建築取締人員（《臺北州管內概況及事務概要》，昭和十二年度，頁 335）：

	技 術 者		警 察 官	
	官 職	人 員	官 職	人 員
臺北州警察部	技手	1	專務巡查	2
臺北南警察署	囑託	1	專務巡查	2
臺北北警察署	囑託	1	專務巡查	2
基隆警察署	囑託	1	專務巡查	1
七星郡	技手兼	1	兼務巡查	1
基隆郡	技手兼	1	兼務巡查	1
宜蘭郡	技手兼	1	兼務巡查	1
羅東郡	技手兼	1	兼務巡查	1
計		8		11

但建築技手實際上僅有一名，卻要負責七個都市計畫區域，因此在 1939（昭和 14）年時增員六名技手以符實際需要。詳《臺灣警察時報》，第 280 期，1939 年 3 月，頁 121。

雄警察署設置技手一名，專務巡查四名；屏東警察署技手一名，專務巡查二名；州保安課技手一名，專務巡查一名，以從事建築取締〔註71〕。這些建築取締專業人員除配置在州保安課外，初期主要是在實施市制之警察署，負責市之建築取締，之後方漸次擴及各郡所在地市街。其所負責的事務包括了：建築線的指定、變更與廢止，建築物新築、增築、改築、再築、用途變更、移轉、大修繕、大變更的許可，工事起工與竣工申報及其他多項事務等。而在建築取締方面，除取締未申請前述許可者外，主要有超過高度限制、建築面積，採光不足，亭仔腳、樓梯、便所、樑柱版、排水、基礎、壁體等之構造不合，及在保安上有危險及衛生上有危害之建築物〔註73〕。同屬日本殖民地之關東州，自1920（大正9）年起因在建築取締上之事務漸趨複雜，亦在警察官署中開始配置專門技術者（技手）（日本行政學會，1934c：257）。而在滿州國時期長春都邑計劃法的建築行政，自昭和13（1938）年起即由首都警察廳下之「建築工場科」專責〔註73〕。臺灣在都市計畫令施行之初，因民眾對都市計畫法令仍不甚瞭解，臺北州在1938（昭和13）年即有955件違反建築警察關係法令者，州警務部因此在保安課及各市警察署設置了「建築相談所」（建築諮商所）供民眾諮詢〔註74〕。

另外，警察亦會為了取締上的方便，將與公共衛生與風化取締相關的行業集於一區。1919（大正8）年臺南市在重新指定本島人「貸座敷」（妓院）位置時，即是使其與內地人貸座敷、婦人病院相鄰〔註75〕。又如臺中市散在

〔註70〕臺中州在都市計畫令的施行地域，包括臺中、彰化二市，以及豐原、內埔、神岡、東勢、石岡、鹿港、員林、北斗、南投、埔里、竹山、大甲、清水、沙鹿、梧棲、龍井等十六街庄，增置了建築技手專務3名、兼務9名執行建築物取締。詳《臺中州管內概況及事務概要》，昭和十五年度，頁355。
〔註71〕詳《高雄州管內概況及事務概要》，昭和十二年度，頁211～212。
〔註73〕詳《臺北州管內概況及事務概要》，昭和十二年度，頁336～338。
〔註73〕滿州國的建築行政從1938年1月1日起轉移到首都警察廳。至於負責實施都邑計劃法施行細則及建築行政的行政官署，在長春（新京特別市）是警察統監，在警察廳所在地是警察廳長，在其他地方是縣長或旗長。為了司掌建築行政，首都警察廳於1938年1月成立建築工場科，執行長春的建築管制。詳越沢明，1986：205～206。
〔註74〕詳《臺灣警察時報》，第289冊，1939年12月，頁144～145。
〔註75〕詳《臺灣總督府公文類纂》，第6666冊，第1號，1919（大正8）年，「本島人貸座敷指定地變更認可（臺南廳）」。「婦人病院」乃是以醫治花柳疾病為主之醫院。

市內各處之有「神女生涯」之冰店、喫茶店等，被命令移轉於已是風化特定
區之「初音町」，而其原因即是「爲風紀上取締」之便〔註76〕。另外，這些行
業的設立與建築均需向警察機關申請許可。以貸座敷之設立與管理爲例，1900
（明治 33）年「貸座敷取締規則」之改正，即頗著重其營業場所之建築構造，
務求其合乎「衛生、風俗並豫防危險」。其中，若採二層樓且面積在 15 坪至
30 坪間者，需設置兩座寬度不得小於 4 尺之樓梯；面積每增加 30 坪，即需增
加一支樓梯〔註77〕。1924（大正 13）年臺中市初音町遊廓欲建築「女紅場」
時，即向臺中警察署提出申請〔註78〕。1936（昭和 11）年亦有屏東警察署許
可「工場」「旗亭」之報導〔註79〕。除了營業許可之外，此類建築之增改築同
樣需向警察機關申請方可進行。私人病院的開設亦需檢附職員履歷書與建築
圖面向警察機關申請許可〔註80〕。

　　此外，諸如「臺灣家屋建築規則」與「臺灣都市計畫令」之施行範圍僅
針對都市地區，相關的法令規範卻極少影響非市街地。臺南州警務部衛生課
在 1934（昭和 9）年 5 月 26 日頒佈了該州之「家屋建築改造令」，即本著「保
健須先由住居」之主旨。改造令更及於「非市街之部落」，而且還在州內二市
十二郡所轄管區派出所備有「理想家屋設計圖」供一般人民參考。臺南州家
屋建築改造令之條文主要有五，著重在採光換氣與衛生的設施〔註81〕：

〔註76〕詳《臺灣日日新報》，1933（昭和 8）年 8 月 31 日第 4 版，「集合一區」。
〔註77〕詳《臺灣日日新報》，1900（明治 33）年 7 月 22 日第 7 版，「貸座敷及娼妓取
　　　締の改正」；7 月 25 日第 5 版，「改正貸座敷取締の影響」。
〔註78〕詳《臺灣日日新報》，1924（大正 13）年 4 月 6 日，第 7 版，「臺中女紅場建
　　　築計畫」。「女紅場」即女子習裁縫、料理與讀書之場所。
〔註79〕詳《臺灣日日新報》，1936（昭和 11）年 12 月 31 日，第 8 版，「屏東警察署
　　　許可工場旗亭」。「旗亭」即「酒館」。
〔註80〕可參考《臺灣總督府公文類纂》中相關「私立病院開設報告」的公文。如第
　　　5264 冊，第 12 號，1910（明治 43）年 8 月，「私立病院開設報告ノ件（臺北
　　　廳）」；第 5264 冊，第 15 號，1910（明治 43）年 12 月，「私立病院開設報告
　　　ノ件（臺南廳）」。
〔註81〕詳《臺灣日日新報》，1934（昭和 9）年 5 月 28 日，第 8 版，「臺南州警務部
　　　衛生課頒家屋建築改造令」。但其所謂的「理想家屋設計圖」，以及這項法令
　　　是否對此後之家屋建築有所影響，則尚待深究。或詳《臺中州管內概況及事
　　　務提要》，昭和十四年度，頁 369。另外，臺北市「有限責任京町建築信用購
　　　買利用組合」於 1925 年 3 月 5 日向臺北市尹、州知事與總督府提出臺北市危
　　　險家屋之改建計畫時，亦提供由臺北州技師荒井善作之標準圖，並就樓層高
　　　度、亭仔腳尺度構造、正立面構造提出準則，並建議避免施作立面裝飾、女

一、對非市街之部落，凡在來家屋換氣採光不足者；

二、窗之構造，大體以 1 平方米內外爲宜，並設玻璃窗；

三、對欲新建家屋者，應依設計圖力爲指導；

四、設計圖備存各地派出所，以示建築希望者；

五、既設家屋，窗戶若不能換氣採光者，應指導改善之。

因此，除市區計畫相關措施之外，家屋與環境的改正與清潔，均仰賴地方警察之宣導與取締。另外，江廷遠亦提及，在市街地是依 1900（明治 33）年 8 月律令第 14 號「家屋建築規則」施行，在施行地域內依此規則取締。在施行地域外，則可透過「保甲規約」來約束（江廷遠，1937：144）。臺灣傳統家屋開窗少且小，建築深度常遠大於面寬（指街屋建築），致通風採光上相當不充足，易致疾病。而以土埆爲主的構造易遭地震、暴風雨而損壞，造成生命財產的損失。因此臺中州在經歷 1935（昭和 10）年 4 月 21 日大地震後，在 1936（昭和 11）年 4 月 1 日藉由改正部份「保甲規約標準」與「保健組合規則」的制訂，進行家屋建築的改良，在該年底即有 79618 戶改良完成，約佔需改良戶數 175749 戶的 45%〔註 82〕。臺南州則在各郡實施「衛生模範部落施設計畫」，主要內容有砍伐住家附近的竹木使之明亮、5 至 10 戶共設一處共同便所、設置下水道與構築豬舍等〔註 83〕。

地方警察實負責新式、現代的各種空間改正的宣傳、執行與取締。以設置便所爲例，1930（昭和 5）年 6 月底起，臺北、基隆兩市各派出所的巡查受命於臺北州警務處，先調查管下各戶個人便所設置的情形；並在該年 8 月要求各郡警察課與警察署，若新建家屋未設置規定形式的個人便所，將無法取得建築執照。派出所亦備有改良便所之設計書圖供民眾申請。在設置之後，巡查會定期檢查便所是否損壞（董宜秋，2000：103～107）。在臺南州則以提供補助金的方式獎勵私設便所的設置，並配置四名專務巡查調查所需數量並監督設置〔註 84〕。臺中市役所亦曾針對市內設置便所狀況，委託臺中警察署進行調查，並擬補助金額獎勵設置〔註 85〕。另外，在日治初期，臺灣人仍隨

兒牆，以及避免在屋頂上設置採光窗與換氣窗。結構部份則需完全按標準圖施工。惟此爲官方輔助民間自發性之改建，且與警察機關無涉。詳黃武達，1998：88～91。
〔註 82〕詳《臺中州管內概況及事務概要》，昭和十一年，頁 294；昭和十四年，頁 369
〔註 83〕詳《臺南州管內概況及事務概要》，昭和三年度，頁 276。
〔註 84〕詳《臺灣日日新報》，1929（昭和 4）年 5 月 25 日第 4 版，「給補助金獎設便所」。
〔註 85〕詳《臺灣日日新報》，1933（昭和 4）年 1 月 23 日第 4 版，「臺中市內不設便

地飼養豬羊，致使環境污穢不堪。臺南廳警務課即規定自 1906（明治 39）起，凡飼養豬羊者，均需構造畜舍，並詳細規定其構造方式，再以該地派出所警官充當「約束人」，每月需定期巡視兩回以上〔註86〕。

5-5　小　結

殖民者總是以其無上之權力「詮釋」殖民地之種種，並據以建立攸關其殖民治理之殖民知識與殖民政策，並將之正當化與合理化。對於殖民地之空間改正亦是如此。日人挾衛生（現代性）與治安（殖民性）之名，批判臺灣傳統建築與聚落空間之不合時宜，以為其進行殖民地之「空間改正」工程建立正當性。因此，日人從認識上與空間上，均欲將殖民地之一切「化暗為明」，以遂行其對殖民地之「社會改正」（規訓）。

日人在臺灣進行空間改正的歷程中，殖民政府專業菁英並非唯一之擘劃者。由地方警察與保甲組織所構成之非正式空間營造體系，實亦扮演關鍵角色，有時候亦相當程度地影響殖民官方的空間改正計畫。因此在書寫臺灣殖民地時期都市與建築歷史時，此一由下而上的非正式空間營造體系不應被忽略。此外，基於地方警察與保甲組織在臺灣地理空間上之散置與無所不包之責務，除對殖民地社會之日常生活干預甚深外，亦將空間改正之區域從「殖民城市」擴展至「殖民地方」，也為地方警察之權力施行建立管道。

但經由此非正式空間營造機制所推動之空間改正，實際上卻是以對臺灣人民進行金錢與勞力的剝削為基礎；甚且，亦剝奪了臺灣人民使用改正後空間之權利。再者，殖民地方之空間改正，尤其是在逐步改善聚落環境與家屋的過程中，其實質內容卻已變異扭曲（如蔡秋桐對於新式廁所的描述），僅只是表象之現代化。因此，臺灣殖民地方雖亦進行著具「現代性」之空間營造工程，但實際上是一種被扭曲的現代性，而且亦帶有濃厚之「殖民性」。甚至在殖民末期，殖民政府拋卻現代（西式），以「皇民化」之名試圖將空間「日

所警察調查約五百戶」。

〔註86〕　畜舍的構造原則有四。第一，畜舍需離飲用水井 5 間（9.09 米）以上。第二，畜舍之地面需用石板或洋灰煉瓦及灰土，並配置排泄糞尿之溝渠。第三，排泄溝渠需以石或灰土構造。第四，畜舍外圍，需用牆壁或以竹周圍之。此外，並需時常清潔。詳《臺灣日日新報》，1905（明治 38）年 12 月 30 日第 4 版，「規定構造畜舍」。

本化」，其空間強烈之「殖民性」已摒棄了「現代性」。

　　經由各種管道所逐漸建立之現代空間，其管理亦是由地方警察負其責。在殖民城市，地方警察依據臺灣總督府所制訂之各種家屋建築與都市計畫法令執行建築許可與建築取締；在殖民地方，則是透過地方警察官署之單行法規或保甲規約來達成。總此，地方警察不止「生產」空間，亦「警察」空間（space policing）。

第六章　結　論

6-1　回　顧

　　日本現代警察制度在戰後被美國警察專家視為對民眾日常生活監控過深，因此建議廢除派出所制度，改採歐美各國之「警勤區」制度（beat system）。反觀由國民政府接管之臺灣，卻仍繼續沿用日本警察制度，無論清末變法維新亦或是國民政府，皆是向日本取經。在今日的臺灣，派出所仍遍佈在各大街小巷交角，其角色已逐漸轉為社區服務。另外，戰後五十年間各地警察官署，實際上有著同樣的外貌，磚紅色的外牆是其顯著特徵，顯然也是在一套建築標準圖的規範之下產生。統治權力改變，但地方治理的模式卻仍舊制，警察仍代表著某種脅迫的權威。猶記兒時哭鬧，長輩還是用「警察來了」來威嚇制止，而這卻也發生在祖父母一代的孩提時期。

　　在寫作的過程中，總是在殖民母國與殖民地之間擺盪，因為，殖民帝國對殖民地進行各種控制與改正的策略，竟與殖民母國從傳統社會轉變到現代資本主義與現代工業社會的進程是如此相似。當我們說殖民地的現代性摻雜著殖民性時，殖民母國的現代化歷程實也充斥著殖民性。英法兩國如是，日本亦如是。尤其若將殖民者與被殖民者予以稍加簡化為權力不對稱的雙方，如「啟蒙／蒙昧」、「文明／不文明」、「進步／停滯」、「現代／傳統」、「理性／混沌」的雙方時，亦與殖民帝國在資本主義社會初期「資產階級／無產階級」的對立鬥爭是相當接近的，而現代警察的產生則是為了壓制弱勢一方的無產階級的抵抗而創生。

　　本研究探究了日本殖民臺灣最重要之治理利器—地方警察制度，與其實體建築類型的變遷，並論述日本之殖民在臺灣社會空間所嵌印之微型權力及其對日人殖民統治的影響。地方警察空間促進了臺灣傳統空間的改正與轉型；反之，空間改正亦強化了警察空間的動能，也強化了警察官署給予臺灣人的權力意象，且都是相互鍊結與相互影響的。透過前此章節的論述，以下擬提出幾個觀點，暫且權充本研究之結論。

一　殖民地之警察、社會控制與空間改正

　　所謂「殖民」的方式，其實與殖民母國從傳統封建社會轉進到現代資本主義社會的過程中，試圖去化減或壓制資產階級與無產階級之間鬥爭的方式相當類似。權力的不對等關係才是關鍵。傅柯所論述的現代權力形式（尤其是「全景敞視機制」）在方法的本質上是「殖民的」，且其體現幾乎都發生在歐洲之殖民地（Mitchell, 1991：x）。無論殖民母國或是殖民地，警察都是執行社會控制之主角，而空間則是施行其權力的管道。即如傅柯所言，空間與權力難以脫勾，這在殖民地尤甚。而在地方警察散在配置之臺灣，透過多量散置之警察據點、立番警邏與保甲組織的運用，佈建了綿密的治理監視網絡，規訓臺灣人民。此網絡之能夠有效運作，則在於臺灣總督府爲其建構了可以運行權力之現代空間，將殖民地由「闇」轉「亮」，使被殖民的臺灣人暴露於「殖民地警察之眼」的凝視，並進行規訓。殖民地警察、社會控制與空間改正在日本殖民臺灣的過程中，實爲三位一體之治理關鍵。

二　殖民時期建築類型的歷史研究

　　臺灣自 1990 年代開始殖民時期建築類型之研究熱潮，迄今已有豐碩成果。關注的對象多爲日人在臺施行的重要機構建築與公共空間、土木營繕專業技師、現代或日式構造之研究，大致上比較著重於建築「物」之探討，較少觸及在特殊的政治環境下，該建築類型所產生之時代意義。殖民時期建築類型之研究，勢必會遭遇到移植殖民母國或其他西方國家既有之營建模式與殖民地環境及其社會文化之衝突。在某一建築類型的發展過程中所產生之轉向或調整、折衷，都是殖民治理態度轉變的反映，其中亦可能包含被殖民者的微弱聲音。因此，對於殖民時期建築類型的研究，應在既有「物質」建築研究已有豐碩成果的基礎下，更進一步探究其「再現」或「意義」。

　　此外，空間的「標準化」在日治時期亦是相當值得探究之議題。日治時期

頗多殖民政府之官署建築均有標準圖與建築標準,包括官舍、支廳、警察官吏派出所、區長役場,甚至如縱貫道路之屬的土木工事均有。「標準化」在殖民治理上顯現出何種意義呢?主要即是在建立一種不因地而異的殖民秩序。甚且,不只是藉此來規訓被殖民者,亦規訓尚未成熟之現代科層制度與組織。

三　非正式的空間營造部門

臺灣日治時期地方警察制度與其他殖民地警察之最大差別,即在於其「警察萬能」之特質。臺灣地方警察對殖民地社會之日常生活無事不管。再者,日人挪用清代臺灣保甲制度做爲地方警察之補助機關,並使之協助地方市街或村落進行道路、橋樑或其他設施之開闢或營造,其規模與數量相當驚人,並與經專業技師所規劃執行者共同形塑了臺灣之現代空間。地方警察與保甲壯丁之組合在殖民地空間改正過程中所扮演之關鍵角色,一直未受重視。隨著各地地方性史料的陸續整理,相對於殖民政府土木營繕單位之「正式的」空間營造部門,由「地方警察與保甲壯丁」所構成之「非正式的」空間營造部門在臺灣空間現代化中之貢獻應適度被凸顯與深究。

四　從殖民城市到殖民地方

臺灣日治時期殖民地警察之關鍵,在於警察據點之散在配置,因此亦將治理之觸角延伸至臺灣地域社會各個角落。地方警察與保甲壯丁做爲「非正式的」空間營造部門,以其在臺灣各市街村落密集存在,因此在空間改正的過程中,並不若其他亞非殖民地僅專注在「殖民城市」的快速發展,空間改正的作爲亦自城市延伸到「殖民地方」,在殖民地空間發展史上是頗爲特殊的案例。

五　殖民地現代空間營造之現代性與殖民性

本文亦試圖重新檢視日治時期臺灣新產生之公共空間的殖民治理意涵。西式空間的引入,代表著新的身份與權力,1887 年時的日本外相井上馨注意到西方列強在亞洲與非洲鯨吞蠶食。因此他說,「依我之見,我們必須做的是轉變我們的帝國與我們的人民,讓帝國就像歐洲的帝國一樣,讓我們的人民就像歐洲的人民一樣。不同的是,我們必須在亞洲的邊緣建立一個新的、歐洲風格的帝國」(Jansen, 1984:64)。新式空間的引入,闇黑的傳統聚落被剝除,敞直明亮通風,頗符合衛生健康的現代性意涵。但卻也讓殖民者的目光可以凝視,讓被殖民者無所隱藏。這現代的新式空間中,是帶著殖民者的凝視,是具有殖民性的。殖民現代性(colonial modernity)在亞洲前殖民地

（ex-colony）國家的社會、文化、人類學等學門方面的研究已逐漸受到重視，但在空間學門則尚待開發。如本文所引用諸多日治時期臺灣作家的文學作品所呈現，現代空間雖然炫麗奪目且身在其中，卻沒有歐洲漫遊者在現代大街上的觀視情緒，反而是成為被凝視的對象，而且這種凝視是帶著暴虐的權力。所謂公共空間的形塑，乃是想要把被殖民者從無從監視的傳統深邃屋宅中引出並集中，以利監視與管理。因此實有必要重新檢視日治之現代空間營造成果對於臺灣人的意義為何。

　　曾有位在臺灣擔任警察二十年的日本巡查在回憶時說到，在「田舍」（村落）派出所的取締巡查，就如同臺灣人的「土地公」一般，既是站在總督政治的第一線，更是地方的守護神〔註1〕。在蔡秋桐「理想鄉」中的「老狗母仔」大人則自封為該村莊的「慈父」。甚至在1925年的「臺北州警察衛生展覽會」中，將臺灣人在困苦時期習於求助神明之迷信行為，挪用轉化成「南無警察大菩薩」（圖184）。在此，日人否定了臺灣的傳統信仰斥為迷信，卻又挪用傳統信仰之印象來表述其為新的信仰中心。警察一手握長劍一手持佛珠之雙面形象，實已表徵其殖民者的雙面心理。

圖184　「苦痛時對神之依賴」與「南無警察大菩薩」

（臺北州警務部，1926a）

〔註1〕　詳長野鶴吉（1939），〈警察生活二十年〉，《臺灣警察時報》，第283期，1939年6月，頁96～97。

6-2　後續研究

　　本文研究對象為在臺灣日治時期地方警察建築與其所形塑之殖民地規訓社會的空間意涵。選擇地方警察為探究對象，乃是基於其小規模的、滲入地方的而在建築的表現上不若層級較高的其他殖民官署建築，但是以其數量之多，並做為殖民政府與殖民地人民的中介，在特殊的時空環境下扮演著最為關鍵的角色。甚至可以斷言，臺灣總督府若無地方警察的協助，必然難以治理臺灣。這類一般在建築上不那麼華麗宏大的建築，但其作用卻遠勝之。是以吾人認為，後藤新平欲以華麗宏大之官署建築震懾臺灣人的意圖，並不在總督府或其他官廳建築，而在於散在各地的地方警察官署建築。

　　承續這樣的取徑，在戰後國民政府接收了日人所遺留的各種殖民體制。在警察制度方面，由於國民政府在撤退來台前之警察制度亦是師法日本，自然繼續予以沿用。譬如地方警察官署，時至今日，仍可見制式外觀的警察局與派出所建築遍佈各地，但此種制式的外觀與空間型態的空間意涵卻仍乏人探究。尤其，在戰後的戒嚴時期，警察權威並不亞於日治時期的警察。

　　其次，戰後有另一項制度，也以其散佈臺灣各地的網絡而影響臺灣人甚多，就是「衛生所」網絡的形成，是與公共衛生體系相關連的。1951 年時，臺灣省政府公佈了「臺灣省各縣市衛生機關組織規程」，明令各鄉鎮必須設置衛生所。此等組織，是受到美援時期農復會所支持的公共衛生計畫。到了 1954 年，臺灣已有 22 所衛生院，360 所衛生所，140 處山地衛生室。此亦可視為是日治時期警察管轄下公醫制度的延續。衛生所在臺灣地理空間上之分佈，亦建構了一種以婦女與孩童為監視對象的網絡，並將其影響由衛生所建築體本身擴散到社區、城鎮、村莊與學校。其權力運作的方式，是與日治時期地方警察與保甲組織之運作若合符節（Chin, 1998：334～335）。

　　另外，日治時期警察的任務繁雜，不僅只是維持治安之責，舉凡與殖民地人民生活相關之事務，大多與警察有關。其中，尤以公共衛生為要。本文僅探討在地方上最小規模的警察據點，除此之外尚有諸多種類與警察相關之建築，尤其是與殖民地醫療相關之建築類型，如養神院、療養所、樂生院、仁愛院等。

參考文獻

一、中文文獻

三澤眞美惠（2004）。〈殖民地時期臺灣電影接受過程之「混合式本土化」〉，收於若林正丈、吳密察（主編）（2004），《跨界的臺灣史研究——與東亞史的交錯》，頁 241～270。

丸川哲史（2003）。〈與殖民地記憶／亡魂之搏鬥——台灣的後殖民心理地圖〉。《中外文學》，第 31 卷第 10 期，2003 年 3 月，頁 29～42。

小林道彥（1997）。〈後藤新平與殖民地經營——日本殖民政策的形成與國內政治〉（李文良譯）。《臺灣文獻》，第 48 卷第 3 期，頁 101～121。

中原大學建築系（2000）。《臺北市日式宿舍調查研究專案報告書》。台北：台北市政府民政局。

方孝謙（2001）。《殖民地台灣的認同摸索：從善書到小說的敘事分析，1895～1945》。臺北：巨流。

毛利之俊（2003）。《東台灣展望》（陳阿昭主編，葉冰婷翻譯）。台北：原民文化。

王乃信（等譯）（2006）。《臺灣社會運動史（一九一三年～一九三六年）》。臺北：海峽學術。

王世慶（1966）。〈介紹日據時期臺灣總督府檔案〉。《臺灣文獻》，第 17 卷第 4 期，1966 年 12 月，頁 157～193。

王建國（2006）。《百年牢騷：臺灣政治監獄文學研究》，成功大學中文研究所博士論文。

王泰升（1999）。《台灣日治時期的法律改革》。臺北：聯經。

王泰升（2006）。〈日本殖民統治下台灣的「法律暴力」及其歷史評價〉。《國立政治大學歷史學報》，第 25 期，2006 年 5 月，頁 1～36。

王詩琅（1990）。〈十字路〉，載於張恆豪（編），《王詩琅、朱點人合集》，頁69～84。臺北：前衛。

王銘銘（1997）。《山街的記憶──一個臺灣社區的信仰與人生》。上海：上海文藝。

王銘銘（2001）。〈明清時期的區位、行政與地域崇拜──來自閩南的個案研究〉，載於楊念群主編（2001），《空間‧記憶‧社會轉型：「新社會史」研究論文精選集》，頁79～130。

王霜媚（1982）。〈帝國基礎：鄉官與鄉紳〉。載於鄭欽仁編，《中國文化新論：制度篇：立國的宏規》，頁373～411。臺北：聯經。

王麒銘（2004）。〈台灣日治時期國勢調查的學術意涵〉，《臺灣教育史研究會通訊》，第34期，2004年9月，頁2～18。

包亞明（編）（2002）。《現代性與空間的生產》。上海：上海教育。

田中一二（1998）。《臺北市史──昭和六年》（李朝熙譯）。臺北：臺北市文獻委員會。

田村正博演講，鄭善印譯（1997）。〈日本派出所制度的特徵及其歷史沿革〉，《警學叢刊》，第28卷第2期，1997年9月，頁201～213。

白裕彬（2003）。〈臺灣日治時期「衛生警察」相關制度的歷史起源〉，《文化研究月報》，第27期，2003年5月。（亦曾發表於中央研究院民族學研究所、中央研究院臺灣史研究所籌備處舉辦之「醫療與文化」學術研討會，2002年10月25日。）

矢內原忠雄（2002）。《日本帝國主義下之台灣》（周憲文譯）。臺北：海峽學術。

朱惠足（2005）。〈帝國主義、國族主義、「現代」的移植與翻譯：西川滿《台灣縱貫鐵道》與朱點人〈秋信〉〉。《中外文學》，第33卷第11期，2005年4月，頁111～140。

朱點人（1990）。〈秋信〉。載於張恆豪（編），《王詩琅、朱點人合集》，頁225～237。臺北：前衛。

江柏煒（2000）。《洋樓：閩粵僑鄉的社會變遷與空間營造（1840s～1960s）》。臺灣大學城鄉與建築研究所博士論文。

吳文星（1997）。〈東京帝國大學與臺灣「學術探檢」之展開〉。載於黃富三、古偉瀛、蔡采秀（主編），《臺灣史研究一百年：回顧與研究》，頁23～40。臺北：中央研究院臺灣史研究所籌備處。

吳文星（1992）。《日據時期臺灣社會領導階層之研究》。臺北：正中。

吳南茜（1999）。《臺灣日治時期都市之地方警察機關建築研究》。成功大學建築研究所碩士論文。

吳新榮（1997）。〈故里與春之祭〉。載於呂興昌（編），《吳新榮選集（一）》，

頁 75～80。臺南縣新營市：南縣文化。

吳新榮（1997）。〈道路〉。載於呂興昌（編），《吳新榮選集（一）》，頁 87～89。新營：南縣文化。

吳新榮（1997）。〈某老人的回憶譚〉。載於呂興昌（編），《吳新榮選集（一）》，頁 169～171。臺南縣新營市：南縣文化。

吳嘉眞（2006）。《台灣日治時期司法建築變遷研究》。臺南：成功大學建築系碩士論文。

吳濁流（1988）。《無花果》。臺北：前衛。

吳濁流（1991）。〈糖扦仔〉。載於吳濁流，《吳濁流集》，頁 67～84。

吳濁流（1995）。《亞細亞的孤兒》。臺北：草根。

呂紹理（1998）。《水螺響起：日治時期台灣社會的生活作息》。臺北：遠流。

呂紹理（2005）。《展示臺灣：權力、空間與殖民統治的形象表述》。臺北：麥田。

呂赫若（2001）。〈牛車〉。載於許俊雅（編），《日據時期臺灣小説選讀》，頁 170～171。臺北：萬卷樓。

宋國誠（2003）。《後殖民論述：從法農到薩依德》。臺北：擎松圖書。

李子寧（1997）。〈殖民主義與博物館──以日據時期臺灣總督府博物館爲例〉。《臺灣省立博物館年刊》，第 40 卷，1997 年，頁 241～273。

李俊德（總編）（1998）。《尋找老彰化──彰化縣老照片特輯（一）》。彰化：彰化文化中心。

李崇僖（1996）。《日本時代臺灣警察制度之研究》。臺灣大學法律研究所碩士論文。

李詩偉（2003）。《日治時期台灣縱貫道路之研究》，清華大學歷史所碩士論文。

村松伸（2003）。〈建築史的殖民地主義與其後裔：從軍建築史家們的夢〉。*Northeast Asia Research Paper*, No. 18 （Jan., 2003）.

沙永杰（2001）。《「西化」的歷程──中日建築近代化過程比較研究》。臺北：田園城市。

並木眞人（2004）。〈朝鮮的「殖民地近代性」、「殖民地公共性」和對日協力──殖民地政治史、社會史研究之前置性考察〉，收於若林正丈、吳密察（主編）（2004），《跨界的臺灣史研究──與東亞史的交錯》，頁 71～112。

周婉窈（1998）。《臺灣歷史圖說（史前至一九四五）》。臺北：聯經。

林一宏（2000）。〈八通關越嶺道東段四處駐在所遺址之研究〉，《中華民國建築學會第十二屆建築研究成果發表會論文集》，頁 205～207。臺北：中

華民國建築學會。

林一宏、王惠君（2005）。〈日治時期隘勇線建築初探〉,《中華民國建築學會第十七屆第一次建築研究成果發表會論文集》。臺北：中華民國建築學會。

林一宏、王惠君（2007）。〈從隘勇線到駐在所：日治時期李崠山地區理蕃設施之變遷〉,《臺灣史研究》,第 14 卷第 1 期,2007 年 3 月,頁 71～137。

林佳世（2005）。〈日治時期的臺灣警察〉,《日新》,第 5 期,2005 年 9 月,頁 158～161。

林宜駿（2003）。《日治時期郡市街庄官廳建築之研究：以西元 1920～1945 年爲例》。中原大學建築系碩士論文。

林品章（2001a）。〈日治時期大型展覽活動報導：中部台灣共進會〉。《藝術家》,第 52 卷第 4 期,2001 年 4 月,頁 432～435。

林品章（2001b）。〈日治時期大型展覽活動報導：高雄港勢展覽會〉。《藝術家》,第 52 卷第 6 期,2001 年 6 月,頁 420～423。

林思玲（2006）。《日本殖民臺灣建築氣候環境調適的經驗》。成大大學建築研究所博士論文。

林淑芬（2005）。〈書評：Reimagining Taiwan: Nation, ethnicity, and Narrative〉,《臺灣民主季刊》,第 2 卷第 3 期,2005 年 9 月,頁 139～146。

林越峰（1990）。〈到城市去〉。載於張恆豪（編）,《陳虛谷、張慶堂、林越峰合集》,頁 207～220。臺北：前衛。

松木武祝（2004）。〈有關朝鮮「殖民地近代性」論點之整理與重建〉,收於若林正丈、吳密察（主編）（2004）,《跨界的臺灣史研究——與東亞史的交錯》,頁 113～131。

邱奕松（編著）（1999）。《朴子懷舊》。嘉義,朴子：朴子市公所。

邱淑雯（2000）。〈「文化變容」的取徑：殖民史研究的另類觀點〉。《當代》,第 154 期,2000 年 6 月,頁 106～117。

姚人多（2001）。〈認識台灣：知識、權力與日本在台之殖民治理性〉。《台灣社會研究季刊》,第 42 期,2001 年 6 月,頁 119～182。

姚人多（2002a）。〈傅柯的工具箱：權力篇〉,《當代》,第 175 期,2002 年 3 月,頁 70～83。

姚人多（2002b）。〈傅柯的工具箱：國家篇〉,《當代》,第 177 期,2002 年 5 月,頁 84～95。

姚人多（2002c）。〈傅柯與殖民主義〉。文化研究學會 2002 年會「重訪東亞：全球‧區域‧國家‧公民」發表論文。

姚村雄（2005）。《設計本事：日治時期台灣美術設計案內》。新店：遠足文化。

施添福（2000）。〈地域社會與警察官空間：以日治時代關山地方爲例〉，發表於臺東師院主辦，「東臺灣鄉土文化學術研討會」，2000 年 10 月 6～7 日，頁 1～36。

施添福（2001）。〈日治時代臺灣地域社會的空間結構及其發展機制──以民雄地方爲例〉，《臺灣史研究》，第 8 卷第 1 期，2001 年 10 月，頁 1～39。

柯志明（1989）。〈日據台灣農村之商品化與小農經濟之形成〉。《中央研究院民族學研究所集刊》，第 68 期，1989 年秋季，頁 1～40。

柯志明（2003）。《米糖相剋：日本殖民主義下臺灣的發展與從屬》。臺北：群學。

洪秋芬（1991）。〈台灣保甲和「生活改善」運動（1937～1945）〉。《思與言》，第 29 卷，第 4 期，1991 年 12 月，頁 115～153。

洪秋芬（1992）。〈日據初期臺灣的保甲制度（1895～1903）〉。《中央研究院近代史研究所集刊》，第 21 期，1992 年 6 月，頁 437～471。

洪秋芬（2000）。〈日治初期葫蘆墩區保甲實施的情形及保正角色的探討（1895～1909）〉。《中央研究院近代史研究所集刊》，第 34 期，2000 年 12 月，頁 211～268。

洪秋芬（2004）。〈日治時期殖民政府和地方宗教信仰中心關係之探討──豐原慈濟宮的個案研究〉。《思與言》，第 42 卷，第 2 期，2004 年 6 月，頁 1～41。

范燕秋（1995）。〈鼠疫與臺灣之公共衛生〉，《國立中央圖書館館刊》，第 1 卷第 3 期，1995 年，頁 59～84。

范燕秋（2005）。《疾病、醫學與殖民現代性──日治台灣醫學史》。板橋：稻鄉。

若林正丈、吳密察（主編）（2004）。《跨界的臺灣史研究──與東亞史的交錯》。臺北：播種者文化。

夏鑄九（2000）。〈殖民的現代性營造〉。《台灣社會研究季刊》，第 40 期，2000 年 12 月，頁 47～82。

高傳棋（編著）（2004）。《穿越時空看臺北：臺北建城 120 週年：古地圖 舊影像 文獻 文物展》。臺北：北市文化局。

涂照彥（1992）。《日本帝國主義下的台灣》（李明峻譯）。臺北：人間。

張文環（1991）。《滾地郎》（廖清秀譯）。臺北：鴻儒堂。

張君豪（2000）。〈黑雲蔽日──日治時期朴子的鼠疫與公共建設〉，《臺灣風物》，第 51 卷第 3 期，2000 年 9 月，頁 13～72。

張我軍（1925）。〈看了警察展覽會之後〉。《臺灣民報》，第 83 號，1925 年 12 月 13 日，頁 11～12。

張恆豪（編）（1990）。《楊雲萍・張我軍・蔡秋桐合集》。臺北：前衛。

張素梅、葉淑貞（2001）。〈日治時代台灣農家之消費結構〉。《經濟論文叢刊》，第 29 卷第 4 期，2001 年，頁 411～456。

張素玢（編注），張弼毅（翻譯）（2003）。《北斗鄉土調查》。彰化：彰化縣文化局。

張深切（1997）。〈豚〉。載於張深切等，《豚》，頁 3～25。臺北：遠景。

張隆志（2004）。〈殖民現代性分析與臺灣近代史研究——本土史學史與方法論芻議〉，收於若林正丈、吳密察（主編）（2004），《跨界的臺灣史研究——與東亞史的交錯》，頁 133～160。

張漢裕、Ramon H. Myers（1965）。〈臺灣在日據初期（一八九五至一九〇六年）之殖民地發展政策——官僚資本家企業之一例〉（蒯通林譯）。《臺灣文獻》，第 16 卷第 3 期，頁 195～206。

張麗俊（2000～2002）。《水竹居主人日記》（許雪姬、洪秋芬等解讀）。臺北：中央研究院近代史研究所。

細井英夫（1937a）〔1987〕。〈建築取締講義〉。載於黃世孟、陳西庚、曾漢珍、張景森（編譯），《臺灣都市計畫講習錄》，頁 9～14。臺北：臺灣大學土木所。

許佩賢（2004）。〈殖民地臺灣的近代學校——其實像與虛像〉，收於若林正丈、吳密察（主編）（2004），《跨界的臺灣史研究——與東亞史的交錯》，頁 179～187。

許俊雅（2003）。《日治時期台灣小說選讀》。臺北：萬卷樓。

許雪姬（1998）。〈張麗俊先生〈水竹居主人日記〉的史料價值〉。載於《中縣文獻》，第 6 期，1998 年 1 月，頁 1～30。

郭水潭（1994a）。〈農村文化〉。載於羊子喬（編），《郭水潭集》，頁 80～81。新營：南縣文化。

郭水潭（1994b）。〈我是村中有力者〉。載於羊子喬（編），《郭水潭集》，頁 190～193。新營：南縣文化。

郭雲萍（2000）。〈日治時期「嘉南大圳」的發展，1920～1945〉，《台灣歷史學會通訊》，第 10 期，頁 9～41。

陳世榮（2005）。〈社會菁英：國家與地方社會間的另一股力量〉，「中國近代史的再思考：中央研究院近代史研究所創所五十週年」國際學術研討會發表論文，2005 年 6 月 29 日。

陳正哲（1999）。《台灣震災重建史——日治震害下建築與都市的新生》。臺北：南天。

陳正祥（1993）。《臺灣地誌》。臺北：南天。

陳其澎（2003）。〈「框架」台灣：日治時期殖民現代性的研究〉。文化研究學會 2003 年年會‧「靠文化‧By Culture」學術研討會發表論文。

陳芳明（1990）。〈放膽文章拼命酒——論楊逵作品的反殖民精神〉，載於楊逵（著），張恆豪（編）（1990）。《楊逵集》，頁 321～345。臺北：前衛。

陳芳明（2004）。《殖民地摩登：現代性與台灣史觀》。臺北：麥田。

陳信安（2004）。《台灣總督府官舍建築標準之研究》。成功大學建築系博士論文。

陳建忠（2000）。〈新興的悲哀——論蔡秋桐小說中的反殖民現代性思想〉。《台灣文學學報》，第 1 期，2000 年 6 月，頁 239～262。

陳建忠（2004）。《日據時期台灣作家論：現代性、本土性、殖民性》。臺北：五南。

陳柔縉（2005）。《台灣西方文明初體驗》。臺北：麥田。

陳家煌（1999）。〈保正伯的矛盾——論蔡秋桐及其小說〉。《台灣文藝》，第 166、167 期，1999 年 1 月，頁 40～57。

陳純瑩（1989）。〈日據時期臺灣的警察制度〉，《警專學報》，第 2 期，1989 年 6 月，頁 171～192。

陳純瑩（1992）。〈光復後臺灣警政的接收與重建（1945～1946）〉，《警專學報》，第 5 期，1992 年 6 月，頁 229～263。

陳純瑩（1994）。〈台灣省政府成立初期之警政〉，《警專學報》，第 7 期，1994 年 6 月，頁 1～42。

陳偉智（2005）。〈「可以了解心裡矣！」：日本統治臺灣「民俗」知識形成的一個初步的討論〉，《2004 年度　財団法人交流協会日台交流セツタ—歷史研究者交流事業報告書》。

陳紹馨（1979）。《臺灣的人口變遷與社會變遷》。臺北：聯經。

陳虛谷（1990a）。〈他發財了〉。載於張恆豪（編），《陳虛谷、張慶堂、林越峰合集》，頁 17～30。臺北：前衛。

陳虛谷（1990b）。〈無處申冤〉。載於張恆豪（編），《陳虛谷、張慶堂、林越峰合集》，頁 31～47。臺北：前衛。

陳虛谷（1990c）。〈榮歸〉。載於張恆豪（編），《陳虛谷、張慶堂、林越峰合集》，頁 49～60。臺北：前衛。

陳虛谷（1990d）。〈放炮〉。載於張恆豪（編），《陳虛谷、張慶堂、林越峰合集》，頁 61～71。臺北：前衛。

陳煒欣（1998）。《日治時期臺灣高等警察之研究》。成功大學歷史研究所碩士論文。

陳嘉齡（2001）。《日據時期台灣短篇小說中的警察描寫——含保正、御用紳士》。政治大學國文教學研究所碩士論文。

陳錫獻（2002）。《日治時期總督府官舍標準化形成之研究（1895 至 1922）》。

中原大學建築系碩士論文。

章英華（1997）。〈台灣的都市體系——從清到日治〉，收錄於章英華、蔡勇美（編）（1997），《臺灣的都市社會》，頁 33～61。臺北：巨流。

傅朝卿（1999）。《日治時期台灣建築，1895～1945》。臺北：大地地理。

傅朝卿（2000）。《嘉義縣日治時期建築研究》。嘉義：嘉義縣政府文化局。

曾憲嫻（1997）。《日據時期土木建築營造業之研究——殖民地建設與營造業之關係》。中原大學建築系碩士論文。

程大學（1984）。〈日據前期臺灣北部警察行政概要〉，《史聯》，第 5 期，1984年 6 月，頁 19～30。

程佳惠，（2004）。《臺灣史上第一大博覽會：1935 年魅力臺灣 SHOW》。臺北：遠流。

越沢明（1986）。《中國東北都市計畫史》（黃世孟譯）。臺北：大佳。

黃宗智（1995）。〈國家和社會之間的第三領域〉（文一智譯），載於哈貝瑪斯（Habermas, J.）等，《社會主義：後冷戰時代的思索》，頁 71～94。香港：牛津大學。

黃宗儀（2003）。〈後殖民與全球化的東亞全球城市：從香港與《細路祥》談起〉。《中外文學》，第 32 卷第 4 期，2003 年 9 月，頁 67～86。

黃武達、小川英明、内藤昌（1995）。〈日治時代之臺北市近代都市計畫（一）—都市計畫之萌芽與展開〉。《都市與計劃》，第 22 卷第 1 期，1995 年，頁 99～122。

黃武達、蔡之豪、内藤昌（1997）。〈日治時代臺灣近代法制之創設與內涵〉。《建築學報》，第 23 期，1997 年 12 月，頁 37～65。

黃武達（1998）。《日治時代（1895～1945）臺北市之近代都市計畫》。板橋：臺灣都市史研究室。

黃金麟（2001）。《歷史・身體・國家：近代中國的身體形成（1895～1937）》。臺北：聯經。

黃俊銘（1995）。〈日據明治時期臺灣兵營建築之研究〉，載於陳格理、關華山（編），《賀陳詞教授紀念文集》，頁 119～130。臺中：東海大學建築系暨建築研究所。

黃俊銘（1997）。《桃園地區日治時期建築構造物建築文化資產調查研究報告書》，桃園：桃園縣立文化中心。

黃俊銘（2004）。《總督府物語：台灣總督府暨官邸的故事》。新店：向日葵。

黃俊銘（2006）。〈亭仔腳：一個可持續的地域構築都市空間〉，發表於東海大學建築系主辦，「2006 年洪文雄教授紀念學術活動：可持續的地域構築文化」海峽兩岸交流學術研討會，2006 年 12 月 2 日、3 日。臺中：東海大學。

黃昭堂（2002）。《台灣總督府》（黃英哲譯）。臺北：前衛。

黃美娥（2004）。《重層現代性鏡像：日治時代臺灣傳統文人的文化視域與文學想像》。臺北：麥田。

黃蘭翔（1999）。〈昭和初期在台殖民地官僚住宅之特徵──以《臺灣建築會誌》所載日式住宅資料爲主〉。《台灣史料研究》，第 13 期，1999 年 5 月，頁 119～153。

楊逵（著），張恆豪（編）（1990）。《楊逵集》。臺北：前衛。

楊念群（2001）。〈民國初年北京的生死控制與空間轉換〉。載於楊念群（主編），《空間・記憶・社會轉型：「新社會史」研究論文精選集》，頁 131～207。上海：人民。

楊念群（2006）。《再造「病人」：中西醫衝突下的空間政治（1832～1985）》。北京：中國人民大學出版社。

葉榮鐘（1967）。〈日據時代臺灣的日本警察〉，《小屋大車集》，頁 167～175。臺中：中央書局。

董宜秋（2000）。〈日治後期（1920～1945 年）臺北市之便所興建〉，《臺北文獻直字》，第 134 期，2000 年 12 月，頁 89～125。

詹作舟（2001a）。〈保甲會議〉。載於張瑞和（編），《詹作舟全集 第四冊：傳統詩篇（上）》，頁 93。永靖；詹作舟全集出版委員會。

詹作舟（2001b）。〈草地巡警〉。載於張瑞和（編），《詹作舟全集 第四冊：傳統詩篇（上）》，頁 94。永靖；詹作舟全集出版委員會。

詹作舟（2001c）。〈村庄保長〉。載於張瑞和（編），《詹作舟全集 第四冊：傳統詩篇（上）》，頁 95。永靖；詹作舟全集出版委員會。

臺中縣文化局（編）（2005）。《〈水竹居主人日記〉學術研討會論文集》。豐原：臺中縣文化局。

臺灣總督府警務局（編）（2005）。《台灣總督府警察沿革誌第一篇中譯本》（徐國章譯）。南投：國史館臺灣文獻館。

劉士永（2004）。〈醫療、疾病與台灣社會的近代性格〉，《歷史月刊》，第 201 期，2004 年 10 月，頁 92～100。

劉雨珍、孫雪梅（編）（2002）。《日本政法考察記》。上海：上海古籍。

劉匯湘（1952）。《日據時期臺灣警察之研究》。臺北：臺灣省警務處。

蔣基萍（1997）。〈以「結構功能」的觀點論台灣地區警察派出所之功能〉，《警學叢刊》，第 28 卷第 2 期，頁 117～142。

蔡明志（2003a）。〈日治時期台灣鄉村的地方領導階層民宅〉。《臺灣美術》，第 53 期，2003 年 7 月，頁 46～54。

蔡明志（2003b），〈日治時期西式立面台灣傳統民宅芻議〉，《文化與建築研

究集刊》，No. 9，2003 年，頁 77～105。台南：台灣建築與文化資產出版社。

蔡明志（2004），〈台灣鹽分地帶民宅之閩南傳統與殖民現代性〉，《閩南文化學術研討會論文集》，頁 399～410。金門：金縣文化。

蔡明志、傅朝卿（2008a），〈臺灣日治前期警察官吏派出所建築研究〉，《建築學報》63：1～24。

蔡明志、傅朝卿（2008b），〈臺灣日治前期支廳舍建築初探〉，《建築學報》65：175～197。

蔡易達（1988）。《台灣總督府基層統治組織之研究——保甲制度與警察》。文化大學日本研究所碩士論文

蔡秋桐（1990）。《蔡秋桐集》。載於張恆豪（編）。《楊雲萍・張我軍・蔡秋桐合集》，頁 165～284。臺北：前衛。

蔡進閣（1998）。〈日本與我國警察派出所制度之研究〉，《警學叢刊》，第 29 卷第 3 期，1988 年 11 月，頁 1～28

蔡淵洯（1980）。《清代臺灣的社會領導階層（1684～1895）》。國立臺灣師範大學歷史研究所碩士論文。

蔡淵洯（1983a）。〈清代臺灣社會領導階層之組成〉，《史聯雜誌》，第 2 期，1983 年 1 月，頁 25～32。

蔡淵洯（1983b）。〈清代臺灣社會領導階層性質之轉變〉，《史聯雜誌》，第 3 期，1983 年 6 月，頁 34～64。

蔡淵洯（1986）。〈清代臺灣基層政治體系中非正式結構之發展〉。載於《中國近代現代史論集・第二十九編　近代歷史上的臺灣》，頁 383～402。臺北：臺灣商務。

蔡慧玉（1993）。〈保正、保甲書記、街庄役場——口述歷史（一）〉。《史聯雜誌》，第 23 期，1993 年 11 月，頁 23～40。

蔡慧玉（1994a）。〈保正、保甲書記、街庄役場——口述歷史（二）〉。《臺灣風物》，第 44 卷，第 2 期，1994 年 6 月，頁 61～111。

蔡慧玉（1994b）。〈第九十五回台灣研究研討會演講紀錄：日治時代台灣的保甲戶籍行政〉。《臺灣風物》，第 44 卷第 3 期，1994 年 9 月，頁 107～136。

蔡慧玉（1994c）。〈日治時代台灣保甲書記初探，1911～1945〉。《臺灣史研究》，第 1 卷，第 2 期，1994 年 12 月，頁 5～23。

蔡慧玉（1995a）。〈保正、保甲書記、街庄役場——口述歷史（三）〉。《臺灣風物》，第 45 卷第 4 期，1995 年 12 月，頁 83～106。

蔡慧玉（1995b）。〈保正、保甲書記、街庄役場——口述歷史（李金鎮、陳榮松、陳金和）〉。《臺灣史研究》，第 2 卷第 2 期，1995 年 12 月，頁 187

～214。

蔡慧玉（1996）。〈日治臺灣街庄行政（1920～1945）的編制與運作：街庄行
政相關名次之探討〉。《臺灣史研究》，第 3 卷，第 2 期，1996 年 12 月，
頁 93～140。

蔡慧玉（1997）。〈保正、保甲書記、街庄役場──林老和、李炳坤、楊彩南、
徐國章訪問錄〉。《臺灣風物》，第 47 卷第 4 期，1997 年 12 月，頁 69～
112。

蔡慧玉（2000）。〈一九三〇年代臺灣基層行政的空間結構分析──以「農事
實行組合」爲例〉。《臺灣史研究》，第 5 卷，第 2 期，2000 年 4 月，頁
55～100。

蔡慧玉（2002）。"Forging a Colonial Bureaucracy: Examining Japan's Colonial
Legacy in Taiwan"。《亞太研究通訊》，第 16 期，2002 年 4 月，頁 105～
110。

蔡慧玉（2004）。〈「一個殖民官僚體制的創造：檢視日本在台的殖民遺緒」
計畫簡介〉。《亞太研究論壇》，第 23 期，2004 年 3 月，頁 151～155。

蔡錦堂（1991）。〈日據末期台灣人宗教信仰之變遷──以「家庭正廳改善運
動」爲中心〉，《思與言》，第 29 卷第 4 期，1991 年 12 月，頁 65～83。

蔡錦堂（2006）。《戰爭體制下的台灣》。臺北：日創社。

鄭政誠（2005）。《臺灣大調查──臨時臺灣舊慣調查會之研究》。北縣，蘆
洲：博揚文化。

鄭麗玲（1996）。〈日治時期台灣戰時體制下（一九三七～一九四五）的保甲
制度〉。《臺北文獻直字》，第 116 期，1996 年 6 月，頁 23～53。

駒込武（2004）。〈臺灣的「殖民地近代性」〉，收於若林正丈、吳密察（主編）
（2004），《跨界的臺灣史研究──與東亞史的交錯》，頁 161～170。

賴和（著），林瑞明（編）（2000a）。《賴和全集‧小說卷》。臺北：前衛。（〈不
幸之賣油炸檜的〉、〈一桿「稱子」〉、〈補大人〉、〈不如意的過年〉、〈棋
盤邊〉、〈辱！？〉、〈浪漫外紀〉、〈惹事〉、〈一個同志的批信〉、〈阿四〉）

賴和（著），林瑞明（編）（2000b）。《賴和全集‧新詩散文卷》。臺北：前衛。
（〈新樂府〉）

賴和（著），林瑞明（編）（2000c）。《賴和全集‧雜卷》。臺北：前衛。（〈一
日裏的賢父母〉）

賴志彰（1995）。〈一個日本海外殖民地的原鄉都市風格型塑過程──日據時
期台中市的「京都」風格型塑〉。《都市與計劃》，第 22 卷第 1 期，1995
年，頁 41～69。

應大偉（1995）。《一百年前的台灣寫眞》。臺北：圓神。

藍棟英（2003）。《基隆市志‧卷五武備志‧保安篇》。基隆：基隆市政府。

戴炎輝（1979）。《清代臺灣的鄉治》。臺北：聯經。

薛燕玲（2004）。《日治時期臺灣美術的「地域色彩」》。臺中：國立臺灣美術館。

謝仕淵（2004）。〈殖民統治與身體政治——以日治初期臺灣公學校體操科為例（1895～1916）〉，收於若林正丈、吳密察（主編）（2004），《跨界的臺灣史研究——與東亞史的交錯》，頁271～312。

鍾肇政（1980）。《臺灣人三部曲》。臺北：遠景。

簡芳菲（2002）。〈日治時期排灣族雕刻圖像的變遷——以警察圖像為例〉，《師大學報：人文與社會類—藝術專刊》，2002年，第47卷第1期，頁57～86。

顏娟英（2007）。〈日治時期寺廟建築的新舊衝突——1917年彰化南瑤宮改築事件〉，《美術史研究集刊》，第22期，2007年3月。臺北：國立臺灣大學，

蘇碩斌（2002a）。《臺北近代都市空間之出現——清代至日治時期權力運作模式的變遷》。臺灣大學社會學研究所博士論文。

蘇碩斌（2002b）。〈近代都市的空間視覺化統治：以日治時期台北為例〉。「2002年台灣社會學會年會」發表論文。

蘇碩斌（2005a）。〈晚清帝國的臺北社會：論「社會與國家」關係下的秩序運作〉，《台灣社會研究季刊》，第58期，2005年6月，頁33～84。

蘇碩斌（2005b）。《看不見與看得見的臺北：清末至日治時期臺北空間權力運作模式的轉變》。新店：左岸文化。

顧雅文（2004）。〈日治時期臺灣瘧疾防遏政策——「對人法」？「對蚊法」？〉，《臺灣史研究》，第11卷第2期，2004年12月，頁185～222。

鹽見俊二（1952）。〈日據時代臺灣之警察與經濟〉，《臺灣經濟史初集》，頁127～147。臺北：臺灣銀行經濟研究室。

Anderson, Benedict（2003）。《想像的共同體：民族主義的起源與散布》（Imagined Communities: Reflections on the Origin and Spread of Nationalism），吳叡人譯。上海：人民。

Bhabha, Home K.（2002）。〈播撒民族：時間、敘事與現代民族的邊緣〉（廖朝陽譯）。《中外文學》，第30卷第12期，2002年5月，頁74～96。

Blaut, J.M.（2002）。《殖民者的世界模式——地理傳播主義和歐洲中心主義史觀》（譚榮根譯）。北京：社會科學文獻。

Boehmer, Elleke（1998）。《殖民與後殖民文學》（*Colonial & Postcolonial Literature*）（盛寧、韓敏中譯）。瀋陽：遼寧教育。

Cohen, Bernard S.（2002）。〈維多利亞時期權威在印度的展現〉。載於 **Hobsbawn**, 2002: 215～261。

Conrad, Joseph （1981）。《吉姆爺》（***Lord Jim***）（陳蒼多譯）。臺北：遠景。

Davidson, James W. （1972）。《臺灣之過去與現在》（***The Island of Formosa,Past and Present***）（蔡啓恆譯）。臺北：臺灣銀行經濟研究室。

Deleuze, Gilles （2006）。《德勒茲論福柯》（***Foucault***）（楊凱麟譯）。南京：江蘇教育。

Fanon, Frantz （2005）。《黑皮膚，白面具》（***Black Skin, White Masks***）（萬冰譯）。南京：譯林。

Forster, E.M. （1994）。《印度之旅》（***A Passage to India***）（陳蒼多、張平男譯）。臺北：桂冠。

Foucault, Michel （1992a）。《規訓與懲罰──監獄的誕生》（*Discipline and Punish: the Birth of the Prison*）（劉北成、楊遠嬰譯）。臺北：桂冠。

Foucault, Michel （1992b）。〈權力的凝視〉（王志弘譯），《當代》，第 74 期，1992 年 6 月，頁 97～115。

Foucault, Michel （1993）。《知識的考掘》（***The Archaeology of Knowledge***）（王德威譯）。臺北：麥田。

Foucault, Michel （2001a）。《臨床醫學的誕生》（***The Birth of the Clinic***）（劉北成譯）。南京：譯林。

Foucault, Michel （2001b）。《詞與物──人文科學考古學》（*The Order of Thing: The Archaeology of the Human Science*）（莫偉民譯）。上海：上海三聯書店。

Foucault, Michel （2003）。《不正常的人》（*Les Anormaux, Cours du Collège de France*）（錢翰譯）。上海：人民。

Foucault, Michel （2005）。《古典時代瘋狂史》（*Histoire de la folie à l'âge classique-Folie et déraison*）（林志明譯）。北京：生活・讀書・新知三聯書店。

Greene, Graham （2001）。《事物的核心》（***The Heart of the Matter***）（傅惟慈譯）。臺北：城邦文化。

Harvey, David （2007。《巴黎，現代性之都》（***Paris, Capital of Modernity***）（黃煜文譯）。臺北：群學。

Hobsbawn, Eric （et al）（2002）。《被發明的傳統》（***The Invention of Tradition***）（陳思文等譯）。臺北：貓頭鷹。

Iwabuchi, Koichi（岩淵功一）（1998）。〈共犯的異國情調──日本與它的他者〉（Complicit Exoticism: Japan and Its Other）（李梅侶、何潔玲、林海容譯），收於香港嶺南學院翻譯系文化／社會研究譯叢編委會（1998）（編譯），《解殖與民族主義》，頁 191～234。香港：牛津大學出版社。

Lefebvre, Hrnri （2002）。〈空間：社會產物與使用價值〉，載於包亞明，2002：

47～58。（原文"Space: Social Product and Use Value," in Freiberg, J. W.
（ed）. *Critical Sociology: European Perspectives*, pp. 285-295. New York:
Irvington.）

Memmi, Albert（1998）。〈殖民者與受殖者〉（The Colonizer and the Colonized）
（魏元良譯），香港嶺南學院翻譯系文化／社會研究譯叢編委會（1998）
（編譯），《解殖與民族主義》，頁 1～27。香港：牛津大學出版社。

Metcalf, Barbara D &. Metcalf, Thomas R.（2005）。《劍橋印度簡史》（陳琦郁
譯）。新店：遠足文化。

Moore-Gilbert, B.（2001）。《後殖民理論：語境・實踐・政治》（陳仲丹譯）。
南京：南京大學。

Orwell, George（1991）。《一九八四》（*1984*）（董樂山譯）。臺北：志文。

Roger, Terence（2002）。〈殖民地非洲傳統的創造〉。載於 **Hobsbawn**, 2002: 262
～328。

Said, E.W.（1999）。《東方主義》（*Orientalism*）（王淑燕等譯）。新店：立緒
文化。

Said, E.W.（2001）。《文化與帝國主義》（*Culture and Imperilism*）（蔡源林
譯）。新店：立緒文化。

Soja, Edward W.（2004）。《第三空間：航向洛杉磯及其他真實與想像地方的
旅程》（王志弘等譯）。新店：桂冠。

Spivak, Gayatri Chakravorty（1995）。〈從屬階級能發言嗎？〉（邱彥彬、李
翠芬譯）。《中外文學》，第 24 卷第 6 期，1995 年 11 月，頁 94～123。

Wakeman, Jr., Frederic（2004）。《上海警察，1927～1937》（*Policing Shanghai,
1927～1937*）（章紅等譯）。上海：上海古籍。

二、日文文獻

下村宏（1917）。〈發刊の辭〉。《臺灣警察協會雜誌》，第 1 號，1917 年 6 月，
頁 1～2。

下條久馬一（1935）。〈臺灣衛生四十年の偉績〉。《臺灣時報》，1935 年 7 月，
頁 1～9。

土肥慶太郎（1935）。〈土地調查の回顧〉，《臺灣時報》，1935 年 6 月，頁 30
～38。

大久保留次郎（1917）。〈臺灣警察官責務ノ二方面〉。《臺灣警察協會雜誌》，
第 2 期，1917 年 7 月，頁 8～9。

大日方純夫（1990）。〈日本近代警察の確立過程とその思想〉，載於由井正
臣・大日方純夫（編）（1990），《官僚制　警察》，頁 466～500。東京：
岩波。

大日方純夫（1992）。《日本近代国家の成立と警察》。東京：校倉書房。

大日方純夫（2000）。《近代日本の警察と地域社會》。東京：筑摩書房。

大甲公學校（編）（1933）。《鄉土の概觀》。臺中：臺灣新聞社。（國立臺中
　　圖書館藏）

大園市藏（1935）。《臺灣始政四十年史》。（1985 年成文出版社據昭和 10 年
　　排印本影印，台一版。臺北：成文。）

小原隆治（2004）。〈後藤新平の自治思想〉，收錄於御廚貴（編），2004：115
　　～124。

小野西洲（1919）。〈論臺灣公吏及保甲役員職責〉。《臺灣時報》，第 111 號，
　　1919 年 1 月，頁 44～45。

小野得一郎（1920）。《警察の獨立、司法制度改正の必要》。《臺灣時報》，
　　1920 年 10 月，75～77。

川野平二（1930）。〈改良便所獎勵の具體的方法論〉。《臺灣警察時報》，第
　　32 號，1931 年 5 月 15 日，頁 2～3。

中村哲（1942）。〈植民地統治組織とこての保甲制〉。《臺灣時報》，1942 年
　　10 月，頁 10～23。

中島利郎・吉原丈司（編）（2000a）。《鷲巢敦哉著作集 I 警察生活の打明け
　　物語》。東京：綠蔭書房。

中島利郎・吉原丈司（編）（2000b）。《鷲巢敦哉著作集 II 台灣警察四十年
　　史話》。東京：綠蔭書房。

中島利郎・吉原丈司（編）（2000c）。《鷲巢敦哉著作集 III 台灣保甲皇民化
　　讀本》。東京：綠蔭書房。

中島利郎・吉原丈司（編）（2000d）。《鷲巢敦哉著作集 V 雜誌所收著作》。
　　東京：綠蔭書房。

井出季和太（1937）。《臺灣治績志》。臺北：臺灣日日新報社。

井出季和太（2003）。《日據下之臺政》（郭輝編譯）。臺北：海峽學術。

內務大臣官房文書課（編纂）（1936）。《日本帝國國勢一斑・第五十二回》。

手島兵次郎（1911）。《臺灣制度大要》。東京：日本警察新聞社。

日本行政學會（編）（1934a）。《輓近大日本拓殖史・台灣編》。東京：日本行
　　政學會。

日本行政學會（編）（1934b）。《輓近大日本拓殖史・朝鮮編》。東京：日本
　　行政學會。

日本行政學會（編）（1934c）。《輓近大日本拓殖史・關東州及滿鐵編》。東京：
　　日本行政學會。

日本行政學會（編）（1934d）。《輓近大日本拓殖史・樺太編》。東京：日本

行政學會。

日本行政學會（編）（1934e）。《輓近大日本拓殖史・南洋編》。東京：日本行
　　政學會。

毛利之俊（1933）。《東臺灣展望》。臺東：東臺灣曉聲會。

水越幸一（1917）。〈鮮滿北支那視察談〉。《臺灣警察協會雜誌》，第 5 號，
　　1917 年 10 月，頁 17～25。

水越幸一（1937a）。〈本島の現行地方制度成立經過決ゑ書（一）〉，《臺灣地
　　方行政》，第 3 卷第 4 號，1937 年 4 月，頁 14～22。

水越幸一（1937b）。〈本島の現行地方制度成立經過決ゑ書（二）〉，《臺灣地
　　方行政》，第 3 卷第 5 號，1937 年 5 月，頁 28～38。

水越幸一（1937c）。〈本島の現行地方制度成立經過決ゑ書（三）〉，《臺灣地
　　方行政》，第 3 卷第 7 號，1937 年 7 月，頁 14～20。

水越幸一（1937d）。〈本島の現行地方制度成立經過決ゑ書（四）〉，《臺灣地
　　方行政》，第 3 卷第 8 號，1937 年 8 月，頁 35～40。

水越幸一（1937e）。〈本島の現行地方制度成立經過決ゑ書（五）〉，《臺灣地
　　方行政》，第 3 卷第 9 號，1937 年 9 月，頁 50～54。

水越幸一（1937f）。〈本島の現行地方制度成立經過決ゑ書（六）〉，《臺灣地
　　方行政》，第 3 卷第 10 號，1937 年 10 月，頁 122～128。

加福豐次（1917）。〈臺灣の警察官〉。《臺灣警察協會雜誌》，第 1 號，1917
　　年 6 月，頁 11～12。

田中一二（1924）。《臺灣年鑑大正十三年版》。

田中一二（1928）。《臺灣讀本》。臺北：臺灣通信社。

田原鐵之助（1921）。〈臺北に於ける警察と民眾〉。《臺灣警察協會雜誌》，
　　第 50 期，1921 年 7 月，頁 35～38。

由井正臣・大日方純夫（編）（1990）。《官僚制　警察》。東京：岩波。

矢野詩史、辻原万規彥、平川眞由美（2001）。〈南洋群島における建築組
　　織についこ〉，《日本建築學會九州支部研究報告》，第 40 號，頁 633
　　～636。

石川忠一（1915）。《臺灣警察要論》。臺北：新高堂。

伊原末吉（1926）。《生活上ゝり見たろ臺灣の實際》。臺北：新高堂。

伊藤良藏（編）（1936）。《枋寮庄案内》。枋寮庄。

伊藤英三（1930）。《臺灣行政警察法》。臺北：晃文館。

安原盛彥（1998）。《近代日本の建築空間――忘れられた日本の建築空間―
　　―》。東京：理工圖書。

江廷遠（1937）。《現行保甲制度叢書》。臺中州：保甲制度叢書普及所。（國

立中央圖書館臺灣分館藏）

江廷遠（1940）。《保甲制度叢書》。臺中州：保甲制度叢書普及所。（國立中央圖書館臺灣分館藏）

竹越與三郎（1905）。《臺灣統治志》。東京：博文館。

辻原万規彥、香山梢、今村仁美、平川眞由美（2002）。〈ヤップ島に日本委任統治時代の建築物〉，《日本建築學會九州支部研究報告》，第 41 號，頁 413～416。

西山夘三（1989）。《すまい考今學現代日本住宅史》。東京：彰国社。

杉山靖憲（1916）。《臺灣名勝舊蹟誌》。東京：凸版印刷株式會社本所分工場。

秀夫（1930）。〈留置場の構造設備に對する私見〉。《臺灣警察時報》，第 21 號，1930 年 11 月 15 日，頁 4。

宜蘭廳（編）（1916）。《宜蘭廳治一斑》。臺北：成文（1985 年重印版）。

岡本瓊二（1929）。《一世的風雲兒後藤新平》。東京：第一出版協會。

林田敏子（2002）。《イギリス近代警察の誕生——ヴィクトリア朝ボビーの社会史》（英國近代警察之誕生：維多利亞朝警察的社會史）。京都：昭和堂。

林進發（1999）。《臺灣官紳年鑑》。臺北：成文。

松井茂（1933）。《警察讀本》。東京：日本評論社。

松本助太郎（1917）。〈警察留置場の構造に就て〉。《臺灣警察協會雜誌》，第 3 號，1917 年 8 月，頁 20～24。

近藤滿夫（1918）。〈内地警察の狀況視察〉。《臺灣警察協會雜誌》，第 8 號，1918 年 1 月，頁 31～38。

邱淼鏘（1940）。《部落教化の實際》。臺中州北斗郡：三十張犁部落振興會。

阿蘇遠見（1930）。〈派出所種種相〉。《臺灣警察時報》，第 29 號，1931 年 4 月 1 日，頁 15～17。

青山佾（2004）。〈都市政策の父・後藤新平の都市論〉，收錄於御廚貴（編），2004：152～161。

後藤新平（1917）。〈臺灣警察の將來〉。《臺灣警察協會雜誌》，第 5 號，1917 年 10 月，頁 1～4。

後藤新平（1889）。《國家衛生原理》。東京：忠愛社。（重編於小路田泰直監修、尾崎耕司解説，（2003）。《史料集　公と私の構造——日本にわける公共を考えるたあに——第 4 卷　後藤新平と帝國と自治：國家衛生原理／東京市政論／日本膨脹論／政治の倫理化》。東京：ゆまに書房。）

後藤新平（1929）。〈臺灣警察の三十年回顧〉。《臺灣警察協會雜誌》，第 139

號，1929 年 1 月，頁 54～56。

持地六三郎（1912）。《臺灣殖民政策》。東京：富山房。

柏生（1928）。〈歷代の民政長官〉。《臺灣警察協會雜誌》，第 129 號，1928 年 3 月，頁 174～179。

洪寶昆（編）（1937）。《北斗郡大觀》。北斗：北斗大觀刊行會。（國立中央圖書館臺灣分館藏）

桃園廳（編）（1906）。《桃園廳志》。

海山郡中和庄役場（1931）。《中和庄誌》。

梅谷光貞（1918）。〈南洋植民地に於ける警察及消防〉。《臺灣警察協會雜誌》，第 17 號，1918 年 10 月，頁 7～28。

笠原英彥（2004）。〈後藤新平の衛生政策〉，收錄於御廚貴（編），2004：97～105。

細井英夫（1937b）。〈警察機構の變遷〉，《臺灣警察時報》，第 259 期，1937 年 6 月，頁 15。

鹿又光雄（編）（1939）。《始政四十週年紀念臺灣博覽會誌》。臺北：始政四十週年紀念臺灣博覽會協贊會。

淀川喜代治（編）（1933）。《板橋街誌》。臺北州海山郡：板橋街役場。

富士貞吉（1938）。〈都市計畫と衛生〉，《臺灣警察時報》，第 273 期，1938 年 9 月，頁 18～22。

無明生（1926）。〈警察制度十年の回顧〉。《臺灣警察協會雜誌》，第 108 號，1926 年 6 月，頁 51～65。

高橋實吉（1928）。〈都市計畫及農村計畫に就て〉。《臺灣警察協會雜誌》，第 128 號，1928 年 2 月，頁 124～133／第 129 號，1928 年 3 月，頁 117～127。

御廚貴（編）（2004）。《時代の先覺者・後藤新平 1857～1929》。東京：藤原書店。

新竹州（編）（1938）。《昭和十年新竹州震災誌》。

新竹廳總務課（編）（1907）。《新竹廳志》。臺北：臺灣日日新報社。

新竹州警務部（1937）。《新竹州警務要覽》。（國立中央圖書館臺灣分館藏）

新村拓（2004）。〈後藤新平の衛生思想〉，收錄於御廚貴（編），2004：87～96。

鈴木外男（1928）。〈住宅衛生に就て〉。《臺灣警察協會雜誌》，第 131 號，1928 年 5 月，頁 148～156。

嘉義廳警務課（1906）。《嘉義剿匪誌》。（國立中央圖書館臺灣分館藏）

圖師庄一郎（1904a）。〈臺灣の警察談〉，《臺灣協會會報》，第 69 號，1904

年 6 月，頁 1～5。

圖師庄一郎（1904b）。〈臺灣の警察談（承前）〉，《臺灣協會會報》，第 70 號，1904 年 7 月，頁 6～12。

臺中州（1936）。《昭和十年臺中州震災誌》。臺中：臺灣新聞社。

臺北州。《臺北州管內概況及事務提要》。

臺北州警務部（1926a）。《臺北州警察衛生展覽會寫真帖》。臺北：臺北州警務部。（國立中央圖書館臺灣分館藏）

臺北州警務部（1926b）。《臺北州警察衛生展覽會記錄》。臺北：臺北州警務部。（國立中央圖書館臺灣分館藏）

臺北廳（編）（1919）。《臺北廳誌》。臺北：臺灣日日新報社。

臺北觀測所（1936）。《新竹臺中烈震報告》。

臺灣文獻館（編）。《臺灣總督府公文類纂》。南投：國史館臺灣文獻館。

臺灣拓殖畫帖刊行會（1918）。《臺灣拓殖畫帖》。東京：臺灣拓殖畫帖刊行會。

臺灣總督府（編）（各年度）。《臺灣總督府民政事務成績提要》。（國立中央圖書館臺灣分館藏）

臺灣總督府（編）（各年度）。《臺灣總督府事務成績提要》。

臺灣總督府（編）（各年度）。《臺灣現勢要覽》。

臺灣總督府（編）（1940）。《臺灣に於けろ優良部落施設概況》。

臺灣總督府（編）（1944）。《警察官署別臺灣總督府行政區域便覽》。

臺灣總督府（編）（1945）。《台灣統治概要》。東京：原書房。

臺灣總督府土木部（1911）。《臺灣總督府土木部第二年報》（明治 42 年度）。（國立中央圖書館臺灣分館藏）

臺灣總督府民政部（1913）。《臺灣衛生概要》。

臺灣總督府民政部總務局（1907）。《嘉義地方震災誌》。（國立中央圖書館臺灣分館藏）

臺灣總督府社會課（編）（1940）。《臺灣に於けろ優良部落施設概況》。

臺灣總督府官房文書課（編）（1908）。《臺灣統治綜覽》。

臺灣總督府官房調查課（1935）。《施政四十年の臺灣》（統治篇 四 警察）。

臺灣總督府警務局（編）（1932）。《昭和六年 臺灣の警察》。（國立中央圖書館臺灣分館藏）

臺灣總督府警務局（編）（1933）。《台灣總督府警察沿革誌 I 警察機關の構成》。東京：綠陰。

臺灣總督府警務局（編）（1934）。《台灣總督府警察沿革誌 V 警務事蹟篇》。

東京：綠蔭。

臺灣總督府警務局（編）（1935）。《昭和十年　臺灣の警察》。（國立中央圖書館臺灣分館藏）

臺灣總督府警務局（編）（1938）。《台灣總督府警察沿革誌 II 領臺以後の治安狀況（上卷）》。東京：綠蔭。

臺灣總督府警務局（編）（1942）。《台灣總督府警察沿革誌 IV 領臺以後の治安狀況（下卷）》。東京：綠蔭。

臺灣警察協會。《臺灣警察協會雜誌》。（國立中央圖書館臺灣分館藏）

臺灣總督府、臺灣日日新報社（合編）（1999）。《新舊對照管轄便覽》。臺北：成文：

寫真大觀社（編）（1936）。《臺灣寫真大觀》。

橫山經三（1918）。〈大稻埕の警察〉。《臺灣警察協會雜誌》，第 9 號，1918年 2 月，頁 30〜36。

瓢齋生（1916）。〈臺灣の警察政治〉，《大阪朝日新聞》，1916 年 4 月 19 至24 日。

篠原哲次郎（編）（1932）。《昭和七年版臺灣市街庄便覽》。臺北：臺灣日日新報社。

臨時臺灣總督府工事部（1912）。《臺灣總督府土木部第三年報》（明治 44 年度）。

豐原公學校（1931）。《豐原鄉土誌》。

羅東郡郡勢振興委員會（1937）。《皇紀二千六百年目標羅東郡郡勢振興實施計畫指針》。

藤村寬太（1932）。〈臺灣警察の概觀〉，《臺灣時報》，1932 年 2 月，頁 9〜17。

鶴見祐輔（2004a）。《〈決定版〉正傳・後藤新平 2 衛生局長時代　1892〜98年》。東京：藤原書店。

鶴見祐輔（2004b）。《〈決定版〉正傳・後藤新平 3 臺灣時代　1898〜1906年》。東京：藤原書店。

鷲巢生（鷲巢敦哉）（1937a）。〈臺灣地方行政の四十年史話（三）〉，《臺灣地方行政》，第 3 卷第 3 號，1937 年 3 月，頁 48〜55。

鷲巢生（鷲巢敦哉）（1937b）。〈臺灣地方行政の四十年史話（四）〉，《臺灣地方行政》，第 3 卷第 4 號，1937 年 4 月，頁 94〜100。

榊原壽郎治（1936）。〈本島警察豫算の概況（二）〉，《臺灣警察時報》，第 244期，1936 年 3 月，頁 13〜19。

三、英文文獻

Abu-Lughod, Janet（1965）. "Tale of Two Cities: The Origins of Modern Cairo," *Comparative Studies in Society and History*, Vol. 7, No. 4 （1965）, pp. 429-457.

Adler, Herbert M. （1904）. "The Police System of London," *Annals of the American Academy of Political and Social Science*, Vol. 24 （Nov., 1904）, pp. 126-129.

Alsayyad, Nezar（ed.）.（1992a）. Forms of Dominance: On the Architecture and Urbanism of the Colonial Enterprise. Aldershot: Ashgate.

Alwis, Lakshman （1992）. *British Period Architecture in Sri Lanka*. Sri Lanka United Kingdom Society.

Alsayyad, Nezar （1992b）. "Urbanism and the Dominance Equation: Reflections on Colonialism and National Identity," in Alsayyad, Nezar （ed.）.（1992）. *Forms of Dominance: On the Architecture and Urbanism of the Colonial Enterprise*, pp. 1-26. Aldershot: Ashgate.

Anderson, David（1991）. "Policing, Prosecution and the Law in Colonial Kenya, c. 1905-39," in Anderson, David M. & Killingray, David （eds.）. *Policing the Empire: Government, Authority and Control, 1830-1940*, pp. 183-200. Manchester: Manchester University Press.

Anderson, David M. & Killingray, David（eds.）.（1991）. *Policing the Empire: Government, Authority and Control, 1830-1940*. Manchester: Manchester University Press.

Anderson, David M. & Killingray, David （1991b）. "Consent, Coercion and Colonial Control: Policing the Empire, 1830-1940," in Anderson, David M. & Killingray, David （eds.）. *Policing the Empire: Government, Authority and Control, 1830-1940*, pp. 1-15. Manchester: Manchester University Press.

Appadurai, Arjun （2000）. *Modernity at Large*. Minneapolis: University of Minnesota Press.

Archer, John （1992）. "Books （Review）," *The Journal of the Society of Architectural Historians*, vol. 51, No. 1 （Mar., 1992）, pp. 85-87.

Arnold, David（1976）. "The Police and Colonial Control in South India," *Social Scientist*, Vol. 4, No. 12 （Jul., 1976）, pp. 3-16.

Arnold, David （1977）. "The Armed Police and Colonial Rule in South India, 1914-1947," *Modern Asian Studies*, Vol. 2, No. 2 （1977）, pp. 101-125.

Barley, David H. （1971）. "The Police and Political Change in Comparative Perspective," *Law & Society Review*, Vol. 6, No. 1. （Aug., 1971）, pp. 91-112.

Barlow, Tani E. （ed.）. （1997）. *Formations of Colonial Modernity in East Asia*. Durham: Duke University Press.

Bayly, C. A. （1993）. "Knowing the Country: Empire and Information in India," *Modern Asian Studies*, Vol. 27, No. 1, （Feb., 1993）, pp. 3-43.

Bhabha, Homi K. （1994a）. *The Location of Culture*. London: Routledge.

Bigon, Liora （2005）. "Sanitation and Street Layout in Early Colonial Logos: British and Indigenous Conceptions, 1851-1900," *Planning Perspectives*, Vol. 20 （Jul., 2005）, pp. 247-269.

Bonnett, Alastair （2005）. "Occidentalism and Plural Modernities: or How Fukuzawa and Tagore Invented the West," *Environment and Planning D: Society and Space*, Vol. 23 （2005）, pp. 505-525.

Braibanti, Ralph J.D. （1949）. "Japan's New Police Law," *Far Eastern Survey*, Vol. 18, No. 2 （Jan., 1949）, pp. 17-22.

Bremner, G.A. & Lung, D.P.Y. （2003）. "Spaces of Exclusion: The Significance of Cultural Identity in the Formation of European Residential Districts in British Hong Kong, 1877-1904," *Environment and Planning D: Society and Space*, Vol. 21 （2003）, pp. 223-252.

Brewer, John D. （1992）. "Book Reviews," *The Journal of Modern African Studies*. Vol. 30, No.3 （Sep., 1992）, pp. 518-520.

Brewer, John D. （1994）. *Black and Blue: Policing in South Africa*. Oxford: Clarendon Press.

Brogden, Mike （1987）. "The Emergence of the Police——The Colonial Dimension," *British Journal of Criminology, Delinquency and Deviant Social Behaviour*, Vol. 27, No. 1 （Winter, 1987）, pp. 4-14.

Burger, Angela S. （1987）. "Policing a Communal Society: The Case of Sri Lanka," *Asian Surey*, Vol. 27, No. 7 （Jul., 1987）, pp. 822-833.

Buttimer, Anne （1969）. "Social Space in Interdisciplinary Perspective," *Geographical Review*, Vol. 59, No. 3 （Jul., 1969）, pp. 417-426.

Cain, Maureen （1993）. "Some Go Backward, Some Go Forward: Police Work in Comparative Perspective," *Contemporary Sociology*, Vol. 22, No. 3 （May, 1993）, 319-324.

Campion, David A. （2003）. "Authority, Accountability and Representation: the United Provinces Police and the Dilemmas of the Colonial Policeman in British India, 1902-39," *Historical Research*, Vol. 6, No. 192 （May, 2003）, pp. 217-237.

Celik, Zeynep （1997）. *Urban Forms and Colonial Confrontations*. Berkeley: University of California Press.

Cell, John W. （1986）. "Anglo-Indian Medical Theory and the Origins of Segregation in West Africa," *The American Hisorical Review*, Vol. 91, No. 2 （Apr., 1986）, pp. 307-335.

Chang, Han-Yu （張漢裕）& Myers, Ramon H. （1963）. "Japanese Colonial Development Policy in Taiwan, 1895-1906: A Case of Bureaucratic Entrepreneurship", *The Journal of Asian Studies*, Vol. 22, No. 4. （Aug., 1963）, pp. 433-449.

Chen, Ching-Chih （陳清池）(1975). "The Japanese Adaptation of the *Pao-Chia* System in Taiwan, 1895-1945," *Journal of Asian Studies*, Vol. 34, No. 2 （Feb., 1975）, pp. 391-416.

Chen, Ching-Chih （陳清池）(1984). "Police and Community Control Systems in the Empire," in Myers, Ramon H. & Peattie, Mark R. （eds.）. *The Japanese Colonial Empire, 1895-1945*, pp. 213-239. New Jersey: Princeton University Press.

Chen, Ching-Chih （陳清池）(2006). "Taiwan Re-colonized: the Chinese National Regime's Adaptation of Japanese Colonial Political Control System after WWII," *Taiwan Inquiry*, No. 1, （Jan., 2006）. （出自「北美洲台灣人教授協會」網站：http://www.natpa.org）

Chen, Edward I-Te （陳以德）(1970). "Japanese Colonialism in Korea and Formosa: A Comparison of the Systems of Political Control," *Harvard Journal of Asian Studies*, Vol. 30 （1970）, pp. 126-158.

Chin, Hsien-Yu （1998）. "Colonial Medical Police and Postcolonial Medical Surveillance Systems in Taiwan, 1895-1950s," *Osiris*, 2nd Series, Vol. 13 （1998）, 326-338.

Chopra, Preeti （1992）. "Pondicherry: A French Enclave in India," in Alsayyad, Nezar （ed.）. （1992）. *Forms of Dominance: On the Architecture and Urbanism of the Colonial Enterprise*, pp. 107-137. Aldershot: Ashgate.

Conrad, Joseph （1994）. *Heart of Darkness*. London: Penguin.

Curtin, Philip D. （1985）. "Medical Knowledge and Urban Planning in Tropical Africa," *American Historical Review*, Vol. 90, No. 3 （Jun., 1985）, pp. 594-613.

Dandeker, Christopher （1990）. Surveillance, Power and Modernity: Bureaucracy and Discipline from 1700 to the Present Day. Cambridge: Polity Press.

Das, Dilip K. & Verma, Arvind （1998）. "The Armed Police in the British Colonial Tradition: the Indian Perspective," *Policing: An International Journal of Police Strategies & Management*, Vol. 21, No. 2 （1998）, pp. 354-367.

De Bruijne, G. A. （1985）. "The Colonial City and the Post-Colonial World," in

Ross, R.J. & Telkamp, G.J. （eds.）. （1985）. *Colonial Cities*, pp. 231-243. Dordrecht: Martinus Nijhoff.

Deleuze, Gilles （1992）. "Postscript on the Societies of Control," *October*, Vol. 59 （Winter, 1992）, pp. 3-7.

Demissie, Fassil （2003）. "Book Review," *Social Identities*, Vol. 9, No. 1 （2003）, pp. 127-138.

Deutsch, Jan-Georg （2002）. "Celebrating Power in Everyday Life: The Administration of Law and the Public Sphere in Colonial Tanzania, 1890-1914," *Journal of African Cultural Studies*, Vol. 15, No. 1 （Jun., 2002）, pp. 93-103.

Dovey, Kim （1999）. Framing Place: Mediating Power in Built Form. London: Routledge.

Dray-Nivey, Alison （1993）. 'Spatial Order and Police in Imperial Beijing," The Journal of Asian Studies, Vol. 52, No. 4 （Nov., 1993）, pp. 885-922.

Elden, Stuart （2001）. Mapping the Present: Heidegger, Foucault and the Project of a Spatial History. New York: Continuum.

Emsley, Clive （1999）. "The Origins of the the Modern Police," *History Today* （Apr., 1999）, pp. 8-14.

Evenson, Norma （1989）. *The Indian Metropolis: A View toward the West*. New Haven: Yale University Press.

Fairlie, John A. （1901）. "Police Administration," *Political Science Quarterly*, Vol. 16, No. 1 （Mar., 1901）, pp. 1-23.

Fahmy, Khaled （1999）. "The Police and the People in Nineteenth-Century Egypt," *Die Welt des Islams*, New Ser., Vol. 39, Issue 3 （Nov., 1999）, pp. 340-377.

Fanon, Frantz （1965）. *The Wretched of the Earth*. New York: Grove Press.

Fanon, Frantz （1967）. *Black Skin, White Masks*. New York: Grove Press.

Forster. E. M. （1965）. *A Passage to India*. Fort Washington: Harvest Book.

Forty, Adrian （1980）. "The Modern Hospital in England and France: the Social and Medical Uses of Architecture," in King, A.D. （ed.）（1980）. *Buildings and Society: Essays on the Social Development of the Built Environment*, pp. 61-93. London: Routledge & Kegan Paul.

Foucault, Michel （1984）. "Space, Knowledge, and Power," in Rabinow, Paul （ed.）. *The Foucault Reader*, pp. 239-256. New York: Pantheon Books.

Frankel, Philip H. （1980）. "South Africa: The Politics of Police Control," *Comparative Politics*, Vol. 12, No. 4 （Jul., 1980）, pp. 481-499.

Fuller, Mia （1988）. "Building Power: Italy's Colonial Architecture and Urbanism, 1923-1940," *Cultural Anthropology*, vol. 3, No. 4 （Nov., 1988）, pp. 455-487.

Gann, Lewis H. （1984）. "Western and Japanese Colonialism: Some Preliminary Comparisons," in Myers, Ramon H. & Peattie, Mark R. （eds.）. *The Japanese Colonial Empire, 1895-1945*, pp. 497-525. New Jersey: Princeton University Press.

Giddens, Anthony （1994）. "Consequence in Modernity," in Williams, Patrick & Chrisman, Laura （eds.）. *Colonial Discourse and Post-Colonial Theory*, pp. 181-189. New York: Harvester Wheatsheaf.

Gillis, A.R. （1989）. "Crime and State Surveillance in Nineteenth-Century France," *The American Journal of Sociology*, Vol. 95, No. 2 （Sep., 1989）, pp. 307-341.

Gordon, Colin （ed.）（1980）. Power/Knowledge: Selected Interviews & Other Writings, 1972-1977, by Michel Foucault. New York: Pantheon.

Grajdanzev, A. J. （1942a）. Formosa Today: An Analysis of the Economic Development and Strategic Importance of Japan's Tropical Colony. New York: Institute of Pacific Relations.

Grajdanzev, A. J. （1942b）. "Formosa （Taiwan）under Japanese Rule," *Pacific Affairs*, Vol. 15, No. 3 （Sep., 1942）, pp. 311-324.

Greene, Graham. （1999）. *The Heart of the Matter*. London: Penguin.

Hamadeh, Shirine （1992）. "Creating the Traditional City: A French Project," in Alsayyad, Nezar （ed.）. （1992）. *Forms of Dominance: On the Architecture and Urbanism of the Colonial Enterprise*, pp. 241-259. Aldershot: Ashgate.

Hannah, Matthew G. （1997）. "Space and the Structuring of Disciplinary Power: An Interpretive Review," *Human Geography*, Vol. 79, No. 3 （1997）. Pp. 171-180.

Hayden, Ralston （1924）. "Japan's New Policy in Korea and Formosa," *Foreign Affairs* （Mar., 1924）, pp. 474-487.

Hayes, Nick （2002）. "Two Tales of the City? Probing Twentieth-Century Urban and Architectural History", *Journal of Contemporary History*, Vol. 37, No. 4 （Oct., 2002）, pp.665-674.

Hertz, John B. （2002）. "Authenticity, Colonialism, and the Struggle with Modernity," *Journal of Architectural Education*, Vol. 55, No. 4 （May, 2002）, pp. 220-227.

Hishida, Seiji （菱田靜治）（1907）. "Formosa: Japan's First Colony," *Political Science Quarterly*, Vol. 22, No. 2 （Jun., 1907）, pp. 267-281.

Home, Robert（1997）. Of Planting and Planning: The Making of British Colonial Cities. London: E & FN SPON.

Hsia, Chu-joe （夏鑄九）（2002）. "Theorizing Colonial Architecture and Urbanism: Building Colonial Modernity in Taiwan," *Inter-Asia Cultural Studies*, Vol. 3, No. 1 （2002）, pp. 7-23.

Huang, Philip C.C.（黃宗智）(1993a). "'Public Sphere'/'Civil Society' in China? The Third Realm between State and Society," *Modern China*, Vol. 19, No. 2 （Apr., 1993）, pp. 216-240.

Huang, Philip C.C.（黃宗智）（1993b）. "Between Informal Mediation and Formal Adjudication: The Third Realm of Qing Civil Justice," *Modern China*, Vol. 19, No. 3 （Jul., 1993）, pp. 251-298.

Jansen, Marius B. （1984）. "Japanese Imperialism: Late Meiji Perspectives," in Myers, Ramon H. & Peattie, Mark R. （eds.）. *The Japanese Colonial Empire, 1895-1945*, pp. 61-79. New Jersey: Princeton University Press.

Johnson, Alan （2003）. "The Savage City: Locating Colonial Modernity," *Nineteenth-Century Contexts*, Vol. 25, No. 4 （2003）, pp. 315-332.

Johnson, Douglas H. （1991）. "From Military to Tribal Police: Policing the Upper Nile Province of the Sudan," in Anderson, David M. & Killingray, David （eds.）. *Policing the Empire: Government, Authority and Control, 1830-1940*, pp. 151-167. Manchester: Manchester University Press.

Jones, D. J. V. （1983）. "The New Police, Crime and People in England and Wales, 1829-1888," *Transactions of the Royal Historical Society*, 5th Ser., Vol. 33 （1983）, pp. 151-168.

Jung, Tae-Hern （2000）. "Economic Features of Colonial Modernity in Modern Korea," *International Journal of Korean History*, Vol. 1 （Dec., 2000）, pp. 39-60.

Jyoti, Hosagrahar （1992）. "City as Durbar: Theater and Power in Imperial Delhi," in Alsayyad, Nezar （ed.）. （1992）. *Forms of Dominance: On the Architecture and Urbanism of the Colonial Enterprise*, pp. 83-105. Aldershot: Ashgate.

Ka, Chih-Ming（柯志明）(1996). Japanese Colonialism in Taiwan: Land Tenure, Development, and Dependency, 1895-1945. Taipei: SMC （南天）.

Kaplan, Martha （1995）. "Panoptican in Poona: An Essay on Foucault and Colonialism". *Cultural Anthropology*, Vvol. 10, No. 1 （Feb., 1995）, pp. 85-98.

Katyal, Neal Kumar （2002）. "Architecture as Crime Control," *The Yale Law Journal*, Vol. 111, No. 5. （Mar., 2002）, pp. 1039-1139.

Katzenstein, Peter J. （1996）. Cultural Norms and National Security: Police and

Military in Postwar Japan. Ithaca: Cornell University Press.

Kerr, George H.（1942）. "Formosa: Colonial Laboratory," *Far Eastern Survey*, Vol. 11, No. 4 （Feb., 1942）, pp. 50-55.

Kikuchi, Yuko （2002）. "Refracted Colonial Modernity: Identity in Taiwanese Crafts from the Colonial Modern to the Contemporary National," 載於國立臺北藝術大學（編），《2000 年亞太傳統藝術論壇研討會論文集》。宜蘭縣五結鄉：國立傳統藝術中心。

Killingray, David （1986）. "The Maintenance of Law and Order in British Colonial Africa," *African Affairs*, Vol. 85, No. 340 （Jul., 1986）, pp. 411-437.

Killingray, David （1991）. "Guarding the extending frontier: policing the Gold Coast, 1865-1913," in Anderson, David M. & Killingray, David （eds.）. *Policing the Empire: Government, Authority and Control, 1830-1940*, pp. 106-125. Manchester: Manchester University Press.

King, Anthony D.（1976）. Colonial Urban Development: Culture, Social Power and Environment. London: Rutledge & Kegan Paul.

King, Anthony D. （ed.）（1980）. Buildings and Society: Essays on the Social Development of the Built Environment. London: Routledge & Kegan Paul.

King, Anthony D.（1985）. "Cononial Cities: Global Pivots of Change," in Ross, R.J. & Telkamp, G.J. （eds.）.（1985）. *Colonial Cities*, pp. 7-32. Dordrecht: Martinus Nijhoff.

King, Anthony D.（1992）. "Rethinking Colonialism: An Epilogue," in Alsayyad, Nezar （ed.）.（1992）. *Forms of Dominance: On the Architecture and Urbanism of the Colonial Enterprise*, pp. 339-355. Aldershot: Ashgate.

King, Anthony D. （1995）. "Writing Colonial Space: A Review Article," *Comparative Studies in Society and History*, Vol. 37, No. 3 （Jul., 1995）, pp. 541-554.

Kipling, Rudyard （1919）. *From Sea to Sea: Letters of Travel*, Vol. 1. London: Macmillan, [1899].

Kroizer, Gad （2004）. "From Dowbiggin to Tegart: Revolutionary Change in the Colonial Police in Palestine during the 1930s," *The Journal of Imperial and Commonwealth History*, Vol. 32, No. 2 （May, 2004）, pp. 115-133.

Kublin, Hyman （1959）. "The Evolution of Japanese Colonialism," *Comparative Studies in Society and History*, Vol. 2, No. 1 （Oct., 1959）, pp. 67-84.

Lamprakos, Michele （1992）. "Le Corbusier and Algiers: The Plan Obus as Colonial Urbanism," in Alsayyad, Nezar （ed.）. （1992）. *Forms of Dominance: On the Architecture and Urbanism of the Colonial Enterprise*, pp. 183-210. Aldershot: Ashgate.

Lee, Jong-Chan （李宗燦）（2003）. "Modernity of Hygiene in the Meiji Era, 1868-1905," in First Meeing of the Asian Society for the History of Medicine: Symposium on the History of Medicine in Asia: Past Achievements, Current Research and Future Directions, 2003.11.4-8, Institure of History and Philology, Academia Sinica, Taipei, Taiwan.

Lefebvre, Hrnri （1991）. *The Production of Space*. Malden, MA: Blackwell.

Le Roux, Hannah （2003）. "The Networks of Tropical Architecture," *The Journal of Architecture*, Vol. 8 （Autumn, 2003）, pp. 337-354.

Liang, Hsi-Huey （1969）. "The Berlin Police and the Weimar Republic," *Journal of Contemporary History*, Vol. 4, No. 4（Oct., 1969）, pp. 157-172.

Liu, Shiyung （劉士永）（2004）. "Building a Strong and Healthy Empire: The Critical Period of Building Colonial Medicine in Taiwan," *Japanese Studies*, vol. 24, No. 3 （Dec., 2004）, pp. 301-314.

Lo, Shih-Wei （羅時瑋）（1996a）. "Figures of Displacement: Mode of Urbanity in Taipei 1740-1995," Ph.D. dissertation of Katholieke Universiteit Leuven.

Lo, Shih-Wei （羅時瑋）（1996b）. "A Palimpsest of Faits Urbains in Taipei City: Wall/ Boulevard/ Fair/ Squatters/ Shopping Blocks," 載於東海大學建築系所（主編），《第二屆建築理論與應用研討會論文集》，頁 191-229。臺中：東海大學建築系。

Lonsdale, John （1994）. "Book Reviews," *The International Journal of American Historical Studies*, Vol. 27, No. 2 （1994）, pp. 374-377.

Low, Gail C.-L. （1996）. White Skins/ Black Masks: Representation and Colonialism. London: Routledge.

Ludden, David（1988）. "Book Reviews," *The Journal of Asian Studies*, Vol. 47, No. 3 （Aug., 1988）, pp. 669-670.

Marenin, Otwin （1985）. "Police Performance and State Rule: Control and Autonomy in the Exercise of Coercion," *Comparative Politics*, Vol. 18, No. 1 （Oct., 1985）, pp. 101-122.

Marenin, Otwin （1993）. "Reviews," *The Journal of Modern African Studies*, Vol. 31, No. 4 （Dec. 1993）, pp. 700-702.

Markus, Thomas A. （1993）. Buildings and Power: Freedom and Control in the Origin of Modern Building Types. London: Routledge.

Maxwell, Anne （1999）. *Colonial Photography & Exhibitions*. New York: Leicester University Press.

Mazower, Mark （1993）. "Review Work（s）," *African Affairs*, vol. 92, No. 367 （Apr., 1993）, pp. 302-303.

McCracken, John （1986）. "Coercion and Control in Nyasaland: Aspects of the

History of a Colonial Police Force," *Journal of African History*, Vol. 27 （1986）, pp. 127-147.

Metcalf, Thomas R. （1984）. "Architecture and the Representation of Empire: India, 1860-1910," *Representations*, No. 6 （Spring, 1984）, pp. 37-65.

Metcalf, Thomas R. （1989）. *An Imperial Vision: Indian Architecture and Britain's Raj*. Berkeley: University of California Press.

Mishra, Vijay & Hodge, Bob （1994）. "What is Post （-）colonialism?," in Williams, Patrick & Chrisman, Laura （eds.）. *Colonial Discourse and Post-Colonial Theory*, pp. 276-290. New York: Harvester Wheatsheaf.

Mitchell, Timothy （1991）. *Colonising Egypt*. Berkeley: University of California Press.

Mitchell, W.J.T. （ed.）（1994）. *Landscape and Power*. Chicago: The University of Chicago Press.

Morton, Patricia A. （2000）. Hybrid Modernity: Architecture and Representation at the 1931 Colonial Exposition, Paris. Cambridge, MA: The MIT Press.

Mukhopadhyay, Surajit C. （1998）. "Importing Back Colonial Policing Systems? The Relationship between the Royal Irish Constabulary, Indian Policing and Militarization of Policing in England and Wales," *Innovation*, Vol. 11, No. 3 （1998）, pp. 253-265.

Myers, Ramon H. & Ching, Adrienne （1964）. "Agricultural Development in Taiwan under Japanese Colonial Rule," *The Journal of Asian Studies*, Vol. 23, No. 4 （Aug., 1964）, pp. 3555-570.

Myers, Ramon H. & Peattie, Mark R. （eds.）. （1984）. *The Japanese Colonial Empire, 1895-1945*. New Jersey: Princeton University Press.

Nakahara, Hidenori （1955）. "The Japanese Police," *The Journal of Criminal Law, Criminology, and Police Science*, Vol. 46, No. 4 （Nov. –Dec., 1955）, pp. 583-594。

Nigam, Sanjay （1990a）. "Disciplining and Policing the 'Criminal by Birth', Part 1: The Making of a Colonial Stereotype — The Criminal Tribes and Castes of North India". *The Indian Economic and Social History Review*, Vol. 27, No. 2. （1990）, pp. 131-164.

Nigam, Sanjay （1990b）. "Disciplining and Policing the 'Criminal by Birth', Part 2: The Development of a Disciplinary System, 1871-1900". *The Indian Economic and Social History Review*, Vol. 27, No. 3. （1990）, pp. 257-287.

O'Malley, Pat （1992）. "Risk, Power and Crime Prevention," Economy and Society, Vol. 21, No. 3 （Aug., 1992）, pp. 252-271.

Orwell, George （2004）. *Burmese Days*. Fairfield: 1st World Library.

Paul, Jim （1977）. "Medicine and Imperialism in Morocco," *MERIP Reports*, No. 60 （Sep., 1977）, pp. 3-12.

Peattie, Mark R. （1984a）. "Introduction," in Myers, Ramon H. & Peattie, Mark R. （eds.）. *The Japanese Colonial Empire, 1895-1945*, pp. 3-52. New Jersey: Princeton University Press.

Peattie, Mark R. （1984b）. "Japanese Attitudes Toward Colonialism, 1895-1945," in Myers, Ramon H. & Peattie, Mark R. （eds.）. *The Japanese Colonial Empire, 1895-1945*, pp. 80-127. New Jersey: Princeton University Press.

Perera, Nihal （1998）. Society and Space: Colonialism, Nationalism, and Postcolonial Identity in Sri Lanka. Boulder, Colo.: Westview Press.

Perera, Nihal （2002）. "Indigenising the Colonial City: Late 19th-Century Colombo and Its Landscape," Urban Studies, vol. 39, No. 9 （2002）, pp. 1703-1721.

Pevsner, N. （1976）. *A History of Building Types*. London: Thames and Hudson.

Porter, Catherine （1936）. "Korea and Formosa as Colonies of Japan," *Far Eastern Survey*, Vol. 5, No. 9 （Apr., 1936）, pp. 81-88.

Pratt, Mary Louise （1992）. Imperial Eyes: Travel Writing and Transculturation. London: Routledge.

Prior, Lindsay （1988）. "The Architecture of the Hospital: A Study of Spatial Organization and Medical Knowledge". *The British Journal of Sociology*, Vol. 39, No. 1 （Mar., 1988）, pp. 86-113.

Rabinow, Paul （1989）. French Modern: Norms and Forms of the Social Environment. Cambridge, MA: The MIT Press.

Rabinow, Paul （1992）. "Colonialism, Modernity: The French in Morocco," in Alsayyad, Nezar （ed.）. （1992）. *Forms of Dominance: On the Architecture and Urbanism of the Colonial Enterprise*, pp. 167-182. Aldershot: Ashgate.

Raeff, Marc （1975）. "The Well-Ordered Police State and the Development of Modernity in Seventeenth- and Eighteenth-Century Europe: An Attempt at a Comparative Approach," *The American Historical Review*, Vol. 80, No. 5 （Dec., 1975）, pp. 1221-1243.

Rajchman, John （1988）. "Foucault's Art of Seeing". *October*, 44, Spring, 1988, pp. 88-117.

Robb, Peter （1991）. "The Ordering of Rural India: the Policing of Nineteenth-Century Bengal and Bihar," in Anderson, David M. & Killingray, David （eds.）. *Policing the Empire: Government, Authority and Control, 1830-1940*, pp. 126-150. Manchester: Manchester University Press.

Rofel, Lisa （1992）. "Rethinking Modernity: Space and Factory Discipline in China," *Cultural Anthropology*, Vol. 7, No. 1 （Feb., 1992）, pp. 93-114.

Ross, R.J. & Telkamp, G.J. （eds.）. （1985）. *Colonial Cities*. Dordrecht: Martinus Nijhoff.

Ryan, James R. （1997）. Picturing Empire: Photography and the Visualization of the British Empire. London: ReaktionBooks.

Said, Edward W. （1993）. *Culture and Imperialism*. New York: Knopf.

Said, Edward W. （1994）. *Orientalism*. New York: Vintage.

Semple, Ellen C. （1913）. "Japanese Colonial Methods," *Bulletin of the American Geographical Society*, Vol. 45, No. 4 （1913）, pp. 255-275.

Shin, Gi-Wook & Robinson, Michael （eds.）. （1999）. *Colonial Modernity in Korea*. Cambridge, MA: Harvard University Asia Center.

Singh, Lata （2002）. "Locating the Bihar Constabulary, 1920-22: An Exploration into the Margins of Resistance," *Social Scientist*, Vol. 30, No. 9/10 （Sep. – Oct., 2002）, pp. 47-71.

Spivak, Gayatri Chakravorty （1988）. *In Other Worlds: Essays in Cultural Politics*. London: Routledge.

Spivak, Gayatri Chakravorty （1994）. "Can the Subaltern Speak?," in Williams, Patrick & Chrisman, Laura （eds.）. *Colonial Discourse and Post-Colonial Theory*, pp. 66-111. New York: Harvester Wheatsheaf.

Staples, William G. （2000）. *Everyday Surveillance: Vigilance and Visibility in Postmodern Life*. Lanham: Rowman & Littlefield.（esp. Ch. 2 The Scaffold, the Penitentiary, and Beyond）

Steinhoff, Patricia G. （1979）. "Book Reviews," *The American Journal of Sociology*, Vol. 85, No. 1 （Jul., 1979）, pp. 231-233.

Strub, Harry （1989）. "The Theory of Panoptical Control: Bentham's Panopticon and Orwell's Nineteen Eighty-Four," *The Journal of the History of the Behavioral Sciences*, Vol. 25 （Jan., 1989）, pp. 40-59.

Sewell, Bill （2004）. "Reconsidering the Modern in Japanese History: Modernity in the Service of the Prewar Japanese Empire," *Japan Review*, Vol. 16 （2004）, pp. 213-258.

Takekoshi, Yosaburo（竹越與三郎）（1907）. *Japanese Rule in Taiwan*. London: Longmans, Green and Co.

Tillotson, G.H.R. （1989）. *The Tradition of Indian Architecture*. New Haven: Yale University Press.

Tsai, Hui-yu Caroline （蔡慧玉）（1990）. *One Kind of Control: The Hoko System in Taiwan under Japanese Rule, 1895-1945*. Ph.D. Dissertation, Columbia

University.

Tsai, Hui-yu Caroline （蔡慧玉）（1993）. "The Hoko System in Taiwan, 1895-1945: Structure and Functions," *Journal of the College of Liberal Arts*, Vol.23 （Mar., 1993）, pp.127-148.

Tsai, Hui-yu Caroline （蔡慧玉）（1994a）. "Japanese Rule in Taiwan as Oral History: Findings of Hoko Questionnaire Investigations, 1992-1993",《興大歷史學報》, 第 4 期, 1994 年 5 月, 頁 121-144。

Tsai, Hui-yu Caroline （蔡慧玉）（1994b）. "The 'Social Service Movement' （shakai hoshi undo） in Taiwan, 1932-1945: The Hoko System for Wartime Mobilization," *Journal of the College of Liberal Arts*, Vol. 24（Apr., 1994）, pp.121-144。

Tsai, Ming-Chih & Chao-Ching Fu （2002）. "'YELLOW SKIN, WHITE MASKS'? Notes on the Taiwanese Traditional Houses with Western-style Facades during the Japanese Period", in **2002 Seoul International Conference on East Asian Architectural History "Traditional Architecture in modern Asia （TAmA）"**, pp. 363-372. 17-19 Oct., 2002, Seoul.

Tsai, Ming-Chih & Chao-Ching Fu （2004）. "Hybridity in Taiwanese Architecture Built during the Japanese Period", International Association for the Study of Traditional Environments and Traditional Dwellings and Settlements Working Paper Series, Vol. 162, 2004, pp. 31-46. Berkeley, CA: University of California at Berkeley.

Tyner, James A. （2004）. "Self and Space, Resistance and Discipline: A Foucauldian Reading of George Orwell's 1984," *Social & Cultural Geography*, Vol. 5, No. 1, Mar., 2004, pp. 129-149.

Umemori, Naoyuki（梅森直之）（2004）. "Itinerary of Discipline: The Establishment of the Police System in Meiji Japan," in Wu, Jieh-Min （et al eds.）（2004）. *Reimagining Taiwan: Nation, Ethnicity, and Narrative*, pp. 129-142. Taipei: Council for Cultural Affairs, Executive Yuan.

Van Eeden, Jeanne （2004）. "The Colonial Gaze: Imperialism, Myths, and South African Popular Culture," *Design Issues*, Vol. 20, No.2 （Spring, 2004）, pp. 18-33.

Vann, Michael G. （2002）. "The Colonial Casbah on the Silver Screen: Using Pepe le Moko and The Battle of Algiers to Teach Colonialism, Race, and Globalization in French History," *Radical History Review*, Issue 83 （Spring 2002）, pp. 186-192.

Vidler, Anthony （1990）. Claude-Nicolas Ledoux: Architecture and Social Reform at the End of the Ancien Regime. Cambridge, Massachusetts: The MIT Press。

Vidler, Anthony（1993）. "Spatial Violence," *Assemblage*, No. 20（Apr., 1993）, pp. 84-85.

Wakeman, Frederic, Jr.（1988）. "Policing Modern Shanghai," *The China Quarterly*, No. 115（Sep., 1988）, pp. 408-440.

Westney, D. Eleanor（1982）. "The Emulation of Western Organizations in Meiji Japan: The Case of the Paris Prefecture of Police and the Keishi-Cho," *Journal of Japanese Studies*, Vol. 8, No. 2（Summer, 1982）, pp. 307-342.

Whittlesey, Derwent（1937）. "British and French Colonial Technique in West Africa," *Foreigh Affairs*, Vol. 15, No. 2（Jan., 1937）, pp. 362-373.

Wildes, Harry Emerson（1953）. "The Postwar Japanese Police," *The Journal of Criminal Law, Criminology, and Police Science*, Vol. 43, No. 5（Jan.-Feb., 1953）, pp. 655-671.

Williams, Patrick & Chrisman, Laura（eds.）.（1994）. *Colonial Discourse and Post-Colonial Theory*. New York: Harvester Wheatsheaf.

William, Randall（2003）. "A State of Permanent Exception: The British of Modern Policing in Colonial Capitalism," *Interventions*, Vol. 5, No. 3（Aug., 2003）, pp. 322-344.

Wright, Gwendolyn（1987）. "Tradition in the Service of Modernity: Architecture and Urbanism in French Colonial Policy, 1900-1930," Journal of Modern History, Vol. 59（Jun., 1987）, pp. 291-316.

Wright, Gwendolyn（1991）. *The Politics of Design in French Colonial Urbanism*. Chicago: The University of Chicago Press.

Wu, Ping-Sheng（2007）. Phantasmagpria: A Study on the Transformation of Urban Space in Colonial Taiwan — Tainan and Taipei, 1895-1945. Ph. D. Dissertation, Chen Kung University.

Yao, Jen-To（姚人多）（2002）. Governing the Colonized: Governmentality in the Japanese Colonization of Taiwan. Ph.D. Dissertation, University of Essex.

Yao, Jen-To（姚人多）（2004）. "The 'Right' Way to Govern the Colonized: Governmentality and the Colonial Police in Taiwan," in Wu, Jieh-Min（et al eds.）（2004）. *Reimagining Taiwan: Nation, Ethnicity, and Narrative*（Proceedings of the International Symposium on "Reimagining Taiwan: Nation, Ethnicity, and Narrative"）, pp. 143-210. Taipei: Council for Cultural Affairs, Executive Yuan.

Young, Robert J.C.（1995）. Colonial Desire: Hybridity in Theory, Culture and Race. London: Routledge.

四、《臺灣民報》

長谷川如是閑（1924）。〈日本人的二重生活和行政整理〉。《臺灣民報》，第 2

卷第 22 號，1924 年 11 月 1 日，頁 8～9。

〈對警察的不法行爲要嚴重究辦了〉。《臺灣民報》，第 3 卷第 10 號，1925 年 4 月 1 日，頁 3。

〈警察拷問致死事件〉。《臺灣民報》，第 3 卷第 13 號，1925 年 5 月 1 日，頁 2～3。

〈不怕官只怕管〉。《臺灣民報》，第 3 卷第 14 號，1925 年 4 月 11 日，頁 6。

〈狐藉虎威的臺灣巡查〉。《臺灣民報》，第 3 卷第 14 號，1925 年 4 月 11 日，頁 6。

〈警察政治的功過〉。《臺灣民報》，第 63 號，1925 年 8 月 2 日，頁 1。

〈當局的衛生施設〉。《臺灣民報》，第 77 號，1925 年 11 月 1 日，頁 1。

〈評警察衛生展覽會的價值〉。《臺灣民報》，第 82 號，1925 年 12 月 6 日，頁 2。

〈保甲制度的妙用〉。《臺灣民報》，第 83 號，1925 年 12 月 13 日，頁 12。

〈本社設問的應答：一、保甲制度當「廢」呢？當「存」呢？二、甘蔗採取區域制度當「廢」呢？當「存」呢？〉。《臺灣民報》，第 86 號，19265 年 1 月 1 日，頁 24。

泗荃（1926）。〈臺灣人的幾個特性〉。《臺灣民報》，第 97 號，1926 年 3 月 21 日，頁 10～11／第 98 號，1926 年 3 月 28 日，頁 12～13。

〈官、公立醫院的改造〉。《臺灣民報》，第 104 號，1926 年 5 月 9 日，頁 1。

〈只怕警察眼〉。《臺灣民報》，第 106 號，1926 年 5 月 23 日，頁 1。

〈警察制度的改善〉。《臺灣民報》，第 111 號，1926 年 6 月 27 日，頁 3～4。

〈違警例的濫用何多！豈無救濟方法？〉。《臺灣民報》，第 112 號，1926 年 7 月 4 日，頁 2。

〈臺灣警察界的病源〉。《臺灣民報》，第 120 號，1926 年 8 月 29 日，頁 2。

菊仙（1927）。〈後藤新平氏的「治臺三策」〉。《臺灣民報》，第 145 號，1926 年 2 月 20 日，頁 14。

彰化生（1927）。〈小百姓的呼冤〉。《臺灣民報》，第 152 號，1927 年 4 月 10 日，頁 12。

C 生（1927）。〈斥官僚警察的威風〉。《臺灣民報》，第 160 號，1927 年 6 月 5 日，頁 12。

〈須速廢止警察拘留權〉。《臺灣民報》，第 164 號，1927 年 7 月 3 日，頁 2。

〈警察來了〉。《臺灣民報》，第 168 號，1927 年 8 月 7 日，頁 8。

〈警所建築曖昧〉。《臺灣民報》，第 170 號，1927 年 8 月 21 日，頁 6。

〈警察制度改革的必要〉。《臺灣民報》，第 172 號，1927 年 9 月 4 日，頁 2。

〈旅卷制度問題〉。《臺灣民報》，第 173 號，1927 年 9 月 11 日，頁 2。

〈州道修築中，反對的聲浪四起！〉。《臺灣民報》，第 292 號，1929 年 12 月 22 日，頁 2。

五、《臺灣建築會誌》

臺北南警察署：第 1 輯第 1 號，1929（昭和 4）年 3 月；第 1 輯第 2 號，1929（昭和 4）年 5 月。

臺南警察署：第 4 輯第 2 號，1932（昭和 7）年 3 月。

臺北北警察署：第 5 輯第 4 號，1933（昭和 8）年 7 月。

臺中警察署：第 6 輯第 4 號，1934（昭和 9）年 7 月。

新竹警察署：第 7 輯第 4 號，1935（昭和 10）年 7 月。

彰化警察署：第 8 輯第 5 號，1936（昭和 11）年 9 月。

嘉義警察署：第 9 輯第 4 號，1937（昭和 12）年 7 月。

臺南合同廳舍：第 10 輯第 4 號，1938（昭和 13）年 7 月。

基隆警察署：第 10 輯第 5 號，1938（昭和 13）年 11 月。

北港郡役所：第 2 輯第 5 號，1930（昭和 4）年 9 月。

旗山郡役所：第 4 輯第 3 號，1932（昭和 7）年 5 月。

潮州郡役所：第 5 輯第 6 號，1933（昭和 8）年 11 月。

岡山郡役所：第 8 輯第 2 號，1936（昭和 11）年 5 月。

六、網站資料

行政院文化建設委員會「國家文化資料庫」：

http://nrch.cca.gov.tw/ccahome/index.jsp

苗栗縣文化局「苗栗歷史老照片」：

http://lib.mlc.gov.tw/webmlh/search-01.asp?pg_size=9&pg_no=30&search=

國家圖書館「臺灣記憶」網站：

http://memory.ncl.edu.tw

「默園詩人陳虛谷」網站：

http://home.educities.edu.tw/hsaioming/htm/0_frame/sh_frame.htm